綜合活動學習領域概論

》第二版

◎李坤崇 著

李坤崇

現職	南台科技大學教育領導與評鑑研究所教授兼通識教育中心主任

學歷
1. 國立政治大學教育研究所博士
2. 國立彰化師範大學輔導研究所碩士
3. 國立彰化師範大學輔導系學士
4. 省立臺南師專國校師資科畢業

經歷
1. 教育部主任秘書
2. 國家教育研究院籌備處主任
3. 教育部顧問室顧問
4. 國立成功大學教育研究所教授兼所長
5. 國立成功大學教育研究所教授兼教育學程實習輔導室主任
6. 國立臺南師範學院初等教育系教授兼實習輔導處處長
7. 臺北縣丹鳳國小教師
8. 香港教育學院「成果導向學習」項目研究計畫顧問
9. 教育部國民中小學九年一貫課程綱要審議委員會委員
10. 教育部九年一貫課程綜合活動學習領域課程綱要研修小組召集人
11. 教育部普通高級中學綜合活動科課程綱要研修小組召集人
12. 教育部職業學校綜合活動科課程綱要研修小組召集人

著作

1. 專書 9 本，期刊論文 66 篇
2. 獲得國科會 10 次甲種獎助與主持費
3. 主持國科會研究 21 項專案，教育部與青輔會 38 項專案研究

出版專書

1. 吳鐵雄、李坤崇（1997）：師資培育與法令變革的省思。臺北，師大書苑。
2. 李坤崇（1998）：班級團體輔導。臺北，五南圖書公司。
3. 李坤崇（1999）：多元化教學評量。臺北，心理出版社。
4. 李坤崇、歐慧敏（1999）：統整課程理念與實務。臺北，心理出版社。
5. 李坤崇（2001）：綜合活動學習領域教材教法。臺北，心理出版社。
6. 李坤崇（2004）：綜合活動學習領域概論。臺北，心理出版社。
7. 李坤崇（2006）：教學評量。臺北，心理出版社。
8. 李坤崇（2006）：教學目標、能力指標與評量。臺北，高等教育出版社。
9. 李坤崇（2009）：認知技能情意教育目標分類及其在評量的應用。臺北，高等教育出版社。
10. 李坤崇（2010）：班級團體輔導（簡）。北京，中國人民大學出版社。
11. 李坤崇（2011）：教學評估：多種評價工具的設計及應用（簡）。上海，華東師範大學出版社。
12. 李坤崇（2011）：大學課程發展與學習成效評量。臺北，高等教育出版社。

因應課程綱要修訂，前瞻調整再出版

2004 年 7 月出版《綜合活動學習領域概論》乃以 2003 年 1 月教育部公布的「國民中小學九年一貫課程綱要」之「綜合活動學習領域課程綱要」為基礎來撰寫。

2006 年 11 月筆者接受教育部委託擔任「綜合活動學習領域課程綱要研修小組召集人」，著手修改課程綱要。教育部於 2008 年 5 月公布新修訂的「綜合活動學習領域課程綱要」，此修訂綱要以生活實踐能力為總目標，建構一項總目標、四大主題軸、十二項核心素養及六十九項能力指標的系統內涵架構，並強化課程目標凸顯四大主題軸、能力指標與十二項核心素養之關係、能力指標動詞強化技能與情意、核心素養取代指定內涵，以及能力指標參考細目與補充說明等五項特色。考量本次課程綱要修改幅度，以及筆者十年來推廣課程經驗與參與修訂課程綱要的心得，乃大幅修改本書。

本次各章修訂重點，第一章「九年一貫課程理念變革與展望」，除延續九年一貫課程理念外，特別強調四次課程總綱變革與解析、九年一貫課程展望等兩節。第二章「日本與大陸綜合活動相關課程概述」，乃新增日本於平成 20 年 3 月公告修訂《國小學習指導要領》與《國中學習指導要領》中綜合學習時間綱要的內涵、日本兩次綱要變革的比較；新增大陸郭元祥（2008）提出的綜合實踐活動課程學生能力目標的分類與分層設計。第三章「綜合活動領域理論基礎、綱要變革與解析」除持續闡述綜合活動學習領域理論基礎外，特別闡述綜合活動學習領域課程綱要變革及其解析。第四章「綜合活動領域與相關領域分析」乃新增的一章，說明課程跨領域整合理念與策略，並分析綜合活動領域與相關領域能力指標，找出重疊、區隔之處，以及探討整合策略。第五章「能力指標解讀、轉化理念與實例」則是以 2008 年 5 月修訂綱要的「1-4-2 展現自己的興趣與專長，並探索自己可能的發展方向」為例，

來探討能力指標解讀與轉化。第六章「領域課程決定與計畫」亦呼應課程綱要的修訂調整實例。另，因修訂後篇幅過大，乃將教學、評量及其實例，另成《綜合活動學習領域教學與評量》一書。

　　十年來參與綜合活動學習領域課程綱要研修及推動輔導，感謝廿五縣市數萬名國中小教師、校長提供寶貴的教學與行政經驗，得以讓理論與實務更為契合；感謝教育部、各縣市政府教育局提供學習成長的機會，得以跟著實際推動的伙伴共同學習與成長；感謝綜合活動深耕種子團隊、臺南市後甲國中、宜蘭縣大隱國小、成大教育所盧名瑩同學，以及高雄市龍華國中施紅朱老師提供實例；感謝心理出版社催促修訂，再度刊印成書。期能充分闡述課程綱要修訂理念與內涵，提出務實的課程決定實例，讓國中小教師更瞭解本學習領域的精髓；期能讓國中小教師及關心教育人士，經由瞭解本學習領域精髓，珍惜與支持領域發展。

李坤崇 謹識
於臺南
2011 年 9 月

|第 1 章|

九年一貫課程理念變革與展望

教育部於 1993 年頒布《國民小學課程標準》（教育部，1993），1994 年頒布《國民中學課程標準》（教育部，1995），然因時代環境急遽變遷，國際人才競爭日益激烈，教育改革浪潮日益高漲，1997 年 4 月 11 日教育部長吳京依據諮議報告書研擬之「教育改革行動方案」，成立「國民中小學九年一貫課程發展專案小組」，著手進行課程綱要之訂定工作，並提倡新課程教科書三多、三少政策。

教育部隨後於 1998 年 9 月 30 日公布《國民教育階段九年一貫課程總綱綱要》（教育部，1998），次於 2000 年 9 月公布《國民中小學九年一貫課程暫行綱要》（教育部，2000），復於 2003 年 1 月 15 日公布《國民中小學九年一貫課程綱要》（教育部，2003a），最後於 2008 年 5 月 23 日修正公布《國民中小學九年一貫課程綱要》（教育部，2008a）。茲就九年一貫課程理念、四次課程總綱變革與解析、九年一貫課程的展望等三節闡述之。

第一節　九年一貫課程理念

教育部於 2008 年 5 月 23 日修訂公布之《國民中小學九年一貫課程綱要》，於 100 學年度開始實施，此綱要充分說明九年一貫課程理念，僅轉述如下。另

有關理念闡述將於後兩節探討。

壹、修訂背景

迎接 21 世紀的來臨與世界各國之教改脈動，政府必須致力教育改革，期以整體提升國民之素質及國家競爭力。

教育部依據行政院核定之「教育改革行動方案」，進行國民教育階段之課程與教學革新；並鑑於學校教育之核心與教師專業活動之根據均為課程與教材，乃規劃與實施九年一貫課程。茲將本次課程改革之主要背景說明如下（教育部，2008a，頁 1-2）：

一、國家發展的需求

盱衡世界發展情勢，國際社會已然成形，因而必須積極進行教育改革，以激發個人潛能、促進社會進步、提高國家競爭力。由於課程為學校教育的主要內容，故須不斷檢討改進，方能創造更優質的學校文化與教育成果，促進國家發展。

二、對社會期待的回應

近年來社會各界對學校教育改革的期許頗為殷切，行政院教育改革審議委員會在教育改革總諮議報告書中，有關促進中小學教育鬆綁、帶好每位學生、改革課程與教學、提早學習英語、協助學生具備基本學力等建議，適為民意的反映，故在國民教育的改革行動中，必須進行新觀念的課程改革，以滿足社會期待。

現行國民中小學課程標準分別於 1993 年及 1994 年修正頒布，由於新世紀需要新的教育思維與實踐，在現行課程逐年實施之際，教育部認為可同時進行下一次課程改革之規劃，以凝聚國人對教育改革的共識與努力，進而創造學校教育的新境界。本次課程修訂分為六個階段進行，各階段的時程及主要任務如下（教育部，2008a，頁 1-2）：

(一) 第一階段：成立課程發展專案小組（1997 年 4 月至 1998 年 9 月）

　　首先成立「國民中小學課程發展專案小組」，自 1997 年 4 月至 1998 年 9 月。主要任務如下：

1. 研訂國民中小學課程發展及修訂的共同原則。
2. 探討國民中小學課程共同性的基本架構。
3. 研訂國民中小學課程應有的學習領域及授課時數比例等課程結構。
4. 完成《國民教育九年一貫課程》總綱。

(二) 第二階段：成立各領域綱要研修小組（1998 年 10 月至 1999 年 11 月）

　　1998 年 9 月總綱公布後，教育部隨即於 1998 年 10 月成立「國民中小學各學習領域綱要研修小組」，自 1998 年 10 月至 1999 年 11 月。其主要任務為：

1. 研訂《國民教育各學習領域課程綱要》。
2. 確定各學習領域的教學目標及應培養之能力指標。
3. 研訂各學習領域課程的實施原則。

(三) 第三階段：成立課程修訂審議委員會（1999 年 12 月至 2002 年 8 月）

　　教育部於各領域綱要草案完成後，隨即於 1999 年 12 月成立「國民中小學課程修訂審議委員會」，其主要任務為：

1. 審議並確認各學習領域課程綱要內容之適當性。
2. 審議並確認國民中小學課程綱要之公布格式及實施要點。
3. 研議並確認推動新課程之各項配合方案。

(四) 第四階段：成立常設性課程修訂機制（2004 年 1 月迄今）

　　教育部於 2003 年發布各學習領域及重大議題正式綱要後，隨即於 2004 年 1 月組成「國民中小學課程綱要審議委員會」與「國民中小學課程綱要研究發展小組」二層級之常設性課程修訂機制，迄今一直採取演進式課程修訂模式，以隨時發現問題，即時進行評估研究或調整。

(五) 第五階段：成立課程綱要研修小組（2006 年 10 月至 2008 年 4 月）

　　為配合中小學一貫課程體系之建置，並回應九年一貫課程正式綱要自 2003 年公布後，各界對於綱要內涵與時代脈絡結合之期待，如：融入媒體素養、海洋教育、人口販運、永續環保……等議題，以及教學現場對於能力指標解讀之疑義等問題，教育部遂自 2006 年 10 月至 2008 年 4 月，進行《國民中小學九

年一貫課程綱要》之微調，期讓課程綱要在符應時代之趨勢下，得以更具體可行，且完成中小學課程之橫向統整與縱貫聯繫。

　　本階段係於常設性「國民中小學課程綱要審議委員會」與「國民中小學課程綱要研究發展小組」之課程修訂機制下，採任務編組之方式，成立「國民中小學課程綱要總綱、各學習領域、生活課程暨重大議題研修小組」，其主要任務為：

1. 訂定《國民中小學課程綱要》微調原則。
2. 進行總綱、各學習領域、生活課程暨重大議題等課程綱要之研修微調工作，並依程序送「國民中小學課程綱要研究發展小組」討論完成後，續送交「國民中小學課程綱要審議委員會」審議。
3. 確定校正手冊以及印製之體例格式。
4. 配合推動各課綱研修微調案發布後之相關配套措施。

(六) 第六階段：成立課程綱要審議小組（2007 年 10 月至 2008 年 4 月）

　　「國民中小學課程綱要審議委員會」為更深入審議各課綱微調草案，且期讓審議之品質更精緻化，特自 2007 年 10 月至 2008 年 4 月期間，成立「國民中小學課程綱要總綱、各學習領域、生活課程暨重大議題審議小組」就各微調草案進行分組審查，審議並確認總綱、各學習領域、生活課程暨重大議題課程綱要內容之適當性。分組審議完成後之課綱微調草案則陸續自 2008 年 1 月至 2008 年 4 月提交「國民中小學課程綱要審議委員會」進行大會審議，審議通過後之課綱微調案則依程序辦理發布事宜。

貳、修訂理念

　　九年一貫課程乃臺灣教育史上的重大變革，較以往的課程改革，至少彰顯下列的理念：

一、鬆綁與專業自主

　　教育部於 1993 年修正公布《國民小學課程標準》，於 1994 年修正頒布《國民中學課程標準》，公布課程均用「標準」，而於 2000 年公布的《國民

中小學九年一貫課程暫行綱要》、2003 年與 2008 年修訂的《國民中小學九年
一貫課程綱要》，則用「綱要」。課程標準為一制式化、統一化的基準，全國
學校千篇一律，難以適應學校，乃至學生的個別差異與地方生活習性，而由
舊課程「課程標準」轉為九年一貫課程「課程綱要」，不僅對課程作適度的鬆
綁，更可經由「課程發展委員會」營造彈性多元的教育環境，讓學校得以發
展具特色之課程，教師得以充分展現其專業自主。可見，九年一貫課程強化
「鬆綁」與「專業自主」的理念。

二、連貫統整

　　1997 年 4 月 11 日教育部長吳京依據諮議報告書研擬之「教育改革行動方
案」，成立「國民中小學九年一貫課程發展專案小組」，著手進行課程綱要之
訂定工作，並提倡新課程教科書三多、三少政策。筆者於 2003 年 12 月親自訪
問吳京部長，其指出「三多」乃外語多、本土多、國際知識多，「三少」乃記
憶少、分量少、難度少，並強調要貫徹三多，必須減少縱向、橫向課程與教
材間不必要的重疊，若能將不必要重疊刪除，將能納入三多。可知，九年一
貫課程必須強化課程與教材的縱向連貫、橫向整合，才能落實三多的政策。

三、能力指標

　　吳京部長強調要貫徹三少，必須給孩子帶得走的能力，以能力指標貫串九
年，以能力指標橫向整合，以能力指標活化知識，以能力指標導引學習，將
可減少記憶、分量及難度。可知，九年一貫課程以能力指標作為縱向連貫、
橫向整合的核心及落實三少政策的基礎。

參、基本理念

　　教育之目的在於培養人民健全人格、民主素養、法治觀念、人文涵養、強
健體魄及思考、判斷與創造能力，使其成為具有國家意識與國際視野之現代
國民。本質上，教育是開展學生潛能、培養學生適應與改善生活環境的學習
歷程。因此，跨世紀的九年一貫新課程應該培養具備人本情懷、統整能力、

民主素養、本土與國際意識以及能進行終身學習之健全國民。故爾，其基本內涵至少包括（教育部，2008a，頁3）：

1. 人本情懷方面：包括瞭解自我、尊重與欣賞他人及不同文化等。
2. 統整能力方面：包括理性與感性之調和、知與行之合一、人文與科技之整合等。
3. 民主素養方面：包括自我表達、獨立思考、與人溝通、包容異己、團隊合作、社會服務、負責守法等。
4. 本土與國際意識方面：包括鄉土情、愛國心、世界觀等（涵蓋文化與生態）。
5. 終身學習方面：包括主動探究、解決問題、資訊與語言之運用等。

肆、課程目標

國民中小學之課程理念應以生活為中心，配合學生身心能力發展歷程；尊重個性發展，激發個人潛能；涵泳民生素養，尊重多元文化價值；培養科學知能，適應現代生活需要。

國民教育之目的在透過人與自己、人與社會、人與自然等人性化、生活化、適性化、統整化與現代化之學習領域教育活動，傳授基本知識，養成終身學習能力，培養身心充分發展之活潑樂觀、合群互助、探究反思、恢弘前瞻、創造進取與具世界觀的健全國民。為實現國民教育目的，須引導學生致力達成下列課程目標（教育部，2008a，頁5）：

1. 增進自我瞭解，發展個人潛能。
2. 培養欣賞、表現、審美及創作能力。
3. 提升生涯規劃與終身學習能力。
4. 培養表達、溝通和分享的知能。
5. 發展尊重他人、關懷社會、增進團隊合作。
6. 促進文化學習與國際瞭解。
7. 增進規劃、組織與實踐的知能。
8. 運用科技與資訊的能力。
9. 激發主動探索和研究的精神。

10. 培養獨立思考與解決問題的能力。

伍、基本能力

為達成上述課程目標，國民教育階段的課程設計應以學生為主體，以生活經驗為重心，培養現代國民所需的基本能力（教育部，2008a，頁 7-8）。

一、瞭解自我與發展潛能

充分瞭解自己的身體、能力、情緒、需求與個性，愛護自我，養成自省、自律的習慣、樂觀進取的態度及良好的品德；並能表現個人特質，積極開發自己的潛能，形成正確的價值觀。

二、欣賞、表現與創新

培養感受、想像、鑑賞、審美、表現與創造的能力，具有積極創新的精神，表現自我特質，提升日常生活的品質。

三、生涯規劃與終身學習

積極運用社會資源與個人潛能，使其適性發展，建立人生方向，並因應社會與環境變遷，培養終身學習的能力。

四、表達、溝通與分享

有效利用各種符號（例如語言、文字、聲音、動作、圖像或藝術等）和工具（例如各種媒體、科技等），表達個人的思想或觀念、情感，善於傾聽與他人溝通，並能與他人分享不同的見解或資訊。

五、尊重、關懷與團隊合作

具有民主素養，包容不同意見，平等對待他人與各族群；尊重生命，積極主動關懷社會、環境與自然，並遵守法治與團體規範，發揮團隊合作的精神。

六、文化學習與國際瞭解

認識並尊重不同族群文化，瞭解與欣賞本國及世界各地歷史文化，並體認世界為一整體的地球村，培養相互依賴、互信互助的世界觀。

七、規劃、組織與實踐

具備規劃、組織的能力，且能在日常生活中實踐，增強手腦並用、群策群力的做事方法與積極服務人群與國家。

八、運用科技與資訊

正確、安全和有效地利用科技，蒐集、分析、研判、整合與運用資訊，提升學習效率與生活品質。

九、主動探索與研究

激發好奇心及觀察力，主動探索和發現問題，並積極運用所學的知能於生活中。

十、獨立思考與解決問題

養成獨立思考及反省的能力與習慣，有系統地研判問題，並能有效解決問題和衝突。

陸、學習領域

為培養國民應具備之基本能力，國民教育階段之課程應以個體發展、社會文化及自然環境等三個面向，提供語文、健康與體育、社會、藝術與人文、數學、自然與生活科技及綜合活動等七大學習領域（教育部，2008a，頁9-12）。

一、學習領域之內容

學習領域為學生學習之主要內容，而非學科名稱，除必修課程外，各學習

領域得依學生性向、社區需求及學校發展特色，彈性提供選修課程。

二、學習領域之實施

各學習領域之實施，應掌握統整之精神，並視學習內容之性質，實施協同教學。其學習領域結構如表 1-1 所示。

三、各學習領域主要內涵

1. 語文：包含本國語文、英語等，注重對語文的聽說讀寫、基本溝通能力、文化與習俗等方面的學習。
2. 健康與體育：包含身心發展與保健、運動技能、健康環境、運動與健康的生活習慣等方面的學習。

表 1-1

2008 年《國民中小學九年一貫課程綱要》學習領域結構表

年級 / 學習領域	一	二	三	四	五	六	七	八	九
語文	本國語文	本國語文	本國語文	本國語文	本國語文	本國語文	本國語文	本國語文	本國語文
			英語	英語	英語	英語	英語	英語	英語
健康與體育	健康與體育	健康與體育	健康與體育	健康與體育	健康與體育	健康與體育	健康與體育	健康與體育	健康與體育
社會		社會	社會	社會	社會	社會	社會	社會	社會
藝術與人文	生活	藝術與人文	藝術與人文	藝術與人文	藝術與人文	藝術與人文	藝術與人文	藝術與人文	藝術與人文
自然與生活科技		自然與生活科技	自然與生活科技	自然與生活科技	自然與生活科技	自然與生活科技	自然與生活科技	自然與生活科技	自然與生活科技
數學	數學	數學	數學	數學	數學	數學	數學	數學	數學
綜合活動	綜合活動	綜合活動	綜合活動	綜合活動	綜合活動	綜合活動	綜合活動	綜合活動	綜合活動

資料來源：教育部（2008a）。《國民中小學九年一貫課程綱要》總綱（頁 9）。臺北市：作者。

3. 社會：包含歷史文化、地理環境、社會制度、道德規範、政治發展、經濟活動、人際互動、公民責任、本土教育、生活應用、愛護環境與實踐等方面的學習。

4. 藝術與人文：包含音樂、視覺藝術、表演藝術等方面的學習，陶冶學生藝文之興趣與嗜好，俾能積極參與藝文活動，以提升其感受力、想像力、創造力等藝術能力與素養。

5. 自然與生活科技：包含物質與能、生命世界、地球環境、生態保育、資訊科技等的學習、注重科學及科學研究知能，培養尊重生命、愛護環境的情操及善用科技與運用資訊等能力，並能實踐於日常生活中。

6. 數學：包含數、形、量基本概念之認知、具運算能力、組織能力，並能應用於日常生活中，瞭解推理、解題思考過程以及與他人溝通數學內涵的能力，並能做與其他學習領域適當題材相關之連結。

7. 綜合活動：指凡各項能夠引導學習者進行實踐、體驗與省思，並能驗證與應用所知的活動。包含童軍活動、輔導活動、家政活動、團體活動及運用校內外資源獨立設計之學習活動。

四、各學習領域階段劃分情形

各學習領域階段係參照該學習領域之知識結構及學習心理之連續發展原則而劃分，每一階段均有其能力指標。茲將各學習領域階段劃分情形說明如表1-2 所示。

1. 語文學習領域：語文學習領域分為本國語文和英語兩部分，本國語文分為四階段，第一階段為一至二年級、第二階段為三至四年級、第三階段為五至六年級、第四階段為七至九年級；英語分為兩階段，第一階段為三至六年級、第二階段為七至九年級。

2. 健康與體育學習領域：健康與體育學習領域分為三階段，第一階段為一至三年級、第二階段為四至六年級、第三階段為七至九年級。

3. 數學學習領域：數學學習領域分為四階段，第一階段為一至二年級、第二階段為三至四級、第三階段為五至六年級、第四階段為七至九年級。

4. 社會學習領域：社會學習領域分為四階段，第一階段為一至二年級、第二

表 1-2

2008 年《國民中小學九年一貫課程綱要》之各學習領域

學習領域＼年級	一	二	三	四	五	六	七	八	九
語文	本國語文		本國語文		本國語文		本國語文		
			英語				英語		
健康與體育	健康與體育				健康與體育		健康與體育		
數學	數學		數學		數學		數學		
社會	綜合活動		社會		社會		社會		
藝術與人文			藝術與人文		藝術與人文		藝術與人文		
自然與生活科技			自然與生活科技		自然與生活科技		自然與生活科技		
綜合活動	綜合活動		綜合活動		綜合活動		綜合活動		

資料來源：教育部（2008a）。《國民中小學九年一貫課程綱要》總綱（頁11）。臺北市：作者。

　　階段為三至四年級、第三階段為五至六年級、第四階段為七至九年級。

5. 藝術與人文學習領域：藝術與人文學習領域分為四階段，第一階段為一至二年級、第二階段為三至四年級、第三階段為五至六年級、第四階段為七至九年級。

6. 自然與生活科技學習領域：自然與生活科技學習領域分為四階段，第一階段為一至二年級、第二階段為三至四年級、第三階段為五至六年級、第四階段為七至九年級。

7. 綜合活動學習領域：綜合活動學習領域分為四階段，第一階段為一至二年級、第二階段為三至四年級、第三階段為五至六年級、第四階段為七至九年級。

8. 生活課程：一至二年級社會、藝術與人文、自然與生活科技學習領域統合
　　為生活課程。

🔳🔳 第二節　四次課程總綱變革與解析 🔳🔳

　　九年一貫課程乃我國國中小課程的鉅大變革，其自 1998 年 9 月 30 日公布
《國民教育階段九年一貫課程總綱綱要》（教育部，1998），再於 2000 年 9 月
30 日公布《國民中小學九年一貫課程暫行綱要》（教育部，2000），再次於
2003 年 1 月 15 日公布《國民中小學九年一貫課程綱要》（教育部，2003a），
後於 2008 年 5 月 23 日以台國（二）字第 0970082874B 號令修訂公布《國民中
小學九年一貫課程綱要》（教育部，2008a）。四次綱要變革均伴隨著部分理
念的演變，由於演變歷程的理念調整，以及專家學者、國中小教師的解讀不
盡相同，使得九年一貫課程實施至今，衍生一些混淆或待釐清的理念，若能
予以釐清，將可凝聚共識，共同推動課程改革，免於陷入爭議與混淆的泥淖，
折損推動能力。

壹、鄉土改為本土

　　1998 年《國民教育階段九年一貫課程總綱綱要》、2000 年《國民中小學
九年一貫課程暫行綱要》、2003 年《國民中小學九年一貫課程綱要》均將「鄉
土與國際意識」列為基本理念，然 2008 年修訂《國民中小學九年一貫課程綱
要》則將綱要中所有「鄉土」用詞均改為「本土」，期以較廣泛的「本土」取
代較侷限的「鄉土」。更改主要包含五大基本理念之「鄉土與國際意識」改
為「本土與國際意識」；學習領域內之「鄉土教育」改為「本土教育」；實施
要點之「鄉土語言」改為「本土語言」、「鄉土教材」改為「本土教材」。

貳、領域學習階段調整

茲說明 2003 年與 2008 年《國民中小學九年一貫課程綱要》領域學習階段及其差異如下：

一、2003 年《國民中小學九年一貫課程綱要》及其前綱要

1998 年《國民教育階段九年一貫課程總綱綱要》未述及各學習領域學習階段之劃分，2000 年《國民中小學九年一貫課程暫行綱要》與 2003 年《國民中小學九年一貫課程綱要》則均闡述為：各學習領域學習階段係參照該學習領域之知識結構及學習心理之連續發展原則而劃分，每一階段均有其能力指標。各學習領域階段劃分情形說明如表 1-3 所示。

表 1-3

2003 年《國民中小學九年一貫課程綱要》之各學習領域

學習領域 ＼ 年級	一	二	三	四	五	六	七	八	九
語文	本國語文			本國語文			本國語文		
				英語			英語		
健康與體育	健康與體育			健康與體育			健康與體育		
數學	數學			數學		數學		數學	
社會	生活			社會		社會		社會	
藝術與人文				藝術與人文		藝術與人文		藝術與人文	
自然與科技				自然與科技		自然與科技		自然與科技	
綜合活動	綜合活動			綜合活動		綜合活動		綜合活動	

資料來源：教育部（2003a）。**國民中小學九年一貫課程綱要**（頁 11）。臺北市：作者。

二、2008 年《國民中小學九年一貫課程綱要》

2008 年《國民中小學九年一貫課程綱要》指出：各學習領域學習階段係參照該學習領域之知識結構及學習心理之連續發展原則而劃分，每一階段均有其能力指標。各學習領域階段劃分情形說明如表 1-2 所示。

三、差異分析

2008 年修訂綱要的學習領域階段，除健康與體育學習領域、語文學習領域之英語外，其餘均比照國小低、中、高三個年段分成三個階段，國中均為一個學習階段。

參、領域課程計畫內涵

先闡述 1998 年《國民教育階段九年一貫課程總綱綱要》，再說明 2000 年《國民中小學九年一貫課程暫行綱要》，次陳述 2003 年、2008 年《國民中小學九年一貫課程綱要》，最後比較四者在「課程計畫」的差異。

一、1998 年《國民教育階段九年一貫課程總綱綱要》

1998 年《國民教育階段九年一貫課程總綱綱要》有關「課程計畫」的規定，載於「伍、實施要點」之「二、實施原則」之「（一）基本原則」中第 7、10、11 項，此三項呈現如下（教育部，1998，頁 13-14）：

第 7 項：各校應訂定學年課程實施計畫，其內容包括：「目標、每週教學進度、教材、教學活動設計、評量、教學資源」等課程實施相關項目。

第 10 項：各科應充分考量學校條件、社區特性、家長期望、學生需要等相關因素，結合全體教師和社區資源，發展學校本位課程，並審慎規劃全校總體課程方案和班級教學方案。

第 11 項：建立學校課程報備制度，在課程實施前，學校應將整年度課程方案呈報主管機關備查。

二、2000 年《國民中小學九年一貫課程暫行綱要》

有鑑於 1998 年《國民教育階段九年一貫課程總綱綱要》有關「課程計畫」的規定零散與缺乏系統，2000 年《國民中小學九年一貫課程暫行綱要》乃將「課程計畫」較有系統、具體的規範，詳細規定如下（教育部，2000，頁14-15）：

1. 學校課程發展委員會應充分考量學校條件、社區特性、家長期望、學生需要等相關因素，結合全體教師和社區資源，發展學校本位課程，並審慎規劃全校總體課程計畫。
2. 學校課程計畫應依學習領域為單位提出，內容包含：「學年／學期學習目標、單元活動主題、相對應能力指標、時數、備註」等相關項目。
3. 有關兩性、環境、資訊、家政、人權、生涯發展等六大議題如何融入各領域課程教學，應於課程計畫中妥善規劃。
4. 各校應於每學年開學前一個月，將整年度學校總體課程計畫送所轄縣市政府教育行政主管機關備查後，方能實施。

三、2003 年《國民中小學九年一貫課程綱要》

經過試辦與實際推動後，《國民中小學九年一貫課程綱要》有關「課程計畫」的規定，修訂如下（教育部，2003a，頁 14-15）：

1. 學校課程發展委員會應充分考量學校條件、社區特性、家長期望、學生需要等相關因素，結合全體教師和社區資源，發展學校本位課程，並審慎規劃全校課程計畫。
2. 學校課程計畫應含各領域課程計畫和彈性學習節數課程計畫，內容包含：「學年／學期學習目標、能力指標、對應能力指標之單元名稱、節數、評量方式、備註」等相關項目。
3. 有關兩性、環境、資訊、家政、人權、生涯發展等六大議題如何融入各領域課程教學，應於課程計畫中妥善規劃。
4. 各校應於開學前，將學校課程計畫送所轄縣市政府教育行政主管機關備查。並於開學兩週內將班級教學活動之內容與規劃告知家長。

四、2008 年《國民中小學九年一貫課程綱要》

2008 年《國民中小學九年一貫課程綱要》有關「課程計畫」的規定，修訂如下（教育部，2008a）：

1. 學校課程發展委員會應充分考量學校條件、社區特性、家長期望、學生需要等相關因素，結合全體教師及社區資源，發展學校本位課程，並審慎規劃全校課程計畫。

2. 學校課程計畫應含各領域課程計畫及彈性學習節數課程計畫，內容包含：「學年／學期學習目標、能力指標、對應能力指標之單元名稱、節數、評量方式、備註」等相關項目。

3. 有關性別平等、環境、資訊、家政、人權、生涯發展、海洋等七大議題如何融入各領域課程教學，應於課程計畫中妥善規劃。

4. 各校應於學年度開學前，將學校課程計畫送所屬主管教育行政機關備查，若學校確有需要，得於第二學期開學前報請修正調整，並於開學二週內將班級教學活動之內容與規劃告知家長。

五、四者主要差異

1998 年《國民教育階段九年一貫課程總綱綱要》、2000 年《國民中小學九年一貫課程暫行綱要》、2003 年《國民中小學九年一貫課程綱要》及 2008 年《國民中小學九年一貫課程綱要》四者在課程計畫之研定，以後三者較為詳細、具體、明確。2000 年《國民中小學九年一貫課程暫行綱要》、2003 年《國民中小學九年一貫課程綱要》及 2008 年《國民中小學九年一貫課程綱要》仍有些重大差異，主要差異如下（李坤崇，2008）：

1. 統一「學校課程計畫」名稱：將 2000 年暫行綱要使用的「全校總體課程計畫」、「學校課程計畫」、「學校總體課程計畫」一詞，於 2003 年與 2008 年綱要統一為「學校課程計畫」，避免產生混淆。

2. 明訂學校課程計畫內涵：2003 年與 2008 年綱要闡述「學校課程計畫應含各領域課程計畫和彈性學習節數課程計畫」，釐清 2000 年僅敘及「學校課程計畫應依學習領域為單位提出」的模糊敘述，如此使得國中小提出學校課

程計畫內涵較具體。但彈性學習節數課程計畫則各界有解讀不一現象,有認為應完整提出彈性學習節數計畫,包括學校自行規劃辦理全校性和全年級活動、執行依學校特色所設計的課程或活動安排學習領域選修節數、實施補救教學、進行班級輔導或學生自我學習等活動;有認為只提出有完整課程的計畫,如選修課程計畫或其他有完整規劃的全校性和全年級活動計畫。上述兩者爭議的權衡機關應為「地方政府」,秉於地方自治精神權衡處理,教育部似已達成專業自主、彈性規範之責。

3. 凸顯能力指標與單元活動的關係:2000 年暫行綱要載明課程計畫內容包含:「學年/學期學習目標、單元活動主題、相對應能力指標、時數、備註」等相關項目,造成盲目發展主題學習活動,以及從單元活動來扣能力指標的亂象。為避免上述亂象,2003 年及 2008 年綱要將課程計畫內容修訂為:「包含:學年/學期學習目標、能力指標、對應能力指標之單元名稱、節數、評量方式、備註」等相關項目,此改變突顯能力指標先於單元活動的關係。

4. 強化評量方式的重要:2003 年及 2008 年綱要在課程計畫內容裡納入「評量方式」,強化評量方式在課程計畫的重要性。

5. 轉化備查為事後查核:2000 年暫行綱要有關課程備查之規定為「各校應於每學年開學前一個月,將整年度學校總體課程計畫送所轄縣市政府教育行政主管機關備查後,方能實施」,此規定衍生開學前一個月時機不佳、提報整年度學校總體課程計畫因出版社編書不及變成不可行、備查後方能實施則變成教育局與學校難以確實執行等困擾。乃於 2003 年綱要改為:「各校應於開學前,將學校課程計畫送所轄縣市政府教育行政主管機關備查」;2008 年綱要更改為:「各校應於學年度開學前,將學校課程計畫送所屬主管教育行政機關備查,若學校確有需要,得於第二學期開學前報請修正調整」。可見,備查制度由「事前查核」改為「事後查核」的重大轉變及充分尊重學校專業自主的權利。

6. 增列海洋教育議題:2008 年在原有的六大議題外,新增「海洋教育」議題,彰顯「臺灣以海洋立國」的理想,並以塑造「親海、愛海、知海」的教育情境,涵養學生的海洋通識素養為主軸,進而奠立海洋臺灣的深厚基礎。

7. 強調學校與家長互動：2003 年與 2008 年課程綱要加入「於開學二週內將班級教學活動之內容與規劃告知家長」。此敘述要求學校強化與家長的教學互動，有助於親師溝通與合作。

肆、教材編審

茲從教科書編輯、教材審查兩向度說明之。

一、教科書編輯

有關「教材編輯、審查及選用」，2008 年《國民中小學九年一貫課程綱要》與前三次課程綱要相比，新增內涵為「教科書的編輯，宜以專業為基礎，並在題材與情境上兼顧本土性與國際性」。

二、教材審查

1998 年《國民教育階段九年一貫課程總綱綱要》有關教材編輯、審查與選用的規定為：(1)中小學教科用書應依據課程綱要的規定編輯，並經由審查機關（單位）審定通過後，由學校選用；(2)教科用書的編輯應以九年一貫、統整的精神，發展各科課程內容，教科書的分量以符合基本教學節數所需為原則；(3)教科書的內容除了包含學科知識與技能之外，也要能反映當前社會關注的主要議題，例如：資訊教育、環保教育、兩性教育、人權教育、宗教教育等；(4)教科用書的審查，應以符合本課程綱要的精神與內涵為原則，提供多元化教材的發展空間。審查標準由教育部另定之；(5)學校必須因應地區特性、學生特質與需求，選擇或自行編輯合適的教科用書和教材，以及編選彈性教學時數所需的課程教材（教育部，1998）。

為落實課程綱要鬆綁理念，2000 年《國民中小學九年一貫課程暫行綱要》有關教材編輯、審查及選用的規定，僅掌握兩項原則性規定：(1)國民中小學教科用書應依據課程綱要編輯，並經由審查機關（單位）審定通過後，由學校選用。審查辦法及標準由教育部另定之；(2)學校得因應地區特性、學生特質與需求，選擇或自行編輯合適的教科用書和教材，以及編選彈性學習時數所需的課程教材。惟自編教科用書應送交「課程發展委員會」審查（教育部，

2000）。

　　為賦予教師更大專業自主空間，2003 年與 2008 年《國民中小學九年一貫課程綱要》與 2000 年《國民中小學九年一貫課程暫行綱要》有關教材編輯、審查及選用的規定，主要修改部分為：學校得因應地區特性、學生特質與需求，選擇或自行編輯合適的教材，惟全年級或全校全學期使用之自編自選教材應送交「課程發展委員會」審查。

　　2003 年、2008 年《國民中小學九年一貫課程綱要》與 2000 年《國民中小學九年一貫課程暫行綱要》兩者主要差異，在於 2000 年暫行綱要規定只要是自編教科用書就應送「課程發展委員會」審查，而 2003 年、2008 年綱要則均僅限於全年級或全校全學期使用之自編自選教材才送交「課程發展委員會」審查。此變革給予教師更大自編教材的專業自主空間，雖然對每年級僅一班的小學校意義不大，但對其他學校不僅減輕「課程發展委員會」審查負擔，更凸顯教師專業自主性。

　　因應九年一貫課程強調學校本位課程，教師必須具備自編教材能力，方能適切改編出版社教材適應學校與社區的需求。然有些學者或教師誤以為教師必須具備自編教材能力，且自編全部教材，因自編教材本身只要教師具備專業能力即可，但自編後的美工、印刷成品與人力投注負擔、家長接受度與經費負擔，均非僅具專業能力所能處理。因此，建議教師必須具備自編教材能力與精熟各領域理念與精神，先試著修編現有教材，待各方面條件逐漸具備後再思考自編教材的可能。

　　自編教材乃相當繁重工程，若欲自編教材，應將教師專業能力、行政支援、經費配合、家長宣導一併納入考量，宜事先將可能工作列出，做好分工合作的規劃，再透過溝通協調達成共識，其次各自就負責部分分頭工作，再彙整自編教材手稿，最後進行排版、美工、印刷工作。

伍、合科教學或分科教學

　　1998 年《國民教育階段九年一貫課程總綱綱要》中規定：「學習領域為學生學習之主要內容，而非學科名稱，除必修課程外，各學習領域，得依學

生性向、社區需求及學校發展特色,彈性提供選修課程。學習領域之實施應以統整、合科教學為原則。」(教育部,1998,頁 6)。2000 年《國民中小學九年一貫課程暫行綱要》中,有關教學實施修訂為「學習領域之實施應以統整、協同教學為原則」(教育部,2000,頁 9)。2003 年《國民中小學九年一貫課程綱要》中,有關教學實施再次修訂為「各學習領域之實施,應掌握統整之精神,並視學習內容之性質,實施協同教學」(教育部,2003a,頁 9)。2008 年《國民中小學九年一貫課程綱要》則再修訂 2003 年的規定。

　　九年一貫課程之學習領域教學由「統整、合科教學」修訂為「統整、協同教學」,再修訂為「掌握統整之精神,並視學習內容之性質,實施協同教學」。因此,九年一貫課程各學習領域之教學不限合科領域教學或分科協同教學,分科協同教學不一定等於一人教一個科目每週各一節,而係掌握統整之精神,並視學習內容之性質,實施協同教學。

陸、學習節數

　　各領域學習節數乃各界關注的核心,各領域教師或學者專家均認為自己所屬領域的節數不足。在學習總節數不變的情況下,各領域教師或學者專家爭取節數的企圖幾乎均為每次課綱修訂的爭議核心。四次課程綱要變革述及教學節數或學習節數者如下:

一、1998 年《國民教育階段九年一貫課程總綱綱要》

　　1998 年《國民教育階段九年一貫課程總綱綱要》指出:各學習領域授課之比例,參考先進國家之教育趨勢及實際需要,訂定原則如下:(1) 語文學習領域占教學節課時數的 20～30%;(2) 健康與體育、社會、藝術與人文、數學、自然與科技、綜合活動等六個學習領域,各占基本教學節數之 10～15%;(3) 各校應在每學年上課總時間內,依上述規定比例,彈性安排教學節數。有關「學習領域教學節數」之規定如下(教育部,1998,頁 10-12):

1. 以學年度為單位,將總節數區分為「基本教學節數」與「彈性教學節數」,其中,基本教學節數占總節數之 80%,彈性教學節數占總節數之 20%。

(1) 基本教學節數：係指全國各校至少必須授課的最低節數，並分為必修節
　　數與選修節數二種：

　　a. 一至六年級必修節數：包括七項學習領域內容，占基本教學節數之
　　　 80～90%，至選修節數占基本教學節數之 10～20%。

　　b. 七至九年級必修節數：包括七項學習領域內容，占基本教學節數之
　　　 70～80%；至選修節數占基本教學節數之 20～30%。

　　c. 七項學習領域之學科設計，每學年每週教學節數百分比，應依據課程
　　　 綱要及實際需要訂定之。

(2) 彈性教學節數：係指除各校必須之最低教學節數外，留供班級、學校、
　　地區彈性開設的節數。另分為「學校行事節數」與「班級彈性教學節
　　數」二種：

　　a. 學校行事節數：提供學校規劃辦理全校性和全年級活動，如運動會、
　　　 親師活動及慶典活動等；並可執行教育行政機關委辦活動，及依學校
　　　 特色所設計的課程或活動，例如實施兩性教育，社區活動等。

　　b. 班級彈性教學節數：提供各班老師實施補救教學、充實教學、班級輔
　　　 導，以及增加學科教學節數。

2. 課程教學節數以學年度為單位，各學習領域應合理適當分配，並依據各學
　 習領域之綱要規定，各校全學年必須授課達至最低節數。

3. 全年授課日數以 200 天（不含國定假日、例假日）、每學期上課 20 週、每
　 週授課 5 天為原則。

4. 每節上課以 40～45 分鐘為原則。

5. 各年級每週教學節數：一年級：20～22 節；二年級：20～22 節；三年級：
　 22～26 節；四年級：24～26 節；五年級：26～28 節；六年級：26～28 節；
　 七年級：28～30 節；八年級：30～32 節；九年級：30～35 節。

6. 學校得視課程實施之需要彈性調整學期週數、每節分鐘數，以及年級班級
　 的組合。

7. 學校應視環境需要，配合綜合活動，並以課程統整之精神，設計課外活動，
　 利用課餘時間，輔導學生積極參與各項社團及服務社區，以培養學生自我
　 學習之習慣與知能。

二、2000 年《國民中小學九年一貫課程暫行綱要》

　　2000 年《國民中小學九年一貫課程暫行綱要》將教學節數轉為學習節數，並調整彈性學習節數的範圍，有關「學習節數」之規定如下（教育部，2000，頁 13-14）：

1. 全年授課日數以 200 天（不含國定假日及例假日）、每學期上課 20 週、每週授課 5 天為原則。惟每週上課天數應配合行政院人事行政局政府行政機關辦公日數之相關規定辦理。

2. 學習總節數分為「領域學習節數」與「彈性學習節數」。各年級每週分配情形如表 1-4 所示。

3. 學校課程發展委員會應於每學年開學前，依下列規定之百分比範圍內，合理適當分配各學習領域學習節數：

   (1) 語文學習領域占領域學習節數的 20～30%。

   (2) 健康與體育、社會、藝術與人文、自然與生活科技、數學、綜合活動等六個學習領域，各占領域學習節數之 10～15%。

   (3) 學校應配合各領域課程綱要之內容及進度，安排適當節數進行資訊及家

表 1-4

各年級每週學習總節數、領域學習節數、彈性學習節數分配表

年級＼節數	學習總節數	領域學習節數	彈性學習節數
一	22～24	20	2～4
二	22～24	20	2～4
三	28～31	25	3～6
四	28～31	25	3～6
五	30～33	27	3～6
六	30～33	27	3～6
七	32～34	28	4～6
八	32～34	28	4～6
九	33～35	30	3～5

資料來源：教育部（2000）。**國民中小學九年一貫課程暫行綱要**（頁 13）。臺北市：作者。

政實習。

4. 每節上課以 40～45 分鐘為原則（國小 40 分鐘、國中 45 分鐘），惟各校得視課程實施之需求，彈性調節學期週數、每節分鐘數、與年級班級的組合。

5. 「彈性學習節數」由學校自行規劃辦理全校性和全年級活動、執行依學校特色所設計的課程或活動、安排學習領域選修節數、實施補救教學、進行班級輔導或學生自我學習等活動。

6. 學習活動如涵蓋兩個以上的學習領域時，其學習節數得分開計入相關學習領域。

7. 在授滿領域學習節數的原則下，學校課程發展委員會可決定並安排每週各學習領域學習節數。

8. 導師時間及午休、清掃等時段不列在學習總節數內。有關學生在校作息及各項非學習節數之活動，由學校自行安排。

三、2003 年、2008 年《國民中小學九年一貫課程綱要》

2003 年與 2008 年《國民中小學九年一貫課程綱要》仍延續 2000 年《國民中小學九年一貫課程暫行綱要》學習節數理念，各年級每週學習總節數、領域學習節數、彈性學習節數分配情形相同；如表 1-4。依據表 1-4 與各學習領域比例，推估出九年一貫課程語文與六學習領域學習節數分析表，如表 1-5 所示。

2003 年與 2008 年《國民中小學九年一貫課程綱要》在學習節數理念仍承續 2000 年《國民中小學九年一貫課程暫行綱要》，主要變革為下列兩項（教育部，2003a，2008a）：

1. 語文學習領域占領域學習節數的 20～30%，國民小學一、二年級得併同生活課程實施。

2. 學校應依前揭比例，計算各學習領域之全學年或全學期節數，並配合實際教學需要，安排各週之學習節數。

前項規定語文學習領域於國民小學一、二年級得併同生活課程實施，旨在補救國小低年級語文節數嚴重不足的問題。後項規定旨在強調學習節數總量管制之精神，化解學期節數出現小數點的問題。

表 1-5

九年一貫課程語文與六學習領域學習節數分析

年級	學習總節數	彈性學習節數	領域學習節數	語文上限	語文下限	六領域上限	六領域下限
				30 %	20 %	15 %	10 %
一	22〜24	2〜4	20	6	4	3	2
二	22〜24	2〜4	20	6	4	3	2
三	28〜31	3〜6	25	7.5	5	3.75	2.5
四	28〜31	3〜6	25	7.5	5	3.75	2.5
五	30〜33	3〜6	27	8.1	5.4	4.05	2.7
六	30〜33	3〜6	27	8.1	5.4	4.05	2.7
七	32〜34	4〜6	28	8.4	5.6	4.2	2.8
八	32〜34	4〜6	28	8.4	5.6	4.2	2.8
九	33〜35	3〜5	30	9	6	4.5	3.0

註：全學年教學總週數 40 週。

　　另外，2003 年《國民中小學九年一貫課程綱要》在選修課程中，「學生選修各類課程，應考量本身學力程度及領域間之均衡性，惟選修節數仍受各領域比例上限之規範」多次在國民中小學九年一貫課程修訂審議委員會熱烈討論，因國內中小學常開設語文、數學、自然與生活科技等領域有關的選修課程超出各領域比例上限，因而違反「選修節數仍受各領域比例上限之規範」的規定，經過熱烈討論，基於領域均衡發展原則，2003 年課綱仍維持此規定；然 2008 年修訂《國民中小學九年一貫課程綱要》則已刪除此規定。另外，「資訊教育」因屬六大議題，非屬自然與生活科技學習領域，因此，六大議題均不受「選修節數仍受各領域比例上限之規範」的限制。

四、差異分析

　　1998 年《國民教育階段九年一貫課程總綱綱要》以「教學節數」闡述，然 2000 年《國民中小學九年一貫課程暫行綱要》、2003 年與 2008 年《國民中小學九年一貫課程綱要》則均以「學習節數」陳述，「教學節數」改為「學習節數」乃呼應學生為中心的思維。另外，1998 年《國民教育階段九年一貫課

程總綱綱要》提出「基本教學節數占總節數之 80%，彈性教學節數占總節數之 20%」的規定，已於 2000 年《國民中小學九年一貫課程暫行綱要》、2003 年與 2008 年《國民中小學九年一貫課程綱要》中廢除，改以表列範圍方式，然有些學者直到 2008 年仍以 1998 年《國民教育階段九年一貫課程總綱綱要》之觀點論述，可見，課程改革宣導與學者瞭解課綱均仍待加強。

柒、課程評鑑分工權責

四次課程綱要在課程評鑑的規定大同小異，四次課程綱要主要內涵與變革分述如下：

一、1998 年《國民教育階段九年一貫課程總綱綱要》

1998 年《國民教育階段九年一貫課程總綱綱要》有關課程評鑑的規定為（教育部，1998，15-16 頁）：

1. 課程評鑑應由中央、地方政府和學校分工合作，各依權責實施：
   (1) 中央：建立各學科學力指標，並督導地方及學校課程實施成效。
   (2) 地方政府：負責辦理與督導學校的課程實施及各學科表現的測驗。
   (3) 學校：負責課程與教學的實施，並進行學習評鑑。
2. 各校應組織「課程發展委員會」審查全校各年級的課程計畫，以確保教育品質。課程委員會的成員包括：學校行政人員代表、年級及學科教師代表、家長及社區代表等，必要時亦得聘請學者專家列席諮詢。
3. 評鑑的範圍包括：課程教材、教學計畫、實施成果等。
4. 評鑑方法應採多元化方式實施，兼重形成性和總結性評鑑，並定期提出學生學習報告。
5. 評鑑結果應做有效利用，包括改進課程、編選教學方案、提升學習成效，以及進行評鑑後的檢討。

二、2000 年《國民中小學九年一貫課程暫行綱要》

2000 年《國民中小學九年一貫課程暫行綱要》有關課程評鑑的規定，絕

大部分與《國民教育階段九年一貫課程總綱綱要》相同，主要差異係將「各
校應組織『課程發展委員會』審查全校各年級的課程計畫，……」移到課程組
織中，其餘多未變更。詳細規定如下（教育部，2000，頁16）：

1. 評鑑範圍包括：課程教材、教學計畫、實施成果等。
2. 課程評鑑應由中央、地方政府分工合作，各依權責實施：
   (1) 中央：建立各學習領域學力指標，並督導地方及學校課程實施成效。
   (2) 地方政府：負責辦理與督導學校舉辦各學習領域表現測驗。
   (3) 學校：負責課程與教學的評鑑，並進行學習評鑑。
3. 評鑑方法應採多元化方式實施，兼重形成性和總結性評鑑。
4. 評鑑結果應做有效利用，包括改進課程、編選教學計畫、提升學習成效，
   以及進行評鑑後的檢討。

三、2003 年《國民中小學九年一貫課程綱要》

　　為強化中央、地方課程評鑑的權責，2003 年《國民中小學九年一貫課程
綱要》乃修訂 2000 年《國民中小學九年一貫課程暫行綱要》課程評鑑中之中
央、地方課程評鑑的權責。中央的課程評鑑權責改為：「中央：建立各學習領
域學力指標，並督導地方及學校課程實施成效：(1)建立並實施課程評鑑機制，
以評估課程改革及相關推動措施成效，並作為未來課程改進之參考；(2)建立
各學習領域學力指標，並評鑑地方及學校課程實施成效。」地方的課程評鑑
權責改為：「地方政府：(1)定期瞭解學校推動與實施課程之問題並提出改進
對策；(2)規劃及進行教學評鑑，以改進並確保教學成效與品質；(3)輔導學校
舉辦學生各項學習領域學習成效評量。」學校課程評鑑權責則未更動（教育
部，2003a）。

四、2008 年《國民中小學九年一貫課程綱要》

　　2008 年《國民中小學九年一貫課程綱要》僅稍微調整中央課程評鑑的權
責。將中央的課程評鑑權責「建立各學習領域學力指標，並評鑑地方及學校
課程實施成效」改為「建立各學習領域學習能力指標，評鑑地方及學校課程
實施成效」。其餘仍延續 2003 年課綱之內涵。

五、差異分析

四次課程綱要均本三級評鑑分工合作方式，中央負責建立各學習領域學習能力指標，評鑑地方及學校課程實施成效；地方政府負責辦理與督導學校舉辦各學習領域表現測驗；學校負責課程與教學的評鑑，並進行學習評鑑。其主要差異在於 2008 年以後「各學習領域學力指標」改為「各學習領域學習能力指標」，呼應九年一貫課程能力指標用詞，求其一致。值得注意者為 2000年課綱已規定學校負責課程與教學的評鑑，然此規定似乎未充分落實。

✷✷ 第三節　九年一貫課程的展望 ✷✷

九年一貫課程自 2000 年推動至今已逾十年，十年來各界褒貶不一，然課程本為發展歷程，而非既定模式；課程亦無完美課程，而係妥協的課程。為期未來九年一貫課程更為理想、務實，茲提出修訂理念、基礎研究、師資、教材、教學、評量及配套措施等向度的展望如下：

壹、專業化、統整化的修訂理念

九年一貫課程以彰顯「鬆綁與專業自主」、「連貫統整」、「能力指標」等理念，實施至今已出現理念鬆動或倒退情況，未來若無法堅持並強化「專業化」、「統整化」的修訂理念，則九年一貫課程可能只剩下空殼。

一、專業化、自主化的鬆綁理念

九年一貫課程從「課程標準」轉向「課程綱要」，乃從限制轉向鬆綁，從制式化、統一化的標準轉向專業化、自主化的綱要。因此，衡量九年一貫課程的績效，應評析學校專業化、自主化的推動狀況。就九年一貫課程推動至今，學校與教師的自主化已顯著進步，然專業化似仍待加強。未來，九年一貫課程應透過各種政策，積極強化學校與教師的專業素養，方能以專業引領

自主，以專業落實自主。不然，缺乏專業的自主，學校將淪為科目地盤的爭奪，校園將淪為只算票數的民粹。

二、連貫化、統整化的能力指標思維

九年一貫課程必須強化課程與教材的縱向連貫與橫向整合，方能落實三多的政策；必須以能力指標作為縱向連貫與橫向整合的核心，落實三少政策的基礎。九年一貫課程實施至今，國中教材領域自編教材的理想卻淪為分科編書的現象；國中統整或協同教學的理想卻走回分科、獨立教學的老路；賴以縱向貫串與橫向統整的能力指標卻在國中小現場遭受漠視或批判。未來，九年一貫課程應持續堅持連貫化、統整化的能力指標思維，不然九年一貫課程將會逐漸名存實亡。

貳、紮實化、常態化的基礎研究

教育部已於 2008 年 5 月委託國家教育研究院籌備處進行「中小學課程發展之相關基礎性研究」，探討並建構我國合宜之中小學課程發展機制及其內涵（詳見表 1-6）。「第一、二年」為基礎性研究，包括：(1)現行總綱、課綱、教科書、師資、學生學習表現檢視（包含 PISA、TIMSS、PIRLS、TASA 等大型國際及國內評量）及現有課程實施過程優缺點之後設分析（meta-analysis）與彙整；(2)先進國家課程發展趨勢分析及我國未來課程發展核心架構之擬定。「第三、四年」依據基礎研究之結果，由核心團隊成員進行課程發展架構及總綱的研擬、焦點團體座談、修正與定稿。「第五、六年」依據課程發展架構及總綱內容，進行各學科、領域之課綱或課程標準之擬訂。「第七～十年」分別進行教科書編寫、審查；職前及在職教師在教學及評量方面的知能培訓；以及新課程的教學實驗。若某些學科領域的課程綱要或標準提早完成，亦可先行編寫教科書、審查及師資培訓（國家教育研究院籌備處，2008）。

「中小學課程發展之相關基礎性研究」已提出良好的架構，但目標掌握、周延性及執行力乃成敗關鍵，若能依循基礎性研究的理念與架構，確實執行，當能提供有力的論述基礎。

表 1-6

「中小學課程發展之基礎性研究」內涵

總計畫：中小學課程發展之基礎性研究	
區塊研究（一）：課程檢視與後設研究彙整	1. 現行中小學課程綱要實施評鑑及相關研究後設分析（總綱、課綱與教科書、師資等配套措施） 2. 台灣學生學習表現檢視與課程發展運用（PISA、TIMSS、PIRLS、TASA 成果轉化及後續研究──含適性、多元、正義等議題）
區塊研究（二）：發展趨勢及課程發展核心架構擬定	1. 各國近期中小學課程取向與內涵的比較研析（理念、目標、架構、授課名稱與學習時數配置、實施要點等） 2. 中小學課程相關之課程、教學、認知發展、核心素養等哲學基礎與理論趨向
後設評鑑（「中小學課程發展之基礎性研究」的後設評鑑研究）： 本案可輔於(1)課程制訂的原理、方法與各國課程研修機制、週期研析；(2)中央、地方與學校之課程權責與轉化等研究；以利後設評鑑規準的建構與評鑑機制的建置	

資料來源：國家教育研究院籌備處（2008）。「**中小學課程發展之相關基礎性研究**」計畫書（頁 5-6）。新北市：作者。

參、專精化、優質化的師資

　　教育與課程改革的主要推手為教師，若無教師的專業、熱忱與支持，改革將淪為空談。然而，師資培育「專業化」、「精緻化」和「優質化」主要涉及政策、課程規劃及教師在職進修情況。

一、加強四化的師資培育政策

　　未來師資培育政策，建議仍持續「多元化」、「精緻化」、「國際化」、「彈性化」等原則。「多元化」乃落實《師資培育法》多元卓越培育精神；「精緻化」乃提升教師學歷至碩士層級、強化師資培育公費與獎學金制度，及落實評鑑並持續管控調節師資培育數量；「國際化」乃培育具多樣語言教學能力之教師，並促使華語及科學師資輸出國外；「彈性化」乃賦予各大學師資培育更多專業自主權，並促使各大學相關教育院系所與師資培育中心培育功能整併，辦理跨校招生、開課及區域整合。

二、落實《師資教育專業課程指引》

　　師資培育審議委員會為強化「教師專業標準本位」之師資培育政策，改善師資養成階段「學非所用、用非所學」的現象，乃於 2007 年 6 月 26 日第 63 次會議通過《師資教育專業課程指引》。此指引的基本理念有三：(1)「專業化」：提升教師的教育專業知能，涵養其教育專業與精神；(2)「務實化」：職前教育應能學以致用，培養能勝任以教學為主之初任教師；(3)「前瞻性」：呼應國際趨勢與掌握社會脈動，前瞻規劃教育專業課程。此指引提出各師資類別「教育專業課程科目及學分表」的規劃準則，除指出各師資培育機構應培育其學生具備「教育基礎的能力」、「課程設計與教學」及「班級經營與輔導」兩項「教育方法的能力」，以及「教學實習及教材教法的能力」等三大能力外，更提出下列四項準則：(1)師資培育的教育專業課程旨在培育具備教育專業精神，並能勝任教學為主之初任教師，應與培養教育研究者或行政人員有所區隔。有關培養教育研究者或行政人員之課程，宜安排於在職教師之專業成長進修；(2)教育專業課程不僅著重知識的獲得，更應強調專業能力與專業精神的涵養；(3)教育專業課程應著重理論與實務印證，提高實務的比例與內涵，並強化與教育現場結合；(4)教育專業課程應儘量規劃 3 學分以上之統整性教育專業科目，以強化課程之深度與廣度，並增進科目間的連結與統整（李坤崇、曾憲政、張惠博、符碧真、詹政道、江海韻，2006）。《師資教育專業課程指引》乃對師資培育的重大變革，由培養「全能教師」到「勝任教學為主」之初任教師，從「2 學分各自獨立」到「3 學分以上統整」的教育專業科目，從規範科目與學分數到規範三大能力的理念，故教育部宜及早改善數十年教育專業課程之失，積極落實《師資教育專業課程指引》。

三、引領教師積極在職進修

　　筆者 2008 年 9 月 19 日至 21 日前往中國大陸「全國課程改革實驗區綜合實踐活動第六次研討會」專題演講，發現參與者雖必須繳交相當於近半個月薪資的 500 元人民幣會務費，然參與人數由原本規劃的 600 人暴增到 1,040 人，充分表現大陸中小學教師參與研討的熱忱，印象深刻。反觀 2000 年至 2008 年

走訪臺灣廿五縣市，發現教師參與研習的熱情逐漸冷卻，故建議教育部應更積極引領教師在職進修。尤其是，九年一貫課程強調「給學生帶得走的能力」與「給學生統整化、生活化的知識與能力」，必須教師善用適性教材、調整教學方法及改善教學評量方能達成。教師如何調整教材、教學及評量，均有待在職進修。

肆、優質化、適性化的教材

九年一貫課程於 2001 年開始實施，受到最大質疑者為教材內容出現部分錯誤或爭議，使得各界紛紛要求檢視教材的品質。教材設計分為「編、審、選、用」四個層次：教材「編輯」以出版社為主、教師自編為輔；教材「審查」分兩類，出版社編輯者由國立編譯館審查，教師自編者由學校課程發展委員會審查；教材「選擇」乃由教師選擇出版單位編輯之教材，選擇的程序與標準攸關取材的優劣；教材的「使用者」則為教師與學生。

欲促使教材「優質化」，應強化教材的編輯與審查機制。教育部除持續辦理教科圖書編審座談，研議教科圖書審定基準之外，教育部原擬辦理的綱要研修、教科書編輯、教科書審查三方會談，似應再加入教科書使用者。建議教育部辦理「修編審用」四方會談，即辦理綱要研修、教科書編輯、教科書審查及教科書使用者四方會談，方能確保教材優質化。

欲促使教材「適性化」，則應強化教材的選擇與使用機制。教師雖擁有教材選擇權，但少數人士質疑教師在各領域的專業知能不足、對教材審查指標不夠了解、未能深入解析各領域各出版社的教材、未能精確判斷學生較適合何出版社教材，以及選擇教材受出版社服務與贈品的高度影響，乃教師在選擇教材時較為外界詬病的因素。因此，如何避免外界詬病因素，以提升教材的優質化、適性化，乃教師須努力的課題。

九年一貫課程飽受爭議者為「一綱多本」。「一綱多本」鼓勵多元創新、突破單一制式的死板方式，提供多版本呈現不同視野、多元學習內涵，較能適應各地區需求與差異，並賦予教師專業選擇權。然為何家長未感受到一綱多本的好處，卻評論為壞處？主因在於：(1)有一綱多本的綱要與教材，卻無

一綱多本的教學與評量；(2)有一綱多本的理念，卻無周延且及時的配套與宣導措施及執行力。分析一綱多本之優劣及其因應建議，詳見表1-7。

表1-7

一綱多本的分析及其因應建議

項目	優點（或理念）	缺失或問題	因應建議
法制	1.《教育基本法》第9條第1項及第3項規定（依100.6.29修正者）：教育制度的規劃設計與執行全國性教育事務是中央的權責。 2.《國民教育法》第8-2條：國民小學及國民中學之教科圖書，由學校校務會議訂定辦法公開選用之。	因法規無防弊規範，使得地方政府得以抵觸中央法規。	1.中央、地方政府應在法制化基礎下，執行教科圖書選用工作。 2.若中央與地方政府意見不一，建議籌組溝通小組，私下研議雙贏的可行解套方案，避免公開批判，以減少民眾疑慮或恐慌。
課程	1.綱要鼓勵多元創新，突破單一制式的死板方式。 2.強調給學生帶得走的能力，而非背不動的書包。	1.綱要能力指標過於籠統，綱要委員、教科書編者及審定委員各自解讀，易衍生差異。 2.各學習階段能力指標跨數年，易造成各出版社編輯差異。	1.比照日本發展各領域能力指標補充說明。 2.建置修編審用考的五方會談機制，強化綱要修訂者、教材編輯者、教材審查者及教材使用者的溝通。
教材	1.多版本呈現不同視野、多元學習內涵。 2.各版本較能符應各地區需求與差異。 3.賦予教師專業選擇權。	1.各版本多而亂。 2.各出版社以都會區為素材主體，仍未能充分關注偏遠或弱勢地區。 3.各版本表面雖亂，然其主要能力內涵有九成以上相同。 4.家長擔心基測考題非出多本交集，廣泛購買多版本參考書與測驗卷，增加經費與學生學習負擔。	1.由中央與縣市輔導團分析並公告各領域各版本間的內涵對照比照表。 2.由國家教育研究院籌備處發展各版本間的補充教材，上網並印送給偏遠或弱勢學生。此可讓家長只買一本參考書，減輕經費負擔。 3.教科書改版至少以三年為週期，減少更動及其衍生壓力或經費負擔。 4.持續出版數學、自然部編本教材，以引領各出版社提升教材品質，並

（續下頁）

項目	優點（或理念）	缺失或問題	因應建議
教材			適切關注偏遠或弱勢地區。
教學	1. 賦予教師專業自主。 2. 教師教學可以選取的教材為核心，挑選其他版本合適教材，提供更適切完整的學習內涵。	1. 教師若只教知識內涵，而非教能力，則將出現各版本差異。 2. 教師缺乏一綱多本之能力化、多元化教學素養。	1. 強化教師一綱多本的教學素養，著重能力化、多元化的教學，才能培養學生帶得走的能力。 2. 公告並印製各領域各版本間的內涵對照比照表，以及各版本間的補充教材，提供給每個教師，減少教師因應多版本教材的備課負擔。
評量	1. 評量學生能力而非瑣碎的知識，給予學生帶得走的能力。 2. 善用多元評量將引導學生全人發展。	1. 教師評量素養不足，導致無法評量學生的能力，停留在低層次的瑣碎知識。 2. 教師進行平時評量著重瑣碎知識，加深家長對各版本差異的疑慮。因為教師考記憶層次題目愈多，各版本教材差異愈大，家長愈容易恐慌。	1. 提升教師多元化教學評量的素養。 2. 增進教師評量「能力」的素養，評量避免停留於低層次的記憶。 3. 國家教育研究院籌備處發展教學評量題庫，供教師參酌運用。
考試	1. 基測以能力指標為命題依據，試題生活化，將引導學生能力化、生活化的學習方式。 2. 基測評量多本的能力交集部分，可減輕學生負擔與家長焦慮。 3. 基測只考一個版本，既無法保證學生不補習，死背教科書更會扼殺學習。 4. 一綱一本不是減輕升學壓力的萬靈丹。	1. 基測差一分，就差很多級分，家長怕疏漏，採取讀完所有版本的策略。 2. 教育部未公布每個基測考題在各版本的出處，引發家長對政策宣示不信任。	1. 基測自 2005 年起均要求每個基測考題註明在各版本的出處，教育部宜公布上述資料，以減輕家長壓力。 2. 國家教育研究院籌備處發展教學評量題庫上網公告，並印給偏遠或弱勢學生。此可減輕家長購買測驗卷負擔。
經費	經由聯合議價，教科用書已較以往便宜。	家長為求安心，均購買各家出版社參考書、測驗卷，經費負擔沉重。	1. 持續推動縣市教科書回收再利用機制。 2. 建置參考書回收再利用機制。

伍、協同化、創新化的教學

2003 年與 2008 年《國民中小學九年一貫課程綱要》均強調：學習領域之實施，應掌握統整之精神，並視學習內容之性質，實施協同教學。大多數國中小實施九年一貫課程或許難以進行領域與合科教學，但應掌握統整之精神，並視學習內容之性質，實施協同教學。

實施九年一貫課程數年，教師實施合科教學的比例不增反減，實施分科教學的比例卻增高到八、九成。如甲市各校實施綜合活動教學，91 到 93 學年度七年級採取領域教學的比例依序為 30%、20%、10%，分科教學的比例依序為59%、77%、82%；93 至 96 學年度七至九年級合科教學的比例依序為 13%、9%、5%，平均為 9%；分科教學的比例依序為 80%、86%、91%，平均為 86%，如表 1-8 所示。在九年一貫課程七大學習領域中，最適合統整、協同的是綜合活動領域，且綜合活動領域體驗、省思與實踐更須要統整、協同教學來達成，然其教學卻離統整、協同的理念愈來愈遠，乃課程推動值得警惕之處。

表 1-8

某縣市 93 至 96 學年度綜合活動領域的合科、分科教學狀況

年級 學年度	七年級			八年級			九年級		
	分科	合科	其他	分科	合科	其他	分科	合科	其他
93 學年度	82	10	8	84	8	8	90	3	7
94 學年度	81	11	8	86	9	5	90	7.5	2.5
95 學年度	80	14	6	84	10	6	92	5	3
96 學年度	78	17	5	88	9	3	93	4	3
平均	80	13	7	86	9	6	91	5	4

九年一貫課程強調「給學生帶得走的能力」與「給學生統整化、生活化的知識與能力」，然上述理念必須伴隨著教學的創新，教師除善用講述、討論教學法外，應再納入省思教學法、價值澄清教學法、多媒體教學法、創新教學法等教學法，積極引導學生進行解決問題的學習、合作學習、專題學習、實作學習及體驗學習，方能展現九年一貫課程的理念。

陸、人性化、多元化、專業化的評量

　　多元評量係以教師教學與評量專業為基礎，依據教學目標研擬適切的評量方式、評量內涵、評量人員以及評量時機與過程，並呈現多元的學習結果，提供更適性化的教學來增進學生成長。

　　「人性化」教學評量宜掌握「尊重」、「個別差異」、「適性發展」三理念。「尊重」乃將學生視為應被尊重的「人」，尊重其存在，更尊重其想法。「個別差異」乃允許、重視，並適切處理學生間的個別差異，不宜以劃一的標準與統一的規定來要求所有學生。「適性發展」乃確認學生是發展中的個體，有其發展階段與任務，教師評量不僅應尊重其發展階段與任務，更應接納發展的危機與挫折。

　　「多元化」教學評量的多元應展現下列特質：(1)專業強化課程、教材、教學及評量等向度的「專業多元」；(2)評量內涵兼顧認知、情意、技能等領域的「內涵多元」；(3)評量過程顧及安置評量、形成評量、診斷評量及總結評量的「過程多元」；(4)評量時機含括定期評量、平時評量的「時機多元」；(5)評量情境包括教室、教室外情境的「情境多元」；(6)評量方式包括紙筆測驗、實作評量、系列實作評量、檔案評量、口語評量及軼事記錄等方式的「方式多元」；(7)評量人員兼顧教師、同儕、自己、家長等人員的「人員多元」；(8)計分顧及個人分數、分組分數、基本分數及加權分數的「計分多元」；(9)評量結果兼顧質化與量化、能力與努力的「結果多元」。

　　除「人性化」、「多元化」之外，亦應強化教學評量的「專業化」，應掌握下列原則：(1)評量中心學生化：從研擬評量目標、擬定評量計畫、實施教學評量、呈現評量結果到進行評量解釋，由傳統以教師為中心的思維轉換到以學生為中心，教學評量應以學生為中心；(2)教學評量計畫化：教師應擬定周延的學期評量計畫，告知學生，並按計畫實施教學評量；(3)評量內涵同理化：教師編擬評量工具應以同理心的角度編擬，掌握「己所不欲，勿施於人」的理念來編擬評量工具；(4)評量結果呈現增強化：分數是學生信心的來源，教師呈現學生成績時，應充分顧及學生個別差異、努力情形、進步狀況，予

以學生增強，提升學生信心；(5)評量結果解釋正向化：教師應多鼓勵與多支持學生，方能增進學生正向自我概念，評量結果解釋除兼顧常模參照或標準參照外，更強調自我參照，以引導學生自我比較、自我進步、自我實現。

柒、周延化、效率化的配套措施

　　教育部 2000 年與 2003 年推動九年一貫課程的配套措施出現「不足、不及、不佳、不知」等現象，致出現「理念叫好、執行不力、結果欠佳」的窘境。為何我國九年一貫課程立意良好的課程政策，執行至今仍令各界質疑，甚至指出「名存實亡」，追本溯源在於配套措施「不足」、「不及」、「不佳」、「不知」等問題。

一、以更嚴謹的規劃避免配套不足問題

　　教育部為籌備即將於 100 學年度實施修訂的九年一貫課程綱要，於 2008 年 4 月 15 日研擬「國民中小學九年一貫課程綱要微調推動配套措施」（教育部，2008e）（詳見表 1-9），配套項目包括五項：(1)組織運作。含括教育部推動相關組織、各縣市政府推動相關組織及各國中小推動相關組織等細項；(2)法規修訂。包括修訂《國民教育法》、《國民小學及國民中學教科圖書審定辦法》、《教師法》、修訂師培機構相關法令、研議國民小學教師加註領域／學科專長及研修相關行政規則等細項；(3)培育增能。包含教育部辦理相關人員之增能研習、師培機構辦理教師職前培育、各縣市政府辦理相關人員之增能研習及各國中小辦理相關人員之增能研習等細項；(4)教科書。含括辦理綱要研修、教科書編輯、教科書審查三方會談及強化重大議題融入各學習領域；(5)其他。包括修正評量措施、強化相關教學資源及辦理宣導措施。上述配套措施雖已累積多年推動九年一貫課程的經驗，但最為「不足」者為推動組織的縱向與橫向聯繫，中央、地方、學校三級組織的縱向聯繫並未制度化，甚至衍生互斥化、表面化及敷衍化，課程研修小組與推動小組的橫向溝通不足，甚至相互排斥，造成基層教師莫衷一是。另外，宣導的最大問題為「一人一把號、各吹各的調」，並未能於此配套措施中避免，建議教育部審慎思維。

表 1-9

國民中小學九年一貫課程綱要微調推動配套措施一覽表

序號	工作項目	推動策略
	壹、組織運作	
一	教育部推動相關組織	1. 定期召開「九年一貫課程推動工作諮詢會議」，整合「課程與教學輔導組」（含各學習領域輔導群、中央團）、「行政與資源整備組」（本部相關司處、館所、三區策略聯盟），將課綱微調之宣導與推動列為年度重點工作。
		2. 定期召開教育局（處）長會議，宣導課綱微調各局（處）應配合事項。
		3. 定期召開教育局（處）之學管科、課（股）長及課長督學聯席會議，宣導並掌握各縣市課綱微調推動情形。
		4. 辦理中小學課程相關基礎性研究，為下一波新課程作準備。
		5. 各研修小組製作所屬課綱微調之重點與需配合推動之事項簡報，並培訓「宣導種子教師」，以擔任相關研習之講師。
		6. 持續透過國民中小學九年一貫課程綱要研修網站蒐集各界意見，以為下波課程修訂之參考（http://opinion.naer.edu.tw/）。
二	各縣市政府推動相關組織	1. 將課綱微調之宣導與推動，列入精進課堂教學能力計畫下之縣市層級及學校層級研習計畫中辦理。
		2. 強化國民教育輔導團功能，建置專屬網站，整合各學習領域課程相關資訊，並統整課綱微調後之宣導推動、服務、輔導、諮詢、評鑑及其他各相關事宜。
		3. 配合參與所屬區域策略聯盟，執行縣市應配合事項。
		4. 配合籌編課綱微調所需增列之相關經費（含設備）。
		5. 確實落實辦理學校課程計畫核定事宜。
三	各國中小推動相關組織	1. 於領域共同時間或教學研究會宣導課綱微調重點與需配合推動之事項。
		2. 要求教師配合微調課綱研擬課程計畫。
		3. 落實運作課程發展委員會，強化課程計畫之審查事宜（尤其是重大議題融入教學）。
		4. 建置學校課程計畫專屬網站，作為教師、家長查閱與意見交流之平臺。
	貳、法規修訂	

（續下頁）

序號	工作項目	推動策略
一	修訂國民教育法	賦予設置國民教育輔導團、課程督學之法源依據。
二	修訂國民小學及國民中學教科圖書審定辦法	完成國民小學及國民中學教科圖書審定辦法之修訂及頒布。
三	修訂教師法	檢討修訂教師法,規範國中小教師基本進修時數。
四	修訂師培機構相關法令	1. 修訂中等學校各任教學科領域群科師資職前教育專門課程科目及學分對照表實施要點(重點在本土語言、資訊教育)。
		2. 修訂國民小學教師師資職前教育課程教育專業課程科目及學分(國小國語、數學、英語、綜合活動、生活課程之教材教法應改為必修)。
五	研議國民小學教師加註領域／學科專長	研議修訂師資培育相關法規,訂定國民小學師資職前教育專門課程。
六	研修相關行政規則	1. 修訂國民中小學開設本土語言選修課程應注意事項。
		2. 修訂國民中小學本土語言指導員設置要點。
		3. 修訂提升國民中小學本土語言師資專業素養改進措施。
		4. 修訂教育部補助直轄市縣(市)推動國民中小學本土教育要點。
		5. 修訂教育部補助辦理精進課堂教學能力要點。
	參、培育增能	
一	教育部辦理相關人員之增能研習	1. 辦理縣市課程與教學相關課(科)(股)長、承辦人員、督學、課程督學、輔導團幹事等研習,俾其瞭解課綱微調之重點與需配合推動之事項。
		2. 辦理師培機構教師研習,俾其瞭解課綱微調之重點與需配合推動之事項。
		3. 規劃辦理各學習領域課程與教學輔導群及中央團教師增能培訓課程,俾其瞭解課綱微調之重點與需配合推動之事項。
		4. 規劃全國初階、進階輔導團員及領域召集人研習,俾其瞭解課綱微調之重點與需配合推動之事項。
二	師培機構辦理教師職前培育	1. 師資培育機構辦理各學習領域與重大議題課綱微調重點之課程,俾使師資生及在職教師瞭解課綱微調重點與須配合推動事項。
		2. 督導師資培育機構將課程綱要內涵落實於師資職前培育教材教法、教學實習及教育實習等相關課程中,以提升教師領域專長與各項能力。

(續下頁)

序號	工作項目	推動策略
三	各縣市政府辦理相關人員之增能研習	1. 辦理縣市層級精進課堂教學研習（校長、主任、組長），俾其瞭解課綱微調之重點與需配合推動之事項。
		2. 擬定縣市國民教育輔導團輔導員專業成長培訓事宜，俾其瞭解課綱微調之重點與需配合推動之事項。
		3. 輔導團辦理學校領域召集人或種子教師研習，俾其瞭解課綱微調之重點與需配合推動之事項。
四	各國中小辦理相關人員之增能研習	辦理學校層級精進課堂教學研習（教師、家長），俾其瞭解課綱微調之重點與需配合推動之事項。
	肆、教科書	
一	辦理綱要研修、教科書編輯、教科書審查三方會談	1. 辦理綱要研修小組委員、審定委員及編輯人員三方座談，溝通課程綱要內容，落實編與審，以符應課程綱要。
		2. 辦理教科圖書編、審座談，研議教科圖書審定基準（尤其是重大議題）。
二	強化重大議題融入各學習領域	1. 整理各學習領域納入相關重大議題能力指標一覽表，提供教科書審查委員審查教科書時參考。
		2. 建置七大議題外審專家學者資料庫，以協助提供審查重大議題融入各學習領域教科書內容之意見。
	伍、其他	
一	修正評量措施	1. 辦理學習成就評量資料庫推動委員會之相關研習，宣導課綱微調之重點，俾其配合修正學習成就評量試題。
		2. 釋出部分學習成就評量資料庫試題，由縣市依其所需之檢測年段及科目組合題本，以減緩縣市自辦學習檢測之需求。
		3. 辦理基測命題人員研習，俾其瞭解課綱微調之重點，配合修正題庫。
		4. 研修國中多元入學相關措施，界定基本學力測驗之功能與目標。
二	強化相關教學資源	1. 更新國教司網頁之相關內容。
		2. 強化國民教育社群網，有效進行理念宣導與教學資源分享。
		3. 配合微調後課綱更新教育部數位學習資源相關網站內容。
		4. 針對課綱微調之重點，研提 98-99 年度之教學資源（輔助之教學媒體）製作計畫。
三	辦理宣導措施	1. 研提整體宣導計畫，並協助製作各項文宣（含課綱紙本、專書、折頁、電子簡報等）。
		2. 發送各項宣導資料。

資料來源：教育部（2008e）。**2008 年 4 月 15 日國民中小學九年一貫課程綱要各學習領域暨重大議題召集人第 2 次會議決議。**

二、以多元溝通研議避免配套不及問題

2008 年 4 月 15 日雖研擬「國民中小學九年一貫課程綱要微調推動配套措施」的實施期程，若未能持續召集教育部內相關單位、地方政府及相關研修、推動組織或單位研議，易造成有配套項目，卻缺乏精確期程之弊，將衍生配套「不及」問題。

三、以尾端管控避免配套不佳問題

教育部研議的微調配套措施，不僅缺乏量化、質化的績效指標，更缺乏有效率的管考組織。配套措施中僅有推動組織，卻無績效評析小組，如此將使各項配套措施績效難以立即評析，更難以檢核確實績效。建議教育部應籌組績效評析小組或於「九年一貫課程推動工作諮詢會議」中委託數人組成小組，已落實尾端管控，避免配套不佳問題重演。

四、以一貫理念多樣管道避免配套不知問題

教育部 2000 年與 2003 年推動九年一貫課程的配套宣導中，最為人詬病者為「一人一把號、各吹各的調」。造成此現象的原因，係宣導九年一貫課程者大多數非九年一貫課程審議委員會或各領域課程綱要研修小組的核心成員，使得學者專家宣導課程內涵不一且相互抵觸，造成國中小教師無所適從。教育部雖於 2008 年 4 月 15 日研擬「國民中小學九年一貫課程綱要微調推動配套措施」，仍無法克服「一人一把號、各吹各的調」，且觀察「課程與教學輔導組」有些學習領域輔導群已與研修小組互斥，如此豈能避免各吹各的調。另外，教育部研擬的配套措施，提及「研提整體宣導計畫，並協助製作各項文宣（含課綱紙本、專書、折頁、電子簡報等）」，未見整體宣導計畫內涵，且未納入家長組織、教師組織或學生組織，將造成參與體系不夠多元，宣傳管道不夠多樣，更難以全面宣導。

教育部 2008 年 4 月 15 日研擬「國民中小學九年一貫課程綱要微調推動配套措施」本身已隱含配套不足、不及、不佳、不知等問題，建議教育部持續努力研議與落實。然而，再好的配套措施也需要「專業」的配套執行者，若

僅停留於「人脈」，找聽話與喜歡的人來推動，而非以「專業」為依歸，則無論多好的配套措施均將事倍功半。

捌、結語

九年一貫課程乃順應時代變遷、提高人力品質與提升國家競爭力的改革理念，然課程改革成敗，課程綱要的擬定只是吹起改革號角，教育行政機關人員、學校行政人員與教師、家長與社會人士，能否群策群力戮力執行，乃成敗關鍵。尤其是學校行政人員與教師更扮演著關鍵核心角色，相信以臺灣優秀的學校行政人員、教師，以其專業素養與精神，當能落實九年一貫課程理念，培育更好、更具競爭力的下一代國民。

|第 2 章|

日本與大陸綜合活動相關課程概述

　　面對世界各國培育人才秣馬厲兵、教育改革風起雲湧之際，我國教育不僅要保留傳統教育優點、改善缺失，更要走進國際、超越世界各國，培養更優秀的人才。為追求超越世界主要國家，必須借鏡他國經驗，以不斷改革創新。然而，數十年來我國教育師法對象以歐美為主，卻顯忽略同屬亞洲的日本，亦未深入覺察中國大陸的課程變革。因此，本章特別闡述日本的「綜合學習時間（総合的な学習の時間）」及中國大陸的「綜合實踐活動課程」，以提供讀者參考。

∷ 第一節　日本綜合學習時間 ∷

　　高浦勝義（1998）強調，日本於平成 8 年（1996 年）7 月 19 日第 15 期中央教育審議會的第一次諮詢中，指出教育課程改革必須新設「綜合學習時間」。此係因二次大戰後日本雖努力追上並超越歐美各國，然快速的經濟成長及豐富的物質享受，卻導致學生自立遲緩、健康不佳、體力不振、社會互動欠佳以及倫理觀低落、生活時間緊湊、學校生活難以滿足需求、過度考試競爭產生補習率增加，以及家庭與社區的教育功能降低等問題。除此，21 世紀社會變遷亦引起國際化、資訊化、科學技術更新等新生問題。高階玲治

（1998a）亦指出日本學生毫無耐性的三分鐘熱度、缺乏良好的生活習慣、未能遵守社會規範、薄弱的同伴意識、欠佳的人際關係、毫無主見的依賴性、難以獨立自主、做事毫無動力、對自己未來的漠視不安、虛無飄渺的自我存在意識，以及對未來沒有抱負等問題。

　　日本為因應 21 世紀社會變遷與提升教育品質，於平成 10 年 12 月公告的《國小學習指導要領》（小学校学習指導要領）（文部省，1998a）、《國中學習指導要領》（中学校学習指導要領）（文部省，1998b），以及平成 11 年 3 月公告的《後期中等學校學習指導要領》（高等学校学習指導要領）（文部科學省，1999a），均新設「綜合學習時間」（総合的な学習の時間）。實施近十年後，日本重新修訂中小學學習指導要領，於平成 20 年 3 月公告修訂《國小學習指導要領》（文部科學省，2008a）、《國中學習指導要領》（文部科學省，2008b），以及平成 21 年 3 月公告修訂《後期中等學校學習指導要領》（文部科學省，2009a）。茲闡述日本中小學學習指導要領的變革、綜合學習時間的設置緣由、綜合學習時間的變革、綜合學習時間的目標、綜合學習時間的學習內容、綜合學習時間的學習方法、綜合學習時間的自我教育能力，以及綜合學習時間的省思等八項如下：

壹、日本中小學學習指導要領的變革

　　日本平成 10 年 12 月公告的《國小學習指導要領》與《國中學習指導要領》，及平成 11 年 3 月公告的《後期中等學校學習指導要領》，均指出下列四項基本願景：(1)養成豐富的人性、社會觀及生活在國際社會中身為日本人的自覺能力；(2)養成自我學習和思考的能力；(3)展開寬廣教育的同時，也能兼顧基本知識的確實獲得及充實，使學生個性得以發揮之教育方式；(4)各個學校可自創見解，發揮自我特色之教育，並促進發展各有特色的學校。

　　《國小學習指導要領》、《國中學習指導要領》及《後期中等學校學習指導要領》統稱《中小學學習指導要領》，其強調培養具「生存能力」的學生，引導學生自主學習與獨立思考，強化學生正義感與倫理觀念，增強學生體魄與健康等實力。「生存能力」包括下列六項實力：(1)對美麗事物、大自然感

動的豐富感性；(2)重視正義感和公正的心；(3)尊重生命、人權等基本的倫理觀念；(4)體諒他人和貢獻社會的心；(5)自立心、自我克制的能力和責任感；(6)能和他人協調共生，並包容接納不同人事物。

文部科學省（2003）強調，新學習指導要領的基本目的在於養成「生存能力」。各學校在與家庭、社區的合作下，不僅必須積極充實屬於「生存能力」中知性層面的「穩固性學力」，更應藉由「綜合性學習時間」，配合學生實際狀況與發揮創意教學，納入彈性化、多樣化的「個別指導」，以提升學生的學習意願。文部科學省（2003）指出，「穩固性學力」不僅包括知識及技能，亦包括思考力、判斷力、表現力、發現問題的能力與解決問題的能力，更應包含學習方法與學習意願。生存能力與穩固性學力內涵及關係圖，詳見圖 2-1。

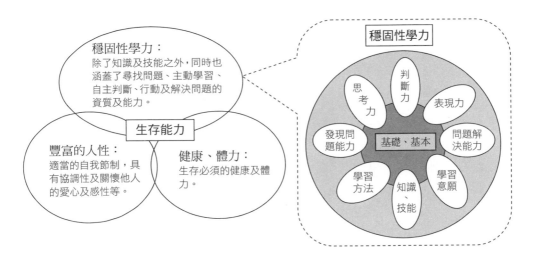

圖 2-1　生存能力與穩固性學力內涵及關係圖

資料來源：文部科學省（2003）。**關於目前初等中等教育教育課程及指導之充實化・改善方案（答辯）**（頁 2）。東京，日本：作者。

高浦勝義（1998）強調「生存能力」並非知性的知識記憶，而是認知層面的「自己找出主題、自己學習、自己思考、自主性的判斷與行動、更強的解決問題資質或能力」，與情意面的「不斷律己、與他人協調、體貼他人的心或感動之心等豐富的人性」，以及健康面的「能健壯生存的健康與體力」。上述

觀點與兒島邦宏（1997a）從知、德、體來詮釋「生存能力」的觀點不謀而合，兒島邦宏指出「生存能力」的知，從以知識與技能為中心的量化學習能力或量化知識習得主義，移轉到思考力、判斷力、行動力、問題解決能力等難以量化的學習能力或學習能力觀；從著重傳授已知結果的事物與現象知識（內容認知）教育，移轉到尋求自我認知及溯源學習方法（方法認知）為中心的教育。

日本文部科學省於平成 10 至 11 年（1998 至 1999 年）修訂的國小與國中學習指導要領，以「培養生存能力」、「重視寬裕教育」、「擴大選修學習內容」、「重視體驗式的學習」為主要修訂方向，其中為了減輕學生負擔，將課程內容削減近 30%，實行一週上課五日制影響最大（林堂馨，2008）。致使 2007 年 12 月經濟合作發展組織（Organization for Economic Co-operation and Development, OECD）公布的國際學生評量計畫（Programme for International Student Assessment, PISA）結果顯示，日本 15 歲學生的數學排名從 2000 年的第一、2003 年的第六，下滑到了 2006 年的第十，科學成績也從前兩次的第二下滑到了第六（文部科學省，2008c）。依此情況，日本文部科學省（2008d，2008e）認為學生出現下列問題：(1)著重思考、判斷及表現力的解讀或敘述能力，以及須活用知識技能的問題解決能力均明顯低落；(2)成績落差擴大，顯示學生在家庭及校外時間的學習熱情、學習習慣與生活習慣均出現問題；(3)缺乏自信且對未來感到不安，體能退步。為因應學生上述問題，日本乃配合教育基本法的修訂，重修中小學學習指導要領。

一、主要修改內容

日本平成 20 年（2008 年）與平成 21 年（2009 年）修訂公布的《國小學習指導要領》、《國中學習指導要領》及《後期中等學校學習指導要領》，其修訂有共同與差異之處。以下依據修訂前之《國小學習指導要領》（文部省，1998a）、《國中學習指導要領》（文部省，1998b）及《後期中等學校學習指導要領》（文部科學省，1999a），與修訂後之《國小學習指導要領》（文部科學省，2008a）、《國中學習指導要領》（文部科學省，2008b）及《後期中等學校學習指導要領》（文部科學省，2009a），並參酌工藤文三（2009a，

2009b）及文部科學省（2008f）觀點，依序說明中小學共同修改重點及中小學
學習指導內涵修改重點如下：

(一) 中小學共同修改重點

　　中小學學習指導要領修訂的最大共通特色為呼應法令的修訂、克服近年來
的教育問題、重視知識活用、充實語言活動、充實數理教育、充實傳統和文
化教育、充實道德教育、強化飲食及安全教育、充實體驗活動、充實外語活
動、強化殘障學生教育、賦予授課時數安排的彈性，以及強化各科橫向統整。
扼要說明如下：

1. 呼應兩法的修訂：1998 年、1999 年的中小學學習指導要領（即國小、國
   中、後期中等學校學習指導要領）僅提出：各級學系須遵循「法令」；而
   2008 年與 2009 年的中小學學習指導要領則明確指出：各級學系須遵循「教
   育基本法、學校教育法、其它相關法令」，強化修訂為呼應「教育基本法」
   與「學校教育法」變革。

2. 克服近年來的教育問題：1998 年版與 1999 年版中小學學習指導要領實施
   「寬裕教育」，給予學生更多的自由時間，縮減節數和教學內容。但因應
   PISA 調查結果顯示學生表現下降，2008 年版與 2009 年版中小學學習指導
   要領乃充實語言活動、外語教育、數理教育、傳統與文化教育、道德教育
   及體驗活動，強調「自主學習」、「培養良好學習習慣」及「與家長合作」
   等內涵，且允許後期中等學校根據需要自定節數，沒有上限，並允許後期
   中等學校在暑假和寒假期間安排節數。

3. 重視知識活用：因應「學校教育法」的修訂，2008 年與 2009 年的中小學學
   習指導要領總則均揭示「讓學生確實學習基礎知識技能，並加以活用，養
   成可以解決問題的思考、判斷、表現及其他能力，同時養成自動自發的學
   習態度，努力充實性向與活用教育。同時，須考量學生能力，充實學生的
   語言教學，並與家長合作，確立學生的學習習慣」。因此，2008 年與 2009
   年中小學學習指導要領的多數科目均強化「重視知識的活用」，理科也導
   入「探究活動」。

4. 充實語言活動：在國小與國中均增加國語授課時數，且在中小學學習指導
   要領各授課科目中均詳載增加語言活動的學習時間或增加內涵。

5. 充實數理教育：國中與國小均增加理科和數學教育的授課時數，且中小學學習指導要領均強化觀察、實驗課程，並著重實際操作內涵。

6. 充實傳統和文化教育：中小學學習指導要領中，強化對古典的重視、充實歷史學習及唱歌、日本樂器與武藝等。

7. 充實道德教育：教育基本法提出以智性、德性與體魄的協調發展為基礎，培養兼顧個人自立、與他人和社會的關係及與自然和環境的關係，具備日本傳統文化修養，同時活躍在國際社會的日本人；強調「尊重傳統文化」、「愛鄉愛國」、「尊重他國」、「公共精神的涵養」及「對環保的關心」等內涵，上述理念均充分反映在 2008 年與 2009 年的中小學學習指導要領總綱及各教科內容與道德教育的內容。另，中小學學習指導要領中，均強化寒暄、規範意識、生命尊重、主動參與社會等內涵，並要求中小學擬定道德教育整體計畫。

8. 強化飲食及安全教育：2008 年與 2009 年的中小學學習指導要領總綱均於第 1 款第 3 項指出：關於學校的體育、健康指導，需先考量學生發展階段，透過全校教學活動適切的實施。特別是關於正確的飲食觀念、增強體力、安全指導及身心健康保持增進之指導。上述「需先考量學生發展階段」、「正確的飲食觀念」、「安全指導」乃 2008 年與 2009 年新增之內容。

9. 充實體驗活動：中小學學習指導要領中，均積極導入自然體驗或就業體驗活動、義工活動等學習活動，且適時加入問題解決和研究活動的學習過程。另，依據學生身心發展階段，在國小安排集體投宿與自然體驗活動，在國中及後期中等學校則進行工作職場與服務奉獻等的體驗課程。

10. 充實外語活動：中小學學習指導要領中，為了培養認識溝通的積極態度與加深對語言文化的理解，國小高年級階段增設外語活動；國中則在充實基礎的溝通詞彙數量，同時強化統合「聽、說、讀、寫」的學習活動。國中與高中所教的標準字彙數量從 2,200 字增加到 3,000 字。

11. 強化殘障學生教育：中小學學習指導要領中，均指出利用特殊教育學校的指導或協助，來充足殘障學生教育，如設計個別的教學計畫或與家庭、醫療、福祉、勞動等業務相關主管機關的合作計畫，以有組織、有計畫的指導內容與方法，因應學生個別的殘缺狀況。

12. 賦予授課時數安排的彈性：2008 年與 2009 年的中小學學習指導要領總綱有
    關授課時數的安排，新增的內容如下：(1)後期中等學校新增「日間部高中
    課程，每週標準授課時數為 30 節，必要時可增加授課時數」、「學生會活
    動及學校重要活動，可依學校實際情況，分配適當的授業時數」之規定，
    乃學校可依現場的實際狀況自行裁量。即確定每週上課時數（全日制）可
    以超過目前 30 節的標準；(2)國中與後期中等學校均新增「若單堂課授課時
    數只設定 10 分鐘，則該學科科目的任課老師，必須對授課內容之決定、教
    學成果之把握或活用等負責，如此，該時數始可納入該學科科目的總授課
    時數計算」；(3)國中新增「各學校可依地方、學校及學生的生態，以及各
    教科或學習活動特質，發揮創意工夫，彈性編制課程時間」；(4)中小學均
    新增「當綜合學習時間之修讀，可達學校重要活動等特別活動之教學效果，
    可用綜合學習時間替代部分或全部的學校重要活動等特別活動」。
13. 強化各科橫向統整：中小學學習指導要領強化各科橫向統整，包括資訊教
    育、環境教育、勞作、職業教育、食育、安全教育、身心成長的正確認知等。

(二)《國小學習指導要領》內涵修改重點

　　《國小學習指導要領》內涵除上述共同修改重點外，工藤文三（2009a）
認為，2008 年修訂的《國小學習指導要領》，最主要修訂內容為：因應網路
時代，除了教導學童打字等基本電腦操作外，並給予兒童資訊倫理的觀念等
有關資訊教育的充實。

(三)《國中學習指導要領》內涵修改重點

　　《國中學習指導要領》內涵除上述共同修改重點外，工藤文三（2009a）
認為，2008 年修訂的《國中學習指導要領》，主要修訂方向可分為下列數項：

1. 以數、理、外國語為中心，增加授課時數：2008 年版《國中學習指導要
   領》與 2009 年版《後期中等學校學習指導要領》的修訂，均「重視知識的
   活用」及「語言活動的充實」。國中各學年的每週授課時數皆增加一節，
   其中授課時數增加的有國語、社會、數學、理科、保健體育、外國語等，
   尤其以數學、理科、外國語等三科增加的幅度最大。然而，綜合學習時間
   2008 年版國中標準授業時數第一學年 50 節，第二、三學年每年 70 節，較
   1998 年版平均降幅逾 30.28%。另外，英語方面，國中所教的標準字彙量從

900 字增加到 1,200 字，同時強調充實「聽、說、讀、寫」統合的學習活動。

2. 選修科目架構完全消失：2008 年版「選修科目」架構完全消失，但在標準授課時數外，還是可以開設原本被刪減的選修科目。

3. 學習內容拉回原刪除或上移的內容：2008 年版將原本在 1998 年版刪除的或移到更高年級的學習內容又重新拉回。另，亦強調國小與國中、國中與後期中等學校的學習內容銜接。

(四)《後期中等學校學習指導要領》內涵修改重點

《後期中等學校學習指導要領》內涵除上述共同修改重點外，工藤文三（2009b）認為 2009 年修訂的《後期中等學校學習指導要領》，主要依據 2008 年 1 月中央教育審議會答覆諮詢書內容，2009 年版與 1999 年版均維持每週上課五日，畢業單位數均在 74 單位以上，並導入綜合學習時間，大體沒有太大改變。只是，2009 年版反映出學校教學的實際狀況與近年來的教育問題。故較佳的學習指導要領修訂方向可分下列數項：

1. 重視共通性與多樣化之間的平衡關係：2009 年版設置國語、數學、外國語等作為學習之基礎的共通必修科目，同時提高理科科目選修的自由度和靈活性。

2. 與義務教育接軌：2009 年版為提升義務教育階段的學力，將 1999 年版修訂時由國中轉移至後期中等學校的教學內容又重新放回國中課程，也恢復原本刪除的教學內容，尤在數理課程更是明顯。

3. 改善職業相關科目與領域分類的內涵：培養各產業所需要的知識、技能與素質，包括：作為職業人的規範意識、倫理觀與技能的提高；對環境與能源的關懷；能夠承擔地區產業的人才培育任務及改善其科目的構成內容。

二、授課時數調整

日本 2008 年與 2009 年修訂公布的中小學學習指導要領，國中小在授課時數的變革甚大，而後期中等教育的變革較小。國中小的變革在於增加主要學科授課時數、增加英語課程與授課時數、增加保健體育授課時數、減少綜合學習時數及縮減選修科目。茲分成國小與國中授課時數調整及後期中等學校授課時數調整兩部分說明之。

(一) 國小、國中授課時數調整

　　日本 2008 年 3 月 28 日修訂頒布的《國小學習指導要領》、《國中學習指導要領》，相較 1998 年 12 月 14 日頒布的《國小學習指導要領》、《國中學習指導要領》之授課時數，明顯出現重大變革。由表 2-1「日本 1998 年、2008 年學習指導要領之國小各科授課時數比較表」、表 2-2「日本 1998 年、2008 年學習指導要領之國中各科授課時數比較表」，可以發現：

表 2-1

日本 1998 年、2008 年學習指導要領之國小各科授課時數比較表

	國語	社會	算數	理科	生活	音樂	圖畫工作	家庭	體育	道德（節）授課時數	外國語活動（節）授課時數	特別活動（節）授課時數	綜合學習時間（節）授課時數	總授課時數（節）
1998 年														
第一學年	272		114		102	68	68		90	34		34		782
第二學年	280		155		105	70	70		90	35		35		840
第三學年	235	70	150	70		60	60		90	35		35	105	910
第四學年	235	85	150	90		60	60		90	35		35	105	945
第五學年	180	90	150	95		50	50	60	90	35		35	110	945
第六學年	175	100	150	95		50	50	55	90	35		35	11	945
小計	1377	345	869	350	207	358	358	115	540	209		209	331	5367
2008 年														
第一學年	306		136		102	68	68		102	34		34		850
第二學年	315		175		105	70	70		105	35		35		910
第三學年	245	70	175	90		60	60		105	35		35	70	945
第四學年	245	90	175	105		60	60		105	35		35	70	980
第五學年	175	100	175	105		50	50	60	90	35	35	35	70	980
第六學年	175	105	175	105		50	50	55	90	35	35	35	70	980
小計	1461	365	1011	405	207	358	358	115	597	209	70	209	280	5645

資料來源：整理自文部科學省（2008a）。小学校学習指導要領（頁 3）。東京，日本：作者。文部科學省（2008b）。中学校学習指導要領（頁 4）。東京，日本：作者。

1. 增加授課時數：日本國小學生低年級每週增加二節、中高年級每週增加一節，國小六年的總授課時數將增加 278 節達到 5,645 節，比之前的 5,367 節增加了 5.18%。國中各年級每週增加一節的授課時數，三學年的總授課時數將增加 105 節，達到 3,045 節，比之前的 2,940 節增加了 3.57%。

2. 刪除國中選修科目授課時數：2008 年版國中授課時數已刪除「選修科目授課時數」。

3. 增加國語、社會、算術、理科授課時數：國小階段國語、社會、算術、理科等主要學科平均增加逾一成之授課時數，國中階段上述學科授課時數平

表 2-2

日本 1998 年、2008 年學習指導要領之國中各科授課時數比較表

	必修科目授課時數（節）									道德授課時數（節）	特別活動授課時數（節）	綜合學習時間授課時數（節）	選修科目授課時數（節）	總授課時數（節）
	國語	社會	數學	理科	音樂	美術	保健體育	技術、家庭	外國語					
1998 年														
第一學年	140	105	105	105	45	45	90	70	105	35	35	70～100	0～30	980
第二學年	105	105	105	105	35	35	90	70	105	35	35	70～105	50～85	980
第三學年	105	85	105	80	35	35	90	35	105	35	35	70～130	105～165	980
小計	350	295	315	290	115	115	270	175	315	105	105	210～335	155～280	2940
2008 年														
第一學年	140	105	140	105	45	45	105	70	140	35	35	50		1015
第二學年	140	105	105	140	35	35	105	70	140	35	35	70		1015
第三學年	105	140	140	140	35	35	105	35	140	35	35	70		1015
小計	385	350	385	385	115	115	315	175	420	105	105	190		3045

資料來源：整理自文部科學省（2008a）。小学校学習指導要領（頁 3）。東京，日本：作者。文部科學省（2008b）。中学校学習指導要領（頁 4）。東京，日本：作者。

均增加逾二成。

4. 增加英語課程授課時數：2008 年版《國小學習指導要領》規定國小五年級開始上英語課，每週授課時數一節課，《國中學習指導要領》則增加英語授課時數，每週增加一節課，增加幅度達 33.33%。

5. 增加保健體育授課時數：國小低、中年級體育課程每週授課時數增加 0.4 節課，增幅為 10.56%。國中一～三各年級保健體育課每週亦增加 0.4 節課，增幅達 16.67%。

6. 減少綜合學習時間授課時數：國小中、高年級，各年級每週授課時數平均縮減一節課，縮減幅度達 34.88%，國中階段的綜合學習時間授課時數平均降幅逾 30.28%。

　　為了減輕學生負擔，日本文部科學省在 1998 年國中、國小學習指導要領中削減的 30% 課程內容，於 2008 年的國中、國小學習指導要領中已重新回復（文部科學省，2008c）。可見，日本於 1998 年強調給學校、學生更多自主空間的「寬裕教育」、「擴大選修學習內容」，已於 2008 年瓦解；「重視體驗式的學習」已因學生數學與科學素質降低壓力而被弱化。

(二) 後期中等學校授課時數調整

　　日本 1999 年 3 月公布《後期中等學校學習指導要領》之各學科、科目及單位數表，詳見表 2-3；2009 年 3 月公布《後期中等學校學習指導要領》之各學科、科目及單位數表，詳見表 2-4。比較表 2-3、表 2-4 可發現，修訂前後之各學科、科目及單位數差異如下：

1. 提高必修的科目與單位數：1999 年版之普通科必修科目（即臺灣高中必修科目）為 11～12 科，單位數為 31～44 單位；專門學科必修科目（即臺灣職業學校一般必修科目）為 11～12 科，單位數為 31 單位，專門教科科目（即臺灣職業學校專門類科必修科目）單位數為 25 單位。2009 年版之普通科必修科目為 14～15 科，單位數為 33～50 單位；專門學科必修科目為 14～15 科，單位數為 33 單位，專門教科科目單位數為 25 單位。修訂後之普通科與專門學科之必修科目均增加 3 科，單位數則增加 2～6 單位。

2. 畢業單位數不變：1999 年版與 2009 年版之畢業單位數均為 74 單位以上，沒有改變。

表 2-3
日本 1999 年後期中等學校中各學科、科目及單位數
【平成 11 年（1999 年）公告，平成 15 年（2003 年）實施】

學科	科目	標準單位數	必修科目	學科	科目	標準單位數	必修科目
國語① 2～4 (4.5～12.9%) (2.7～5.4%)	國語表現 I 國語表現 II 國語總合 現代文 古典 古典選讀	2 2 4 4 4 2	○選 1 科 (2, 6.5%)②	保健體育 9～10 (20.5～32.3%) (12.2～13.5%)	體育 保健	7～8 2	○ ○ (9, 29.0%)
地理歷史 4～8 (9.1～25.8%) (5.4～10.8%)	世界史 A 世界史 B 日本史 A 日本史 B 地理 A 地理 B	2 4 2 4 2 4	○選 1 科 ○選 1 科 (4, 12.9%)	藝術 2 (4.5～6.4%) (2.7%)	音樂 I 音樂 II 音樂 III 美術 I 美術 II 美術 III 工藝 I 工藝 II 工藝 III 書道 I 書道 II 書道 III	2 2 2 2 2 2 2 2 2 2 2 2	○選 1 科 (2, 6.5%)
公民 2 (4.5～6.4%) (2.7%)	現代社會 倫理 政治、經濟	2 2 2	「現代社會」或「倫理」、「政治、經濟」 (2, 6.5%)	外國語 2~4 (4.5～12.9%) (2.7～5.4%)	口頭溝通 I 口頭溝通 II 英語 I 英語 II 閱讀 寫作	2 4 3 4 4 4	○選 1 科 (2, 6.5%)
數學 2~3 (4.5～9.7%) (2.7～4.1%)	數學基礎 數學 I 數學 II 數學 III 數學 A 數學 B 數學 C	2 3 4 3 2 2 2	○選 1 科 (2, 6.5%)	家庭 2~4 (4.5～12.9%) (2.7～5.4%)	家庭基礎 家庭總合 生活技術	2 4 4	○選 1 科 (2, 6.5%)
理科 4~5 (9.1～16.1%) (5.4～6.8%)	理科基礎 理科總合 A 理科總合 B 物理 I 物理 II 化學 I 化學 II 生物 I 生物 II 地學 I 地學 II	2 2 2 3 3 3 3 3 3 3 3	○選 2 科「基礎理科」、「綜合理科 A」、「綜合理科 B」、「物理 I」、「化學 I」、「生物 I」及「地球科學 I」當中的 2 科目。（包括「基礎理科」、「綜合理科 A」及「綜合理科 B」內可選 1 科目以上）。(4, 12.9%)	資訊 2 (4.5～6.4%) (2.7%)	資訊 A 資訊 B 資訊 C	2 2 2	○選 1 科 (2, 6.5%)
				家、農、工、商、水、看護、數理、體、音、美、英			
				普通科必修：11～12 科目(31～44 單位)			
				專門學科必修：11～12 科目(31 單位) 專門教科科目：25 單位 (商業類科方面，外國語所屬之科目可延伸至 5 學分，除商業類科外，若專門教育的各科目選修可達到相同成果，則普通教育的各相關科目的學分可延伸至 5 學分)			
				畢業單位數 74 單位以上			

註①（4.5～12.9%）表示國文科修習單位占必修單位的百分比；（2.7～5.4%）表示國文科修習單位占總畢業單位百分比，以此類推。

註②（2, 6.5%）表示：最低必修 2 單位，占必修的 6.5%，以此類推。

資料來源：整理自文部科學省（1999a）。高等学校学習指導要領（頁 2-3）。東京，日本：作者。

表 2-4
日本 2009 年後期中等學校中各學科、科目及單位數
【平成 21 年（2009 年）公告，平成 25 年（2013 年）逐年實施】

學科	科目	標準單位數	必修科目	學科	科目	標準單位數	必修科目
國語 2～4 (4.0～12.1%) (2.7～5.4%)	國語總合 國語表現 現代文 A 現代文 B 古典 A 古典 B	4 3 2 4 2 4	○可減到 2 單位 (2, 6.1%)	保健體育 9～10 (18.0～30.3%) (12.2～13.5%)	體育 保健	7～8 2	○ ○ (9, 27.3%)
地理歷史 4～8 (8.0～24.2%) (5.4～10.8%)	世界史 A 世界史 B 日本史 A 日本史 B 地理 A 地理 B	2 4 2 4 2 4	─○選 1 科 ─○選 1 科 (4, 12.1%)	藝術 2 (4.0～6.1%) (2.7%)	音樂 I 音樂 II 音樂 III 美術 I 美術 II 美術 III 工藝 I 工藝 II 工藝 III 書道 I 書道 II 書道 III	2 2 2 2 2 2 2 2 2 2 2 2	○ 選 1 科 (2, 6.1%)
公民 2 (4～6.1%) (2.7%)	現代社會 倫理 政治、經濟	2 2 2	「現代社會」或「倫理」、「政治、經濟」 (2, 6.1%)	外國語 2～3 (4.0～9.1%) (2.7～4.1%)	溝通英語基礎 溝通英語 I 溝通英語 II 溝通英語 III 英語表現 I 英語表現 II 英語會話	2 3 4 4 2 4 2	○可減到 2 單位 (2, 6.1%)
數學 2～3 (4.0～9.1%) (2.7～4.1%)	數學 I 數學 II 數學 III 數學 A 數學 B 數學活用	3 4 5 2 2 2	○可減到 2 單位 (2, 6.1%)	家庭 2～4 (4.0～12.1%) (2.7～5.4%)	家庭基礎 家庭總合 生活設計	2 4 4	─○選 1 科 (2, 6.1%)
理科 4～6 (8.0～18.1%) (5.4～8.1%)	科學與人間文化 物理基礎 物理 化學基礎 化學 生物基礎 生物 地球科學基礎 地球科學 理科課題研究	2 2 4 2 4 2 4 2 4 1	○選 2-3 科 「科學與人間文化」、「物理基礎」、「化學基礎」、「生物基礎」或「地球科學基礎」當中的 2 科目。(其中 1 科目必須為「科學與人間文化」)。或者是「物理基礎」、「化學基礎」、「生物基礎」或「地球科學基礎」當中的 3 科目)(4, 12.1%)	資訊 2 (4～6.1%) (2.7%)	社會與資訊 資訊科學	2 2	─○選 1 科 (2, 6.1%)
				綜合學習時間 2～6 (4.0～18.1%) (2.7～8.1%)		3～6	○可減到 2 單位 (2, 6.1%)

家、農、工、商、水、看護、資訊、福祉、數理、體、音、美、英

普通科必修：14～15 科目(33～50 單位)
專門學科必修：14～15 科目(33 單位)
專門教科科目：25 單位
(商業類科方面，外國語所屬之科目可延伸至 5 單位。除商業類科外，若專門教育的各科目選修可達到相同成果，則普通教育的各相關科目的單位可延伸至 5 單位)

畢業單位數 74 單位以上

資料來源：整理自文部科學省（2008g）。高等学校各教科等改訂案のポイント（頁 1-19）。取自
http://www.mext.go.jp/a_menu/shotou/new-cs/youryou/gaiyou2/_icsFiles/afieldfile/2009/04/06/001_2.pdf

3. 各學科的標準單位數差異甚小：1999 年版與 2009 年版在國語、地理歷史、數學、理科、保健體育、藝術、外國語、家庭及資訊等學科必修科目與單位數差異甚小，如 1999 年版、2009 年國語均至少 1 科 2 單位，1999 年版單位數占普通科必修最低單位數的 6.5%，2009 年則占 6.1%。

4. 綜合學習時間列於表中卻可減到 2 單位：1999 年版綜合學習時間未呈現於表 2-3 各學科、科目及單位數中，2009 年版綜合學習時間則明列於表 2-4 之中，然此表卻註明可減到 2 單位，可能促使大量高中職均採 2 單位的標準。

5. 明定每週上課時數可以超過 30 節：為確保義務教育階段的學習內容的實施效果，積極推進並設置相應的學習機會，明定每週上課時數（全日制）可以超過目前 30 節的標準。1999 年版依據「寬裕教育」理念，給予學生更多的自由時間，因而縮減節數和教學內容，全日制高中生的標準節數量是每週 30 節，每節 50 分鐘。然而，2009 年版則允許高中、國中根據需要自定節數，沒有上限，還允許高中與國中在暑假和寒假期間安排節數。

貳、綜合學習時間的設置緣由

　　為了養成「生存能力」，日本於平成 8 年第 15 期中央教育審議會的第一次諮詢，提出以下五項建議做為教育課程改革的基礎：一為嚴格篩選並貫徹基礎的教育內容：嚴格篩選現行所有學科與特別活動的內容。二為增進激發個人特性的教育：為充分發揮學生潛能，宜注重下列五點：(1)加強討論、小組學習、個別學習等學習指導方式；(2)強化問題解決的學習或充實體驗性的學習；(3)擴大國中的選修學科與上課時數選擇的幅度；(4)減少高中的必修科目、學科內容及學分，增加高中選擇學科、科目的彈性化，著重高中學校間學習成果及學分的相互承認，積極給予學生校外體驗性的活動與給予正向的評量；(5)教育課程更加彈性化。三為培養豐富人性與強健體格：為達此目標，宜注重下列四點：(1)培養良好的人際關係、學習遵守社會生活規範，及養成社會性與社會基本道德的倫理觀；(2)培養勞動觀與職業觀；(3)充實義工活動、自然體驗，及職業場所體驗；(4)透過健康教育或體育，促進身心健康與養成日常生活的運動習慣。四為推展橫向統整的綜合學習時間：設置「綜合學習

時間」以推展橫向統整的綜合學習時間。五為對學科的再編，統合未來學科
的構成型態進行綜合性檢討：對現行學科內容重編與否，學科的構成型態統
整與否，進行整體綜合的檢討。從上述建言看來，設置「綜合學習時間」乃
日本教育改革的新嘗試與重心（高浦勝義，1998）。

　　中西朗（1998）從下列幾個向度分析實施「綜合學習時間」的必要性：(1)
從現今的強迫式學習，轉換到自我要求的學習；(2)從知識的並列性與片斷性
學習，轉換到融合性與關聯性的學習；(3)從書桌上的學習，轉換到實踐力與
行動力的體驗性學習；(4)從以記憶為中心的學習，轉換到研討學習方法的學
習；(5)從固有體系的學習中心，轉換到因應生活主題的學習。東京學藝大學
附屬國小認為設置「綜合學習時間」的三項理由為：(1)現在孩子周遭所發生
的問題，無法融入目前的學科內容，且那些都是孩子在未來生活中所無法迴
避的事；(2)以往將重點放置在學習某事物的學習之中，學習與生活的連結非
常薄弱，學到的內容與方法未充分重視在自己的生活當中是否有用，甚至沒
有培養學生實現學習內涵的意願，因此，必須加強生活與學習的連結；(3)現
階段學生過於被動或消極學習，過於依賴教師與家長，缺乏學習興趣，故必
須培養自主學習能力（高浦勝義，1998）。

　　兒島邦宏（1997a，頁 8-10）提出下列四點來闡述日本設置綜合學習時間
的理由，頗能綜合上述學者觀點。

一、培育健全人格的生存能力

　　教育必須從知、德、體三方面均衡發展，以增進學生生存能力，即從「自
主學習、思考、行動來解決問題的能力」（知）、「與他人協調、為他人著想
的心」（德）、「能茁壯成長的健康和體力」（體）等三方面的均衡，增進學
生生存能力。培養「健全人格能力」（或稱綜合學習能力）時，不能拘泥於
各教科和領域的精華，而應追求跨越各學科或涵蓋各教科的內容；著重各學
科背景與專門內容的系統性與統整性應優於各學科固有的概念與方法，方能
避免綜合性資質能力分斷、片斷以及切斷的危險。

二、配合現代社會的主題

　　以往學習與生活互相隔離，使得學習失去真實性，造成單純在紙上學習（learn），甚至掉入被動死記主義與「學校知識非人性化現象」的泥淖。失去真實性的學習，使得學生自我之間的關係變得薄弱，無法在想要學習的事物中納入自己的靈魂，也無從得知自己到底想要什麼；更使得學生所瞭解的事情，變成一種「既冷淡又虛偽」的東西，毫無自我內心成長的真實感與充實感。往後學生欲在變化劇烈的社會中自主的活下去，必須釐清社會現實狀況，注意、判斷與解決自己周遭的現實問題，並對行動結果負責任。因此，學生必須與現代社會的主題相結合，學習確立自我並謀求自立之道。

三、為了強化體驗學習活動

　　從昭和 40 年（1965 年）以後，學生親身體驗的學習明顯地逐漸喪失，體驗喪失正是學生學習過程或是認知過程歪曲的原因。學生的認知乃「感覺性認識（體驗）→概念化（科學性、合理性的認識）→實踐（自我實現）」的過程，若失去感性捕捉事物、現象，以及缺乏體驗性認知過程，不僅難以概念化與實踐化，更易讓學習變成反覆教科書裡「抽象性、被動性、死背主義」，讓學生的學習是將知識永久的儲存在頭腦中，如此沒有活用知識的實踐與行動，將失去追求解決問題方法的動力。而無法獲得「學習後的喜悅」，學習將成為「苦行」與造成「學習能力剝落」的現象。經由體驗活動則能使學生感覺到事物、現象，並產生具象化、概念化與實踐化，甚至活用概念法則實踐於社會或日常生活之中，因此，學生學習活動應以「體驗」和「活動」為軸心。

四、為了審慎檢討教育內容

　　以「生存能力」為中心的課程，必須克服以下的問題：(1) 2002 年實施學校五日制，必須隨之編訂星期六不上節數的教育內容；(2)因應資訊化、國際化與環境問題等新的社會變化，必須將「綜合學習時間」納入教育課程，並精選此新設時間的教育內容；(3)為促使學生發揮個性，學習必須讓學生自己學，並採循序漸進的方式，因此，學校必須有充裕學習時間與精選教育內容。

　　日本《國中學習指導要領綜合學習時間解說》（文部科學省，2008e）、
《國小學習指導要領綜合學習時間解說》（文部科學省，2008d）均指出，2007
年 12 月 OECD 公布 PISA 結果呈現數理成績下滑，顯示學生在活用知識技能的
問題解決能力明顯低落，學生課外時間的學習熱情、學習習慣與生活習慣出
現問題，以及缺乏自信且對未來感到不安、體能退步。上述問題均可透過以
「體驗」和「活動」為軸心的綜合學習時間予以改善。

參、綜合學習時間的變革

　　廣田照幸與齋藤哲也（2007）認為綜合學習時間實行後，出現兩大問題：
(1)教師課務繁忙無暇準備：要有效實施綜合學習時間，教師必須充分準備課
程，但多數教師因日常課務繁忙，沒有多餘的時間準備，使得課程內容缺乏
深度及廣度；加以近年來日本公立學校教師被賦予處理事務的量激增，使得
不少學校在綜合學習時間中安排校園探索或是外聘講師來隨便應付交差；(2)
學生基礎知識不足：「若無基礎學力便無法養成應用能力」，綜合學習時間冀
望學生養成「獨立思考」及「靈活應用所學知識」的能力，必須建構在厚實
的基礎知識上，然學生基礎知識不足，將造成綜合學習時間目標難以達成。
　　日本文部科學省基於實施綜合學習時間的各界反映與學習指導要領的整體
考量，調整授課時數與內涵。茲說明降低授課時數、內涵的差異如下：

一、降低授課時數

　　日本 1998 年與 2008 年國小與國中綜合學習時間授課時數比較，以及 1999
年與 2009 年後期中等學校綜合學習時間授課時數比較，詳見表 2-5。
　　由表 2-5 可知，國小三至六年級綜合學習時間占總節數比例，由 1998 年的
11.1～11.6% 降到 2008 年的 7.1～7.4%，降幅約 4.3%。國中一至三年級綜合學習
時間占總節數比例，由 1998 年的 7.1～13.3% 降到 2008 年的 4.9～6.9%，降幅約
3.0%。後期中等學校三年綜合學習時間單位數占總節數比例，由 1999 年的
6.8～19.4% 降到 2009 年的 6.0～18.2%，下限的降幅約 1.0%。可見，中小學綜合
學習時間的降幅頗大。

表 2-5

日本中小學綜合學習時間授課時數修訂前後比較表

項目 年級	綜合學習時間 授課時數（單位）		總節數 （單位）		綜合學習時間 占總節數比例	
	1998 年	2008 年	1998 年	2008 年	1998 年	2008 年
國小						
第三學年（時數）	105	70	910	945	11.5%	7.4%
第四學年（時數）	105	70	945	980	11.1%	7.1%
第五學年（時數）	110	70	945	980	11.6%	7.1%
第六學年（時數）	110	70	945	980	11.6%	7.1%
國中						
第一學年（時數）	70～100	50	980	1015	7.1～10.2%	4.9%
第二學年（時數）	70～105	70	980	1015	7.1～10.7%	6.9%
第三學年（時數）	70～130	70	980	1015	7.1～13.3%	6.9%
後期中等學校	1999 年	2009 年	1999 年	2009 年	1999 年	2009 年
三年（單位）	3～6	3～6 （可減到 2）	31～44	33～50	6.8～19.4%	6.0～18.2%

　　渡邊敦司（2009）指出因為綜合學習時間的授課時數被縮短，所以在日本一般社會大眾，甚至教育界出現了「如此，應該不用花太多心力在綜合學習時間了吧？」的質疑。為了破此迷思，文部科學省在 2009 年 2 月 13 日舉辦的「綜合學習時間博覽會 2009」中宣稱，「重要性從未改變，不僅如此，反而還要更充實綜合學習時間的教學內容。」因綜合學習時間乃促使「學習正確的學習方法」，學生透過綜合學習時間，將課堂的基礎知識以自己的方式融會貫通，慢慢培養企業所需的熱情、行動力、協調與溝通能力、理性分析與獨立思考能力，以及解決問題能力（文部科學省，2009b）。渡邊敦司（2009）強調綜合學習時間是唯一可以將基礎教科知識整合的課程，可引導學生自己思考如何將基礎知識應用到綜合學習時間的學習活動，更可重新確立自己的性向與更積極地準備升學考試。

二、內涵的差異

　　日本修訂前後之《後期中等學校學習指導要領》（文部科學省，1999a，

2009a）、《國中學習指導要領》（文部科學省，1998b，2008b）、《國小學習指導要領》（文部科學省，1998a，2008a）中述及「綜合學習時間」內涵之比較，詳見表 2-6。由於中小學學習指導要領中，述及「綜合學習時間」內涵絕大部分均相同，故表 2-6 中各項條款之後未加註說明者，均為中小學學習指導要領相同之內涵。

日本在公布學習指導要領後，均會公布相關的解說。故比較修訂前後中小學學習指導要領之綜合學習時間篇解說，如表 2-7 所示。

由表 2-6、表 2-7 可知，日本中小學學習指導要領之綜合學習時間修訂前後的主要差異如下：

(一)提高位階

修訂前置於「第一章總則」之「第 4 款綜合學習時間」，修訂後則專章另述，即「第四章綜合學習時間」。

(二) 目標增列「探究性學習」

修訂前指出：「各學校應依照地方、學校或學生的實際狀況，發揮創意工夫，進行橫向性、綜合性，或符合學生興趣的教學活動」，修訂後第 1 節目標則指陳：「透過橫向性、綜合性及探究性的學習」，可見，修訂後目標增列「探究性學習」。

(三) 目標增列「協同性」問題解決和探究活動的態度

修訂前指出：「培養主動地、創造性地進行問題解決和探究活動的態度」，修訂後第 1 節目標則指陳：「培養主動地、創造性、協同性地進行問題解決和探究活動的態度」，可見，修訂後目標增列「協同性」問題解決和探究活動的態度。

(四) 重視與社會及日常生活的關聯性

修訂後教學計畫之訂定增加：「針對第 2 節各校自訂活動目標及內容，需重視其與日常生活及社會環境的關聯性」。乃強調各學校在設定目標內容時須重視與社會及日常生活的關聯性。中小學新修訂的學習指導要領強調「重視知識的活用」及「學習正確的學習方法」，而綜合學習時間是唯一可將基礎學科知識整合的課程。

表 2-6

日本中小學學習指導要領之綜合學習時間修訂比較表

修訂後	修訂前
第四章 綜合學習時間 **第 1 節 目標** 　透過橫向性、綜合性及探究性的學習，培養自己發現問題、自主學習、獨立思考、主動地判斷、更完美解決問題的資質和能力，同時，也培養主動地、創造性、協同性地進行問題解決和探究活動的態度，並能思考自己的性向定位。 **第 2 節 各校自訂活動目標及內容** 1. 目標 　各校為達第 1 節之目標，各自訂定綜合學習時間之目標。 2. 內容 　各校為達第 1 節之目標，各自訂定綜合學習時間之內容。 **第 3 節 教學計畫之訂定與內容安排** 1. 訂定教學計畫時，需考量以下事項。 　(1) 訂定**整體計畫或年度教學計畫**時，需考量與學校所有教學活動的關聯性，明示目標內容、欲養成的資質能力及態度、學習活動、指導方法及指導體制，以及教學成果評量計畫等內容。同時，需與國小綜合學習時間的課程接軌。（註：後句僅呈現於國小學習指導要領） 　(2) 因應地方、學校與學生的實際情況，實施不受學科範圍限制的、**橫向性、綜合性及探究性的學習**，並留意學生的性向為何，調整教學活動。 　(3) 針對第 2 節各校自訂活動目標及內容，需重視其與日常生活及社會環境的關聯性。 　(4) 構思欲養成的資質能力及態度藍圖時，請從學習方法、學生自我，或與他人甚至社會相關等面向來思考。 　(5) 學習活動方面，需因應地方、學校與學生之特性。例如**國際情勢理解、資**	**第一章 總則** **第 4 款 綜合學習時間** 1. 在綜合學習時間的課程中，各學校應依照地方、學校或學生的實際狀況，發揮創意工夫，進行**橫向性、綜合性，或符合學生興趣的教學活動**。 2. 在綜合學習時間的課程中，請以下列要點為目標來進行教學指導。 　(1) 培養自己發現問題、自主學習、獨立思考、主動地判斷、更完美解決問題的資質和能力。 　(2) 培養主動地、創造性地進行問題解決和探究活動的態度，並能思考自己的性向定位。 　(3) 將各學科科目及特別活動所學知識技能相互連結，確實應用在求學與生活方面，以求融會貫通。 3. 各學校上述 1.與 2.的旨趣與目標，訂定綜合學習時間的教學目標及內容，依照地方、學校或學生的實際狀況，進行以下的教學活動。 　(1) **國際情勢理解、資訊、環境、福祉、健康等橫向性、綜合性問題的學習**。 　(2) **依學生性向及有興趣的問題進行綜合性的知識技能深耕活動**。 　(3) 將各學科科目及特別活動所學知識技能相互連結，確實應用在求學與生活方面，以求融會貫通。 4. 各學校在訂定綜合學習時間全體計畫時，需考量其與學校所有教學活動的關聯性，明示目標內容、欲養成的資質能力及態度、學習活動、指導方法及指導體制，以及教學成果評量計畫等內容。 5. 由各校自行決定綜合學習時間課程的適當名稱。 6. 實施綜合學習時間的教學活動時，需考量以下事項：

（續下頁）

修訂後	修訂前
訊、環境、福祉、健康等橫向性、綜合性問題的學習，或是依學生性向或興趣而進行的知識技能整合與深耕，以及讓學生思考自我生存目標、達到自我追求的學習活動等。（註：此項僅呈現於後期中等學校學習指導要領）	(1) 根據目標及內容，並因應學生學習狀況，由教師進行適切的指導。
(5) 學習活動方面，需因應地方、學校與學生之特性。例如國際情勢理解、資訊、環境、福祉、健康等橫向性、綜合性問題的學習，依學生性向或興趣而進行的知識技能整合與深耕，具有地方或學校特色主題的教學活動，或是與職業性向相關的學習活動等。（註：此項僅呈現於國中學習指導要領）	(2) 積極導入自然體驗或就業體驗活動、義工活動等社會體驗、工藝實作、商品生產等體驗活動、觀察、實驗、實習、調查、研究、發表、討論等學習活動。
(5) 學習活動方面，需因應學校實際狀況。安排例如國際情勢理解、資訊、環境、福祉、健康等橫向性、綜合性問題的學習，或是符合學生興趣的問題，地方居民的生活，傳統文化等切合地方學校特色主題的學習活動等。（註：此項僅呈現於國小學習指導要領）	(3) 由全體教師所組成的教學團隊，實施團體教學或跨學年教學等多樣教學型態，並適時取得地方人士協助教學。
(6) 將各學科科目及特別活動所學知識技能相互連結，確實應用在求學與生活方面，以求融會貫通。	(4) 活用學校圖書館，或與他校合作，並透過活動中心、圖書館、博物館等社教機構，與社教團體合作，積極活用地方教材與教學環境。
(7) 留意與各學科科目及特別活動之目標內容相異之處，同時考量第 1 節之目標及第 2 節之各校自訂活動目標及內容，實施適切的教學活動。	(5) 綜合學制高中（総合学科）安排綜合學習時間的教學活動時，原則上以第 3 點第(2)項為基準。（註：此項僅呈現於後期中等學校學習指導要領）
(8) 由各校自行決定綜合學習時間課程的適當名稱。	(5) 實施國際情勢理解相關環節的外國語會話教學時，依學校實際狀況，安排學生接觸外語或熟悉外國生活文化等切合國小階段的體驗型學習活動。（2008 年國小學習指導要領中將外國語改為國小高年級的必修課程）（註：此項僅呈現於國小學習指導要領）
(9) 綜合學制高中（総合学科），安排綜合學習時間的教學活動時，原則上需依學生性向，設計出包含知識技能深耕的綜合性學習活動。（註：此項僅呈現於後期中等學校學習指導要領）	7. 以職業教育為主的高職部中，當綜合學習時間之修讀，可達農業、工業、商業、水產、家政或資訊各科所屬「問題研究」、「看護臨床實習」或「社會福祉演習」（以下以「問題研究等」略稱之）相同教學效果者，可用綜合學習時間，替代部分，甚至全部的問題研究等科目；反之，當問題研究等科目之修讀，可達與綜合學習時間相同之教學效果者，可用問題研究等科目，替代部分，甚至全部的綜合學習時間。（此項在 2009 學習指導要領中被置於第一章總則第 3 款「各學科科目的選修」）（註：此項僅呈現於後期中等學校學習指導要領）
(9) 需以第一章總則第 1 節、第 2 節與第三章道德第 1 節所示道德教育目標為基準，考量綜合學習時間與道德時間的關聯性，針對第三章道德第 2 節所示	

（續下頁）

修訂後	修訂前
內容，依綜合學習時間之特質進行教學指導。（註：此項僅呈現於國小、國中學習指導要領） 2. 關於第 2 節內容安排方面，需考量以下事項。 　(1) 根據第 2 節之各校自訂活動目標及內容，並因應學生學習狀況，由教師進行適切的指導。 　(2) 進行問題解決和探究活動的過程時，請以小組共同解決問題，或分析並活用語言表達的方式進行。 　(3) 積極導入自然體驗或就業體驗活動、義工活動等社會體驗、工藝實作、商品生產等體驗活動、觀察、實驗、實習、調查、研究、發表、討論等學習活動。 　(4) 體驗活動方面，考量第 1 節之目標及第 2 節之各校自訂活動目標及內容，適時加入問題解決和探究活動的學習過程。 　(5) 由全體教師所組成的教學團隊，實施團體教學或跨學年教學等多樣教學型態，並適時取得地方人士協助教學。 　(6) 活用學校圖書館，或與他校合作，並透過活動中心、圖書館、博物館等社教機構，與社教團體合作，積極活用地方教材與教學環境。 　(7) 實施國際情勢理解相關學習活動時，透過問題解決或探究活動的模式，讓學生體驗、探索其他國家的生活文化。（註：此項僅呈現於國小學習指導要領） 　(8) 實施數位資訊相關學習活動時，透過問題解決或探究活動的模式，讓學生藉由對資訊情報進行蒐集、整理、發信等作業，思考電腦資訊對日常生活或社會造成的影響。（註：此項僅呈現於國小學習指導要領） 　(7) 實施職業性向相關學習活動時，透過問題解決或探究活動的模式，讓學生	

（續下頁）

修訂後	修訂前
瞭解自己，並思考生涯發展。（註：此項僅呈現於國中學習指導要領）	

註：各項條款之後未註明僅呈現於某一學習指導要領者，均為中小學學習指導要領相同之內涵。

資料來源：文部省（1998a）。**小学校学習指導要領**。東京，日本：作者。文部省（1998b）。**中学校学習指導要領**。東京，日本：作者。文部科學省（1999a）。**高等学校学習指導要領**。東京，日本：作者。文部科學省（2008a）。**小学校学習指導要領**。取自 http://www.mext.go.jp/a_menu/shotou/new-cs/youryou/syo/syo.pdf。文部科學省（2008b）。**中学校学習指導要領**。取自 http://www.mext.go.jp/a_menu/ shotou/new-cs/youryou/chu/chu.pdf。文部科學省（2009a）。**高等学校学習指導要領**。取自 http://www.mext.go.jp/a_menu/shotou/new-cs/youryou/kou/kou.pdf。

(五) 從多面向來涵養學生資質能力與學習態度

1998 年的國小、國中綜合學習時間目標強調培養學生工具性能力（分析綜合能力、組織化與規劃能力）、人際關係能力（可接受多元與差異文化）與系統性能力（知識應用力、學習能力、創造力）等一般資質能力。但修訂後教學計畫之訂定增加：「構思欲養成的資質能力及態度藍圖時，請從學習方法、學生自我，或與他人甚至社會相關等面向來思考」。顯示，修訂後除一般資質能力外，更強調從學習方法、學生自我或與他人甚至社會相關等多面向來培養學生的資質能力與學習態度。

(六) 留意與各學科科目及特別活動的差異

修訂後教學計畫之訂定增加：「留意與各學科科目及特別活動之目標內容相異之處，同時考量第 1 節之目標及第 2 節之各校自訂活動目標及內容，實施適切的教學活動」。可知，修訂後特別強調綜合學習時間與各學科科目及特別活動的差異，避免不必要的重疊。

(七) 重視小組合作學習

修訂後教學計畫之內容安排增加：「進行問題解決和探究活動的過程時，請以小組共同解決問題，或分析並活用語言表達的方式進行」。此項呼應目標增列「協同性」問題解決和探究活動的態度，強調以小組共同解決問題或進行探究活動。

表 2-7

修訂前後「國小、國中、後中學習指導要領解說：綜合學習時間篇」之比較

	修訂後	修訂前
學習目標與其旨趣	1. 透過橫向性、綜合性的學習與探究。讓學生整合各教科之知識並融會貫通。 2. 培養自己發現課題、自主學習、獨立思考、主體地判斷、更完美解決問題的資質和能力。讓學生從問題中自己找出可研究的課題，從問題解決過程中，藉由與其他事物的比較、地方人士或專家的協助與交流，得以探究問題的核心，判斷出更好的解決方法。 3. 確立學習方法與獨立思考的方法。藉由課題設定、資料蒐集調查方式、分析整理方式、彙整方式、報告發表或討論方式等，確立自我學習方法。甚至，將各教科的知識進行比較、分類、整理、推敲，從多方面的角度分析事物。 4. 培養主體地、創造性地進行問題解決和研究活動的態度。在問題解決和研究之際，希望學生具備的態度是能夠主動對周遭社會或自然環境感興趣，最重要的是「不斷與自己對話，與他人、社會、自然共生，敞開心懷積極與他人交流」的問題解決態度。 5. 能夠思考自己的性向定位。第一，思考人在社會、自然環境中，應該扮演什麼角色；第二，思考學習對自己的價值與意義；第三，透過前兩項省思，瞭解現在學到的知識技能，如何串連到現在及未來的人生，進而對自己的性向與生涯規劃產生概念。	於綜合學習時間當中，各學校可依據區域、學校、學生實際狀態等實施橫向性、綜合性學習以及根據學生興趣、關心的事項編排的趣味學習，充分發揮創意的教育活動。 綜合學習時間根據下述目的進行指導： 1. 主動發現問題，主動學習，主動思考，自我判斷，並培養更佳的解決資質及能力。 2. 養成正確的學習態度及思考模式，培養主動解決問題及參與探究活動的創造性態度，同時能夠思考本身的存在意義及生存方式。
教學計畫規劃	1. 訂定整體計畫或年度教學計畫時，需考量與學校所有教學活動的關聯性，明示目標內容、欲養成的資質能力及態度、學習活動、指導方法及指導體制，以及教學成果評量計畫等內容。 2. 因應地方、學校與學生的實際情況，實施不受學科範圍限制的、橫向性、綜合性及探究性的學習，並留意學生的性向	1. 年度全體指導計畫，雖有指定學校及老師，但是各學習單元及課題的具體學習主題及學習方法等，可依據學生的問題意識及興趣、關心事項等來選擇及設定應較為適當，此時，應考量學習經驗。 2. 各學校應遵照2.說明之目的，例如國際情勢理解、情報、環境、福祉、健康等橫向性、綜合性的課題，依學生興趣、

（續下頁）

	修訂後	修訂前
教學計畫規劃	為何，調整教學活動。 3. 針對各校自訂活動目標及內容，需重視其與日常生活及社會環境的連動性。 4. **構思欲養成的資質能力及態度藍圖時，請以學習方法相關、學生自我相關，或與他人甚至社會相關的角度來思考。** 5. 學習活動方面，需因應地方、學校與學生之特性。例如國際理解、數位資訊、環境、健康福祉等綜合性課題的學習活動，或是依學生性向課題而進行的知識技能深耕計畫，以及讓學生思考自我生存目標、達到自我追求的學習活動等。 6. 將各學科科目、道德（註：此項僅呈現於國中、國小學習指導要領）、外國語活動（註：此項僅呈現於國小學習指導要領）及特別活動所學知識技能相互連結，確實應用在求學與生活方面，以求融會貫通。 7. 留意與各學科科目、道德（註：此項僅呈現於國中、國小學習指導要領）、**外國語活動**（註：此項僅呈現於國小學習指導要領）及特別活動之目標內容相異之處，同時考量目標及各校自訂活動目標及內容，實施適切的教學活動。 8. 綜合學習時間名稱，由各校自行決定適當的名稱。 9. **根據第 1 章總則第 1 款第 2 項及第 3 章道德第 1 款之道德教育目標，考量與道德課堂的關聯性，再因應第 3 章道德第 2 款所示內容，以及綜合學習時間特質，給予適切指導。**（註：此項僅呈現於國小學習指導要領） 10.綜合學科方面，作為綜合學習時間的教學活動，原則上需依學生性向課題，設計出包含知識技能深耕的綜合性學習活動。（註：此項僅呈現於後中學習指導要領）	關心事項為基礎，並考量地區與學校之特色等課題，推展適合學校現狀的學習活動。 3. 學習活動方面：(1)例如國際情勢理解、情報、環境、福祉、健康等橫向性、綜合性的課題；(2)依學生興趣、關心、前途等設定之課題，增進知識與技能的深度，並能達到整合的學習活動（註：後句僅呈現於後中學習指導要領）；(3)考量地區與學校之特色等課題；(4)思考有關自我存在意義、生活方式，以及前途的學習活動（註：此項僅呈現於後中學習指導要領）。 4. 綜合學習時間之名稱由各學校經適切考量後自行決定。
內容安排	1. 根據第 2 節之各校自訂活動目標及內容，並因應學生學習狀況，由教師進行適切的指導。	總則第 3 之 5 規定之展開學習活動時的留意事項為： 1. 體驗式學習，重視解決問題的學習。

（續下頁）

	修訂後	修訂前
內容安排	2. **進行問題解決和研究活動的過程時，請以小組共同解決問題，或分析並活用語言表達的方式進行。** 3. 積極導入自然體驗或就業體驗活動（註：就業體驗僅呈現於國中、後中學習指導要領）、義工活動等社會體驗、工藝實作、商品生產等體驗活動、觀察、實驗、實習、調查、研究、發表、討論等學習活動。 4. 體驗活動方面，考量第1節之目標及第2節之各校自訂活動目標及內容，適時加入問題解決和研究活動的學習過程。 5. 由全體教師所組成的教學團隊，實施團體教學或跨學年教學等多樣教學型態，並適時取得地方人士協助教學。 6. 活用學校圖書館，或與他校合作，並透過活動中心、圖書館、博物館等社教機構，與社教團體合作，積極活用地方教材與教學環境。 7. 進行國際理解相關教學時，透過問題解決與探究的方式，讓學生確實體驗並調查其他國家的文化或生活型態。（註：此項僅呈現於國小學習指導要領） 8. 進行**電腦多媒體相關教學**時，透過問題解決與探究的方式，讓學生確實進行電腦資訊蒐集、整理、發訊等作業，讓學生瞭解資訊對日常生活及社會的影響。（註：此項僅呈現於國小學習指導要領） 9. 進行**職涯相關教學**時，透過問題解決與探究的方式，讓學生更理解自己的能力，同時思考自己的性向與人生規劃。（註：此項僅呈現於國中學習指導要領）	2. 學習型態及指導體制，積極運用地區性教材及學習環境。 3. 安排外語會話的學習編入為理解國際之一部分。（註：此項僅呈現於國小學習指導要領） 4. 於綜合學科的學習活動提示（註：此項僅呈現於後中學習指導要領） (1) 須積極導入自然體驗、義工活動等社會體驗，觀察、實驗、調查，發表及討論，產品製作及生產活動等的體驗性學習及解決問題的學習。須要積極採用實際體驗及參與問題解決的學習內容。 (2) 對於小組學習及不同年齡集團而形成的多樣的學習型態，且獲得地區居民協助的同時，全體教師成為一體進行指導的指導體制，以及積極運用地區教材及學習環境等的事項皆須盡心安排。 (3) 安排外語會話等的學習編入理解國際學習之一部分的時候，須配合學校的現狀，安排適合國小學童階段的外語學習及接觸外國生活與文化之學習活動。（註：此項僅呈現於國小學習指導要領）
設定教學內容	綜合學習時間的教學內容，必須與教學目標相符，而在內容設定與運用方面，需留意在所有教學過程中，必須以**學生為主體，讓學生能夠自發性學習**，另外，在設定教學內容時，並無硬性規定必須包含所有課題，請學校依地方、學校及學生特性，發揮創意工夫，實施綜合學習時間的教學活動。	綜合學習時間的學習活動鑑於其設置主旨，各學校配合總則第3之2規定之此時間的目的並依據學校、地區及學校、學生實態等展開創意活動。

（續下頁）

	修訂後	修訂前
設定教學內容	以下列舉主要課題及可資學習的對象： （修訂後增加教學內容之例示） 1. 國際理解、資訊、環境、福祉、健康等橫向性、綜合性課題 ・居住在同一生活區塊上的外國人所珍惜的文化與價值觀 ・資訊化的進展與伴隨而來的社會經濟生活及消費行動之變化（註：此項僅呈現於後中學習指導要領） ・生活周遭的自然環境與環境問題 ・消費生活與能源、資源問題 ・地方上的高齡者與協助高齡者生活起居的制度、團體 ・每天的健康生活及社會壓力 ・飲食相關問題與地方農業、生產者 ・科技進步與社會生活的變化……等 2. 可以引發學生學習興趣的課題 ・訪問與學生未來成長發展相關的專業人士或機構（註：此項僅呈現於國小學習指導要領） ・動手做的趣味性、動手做的技巧與生活發展（註：此項僅呈現於國中小學習指導要領） ・神祕、不可思議而又美好的生命現象……等（註：此項僅呈現於國中小學習指導要領） ・鄉土的自然、風土、歷史與文學（註：此項僅呈現於後中學習指導要領） ・融合歷史景觀與生活便利性的都市計畫（註：此項僅呈現於後中學習指導要領） ・以新產品研發帶動觀光活性（註：此項僅呈現於後中學習指導要領） 3. 呼應地方及學校特色的課題（註：此大項僅呈現於國中、國小學習指導要領） ・從事社區再造的地方團體 ・傳承地方傳統文化的人們 ・商圈再生與地方經濟 ・災害防治結構制度……等	

（續下頁）

	修訂後	修訂前
設定教學內容	4. 與職業或生涯規劃相關之課題 ・豐饒的物質生活與精神生活相關問題（註：此項僅呈現於後中學習指導要領） ・義工活動及參與其中的人們（註：此項僅呈現於後中學習指導要領） ・社會潮流與自我表現（註：此項僅呈現於後中學習指導要領） ・職業的選擇與其對社會的貢獻（註：此項僅呈現於國中、後中學習指導要領） ・工作的意義、對工作的期望與夢想、社會責任……等（註：此項僅呈現於國中、後中學習指導要領）	
評量之基本概念	1. 為了充分發揮本課程的主旨、目的等特質，所以不似一般教科以測驗的成績作為評估標準，而是依其活動學習過程、報告及作品、發表及討論等所見之學習狀況與成果，針對學生的優點、於學習上的求知慾及態度、進步狀況等進行適當的評估。例如指導要錄中也記載著，不須進行評定，以記述方式記錄其觀察所見最為理想。 2. 各學校必須自行設定綜合學習時間的評量觀點，除了新增詳述評價內容的欄位外，在新增的「綜合觀察所見及指導上可供參考之事項」欄位中，也必須依照實際需求詳述觀察所見的事項。 3. 「綜合學習時間之紀錄」欄位中，需根據綜合學習時間所實施之課程活動及指導目標內容等評估觀點，詳細記載學生的具體學習狀況，及學生學習到的能力為何。 4. 各學校在策劃綜合學習時間之全體計畫時，必須囊括學習評量的計畫內容。 5. 各校必須依照學生的實際狀況，明確訂出綜合學習時間中欲培養的能力，以及學習活動內容，再針對學生透過學習活動學到哪些能力進行適切的評量。 （註：此項僅呈現於後中學習指導要領）	1. 為了充分發揮本課程的主旨、目的等特質，所以不似一般教科以測驗的成績作為評估標準，而是依其活動學習過程、報告及作品、發表及討論等所見之學習狀況與成果，針對學生的優點、於學習上的求知慾及態度、進步狀況等進行適當的評估。例如指導要錄中也記載著，不須進行評定，以記述方式記錄其觀察所見最為理想。

（續下頁）

	修訂後	修訂前
評量之基本概念	6. 各校在綜合學習時間中，必須透過適當的評量方式，確認學生是否達到依照學習目標與教學內容所擬定出的能力目標。另外，綜合學習時間的評量，必須由各校訂定適切的觀點，並依此觀點來改善學生的學習狀況。同時，必須更仔細觀察學習成果、學生優點、學習態度及進步狀況等事項。（註：此項僅呈現於後中學習指導要領）	
學習狀況評量	學習評量的方式與先前相同，不建議採用筆試等數值性評量方式。具體的評量方式包含「可信賴的評量法」、「多樣化評量」及「評價學習狀況之過程」等三個面向。 1. 為了確保評量結果的可信性，教師必須摒除任何偏見，進行適當的學習評量。例如，可事先向指導老師說明評價觀點，讓老師們重新確認評價觀點及基準，再依此進行評量，並注意不需要每堂課都實施教學評量，而是累積到一定節數後，再進行評量。 2. 為了確保評量過程的多樣性，採用不同的評量方法或評價者，增加評價組合的多樣性，例如： ・根據成果發表或討論的情況等語言活動的紀錄，或學習活動的狀況等觀察紀錄（註：此段粗體字部分僅呈現於後中學習指導要領） ・報告、工作表、筆記、作文、論文、繪圖等作品之評量 ・累積一段時間的學習活動過程或成果等紀錄、作品，實施學習歷程（portfolio）評量 ・在特定課題中，評估學生如何活用習得的能力 ・以評量卡或學習紀錄，讓學生自評或互評 ・由教師或其他地方人士等進行外部評量	一味的進行數據評量並不妥當。 評量方法可以針對作業、筆記、作文、繪畫、報告（註：此 5 項僅呈現於國中、國小學習指導要領）／報告、論文、作品（註：此 3 項僅呈現於後中學習指導要領）等的製作，以及發表及討論的狀況進行評量，另外也可以透過自我評量及互相評量、教師對於活動狀況之觀察結果進行評量。可以依照每一位學生自己特有的優點，以及學習時的意願與態度、進步的情形等來作出適當且綜合性的評量。

（續下頁）

	修訂後	修訂前
學習狀況評量	3. 除了學習成果之外，學習過程也是必須列入評量的項目之一。因此，除了在學期末進行成果評量外，期中的學習過程評量亦有其必要性。課程活動前掌握學生能力狀況，課程進行中把握學生的學習狀況以資改善，課程結束後把握學生的學習狀況並改善等，以多樣的評量方式，在各階段有計畫地實施是相當重要的。透過所有評價過程，掌握學生實態與學習狀況，對適當的教學指導有莫大助益。 4. 另外，在綜合學習時間中，讓學生針對自己進步的地方或優點積極評價，可以讓學生察覺到自我的成長及優點。	
註： 1. 黑色粗體字為修訂後新增部分。		

資料來源：文部科學省（1999b）。**小学校学習指導要領解說：總則編**。東京，日本：作者。文部科學省（1999c）。**中学校学習指導要領解說：總則編**。東京，日本：作者。文部科學省（1999d）。**高等學習指導要領解說：總則編**。東京，日本：作者。文部科學省（2008d）。**小学校学習指導要領解說：総合的な学習の時間編**。取自 http://www.mext.go.jp/a_menu/shotou/new-cs/youryou/syokaisetsu/013.zip。文部科學省（2008e）。**中学校学習指導要領解說：総合的な学習の時間編**。取自 http://www.mext.go.jp/a_menu/shotou/new-cs/youryou/chukaisetsu/012.zip。文部科學省（2009c）。**高等学校学習指導要領解說：総合的な学習の時間編**。取自 http://www.mext.go.jp/component/a_menu/education/micro_detail/__icsFiles/afieldfile/2009/08/11/1282000_7.pdf。

(八) 體驗活動適時納入問題解決和探究學習

修訂後教學計畫之內容安排增加：「體驗活動方面，考量第 1 之目標及第 2 之各校自訂活動目標及內容，適時加入問題解決和探究活動的學習過程」。中小學新修訂的學習指導要領中強調培養「自主學習」、「良好學習習慣」，因此課程設計若採用問題解決及探究活動的模式，可以培養自己發現問題、自主學習、獨立思考、主動地判斷、更完美解決問題的資質和能力。

(九) 國小新增「切合地方學校特色主題」

國小修訂後教學計畫訂定學習活動方面，新增：「地方居民的生活，傳統文化等切合地方學校特色主題的學習活動等」，顯示國小學習活動新增「切合

地方學校特色主題」。

(十) 國小之國際情勢理解學習強調體驗、調查其他國家的生活文化

國小修訂後教學計畫之內容安排強調：「實施國際情勢理解相關學習活動時，透過問題解決或探究活動的模式，讓學童體驗、調查其他國家的生活文化」。

(十一) 國小數位資訊學習強調問題解決或探究活動

國小修訂後教學計畫之內容安排強調：「實施數位資訊相關學習活動時，透過問題解決或探究活動的模式，讓學童藉由對資訊情報進行蒐集、整理、發信等作業，思考電腦資訊對日常生活或社會造成的影響」。

(十二) 國中新增「職業或自我生涯相關學習」

國中修訂後教學計畫訂定學習活動方面，新增：「與職業性向相關的學習活動」，可見，國中學習活動新增「職業或自我生涯相關學習」。

(十三) 國中職業性向學習強調問題解決或探究活動

國中修訂後教學計畫之內容安排強調：「實施職業性向相關學習活動時，透過問題解決或探究活動的模式，讓學生瞭解自己，並思考生涯發展」。

(十四) 強化中小學課程的接軌

修訂後的中小學學習指導要領中，述及「綜合學習時間」內涵絕大部分均相同，旨在強化中小學綜合學習活動課程的銜接。另外，亦強調國小、國中、後期中等學校的教學計畫，應著重三者的縱向銜接。

肆、綜合學習時間的目標

日本修訂前之《國小學習指導要領》（文部省，1998a）、《國中學習指導要領》（文部省，1998b）及《後期中等學校學習指導要領》（文部科學省，1999a）之總綱，有關綜合學習時間目標的敘述，主要有三：(1)在綜合學習時間的課程中，各學校應依照地方、學校或學生的實際狀況，發揮創意工夫，進行橫向性、綜合性，或符合學生興趣的教學活動；(2)在綜合學習時間的課程中，請以下列要點為目標來進行教學指導：a.培養自己發現問題、自主學習、獨立思考、主動地判斷、更完美解決問題的資質和能力；b.培養主動地、創造性地進行問題解決和探究活動的態度，並能思考自我的性向定位；c.將各

學科科目與特別活動所學知識技能相互連結，確實應用在求學與生活方面，以求融會貫通；(3)各學校依上述(1)與(2)的旨趣與目標，訂定綜合學習時間的教學目標及內容，依照地方、學校或學生的實際狀況，進行以下的教學活動：a.國際情勢理解、資訊、環境、健康等橫向性、綜合性問題的學習；b.依學生性向及有興趣的問題進行綜合性的知識技能深耕活動；c.將各學科科目及特別活動所學知識技能相互連結，確實應用在求學與生活方面，以求融會貫通。可見，日本設置「綜合學習時間」的主要目標，不僅希望培育學生自主學習與思考習慣、善於解決問題的資質和能力，習得學習方法與思考事物方法，培育學生主動與創造解決問題的態度，更希望學校營造自己的特色（兒島邦宏，1999a，1999b）。

山極隆（1998）認為，「綜合學習時間」的目的在於透過各校積極活用創意，以實行橫向性、綜合性學習，或以學生的興趣與關心等學習為基礎，配合學生的發展階段，學習自己找出主題、自己思考與自主判斷等表現，培育更能解決問題的資質或能力，並學習資訊的蒐集、調查、整理、報告或發表與討論等方法，或培育思考方式，以及培養主動、創造地解決問題與探討活動的態度，加深對自己生活方式的認識。此外，也希望能達到與各學科所學習到的知識互相關聯，加深其在學生內在綜合運作之目的（知識的網路化、知識的綜合化）。兒島邦宏（1999a）亦強調日本為「適應社會變化」，設計「綜合性學習時間」，除了養成「務實的知能」外，更能接觸現實世界，培養適應未來社會之生存能力。

日本青柳國小依據《國小學習指導要領》內涵，擬定綜合學習時間的課程目標為：(1)找尋自我主題，達到自主學習、自我思考及獨立判斷，以培養解決問題的資質及能力；(2)學習資訊的蒐集、調查、整理、發表及討論之方法，並學習對事物產生看法，進而確立解決問題及探討問題的積極態度；(3)加強自我對生命的積極看法；(4)串連並加深各學科所學之知識與技能，以綜合運用於周遭事物的應對之上（小野寺忠雄，1998a）。青柳國小校長小野寺忠雄指出，該校綜合學習時間課程奠立學生終身學習的基礎，學得知識或技能並不代表結束學習，而是往後面對各種主題時，能提出正面的解決之道，即「生存能力」的動力。他強調學校乃是學生築夢的地方，該扮演的角色乃給予學

生盡情快樂又充實的學校生活，少點填鴨式教學與被動式學習，多一點活潑式教學與自主性學習，培養學生能獨立應對環境變化的生存能力。

日本修訂後之《國小學習指導要領》（文部科學省，2008a）、《國中學習指導要領》（文部科學省，2008b）及《後期中等學校學習指導要領》（文部科學省，2009a），均指出綜合學習時間的目標為：「透過橫向性、綜合性及探究性的學習，培養自己發現問題、自主學習、獨立思考、主動地判斷、更完美解決問題的資質和能力，同時，也培養主動地、創造性、協同性地進行問題解決和探究活動的態度，並能思考自己的性向定位。」另，各校為達第 1 節之目標，各自訂定綜合學習時間之目標及內容。可知，修訂後的「綜合學習時間」目標除修訂前者外，也增列「探究性學習」與「協同性」問題解決和探究活動的態度。

國小、國中及後期中等學校學習指導要領修訂前後的目標分成五項要素：(1)透過橫向性、綜合性及探究性的學習；(2)培養自己發現問題、自主學習、獨立思考、主動地判斷、更完美解決問題的資質和能力；(3)培養主動地、創造性、協同性地進行問題解決和探究活動的態度；(4)能夠思考自己的性向定位。

修訂前後目標的五項要素大致相同，然修訂後的目標突顯三項特色：(1)精簡統整呈現目標：修訂前並未以精簡統整的方式闡述目標，但修訂後則採精簡統整的敘述方式；(2)以學生為中心：修訂前先闡述學校的作為，輔以學生為中心說明目標；但修訂後則均以學生為中心說明目標及五項要素；(3)說明更清晰：修訂後較詳細呈現五項要素的內涵，有助於各界更清晰瞭解綜合學習時間的目標與要素。

綜合《後期中等學校學習指導要領》（文部科學省，1999a，2009a）、《國中學習指導要領》（文部科學省，1998b，2008b）、《國小學習指導要領》（文部科學省，1998a，2008a）及小野寺忠雄（1998b）、山極隆（1998）、兒島邦宏（1999a）與其他學者論述，日本綜合學習時間的目標有七：

一、強化透過橫向性、綜合性及探究性學習

2008 年與 2009 年修訂後的中小學綜合學習時間均強調「透過橫向性、綜合性及探究性的學習」，即讓學生整合各教科之知識並融會貫通。

二、培養解決問題的資質和能力

　　2008 年與 2009 年修訂後的中小學綜合學習時間均強調「培養自己發現問題、自主學習、獨立思考、主動地判斷、更完美解決問題的資質和能力」。即讓學生自己從問題中找出可研究的問題；從問題解決過程中，藉由與其他事物的比較，地方人士或專家的協助與交流，得以探究問題的核心，判斷出更好的解決方法。

三、確立學習方法與獨立思考的方法

　　2008 年與 2009 年修訂後的中小學綜合學習時間均強調「確立學習方法與獨立思考的方法」。即藉由問題設定、資料蒐集調查方式、分析整理方式、彙整方式、報告發表或討論方式等，確立自我學習方法。甚至，將各教科的知識進行比較、分類、整理、推敲，從多方面的角度分析事物。兒島邦宏（1998）將知識區分為內容求知、方法求知、人群求知三類，綜合學習時間強調方法求知與人群求知重於內容求知，即重視學生求知的思考過程高於思考結果；重視在調查與探究過程中培育邏輯思考能力與豐富表現能力，高於教師教什麼或學生學什麼。

四、培養主動、創新地問題解決和探究活動的態度

　　2008 年與 2009 年修訂後的中小學綜合學習時間均強調「培養主動地、創造性、協同性地進行問題解決和探究活動的態度」。即在問題解決和研究之際，希望學生具備的態度是能夠主動對周遭社會或自然環境感興趣，最重要的是「不斷與自己對話，與他人、社會、自然共生，敞開心懷積極與他人交流」的問題解決態度。

五、活用知識以適應環境變遷與解決問題

　　日本《國小學習指導要領》、《國中學習指導要領》與《後期中等學校學習指導要領》均強調：積極的導入體驗學習與問題解決學習活動，如自然體驗、義工活動等社會體驗，觀察、實驗、參觀訪問、調查、發表、討論、物

品製作或生產活動等。尤其是修訂後的中小學學習指導要領更強化「培養主動地、創造性、協同性地進行問題解決和探究活動的態度」及「各校自訂活動目標及內容，需重視其與日常生活及社會環境的關聯性」。山極隆（1998）指出綜合學習時間有助於將教育需求由「知識囤積型態」之學習能力觀念，轉變為養成「探求創造表達型態」的學習能力觀念。小野寺忠雄（1998a）亦指出青柳國小在「生存能力」目標提出了感受性、創造性、自主性及社會性等四項作為研究的方針，培養學生能獨立應對環境變化的生存能力。渡邊敦司（2009）認為綜合學習時間是唯一可將基礎學科知識整合的課程。可見，日本設置綜合學習時間強化活用知識，強調體驗學習、探究學習及問題解決學習的行動，探索創造與表達、協同與合作，以及獨立應對環境變化的生存能力，不再限於知識的記憶與囤積。

六、思考自己的性向定位

2008 年與 2009 年修訂後的中小學綜合學習時間均強調「能夠思考自己的性向定位」。思考向度有三：第一，思考人在社會與自然環境中，應該扮演什麼角色；第二，思考學習對自己的價值與意義；第三，透過前兩項省思，瞭解現在學到的知識技能，如何串連到現在及未來的人生，進而對自己的性向與生涯規劃產生概念。

七、激勵學校發揮創意營造特色

日本修訂後之中小學學習指導要領均強調各校為達「透過橫向性、綜合性及探究性的學習，培養自己發現問題、自主學習、獨立思考、主動地判斷、更完美解決問題的資質和能力，同時，也培養主動地、創造性、協同性地進行問題解決和探究活動的態度，並能思考自己的性向定位」的目標，各校應訂定綜合學習時間之目標及內容。兒島邦宏（1999a）認為各校教育活動之編製，還有每節時間的分配及「綜合學習時間」之命名，均委由各校處理，自行訂定適切名稱。學校為營造自己的特色，可按學生感興趣之名稱來命名，但必須可以從名稱當中適切地判斷出主要旨趣。可見，日本學校必須根據學校背景與現況、社區的需要與特質、學生興趣與身心發展，以創意研擬學校

目標與選取適切主題，營造學校自己的特色。如千葉市打瀨小學（1998，1999）以培養「寬宏的心、夢想、閃閃發光的孩子」為學校教育目標，具體打出「PICD」指標，即熱情（Passion）、想像（Imagination）、創造（Creation）、夢（Dream）。愛知縣緒川小學（1998，1999）以培養「心靈豐富、健康、自主判斷、富執行力的孩子」為學校目標，期望學生能自動自發學習、會玩會讀、互助合作、堅毅不拔。橫濱市本町小學（1999）以培養「做自己主人的孩子」為學校目標，具體目標為心靈豐富、自主學習、健康。千葉市打瀨中學（1998，1999）則強調培養「富人性、創造力、活力」的學生，使學生具備「信賴、敬愛、自主、創造、鍛鍊、陶冶」等六項特質，此六項特質的具體意義為：(1)心靈豐富與體貼的心；(2)會欣賞自然和美的事物；(3)自動不斷上進，努力向學；(4)有豐富創造力及明確表達力；(5)注意自身的健康、安全，鍛鍊身心；(6)尊重、勞動、服務，喜愛學校社區。

伍、綜合學習時間的學習內容

日本《後期中等學校學習指導要領》（文部科學省，1999a）、《國中學習指導要領》（文部省，1998b）、《國小學習指導要領》（文部省，1998a）總綱之「綜合學習時間」，均指出：「綜合學習時間的教學目標及內容，依照地方、學校或學生的實際狀況，進行以下的教學活動：(1)國際情勢理解、資訊、環境、福祉、健康等橫向性、綜合性問題的學習；(2)依學生性向及有興趣的問題進行綜合性的知識技能深耕活動；(3)將各學科科目及特別活動所學知識技能相互連結，確實應用在求學與生活方面，以求融會貫通。」

日本修訂後的《後期中等學校學習指導要領》（文部科學省，2009a）、《國中學習指導要領》（文部科學省，2008b）、《國小學習指導要領》（文部科學省，2008a）總綱之「綜合學習時間」，均指出：「學習活動方面，需因應地方、學校與學生之特性。例如國際情勢理解、資訊、環境、福祉、健康等橫向性、綜合性問題的學習，或是依學生性向或興趣而進行的知識技能整合與深耕」。後期中等學校強調讓學生思考自我生存目標、達到自我追求的學習活動等；國中強調具有地方或學校特色主題的教學活動，或是與職業

性向相關的學習活動等；國小則著重地方居民的生活、傳統文化等切合地方學校特色主題的學習活動等。

綜合學習時間的學習主題包括三大類：一為指定主題，包括國際情勢理解、資訊、環境、福祉、健康等橫向性、綜合性問題的學習；二為學生感興趣或關心的主題，乃依學生性向或興趣而進行的知識技能整合與深耕，如自我瞭解、生涯規劃、人際關係或兩性關係；三為配合地方、學校特色的主題，乃因應地方、學校與學生之特性，如社區藝文、民俗、鄉土、親子活動，營造特色的系列活動。

日本修訂後《國中學習指導要領綜合學習時間解說》（文部科學省，2008e）、《國小學習指導要領綜合學習時間解說》（文部科學省，2008d）均強調「綜合學習時間的教學內容，必須與教學目標相符，而在內容設定與運用方面，需留意在所有教學過程中，必須以學生為主體，讓學生能夠自發性學習。另外，在設定教學內容時，並無硬性規定必須包含所有問題，請學校依地方、學校及學生特性，發揮創意工夫，實施綜合學習時間的教學活動。」另，日本綜合活動時間的指定主題，包括國際情勢理解、資訊、環境、福祉、健康等五項主題，並強調讓學生體驗義工活動來思索增進國民福祉，例如健康融入指定主題、學生感興趣與關心主題、配合地區或學校特色主題，且由自然體驗活動落實國際情勢理解教育、資訊教育、環境教育、義工活動（佐野金吾，1997；兒島邦宏、山極隆、安齋省一，1998；高階玲治，1998a）。因此，從國際情勢理解教育、資訊教育、環境教育、義工教育、健康、自然體驗活動、學生感興趣與關心主題、配合地方或學校特色的主題等八方面討論之。

一、國際情勢理解教育

日本《國中學習指導要領綜合學習時間解說》（文部科學省，2008e）、《國小學習指導要領綜合學習時間解說》（文部科學省，2008d）皆強調「國際情勢理解、資訊、環境、福祉、健康等橫向性、綜合性問題」，含括「居住在同一生活區塊上的外國人所珍惜的文化與價值觀」。並於《國小學習指導要領綜合學習時間解說》中，闡述「國際情勢理解相關教學時，透過問題解

決與探究的方式,讓學生確實體驗並調查其他國家的文化或生活型態」。

　　就國際情勢理解教育而言,必須培養對不同文化的理解,以及能與不同文化背景的人共同協調與生活的態度。兒島邦宏(1997b)認為國際情勢理解教育宜做到以下幾個要點:

1. 經由探討多元文化的生活、習慣與價值觀等,培養學生認識相異之處,以及尊重彼此的歷史傳統與多元價值觀的態度。
2. 運用同心圓的概念,先自我認識、自我瞭解與自我肯定,到認同自己身為日本人及自己的歷史與傳統文化,最後展開國際情勢理解教育。同心圓的圓心乃對自我角色的瞭解與肯定,學校應先協助學生認識自我與肯定自我。
3. 先瞭解我國,再進一步瞭解亞洲諸國與大洋洲諸國等等。
4. 國際情勢理解不只是單純的知識理解,應採用多元的體驗學習與主題學習,來培養實踐的態度、資質與能力。
5. 透過畢業旅行、姐妹校交流、留學、外國留學生、地區性國際交流等活動,除了讓學生有上述多樣化的國際交流活動外,也要讓他們參加國際交流活動。
6. 在國小教育階段的外國教育,應讓學生有機會接觸到英語會話等,以及熟悉外國的生活、文化。

二、資訊教育

　　日本《國小學習指導要領綜合學習時間解說》(文部科學省,2008d)強調,在電腦多媒體相關教學時,宜透過問題解決與探究的方式,讓學生確實「進行電腦資訊蒐集、整理、發訊等作業,讓學生瞭解資訊對日常生活及社會的影響」。

　　科技日新月異,資訊日益發達,除積極培養學生擁有更廣泛的資訊理解、選擇、整理、創造、發表等基礎能力外,亦須栽培學生對於活用電腦等資訊設備的基礎能力,以及資訊化社會的價值或倫理規範。兒島邦宏(1997b)用下列幾點來做更具體的說明:

1. 讓國小學生接觸電腦,可以體驗如何活用電腦,在國中則可以學習活用資訊通信網路。
2. 國中階段著重電腦使用的學習,旨在讓學生把電腦當作是一種「工具」來

　　使用。

3. 電腦的學習除了需要留意個別的教導之外，可以集中於一定時間教導學生，促使教育課程的彈性化。

4. 積極活用資訊通信網路，加深學生善用各種與學校和地區共有的資訊，以豐富教材擴充學生學習對象，以及提高對學習的興趣和關心。

5. 推展資訊化應瞭解可能衍生人際溝通與資訊倫理問題，教師應著重學生體驗人際互動，強化資訊倫理與道德規範。

三、環境教育

　　日本《國中學習指導要領綜合學習時間解說》（文部科學省，2008e）、《國小學習指導要領綜合學習時間解說》（文部科學省，2008d）均強調「國際情勢理解、資訊、環境、福祉、健康等橫向性、綜合性問題」，含括生活周遭的自然與環境問題。

　　實施環境教育必須著重學生經由自然與鄰近社區的各種體驗活動，培養對自然豐富的感性以及對環境的興趣與關心，加深學生對環境內容的理解，及培養具體實踐環境保育、環境再創造的能力與態度。兒島邦宏（1997b）提出以下幾項重點：

1. 環境問題乃跨越學科的廣泛性問題，各校推動環境教育必須透過學校整體的教育活動。

2. 教育內涵除加深對環境和自然與人類之間關係的理解外，也要引導學生關懷、重視環境和自然，甚至培養其率先保育環境，及創造更好環境的實踐態度。

3. 重視環境教育的體驗性學習，讓學生在豐富的自然或地區中，真實的體驗環境的重要性，不僅瞭解環境有什麼樣實際性的問題與如何解決問題，更應體認自己必須為自然與地區環境做什麼。

4. 活用網際網路進行與世界各個不同地區學校與設施的交流，以深入探討全球性的環境問題。

5. 善用以社區為基礎的環境學習機會，除了讓學生熟悉星空觀察、自然觀察、野外活動等自然的體驗活動之外，亦應運用各式各樣的場合與活動來推展

環境教育，如環境學習教室、環境保育活動，或環境教育展覽會。

四、義工教育

引導學生參與義工活動必須是讓學生發自內心願意參與，方能體會活動的意義與精髓，如培養愛護高齡者的心態，透過親自參與街道建設與清潔的活動，或學習周遭鄰近社區具教育意義的相關事物。引導學生參與義工活動，著重學生意識到他人的存在時，能自覺已是社會團體中的一員，思考自己與社會結構的關係，再逐漸形成自我與肯定自我，次透過實踐、體驗活動來尋求自我實現，最後讓學生體會義工活動不是一件特別的事，而是一件切身、必要之尋常事。兒島邦宏（1997b）認為推動義工活動應注意下列幾點：

1. 學校推動義工教育應讓學生體驗性的理解「自發性、無償性、公共性、先驅性」的義工精神，以培養更優秀「自我創造」的社會人。
2. 義工教育宜以知識理解為前提，以活動體驗為核心，來學得其真正意義。義工活動的內容包含福祉義工、教育義工、文物義工、環境義工、地區義工，或國際義工等，活動性質與內涵應配合學生成長階段、地區實際狀況而定。
3. 義工精神是基於自發性，與其強迫學生來參與活動，還不如令其先瞭解活動的意義與精髓。

五、健康

日本《國中學習指導要領》（文部科學省，2008b）較修訂前的國中一～三各年級保健體育課每週增加 0.4 節課，增幅達 16.67%。《日本國中學習指導要領綜合學習時間解說》（文部科學省，2008e）、《國小學習指導要領綜合學習時間解說》（文部科學省，2008d）均強調國際情勢理解、資訊、環境、福祉、健康等橫向性、綜合性問題中，包含消費生活與能源、資源問題，地方上的高齡者與協助高齡者生活起居的制度、團體，每天的健康生活及社會壓力，以及飲食相關問題與地方農業、生產者等健康主題。可見，日本在 2008年國中、國小學習指導要領強化健康課程。

日本《國小學習指導要領》（文部科學省，2008a）、《國中學習指導要

領》（文部科學省，2008b）、《後期中等學校學習指導要領》（文部科學省，2009a）均強調學校體育、健康的指導，需先考量學生能力或發展階段，透過學校的全體教學活動適切的實施。特別是關於正確的飲食觀念、增強體力、安全指導及身心健康保持增進之指導，則以「體育」的課程為根本，並在技術・家政課或特別活動時給予各種不同特質的指導。透過這些指導，以期和家庭、地方社會產生聯結，並將適切的體育・健康活動落實在日常生活中，終生過著健康、安全、有活力的生活。

六、自然體驗活動

　　日本《國中學習指導要領綜合學習時間解說》（文部科學省，2008e）、《國小學習指導要領綜合學習時間解說》（文部科學省，2008d）的內容安排均指出下列三項：(1)進行問題解決和探究活動的過程時，請以小組共同解決問題，或分析並活用語言表達的方式進行；(2)積極導入自然體驗或就業體驗活動、義工活動等社會體驗、工藝實作、商品生產等體驗活動、觀察、實驗、實習、調查、研究、發表、討論等學習活動；(3)體驗活動方面，考量第 1 節之目標及第 2 節之各校自訂活動目標及內容，適時加入問題解決和探究活動的學習過程。

　　「綜合學習時間」並不拘泥於內容，而是強調透過體驗學習來進行教學。讓學生接觸類似農作體驗、野外活動與環境保育活動等大自然豐富的體驗，培養對於自然的理解及熱愛。尾田正已（1998）強調自然體驗活動係讓學生主動的融合本身所處的自然環境、社會環境與人類環境，來磨練其感性，發展其原有的知識與技能，及增進生活的綜合能力。體驗活動引導學生實際、親身經驗人事物，讓學生產生活生生的問題意識，遠遠超過教室「坐著學」的問題意識，讓學生將問題意識與自己直接見到、聽到的現實相結合在一起，更能激發問題意識與產生尋問問題解答的動力。為推展自然體驗活動，必須善用自然教室、移動教室、戶外教學，而不應將學習侷限於教室，學校營造的學習空間必須是一草一樹、一石一物均具有教育意涵，教師的教學活動必須逐漸加重身體力行的體驗課程。

七、學生感興趣與關心主題

日本《國中學習指導要領綜合學習時間解說》（文部科學省，2008e）、《國小學習指導要領綜合學習時間解說》（文部科學省，2008d）之設定教學內容指出，引發學生學習興趣可採取訪問與學生未來成長發展相關的專業人士或機構，動手做的趣味性、動手做的技巧與生活發展，以及神祕、不可思議而又美好的生命現象……等。

兒島邦宏（1997a）認為橫斷性、綜合性的學習並非老師指導或代學生將問題解決，而是讓學生運用自己的方法來解決問題，讓學生自己去思考「切身的問題」並尋求解決，而老師只提供支援的一種學習。若學生處於被動，學生將無法自主性的面對現實的社會以及社會的生活。因此，採用學習內容的前提是學校和老師必須瞭解學生，充分瞭解學生關心的問題和興趣，教師必須在生活環境、資訊、國際情勢理解、國民福祉、身心健康等主題尋找與學生切身的問題。若是強迫學生於一般主題上，則會失去原本的學習目標。

學習內容應以學生關心、具有興趣的主題為主，不一定要故步自封結合特定的主題，如自我瞭解、生涯規劃、人際關係、兩性關係等身心發展主題常是學生感興趣的主題，結合空瓶子回收、森林保育、瀕臨絕種動物保護、國際學生交流、野外求生等主題亦是學生較關心的主題（李坤崇，2001a）。

八、配合地方、學校特色的主題

日本《國中學習指導要領綜合學習時間解說》（文部科學省，2008e）、《國小學習指導要領綜合學習時間解說》（文部科學省，2008d）之設定教學內容指出，呼應地方及學校特色可從事社區再造的地方團體，傳承地方傳統文化的人們，探討商圈再生與地方經濟，以及省思災害防治結構制度……等。

日本《國小學習指導要領》、《國中學習指導要領》與《後期中等學校學習指導要領》的「綜合學習時間的安排」中指出：在綜合學習時間，各學校配合地方、學校、學生的實態等，以進行有創意、獨具匠心的教育活動，如橫向的、綜合的學習或學生感興趣、關心的學習活動。因此，綜合活動時間的學習內涵應配合地方、學校特色的主題，將地區的自然、文化、產業、居

民等作為題材或是協助者與參與者。地區的居民、自然與社會資源對學生而言不僅容易親近，也容易進行體驗性學習和問題解決學習。學校欲發揮創意發展學校特色，必須有適切主題讓學生得以學習、成長，讓學習成果展現、發表，方能化理念為行動，化理想為實踐，而非讓學校特色流於空談。

　　日本青柳國小以培養「健康的孩子、配合度高的孩子、會思考的孩子、忍耐度高的孩子」為學校教育目標（小野寺忠雄，1998a），採取「養成學生們共同學習並建立活潑個性」為主題，此主題在低年級課程中列入生活科學習單元，而中高年級的課程則以綜合學習時間活動為中心；低年級的部分是以生活科為中心，包含學校範圍，漸漸擴充至中年級所涵蓋的地區，再進而擴展至高年級所學習的全世界，學習範圍由周邊地區延伸至世界；然均以學生們能獲取感受性、創造性、自主性及社會互動性之資質與能力為主軸。角烏重樹（1998）強調青柳國小開發的單元課程，按照低、中、高年級的分配如下：

1. 低年級：「我喜歡大家！青柳國小的好學生」、「大人們從前還不都是小孩！」、「來自通信局（相當於國內的郵局、電信局等）的心靈傳話」、「調皮的廣播站──冬天的報告」。以上單元特徵為：一是與幼稚園的交流，二是傳統遊戲與地方交流，三是藉由通信的心靈交流，四則是與鄉土自然及人們的交流。

2. 中年級：「大家都是好朋友：生動的樂園」、「NI-HAU你好」、「水的研究」、「發現！調查！推廣！」。以上單元特徵為：一是與動物的交流所衍生出的共同生活，二是來自朋友所產生的國際交流，三是水與我們的生活，四則是由資訊的蒐集到發出訊息。

3. 高年級：「探討聲音與人的世界」、「自然與文化以及人文背景～由護國寺周邊找起～」、「重視它！培育它！護送至未來！我們的地球」、「相互交流學習的人間大愛」。以上單元特徵為：一是探討聲音與人的活動，二是探討鄉土文化、自然及人群，三是鄉土與從八岳高原看地球環境，四則是人間愛與社會義工服務活動。

　　國際情勢理解教育、資訊教育、環境教育、義工教育、健康、自然體驗活動、學生感興趣與關心主題、配合地區或學校特色主題等八項主題之設計，不應限於單一項目的教學設計或處於各自分散狀態，而應以統整化、交流化、

生活化、體驗化為原則。就環境問題而言，可透過與國外姐妹校之間網際網路的通信進行國際交流學習，亦可透過自然體驗活動來強化學生經驗與感受（李坤崇，2001a）。

陸、綜合學習時間的學習方法

日本《國中學習指導要領綜合學習時間解說》（文部科學省，2008e）與《國小學習指導要領綜合學習時間解說》（文部科學省，2008d）之內容安排指出，綜合學習時間之教學有三項重點：(1)由各校自訂活動目標及內容，並因應學生學習狀況，由教師進行適切的指導；(2)由全體教師所組成的教學團隊，實施團體教學或跨學年教學等多樣教學型態，並適時以地方人士協助教學；(3)活用學校圖書館，或與他校合作，並透過活動中心、圖書館、博物館等社教機構，與社教團體合作，積極活用地方教材與教學環境。

兒島邦宏（1999a）強調實行綜合學習時間之學習活動，應積極納入實際體驗和解決問題的學習，即重視體驗大自然活動的社會體驗、觀察、調查與實驗，善用訪問、觀摩、調查、討論、發表、物品製作及生活活動等學習活動。以活動式的體驗、實踐、解決問題來學習，除了深究問題與尋求解決問題方式的學習外，更要直接面對現實生活，培養積極面對問題、解決問題的能力。有時還要不畏失敗挫折，具備嘗試錯誤、失敗了爬起來再改進的學習精神，充分展現實際體驗，進而解決問題的學習特色。另外，實施綜合學習活動，應配合教育課程彈性化，如小組學習、混齡學習等學習模式運用的彈性化；地方人士協助指導授課、全體教師合作教學等體制的彈性化；將地方性素材編成教材、積極活用地方環境作為實際教學環境的環境彈性化。

高階玲治（1998a，頁 16）強調「綜合學習時間」學習活動具有下列六項特質：(1)配合地區與學校的實際情形，充分發揮每所學校的創意與用心，營造各校特色；(2)針對國際情勢理解、資訊蒐集、生活環境、國民福祉、身心健康等橫向性、綜合性的主題、基於學生興趣和關心的主題、因應學校和地區特色的主題等等，設計並實行適宜的學習體驗；(3)積極的實施自然體驗和義工活動等社會體驗，如觀察、實驗、參觀、調查、發表、討論、工藝與生

產活動等體驗性的學習，以及問題解決的學習；(4)集中於某一段時間內實施，適切彈性的調整時間；(5)不僅運用分組學習和不同年齡層學習等多樣化的學習模式，以及外部人才的協力，更要不同學科老師相互協力，建立全體職員一致指導的指導體系；(6)不限於校園內，還可以考慮地區豐富的教材和積極的活用學習環境。

兒島邦宏（1998）將知識區分為內容求知、方法求知、人群求知。內容求知係指教些什麼、學些什麼；人群求知係指自我瞭解、人際關係以及自我與生活的關係；方法求知係指求知方法重於獲得知識。以往以集體講授為主的教學難以培育學生自主性、綜合性的問題解決能力，綜合學習時間應重視下列學習方法：

一、體驗學習

日本《國小學習指導要領》（文部省，1998a；文部科學省，2008a）、《國中學習指導要領》（文部省，1998b；文部科學省，2008b）與《後期中等學校學習指導要領》（文部科學省，1999a，2009a）的「綜合學習時間的安排」，均強調積極的導入體驗學習及問題解決學習活動。例如自然體驗、義工活動等社會體驗，觀察、實驗、參觀、訪問，或調查、發表、討論、物品製作、生產活動等。

體驗學習係教師引導學生親身體驗大自然，參與社會服務，實地進行調查、訪問、參觀與實驗，實際進行討論或發表，設計與生產工藝作品，以及進行生產活動，整個學習強調親身體驗、做中學、嘗試錯誤的精神，而非記憶背誦、坐著學、一次成功的概念。學生運用心到、口到、眼到、耳到、手到、腳到的全方位體驗，較傳統著重眼到、心到的記憶，較易讓學生深切感受學習的意義與內涵、較易保留學習結果、較易覺察真正核心問題（李坤崇，2001a）。

二、問題解決學習

問題解決學習係提供實際問題情境或模擬情境，讓學生進行問題解決的學習活動。學生為解決問題會運用所學，可激發學生將知識轉化為能力，將概

念轉化為行動,將知識與生活充分統合,而非只是儲存、記憶知識,亦非只是獲得、理解,更非將知識孤立、隔絕於生活之外。學生為解決問題通常會以某一個待解決情境或主題為中心,活用文獻研究法、歷史研究法、調查研究法、訪問研究法、觀察研究法、實驗研究法、比較研究法等各式各樣的研究或學習方法,來進行探討與解決問題,將所學各種方法真實的用出來解決問題,讓學生獲得解決問題的成就感,感受到自己解決問題的喜悅。

　　山極隆(1998)認為配合學生的能力與適性等進行設置主題的研究,不僅要求學生製作具有創意的研究報告,也要求學生學到擬定假設、推斷、分類、對比實驗、測定、數據處理、資料解釋等科學探討方法,以培養解決問題的能力。山極隆(1998)認為探討解決問題的方法如下:(1)要關心並找出什麼地方有問題,必須要解決的問題在哪裡;(2)蒐集並討論找出解決方法所需要的資訊;(3)找出各種解決方法,預測與推斷這些解決的方法會產生的結果;(4)根據假設等,進行測定、處理與分析資料,以獲得結果;(5)加上相關結果的考察,製作報告書,進行發表並討論。他強調在「綜合學習時間」中的問題解決學習活動,可以培養學生下列自主學習能力或創造性資質及能力:(1)尋找與選擇主題的能力;(2)綜合的溝通能力;(3)綜合的思考能力;(4)創作與製作能力;(5)綜合解決問題能力;(6)綜合表現能力;(7)綜合的活用資訊能力;(8)意志決定與行動選擇的能力;(9)綜合判斷力。

三、創意學習

　　山極隆(1998)強調綜合學習時間必須將知識囤積型態之學習能力觀念,轉變為探求創造表達型態的學習能力觀念,可見,學生學習方法應著重探求、創意與表達。綜合學習的內容包括國際情勢理解、資訊蒐集、生活環境、國民福祉、身心健康以及自然體驗的學習,教師必須引導學生發揮創意解決問題,因體驗性活動甚難以一成不變的策略解決問題,或獲得一個統一的感受或答案。小野寺忠雄(1998a)強調日本東京都青柳國小培養學生感性心靈(感受性)、創造力智慧(創造性)、實踐能力(自主性)、互動喜悅(社會互動性)四項能力的三項策略為創意活動、重視雙向交流與社會性擴展。因此,教師應鼓勵學生「自主思考不求統一」,勇於發揮創造力與想像力,勇於用自

己的思考方式、判斷、行動來歸納出自己的獨創答案。

四、自主學習

　　綜合學習時間必須採取以學生的學習為重點的學習活動，因而由教師主導的學習模式將轉變成以學生為中心的學習模式，學生學習態度將從被動轉為主動學習。經由自主學習、獨立思考與自我判斷來增進學生問題解決能力，善用自主性的資訊蒐集方法、調查方法與歸納方法，運用報告、發表與討論方法，來引導學生學習如何去思考事情以及加深對自我存在的自覺（李坤崇，2001a）。

　　山極隆（1998）認為「綜合學習時間」強化自主學習，應做好下列四項：(1)要確立研究目的、如何進行研究等學習目標，培育資訊蒐集的能力；(2)學習自己設立如何朝向目標的學習計畫，培育可以時常自我控制學習的活動能力；(3)培養可以修正自己的學習活動軌道、重新設立計畫的能力；(4)在解決問題時，學到蒐集資訊的方法、調查方法、整理方法、報告書的撰寫等學習方法。

五、分組同齡學習或混齡學習

　　日本《國小學習指導要領》（文部省，1998a；文部科學省，2008a）、《國中學習指導要領》（文部省，1998b；文部科學省，2008b）與《後期中等學校學習指導要領》（文部科學省，1999a，2009a）的「綜合學習時間的安排」，均強調採取小組學習或混齡學習等多樣的學習模式，指導體制也可同時獲得地方人士的協助，或由教師共同指導，積極的善用地方教材和學習環境。

　　兒島邦宏（1998，1999a）強調實施綜合學習活動，應配合教育課程彈性化，如小組學習、混齡學習等學習模式運用的彈性化。高階玲治（1998b）亦認為運用分組學習和不同年齡層學習等多樣化的學習模式，可以增進學生成長與發展學校特色。為激發學生團隊精神與養成互助合作的態度，綜合活動時間必須採取分組合作學習，讓學生不僅每個人均能發揮其個性，同學間彼此相互交換學習成果，更能培養協同合作的能力與團體的自主性與行動力。分組合作學習在發揮個性、共同學習的過程中，彼此提供智慧、分享困難、

相互扶持，及相互鼓勵，較傳統大班級的團體教學更能凝聚團隊精神與合作態度。

　　分組合作學習包括同齡或同學年的分組、混齡或不同學年的分組等兩種，同齡分組學習因學生所學幾乎相似，組內同學處於相等的學習狀況，能知無不言、言無不盡的平等相互討論；混齡分組學習因組員來自不同年齡的同學，年長者能將經驗傳承或嘗試錯誤的心得告知年輕者，讓年輕者減少摸索的歷程，年長者獲得教學相長的經驗，然可能導致年輕者處於劣勢，較不敢發表意見而處於被動接受的角色（李坤崇，2001a）。

柒、綜合學習時間的自我教育能力

　　高階玲治（1998a，頁 16）指出日本以往教育出現下列四項問題：(1)教學成為填鴨式教學；(2)因為沒做到循序漸進，學生極少對內容有十分的瞭解；(3)成為強迫式教學；(4)無法做到多角度的見解與思考方式。因此，從昭和 58 年（1983 年）第 13 期教審小委員會的報告和之後臨時教育審議會（約昭和 60 年）以後，到現在為止，有著一句口號：「自我教育能力」。培養「自我教育能力」乃培養「學生自主學習的慾望、因應社會變遷的能力，以及發揮個性與潛能」，可見，自主學習、因應變遷、發揮個性乃自我教育能力的三角。

　　高階玲治（1998b）強調以往教育以「目標」和「內容」為重，以學生習得結果為主，形成一個倒三角形，學習側重目標與內容，卻疏忽學習方法與自我實現，成為「填鴨式教育」（如圖 2-2 所示）。為使每位學生自發性、自主性的學習，避免填鴨式的教學，使學生得到自我的實現，乃提出「主題探究型教育」（如圖 2-3 所示），此類型不僅重視學生學習「目標」、「內容」的過程，也確立了學生依據適切的學習方法，謀求自我實現之道。

　　高階玲治（1998b）著重「綜合學習時間」應引導學生構築「自主學習、自主思考」的學習方法與態度，而其核心為「自我發現」。「自我發現」乃具有自我本身學習、學習想要學的事情，且對擬解決問題絕不放棄等學習態度。因此，必須培養學生重視下列事項：(1)重視培養學生對學習主題的關心、慾望以及自發性；(2)重視學生學習樂趣；(3)重視學生個性與自我表現；(4)培

圖 2-2　填鴨式教育

資料來源：高階玲治（1998b）。**實踐、綜合性的學習時間：中學篇**（頁 18）。東京，日本：圖書文化。

圖 2-3　主題探究型教育

資料來源：高階玲治（1998b）。**實踐、綜合性的學習時間：中學篇**（頁 18）。東京，日本：圖書文化。

養學生自己對學習主題的選擇能力；(5)重視學生個人指導與自主學習；(6)引導學生發現自己的長處以及自我評價的重視；(7)強化學生學習不輕言放棄的態度；(8)引導學生養成自主性的學習紀錄方式；(9)培養學生積極的自我發現能力。

　　以「自我發現」為基礎，將目前所學到的知識和能力，應用、發展在新的學習主題，以開拓「學習創造」世界。為此，學校應重視下述學習活動：(1)重視知識、能力的應用與發展；(2)獲得表現能力與溝通能力；(3)培養討論、辯論、協議的方法；(4)獲得論文、報告書寫的能力；(5)獲得解決問題的學習方法；(6)培養更高的思考力與判斷力；(7)培養創造性、感性及獲得知性；(8)提高學習電腦的運用能力；(9)獲得系統思考；(10)培養領導能力和團隊合作精神；(11)獲得數量化、綜合性評量（李坤崇，2001a）。

捌、綜合學習時間的省思

　　日本於 1998 年設置國小與國中綜合學習時間，1999 年設置後期中等學校綜合學習時間，經過十年變革，於 2008 年與 2009 年修訂學習指導要領及綜合學習時間解說，此變革可供我國借鏡或省思者如下：

一、以學生為中心，並精簡扼要敘述目標

　　日本《國小學習指導要領》（文部科學省，2008a）、《國中學習指導要領》（文部科學省，2008b）、《後期中等學校學習指導要領》（文部科學省，2009a）均明確指出綜合學習時間目標為「透過橫向性、綜合性及探究性的學習，培養自己發現問題、自主學習、獨立思考、主動地判斷、更完美解決問題的資質和能力，同時，也培養主動地、創造性、協同性地進行問題解決和探究活動的態度，並能思考自己的性向定位」。此較修訂前精簡扼要，且採以學生為中心的敘述方式。

二、強化探究性學習與體驗活動

　　修訂後的綜合學習時間目標強調「透過橫向性、綜合性及探究性的學習」，較修訂前增列「探究性學習」。修訂後教學計畫之內容安排亦增加：「體驗活動方面，考量目標及各校自訂活動目標及內容，適時加入問題解決和探究活動的學習過程」。可見，修訂後強化探究性學習與體驗活動。

三、著重小組合作學習與協同性問題解決和探究活動

　　修訂後的綜合學習時間教學計畫之內容安排增加：「進行問題解決和探究活動的過程時，請以小組共同解決問題，或分析並活用語言表達的方式進行」。此項呼應目標增列「協同性」問題解決和探究活動的態度，強調以小組共同解決問題或進行探究活動。顯示修訂後著重小組合作學習與協同性問題解決和探究活動。

四、注重橫向統整，留意與各學科科目及特別活動的差異

修訂後的綜合學習時間教學計畫增加：「留意與各學科科目及特別活動之目標內容相異之處，同時考量目標及各校自訂活動目標及內容，實施適切的教學活動」。可知，修訂後特別強調綜合學習時間與各學科科目及特別活動的差異，橫向統整，並避免不必要的重疊。

五、強調中小學課程的接軌

訂定的中小學學習指導要領中，述及「綜合學習時間」內涵絕大部分均相同，旨在強化中小學綜合學習活動課程的銜接。另外，亦強調中小學的教學計畫，應著重三者的縱向銜接。可見，日本綜合學習時間強調中小學課程的接軌。

六、強化課程回饋機制

日本於 2003 年 8 月 7 日的「教育審議會期中總結」報告中，強調學習指導要領的實施過程，宜建置「驗證、評估並進行持續改善」的系統；以往日本的學習指導要領修訂週期大約是十年一次，然此次報告已正式決定「對於新學習指導要領的實施狀況將不斷的進行驗證，並依其必要性重新檢討教育課程，進行全面基準的改訂」（中央教育審議會，2003），可見，日本為因應知識經濟與社會變遷，由定期改革調整為適時改革。蛭田政弘（2003）相當支持在學習指導要領中加入「回饋機制」，但強調對負責實施課程的高中到國小，不宜要求激進的方向轉換，而宜採取鼓勵的方式，對正在實施的教育課程，做進一步的充實與改善。

七、採較詳細說明方式補學習指導要領之不足

文部科學省於平成 15 年（2003 年）5 月接獲中央教育審議會「關於今後之初等中等教育推進方案」之綜合性諮詢，強調徹底鍛鍊基礎、基本技能，以培育「生存能力」為基本目標，必須進一步的推展新學習指導要領及為達成目標繼續努力，並提出下列之具體檢討課題：(1)學習指導要領之「基準性」

更加明確化；(2)確保必要的學習指導時間；(3)進一步充實「綜合性學習時間」；(4)進一步充實「個別指導」；(5)未來全國性與綜合性學力調查之實施方式及結果運用方式（文部科學省，2003）。可見，日本自 2002 年實施新設置的「綜合性學習時間」，一年後，已提出「進一步充實」之建議。另，日本《國小學習指導要領》（文部科學省，2008a）、《國中學習指導要領》（文部科學省，2008b）、《後期中等學校學習指導要領》（文部科學省，2009a）的綜合學習時間均較 2008 年與 2009 年的學習指導要領詳細。

文部科學省（2003）針對中央教育審議會綜合性諮詢，於 2003 年 10 月提出「關於目前初等及中等教育教育課程及指導之充實化、改善方案（答辯）」，指出「綜合性學習時間」是藉由橫向性、整合性學習，及兒童趣味化學習等創意教育活動，來培養學習態度、思考模式、主題性問題解決意識及強化生存方式的自我意識，進而達到培養「生存能力」之目的。實施後，趣味活動已逐漸增加，但是卻發現因「目標」及「內容」不明確而造成無法充分驗證與評估的狀況，以及教師指導不當而無法完全達到教育效果的情況。針對上述問題，文部科學省（2003）提出兩項因應策略：(1)重新檢討學習指導要領的內容，並將目的更加明確化：明確顯示綜合性學習時間與各教科學習內容的相互關聯，以及指導學年間、學校間、各級學校間的合作計畫；(2)擬定涵蓋各學年之目標、內容的「學校整體計畫」：藉由實施自我評估，達到持續驗證活動成果的目的，並與社教館、圖書館、博物館等社會教育的相關團體合作，充分掌握並靈活運用地區設施與擁有豐富經驗之人材，善用多樣化教育資源。

八、提高位階，卻降低授課時數

日本《國小學習指導要領》（文部科學省，2008a）、《國中學習指導要領》（文部科學省，2008b）、《後期中等學校學習指導要領》（文部科學省，2009a）均將修訂前置於「第一章總則」之「第 4 款綜合學習時間」，於修訂後提升為另列一章敘述，即「第四章綜合學習時間」。但卻減少綜合學習時間授課時數，國小中、高年級中各年級每週授課時數平均縮減 1 節課，縮減幅度達 34.88%；國中階段的綜合學習時間授課時數平均降幅逾 30.28%；後期中等學校綜合學習時間也由 3 單位減到 2 單位，下限的降幅約 5.7%。可見，中

小學綜合學習時間的降幅頗大。

日本文部科學省於 2009 年 2 月 13 日舉辦的「綜合學習時間博覽會 2009」中宣稱，「重要性從未改變，不僅如此，反而還要更充實綜合學習時間的教學內容」（文部科學省，2009b）。渡邊敦司（2009）強調綜合學習時間是唯一可將基礎教科知識整合的課程，可重新確立自己的性向，更積極地準備升學考試。但中小學綜合學習時間的降幅頗大卻是不爭的事實，未來綜合學習時間如何走出特色、確保教學品質、贏得各界重視，進而提升綜合學習時間的授課時數，將是值得深思的課題。

第二節　中國大陸的綜合實踐活動課程

中國大陸自 2001 年開始大力推動基礎教育課程改革，調整和改革基礎教育的課程體系、結構、內容，以建構符合素質教育要求的新基礎教育課程體系。中國大陸新課程的培養目標為體現時代要求，促使學生具有愛國主義、集體主義精神，熱愛社會主義，繼承和發揚中華民族的優秀傳統和革命傳統；具有社會主義民主法制意識，遵守國家法律和社會公德；逐步形成正確的世界觀、人生觀、價值觀；具有社會責任感，努力為人民服務；具有初步的創新精神、實踐能力、科學和人文素養以及環境意識；具有適應終身學習的基礎知識、基本技能和方法；具有健壯的體魄和良好的心理素質，養成健康的審美情趣和生活方式；成為有理想、有道德、有文化、有紀律的一代新人。中國大陸基礎教育課程改革的具體目標為下列六項（中華人民共和國教育部，2001a）：

1. 改變課程過於注重知識傳授的傾向，強調形成積極主動的學習態度，使獲得基礎知識與基本技能的過程，同時成為學會學習和形成正確價值觀的過程。
2. 改變課程結構過於強調學科本位、科目過多和缺乏整合的現狀，整體設置九年一貫的課程學科和節數比例，並設置綜合課程，以適應不同地區和學生發展的需求，體現課程結構的均衡性、綜合性和選擇性。

3. 改變課程內容「難、繁、偏、舊」和過於注重書本知識的現狀，加強課程內容與學生生活以及現代社會和科技發展的聯繫，關注學生的學習興趣和經驗，精選終身學習必備的基礎知識和技術。

4. 改變課程實施過於強調接受學習、死記硬背、機械訓練的現狀，倡導學生主動參與、樂於探究、勤於動手，培養學生蒐集和處理資訊的能力、獲取新知識的能力、分析和解決問題的能力以及交流與合作的能力。

5. 改變課程評價過分強調鑑別與選拔的功能，發揮評價促進學生發展、教師提高和改進教學實踐的功能。

6. 改變課程管理過於集中的狀況，實行國家、地方、學校三級課程管理，增強課程對地方、學校及學生的適應性。

中國大陸整體設置九年一貫、高中教育課程的課程結構，由綜合而分科。小學、初中、高中之課程重點如下（中華人民共和國教育部，2001a）：

1. 小學階段以綜合課程為主。小學低年級開設品德與生活、語文、數學、體育、藝術（或音樂、美術）等課程；小學中高年級開設品德與社會、語文、數學、科學、外語、綜合實踐活動、體育、藝術（或音樂、美術）等課程。

2. 初中階段設置分科與綜合相結合的課程，主要包括思想品德、語文、數學、外語、科學（或物理、化學、生物）、歷史與社會（或歷史、地理）、體育與健康、藝術（或音樂、美術）以及綜合實踐活動。積極倡導各地選擇綜合課程。學校應努力創造條件開設選修課程。在義務教育階段的語文、藝術、美術課中要加強寫字教學。

3. 高中以分科課程為主。為使學生在普遍達到基本要求的前提下實現有個性的發展，課程標準應有不同水平的要求，在開設必修課的同時，設置豐富多樣的選修課程，開設技術類課程。積極試行學分制管理。

4. 從小學至高中設置綜合實踐活動並作為必修課程，其主要內容包括：資訊技術教育、研究性學習、社區服務與社會實踐以及勞動與技術教育。強調學生通過實踐，增強探究和創新意識，學習科學研究的方法，發展綜合運用知識的能力。增進學校與社會的密切聯繫，培養學生的社會責任感。在課程的實施過程中，加強資訊技術教育，培養學生利用資訊技術的意識和能力。瞭解必要的通用技術和職業分工，形成初步技術能力。

壹、綜合實踐活動課程的設置緣由

中國大陸教基〔2001〕17 號之「綜合實踐活動指導綱要」指出：綜合實踐活動是《九年制義務教育課程計畫（試驗稿）》所規定的必修課程，自三年級開始設置，每週平均 3 節課（中華人民共和國教育部，2001a）。

一、綜合實踐活動的設置理由

中國大陸「綜合實踐活動」乃因應學生個性發展、社會發展的需要而生。為順應學生個性發展的獨特性、具體性，學生均有其自己的需要、興趣和特長，亦有其自己的認知方式和學習方式，綜合實踐活動提供學生適性發展空間（中華人民共和國教育部，2001a）。

郭元祥（2001）強調大陸設置「綜合實踐活動課程」的理由係因以往活動課程停留於低層次的技藝訓練，學生與生活、社會脫節；學生學習活動依然是接受性學習與簡單的模仿性學習，缺乏課題研究性學習、社會參與性學習、體驗性學習和生活學習；活動空間侷限在教室或學校之內，未能超越教室教學空間和學校生活空間。可見，興起「綜合實踐活動課程」乃為突破以往課程缺失，此課程乃一種實踐性綜合課程，綜合實踐活動著重發展學生的綜合實踐能力、創新精神和探索能力的發展性與經驗性課程。

二、綜合實踐活動的性質

綜合實踐活動是基於學生的直接經驗、密切聯繫學生自身生活和社會生活、體現對知識的綜合運用的實踐性課程。綜合實踐活動具有自己獨特的功能和價值。與其他課程相比，中華人民共和國教育部（2001a）指出綜合實踐活動具有實踐性、開放性、生成性、自主性等特性；鍾啟泉、張華等（2003）更強調「整體性」。另外，從綜合實踐活動內涵包括「研究性學習」指定領域，可見有其「研究性」。茲將六項特性說明之。

(一) 實踐性綜合實踐活動

以活動為主要開展形式，強調學生的親身經歷。要求學生積極參與各項活動，在「做」、「考察」、「實驗」、「探究」、「設計」、「創作」、「想

像」、「反思」、「體驗」等系列活動中發現和解決問題,體驗和感受生活,發展實踐能力和創新能力。

(二) 開放性綜合實踐活動

綜合實踐活動強調富有個性的學習活動過程,關注學生在過程中獲得豐富多彩的學習體驗和個性化的創造性表現,其學習活動方式與活動過程、評價與結果均具有開放性。

(三) 自主性綜合實踐活動

綜合實踐活動尊重學生的興趣與愛好,注重發揮學生的自主性。學生自己選擇學習的目標、內容、方式及指導教師,自己決定活動結果呈現的形式,指導教師只對其進行必要的指導,不包攬學生的工作。

(四) 生成性綜合實踐活動

綜合實踐活動是由師生雙方在其活動展開過程中逐步建構生成的課程,而非根據預定目標預先設計的課程。隨著實踐活動的不斷展開,學生的認識和體驗不斷深化與不斷創造,新的活動目標和活動主題將不斷生成,綜合實踐活動的課程型態隨之不斷完善。

(五) 研究性綜合實踐活動

綜合實踐活動是教師引導下學生自主進行的一種批判性、反思性、研究性的實踐。綜合實踐活動與以知識資訊的接受為主的學習活動具有本質區別,它強調學生從做中學,通過課題研究性學習,主動地獲取知識、應用知識、解決問題的學習活動。因此,綜合實踐活動具有強烈的研究性。

(六) 整體性綜合實踐活動

綜合實踐活動的選擇範圍應包括學生本人、社會生活和自然世界。對任何主題的探究都必須體現個人、社會、自然的內在整合,體現科學、藝術、道德的內在整合。綜合實踐活動必須立足於人的個性的整體性,立足於每一個學生的健全發展。

貳、綜合實踐活動課程的設置理念與目標

中國大陸國家九年義務教育課程之《綜合实践活动指导纲要(3-6年級)》

（中華人民共和國教育部，2001b）及《綜合实践活动指导纲要（7-9 年级）》（中華人民共和國教育部，2001c）明確指出綜合實踐活動課程的基本理念與目標。

一、綜合實踐活動課程的基本理念

綜合實踐活動課程的基本理念如下（中華人民共和國教育部，2001b，2001c）：

(一) 堅持學生的自主選擇和主動參與，發展學生的創新精神和實踐能力

綜合實踐活動的課程性質要求突出學生的主體地位和主體作用。綜合實踐活動課程的實施離不開學生主動積極的實踐和各種實際操作活動。突出學生主體，意味著把學生作為課程的主體，一切從學生的實際出發，尊重學生的興趣、愛好和需要，意味著發揮學生在活動過程中的主動性和積極性。

綜合實踐活動的開發與實施要以學生的直接經驗或體驗為基礎，將學生的需要、動機和興趣置於核心地位，充分發揮學生的主動性和積極性，鼓勵學生自主選擇活動主題，積極開展活動，在活動中發展創新精神和實踐能力。

(二) 面向學生完整的生活領域，為學生提供開放的個性發展空間

綜合實踐活動的開發與實施，要克服當前基礎教育課程脫離學生自身生活和社會生活的傾向，面向學生完整的生活領域，引領學生走向現實的社會生活，促進學生與生活的聯繫，為學生的個性發展提供開放的空間。

面向學生生活，密切聯繫學生的生活經驗和社會發展的實際，是綜合實踐活動課程的基本要求。綜合實踐活動課程超越書本或體系化的教材，超越單一的、封閉的課堂時空，引導學生從個體的學習生活、家庭生活、社會生活或自然生活中提出具有生命力的鮮活的活動主題、專案或課題；面向自然、面向社會、面向學生的生活和既有經驗，在開放的時空中促進學生生活活潑地發展，增長學生對自然、對社會、對自我的實際體驗，發展綜合的實踐能力。

(三) 注重學生的親身體驗和積極實踐，促進學習方式的變革

綜合實踐活動的開發與實施，強調學生樂於探究、勤於動手和勇於實踐，注重學生在實踐性學習活動過程中的感受和體驗，要求學生超越單一的接受學習，親身經歷實踐過程，體驗實踐活動，實現學習方式的變革。

　　鍾啟泉、張華等（2003）認為綜合實踐活動課程的開發與實施，乃基於如下基本理念：

1. 堅持學生的自主選擇和主動探究，為學生個性充分發展創造空間

　　以學生的直接經驗為基礎而對學科知識的綜合運用，是對學科邏輯體系的超越。教師的指導旨在幫助學生完善其自主選擇意識和能力，而不是代替學生選擇，教師係引導學生開展豐富多彩的探究性學習活動，幫助學生學會發現、學會探究，形成發現問題與解決問題的能力。

2. 面向學生的生活世界和社會實踐，幫助學生體驗生活並學以致用

　　教師宜幫助學生從其生活世界中選擇感興趣的主題和內容，要注重學生對生活的感受和體驗，引導學生熱愛生活，並學會健康愉悅地、自由而負責任地、智慧而富有創意地生活。另外，綜合實踐活動課程亦應強化實踐取向，著眼於學生實踐意識的養成，強調學生的動手操作和親身體驗，養成綜合實踐能力。

3. 推進學生對自我、社會和自然之間內在聯繫的整體認識與體驗，謀求自我、社會與自然的和諧發展

　　教育不能讓學生遠離現實世界，課程不能成為隔離學生與世界的屏障。綜合實踐活動為學生開闢了一條與他生活於其中的世界交互作用、持續發展的渠道，倡導學生對自我、社會和自然之間內在聯繫的整體認識與體驗，引導學生追求自我、社會與自然的和諧發展。

　　陳明偉（2003）強調綜合實踐課程主要特點是以學生為主體，以活動為主要開展形式，強調學生的親身經歷，以學生興趣和內在需要為基礎，以主動探索為特徵。因此，在教學活動中要重視讓學生參與「做」、「考察」、「實踐」等一系列活動，激發學生探究的意識，讓學生在實踐活動中掌握自主探究的學習方法和探究能力，並在探究的過程中培養創造能力。

　　綜合中華人民共和國教育部（2001b，2001c）擬定目標與陳明偉（2003）、鍾啟泉、張華等（2003）觀點，綜合實踐活動課程的核心基本理念為「自主學習」、「研究創新」、「生活實踐」、「激發潛能」與「和諧發展」。

二、綜合實踐活動課程的目標與能力目標

綜合實踐活動課程國小三至六年級的總目標是「密切學生與生活的聯繫，推進學生對自然、社會和自我之內在聯繫的整體認識與體驗，發展學生的創新能力、實踐能力以及良好的個性品質」（中華人民共和國教育部，2001b）。綜合實踐活動課程國中一至三年級（七至九年級）的總目標則為「通過密切學生與生活的聯繫、學校與社會的聯繫，引導學生在積極參與實踐的過程中獲得積極體驗和豐富經驗；提高學生對自然、社會和自我之內在聯繫的整體認識，發展學生的創新能力、實踐能力、社會責任感以及學生良好的個性品質」（中華人民共和國教育部，2001c）。

(一) 目標

鍾啟泉、張華等（2003）詮釋綜合實踐活動課程的總目標，主要有下列四項：(1)獲得親身參與實踐的積極體驗和豐富經驗；(2)形成對自然、社會、自我之內在聯繫的整體認識，發展對自然的關愛和對社會、對自我的責任感；(3)形成從自己的周遭生活中主動地發現問題並獨立解決問題的態度和能力；(4)發展實踐能力，發展對知識的綜合運用和創新能力；(5)養成合作、分享、積極進取等良好的個性品質。

1. 國小三至六年級綜合實踐活動的目標

國小三至六年級綜合實踐活動的具體目標是（中華人民共和國教育部，2001b）：

(1) 親近周圍的自然環境，熱愛自然，初步形成自覺保護周圍自然環境的意識和能力。

(2) 考察周圍的社會環境，自覺遵守社會行為規程，增進社會溝通能力，養成初步的服務社會的意識和對社會負責的態度。

(3) 逐步掌握基本的生活技能，形成生活自理的習慣，初步具有認識自我的能力，養成勤奮、積極的生活態度。

(4) 激發好奇心和求知慾，初步養成從事探究活動的正確態度，發展探究問題的初步能力。

2. 國中一至三年級綜合實踐活動的目標

國中一至三年級（七至九年級）綜合實踐活動的具體目標是（中華人民共和國教育部，2001c）：

(1) 增進學生對自然的瞭解與認識，逐步形成關愛自然、保護環境的思想意識和能力。

(2) 主動積極地參與社會和服務社會，增進對社會的瞭解與認識，增強社會實踐能力，並形成社會責任感和義務感。

(3) 逐步掌握基本的生活技能和勞動技術，具有自我認識能力，養成負責任的生活態度。

(4) 發展主動獲得知識和資訊的能力，養成主動地獲得資訊的學習習慣和主動探究的態度，發展資訊素養、探究能力和創造精神。

孟憲平（2003）提出教師對綜合實踐活動的誤解有三：一為「課程定位不清」，有些教師將綜合實踐活動「視為單純的活動課程」，或將綜合實踐活動「等同於學科課程」，尚未將綜合實踐活動看作一門獨立的課程；二為「角色定位不明」，有些教師誤以為「教師是『活動』的主角，學生是『活動』的配角」，或疏忽教師引導功能，放任學生自由活動，尚未將學生視為「活動」的主角；三為「評量定位不當」，有些教師過於著重知識評量，或過於偏重結果評量，尚未能兼顧技能與情意評量，亦未顧及過程評量。因此，綜合實踐活動課程應釐清下列三項關係：(1)綜合實踐活動課程與其他課程的關係：綜合實踐活動對應於學科課程，它是一門經驗課程；對應於分科課程，它是一門綜合課程。開展綜合實踐活動，不能以某一門或某幾門學科課程的知識觀進行教學活動，而應超越追求學科知識的教學模式，使其更具開放性和創造性；(2)綜合實踐活動中教師與學生的關係：教師應將學習和活動的權力還給學生，引導學生選取主題、研擬活動方式，及規劃活動過程和方法；(3)綜合實踐活動過程和結果的關係：學生既是綜合實踐活動方案的設計者，又是綜合實踐活動方案的實施者，評量雖應兼顧過程與結果，但就學生角色，評量宜側重過程。

(二)能力指標

郭元祥（2008）強調綜合實踐活動為能力取向課程，但實施所遭遇最突出

的問題為「能力目標游離」，即缺乏系統化、階梯型的能力目標設計，更缺乏能力目標的評量方式。在綜合實踐活動課程的實施過程中，要實現能力目標，應注意「能力目標應與活動過程中的任務取向相關聯」與「注重能力目標的校本開發」。

　　郭元祥（2008）認為綜合實踐活動的能力目標主要在實現「認知與思維能力」、「操作與問題解決能力」、「交往與社會活動能力」等。「認知與思維能力」包括蒐集處理資訊的能力、自主獲取知識的能力，以及創造性的思維能力；「操作與解決問題能力」含括解決問題的能力及操作能力；「交往與社會活動能力」包含規劃能力、協調能力、交往能力，以及管理能力。郭元祥（2008）以上述架構為基礎，提出「綜合實踐活動課程學生能力目標的分類與分層設計」（如表 2-8 所示），分類包括具有問題意識、規劃與設計的能力、總結與交流的能力、調查與訪問的能力、實驗與觀察的能力、資訊蒐集與處理的能力，以及邏輯思維能力等七能力，分層含括小學中段（三至四年級）、小學高段（五至六年級）及初中階段（七至九年級）等三層。

表 2-8
綜合實踐活動課程學生能力目標的分類與分層設計

類型 ＼ 層次		小學中段（三至四年級）目標描述	小學高段（五至六年級）目標描述	初中階段（七至九年級）目標描述
具有問題意識	1. 瞭解問題的意義和類型	a. 瞭解問題是研究的起點 b. 認識問題的各種現象	a. 瞭解問題的類型 b. 理解問題解決對生活與生產的意義	a. 理解問題解決對科技創新的意義 b. 發展對問題的敏感性
	2. 瞭解問題的來源，學會提出問題的方法	a. 問題來源於日常生活 b. 問題來源於學習生活 c. 問題來源於家庭生活	a. 從事實或案例中發現問題 b. 從觀察中發現問題 c. 通過比較發現問題	a. 從文獻中發現問題 b. 通過思考和邏輯提出問題 c. 懷疑和辯證否定
	3. 學會分解問題的要素和關係	a. 學會分解問題的因素	a. 分解問題的發展過程：過去、現在和	a. 能夠從原因與結果、結構與功能等

（續下頁）

類型 \ 層次		小學中段 （三至四年級） 目標描述	小學高段 （五至六年級） 目標描述	初中階段 （七至九年級） 目標描述
具有問題意識		b. 學會分解問題中的關係	將來 b. 能夠提出兩個以上的具體研究內容	角度具體描述研究的內容
	4. 把握問題的實質，學會表述問題	a. 學會簡要地表述問題	a. 會解釋問題中的主要概念 b. 問題的重點和難點 c. 學會明確表述問題	a. 能夠分析問題的變數 b. 能夠比較準確地把握問題的實質，明確問題的主要內容
規劃與設計的能力	1. 活動方案的結構	a. 學會做事要有計畫 b. 學會填寫活動計畫表	a. 通過討論，學會撰寫研究方案	a. 初步具有規劃的意識和能力
	2. 做事要有目的	a. 學會列舉研究的目標	a. 會明確制定研究任務 b. 提出研究的主要目的	a. 能夠區分並清晰地描述研究的任務、目的和內容
	3. 學會設計活動步驟	a. 學會從時間序列上安排研究活動的基本階段 b. 初步學習制定研究各階段的活動要領	a. 能夠從時間、地點、條件、人員分工、具體活動任務等方面設計研究活動的技能程式	a. 能夠對研究活動的各個階段作比較全面的過程設計
	4. 認識自己和他人的優勢和劣勢	a. 能夠結合研究活動計畫的設計，初步認識自己和同學的優勢	a. 學會合理地利用自己和他人的優勢 b. 初步學會組建團隊和小組合作的方法	a. 能夠比較全面地認識自己和他人的優缺點 b. 具有合作的意識和能力
總結與交流的能力	1. 初步具有總結與反思的意識	a. 認識到總結的重要性 b. 學習及時記錄和整理研究過程中的感受	a. 能夠比較明確地把握活動過程中自己遇到的困惑 b. 能夠及時總結活動過程中的得失 c. 能夠提出總結的計畫	a. 能夠及時發現活動過程中自己的積極方面和不足之處 b. 能夠發現自己在解決問題中的不足之處，並設法解決
	2. 初步學會總結與反思的方法，具有總結與反思的能力	a. 知道保存研究過程中蒐集的資料和數據 b. 初步學會整理活動	a. 能夠及時與同學或指導教師交流活動過程中的感受 b. 能夠在活動過程中	a. 能夠對自己和同學在活動過程中的表現進行比較合理的評價

（續下頁）

層次 類型		小學中段 （三至四年級） 目標描述	小學高段 （五至六年級） 目標描述	初中階段 （七至九年級） 目標描述
總結與交流的能力		過程中資料 c. 能夠促進開展經驗總結，及時發現自己在活動過程中的優點和不足	自主地獲取知識，並加以整理 c. 體驗過程總結、結果總結、方法總結等方法	b. 能夠比較合理地進行過程總結、方法總結、經驗總結 c. 能夠比較準確地全面地總結活動的得失，並從中獲得啟發
	3. 能夠進行成果總結與表達	a. 學會在活動過程合理地表達自己的觀點 b. 初步學會有結構地運用文字表達活動結果 c. 瞭解撰寫調查報告、觀察報告的基本格式	a. 學習引用資料，區分自己的觀點和他人的觀點 b. 嘗試撰寫調查研究報告、觀察研究報告、小實驗研究報告 c. 學會撰寫倡議書、社會宣傳綱要和提綱	a. 嘗試寫作研究論文 b. 體驗和初步學會答辯的方法 c. 能夠在活動的各個階段與同學和指導教師交流活動結果
調查與訪問的能力	1. 調查研究的目的和意義	a. 認識調查研究的目的和意義 b. 能夠比較合理地確定調查的物件	a. 能夠從調查中認識社會事物和現象 b. 初步學會制定調查與訪問的計畫，初步具有事實求是的科學態度	a. 能夠結合調查與訪問的具體課題，提出調查研究與訪問的目的、任務和內容，制定可行的調查與訪問計畫
	2. 問卷調查與訪談調查	a. 瞭解問卷的基本格式 b. 初步學會提出適合調查目的和調查內容的問題 c. 針對感興趣的問題，在班級同學中開展調查	a. 能夠明確調查和訪問的具體內容 b. 能夠編製簡要的調查問卷和訪問提綱 c. 能夠根據調查計畫，在學校環境中開展調查，蒐集一定的調查資料	a. 嘗試在開放的社會環境中針對感興趣的社會現象進行調查 b. 瞭解與學習訪談的方法
	3. 調查資料的整理與調查研究報告的撰寫	a. 能夠用數位簡要表達調查的資料 b. 能夠簡要地表述調查的結果	a. 能夠運用已有的數學知識統計調查資料，得出初步的調查結果	a. 能夠對調查資料進行多層次的整理和分析 b. 初步學會根據調查

（續下頁）

層次 類型		小學中段 （三至四年級） 目標描述	小學高段 （五至六年級） 目標描述	初中階段 （七至九年級） 目標描述
調查與訪問的能力			b. 嘗試撰寫調查研究報告 c. 根據調查結果提出建議或策略	資料分析問題的現象和本質 c. 提出有意義的建議和策略
實驗與觀察的能力	1. 實驗與觀察的價值和目的	a. 認識觀察的重要性 b. 初步具有觀察身邊的自然事物的習慣	a. 初步具有觀察的意識，能夠根據研究性學習的需要制定觀察計畫 b. 嘗試進行社會行為觀察，學習設計觀察指標和觀察紀錄表 c. 具有探究的意願，能夠嘗試進行短作業性的小實驗	a. 能夠在研究性學習中根據需要自覺地開展觀察活動，具有較強的觀察能力 c. 具有較強的探究的意識，能夠借助學科儀器設備，開展比較規範的實驗
	2. 實驗操作與動手能力	a. 能夠嘗試性地提出猜想 b. 嘗試進行簡單的小實驗	a. 學會分解實驗的變數，初步進行主要實驗變數的操作和控制 b. 在實驗中觀察事物的變化，學會獲得實驗資料 c. 能夠得出初步的實驗研究結論	a. 初步理解和把握實驗變數之間的關係，能夠把握要素之間的因果關係等內在聯繫 b. 合理地操作實驗儀器設備，學會進行實驗資料的整理與分析 c. 得出實驗結論，學會撰寫實驗研究報告
	3. 觀察能力與方法	a. 學習觀察事物的局部狀態和特徵 b. 初步學會做觀察紀錄	a. 具有較強的觀察敏感性 b. 學會進行自然觀察和實驗室觀察 c. 能夠在觀察中把握事物的局部與整體的關係，學會理解	a. 能夠明確地提出觀察的目的和內容，初步具有觀察設計的能力 b. 學會觀察自然事物和社會事務變化與發展的過程

（續下頁）

類型＼層次		小學中段（三至四年級）目標描述	小學高段（五至六年級）目標描述	初中階段（七至九年級）目標描述
實驗與觀察的能力			和把握事物的整體屬性	c. 通過觀察，認識和把握事物變化和發展的規律，形成對事物的整體認識
資訊蒐集與處理的能力	1. 文獻蒐集	a. 瞭解與認識文獻類型 b. 初步明確文獻的不同來源 c. 能夠蒐集一定的文獻資料	a. 經歷上網、圖書館、實證調查等基本方式蒐集文獻 b. 學習保存文獻資料的方法 c. 能夠蒐集到較多與研究活動目的相應的資料	a. 能夠認識到文獻資料的價值 b. 初步具有蒐集文獻的意識 c. 能夠通過研究性學習活動，蒐集到大量與主題相關的文獻資料
	2. 文獻整理與分析	a. 學習在文獻資料、第一手資料中提出問題 b. 能夠從文獻資料中得出自己基本結論 c. 體驗資訊發布的過程	a. 初步學會對文獻資料所反映的共性問題進行歸類 b. 嘗試利用文獻資料來進行問題分析 c. 嘗試進行資訊發布活動，學會編製簡報、手抄報	a. 學會區分自己的觀點和他人的觀點，比較並作注釋 b. 初步學會從文獻資料中分析解決問題 c. 能夠從文獻資料中得出自己的見解，並口頭和書面發表看法
邏輯思維能力	1. 分析與綜合	a. 學會把一個事物或一個問題分解為兩個以上的因素 b. 能夠找到事物或問題中隱含的兩個以上的關係 c. 學會尋找問題產生的原因和變化結果	a. 能夠通過分析，理解和把握事物或問題對人們生活產生的影響 b. 能夠指出事物兩種以上功能 c. 通過調查等活動，學會理解和把握事物的現狀 d. 嘗試把握事物的部分與整體的關係，能夠嘗試進行結構分析	a. 能夠對事物或問題的歷史與現狀進行分析 b. 學會把握事物或問題的實質 c. 初步學會對事物的價值進行分析 d. 初步學會分析事物的共同性和差異，初步學會比較分析的方法 e. 能夠初步學會進行因果分析，並得出

（續下頁）

類型＼層次		小學中段（三至四年級）	小學高段（五至六年級）	初中階段（七至九年級）
		目標描述	目標描述	目標描述
邏輯思維能力			e. 學習明確分析的思路	分析的結論 f. 能夠對自己或同學的分析思路進行設計和評價
	2. 歸納與演繹	a. 知道簡單事物之間具有共同點和不同點，學習尋找事物的共同點和不同點 b. 能夠列舉事物的不同現象 c. 能夠認識到自己和他人的優勢和不足	a. 學習尋找比較複雜的事物和問題的共同點和不同點 b. 能夠初步認識事物的共同性和特色 c. 能夠尋找事物的特點或特徵 d. 能夠從三個以上的現象中推演出一個觀點 e. 能夠把一個觀點分為三個以上的具體觀點	a. 瞭解歸納和演繹的作用 b. 學習從具體中概括普遍 c. 瞭解演繹的三個基本前提 d. 初步學會進行屬性歸納 e. 初步學會認識事物和問題的一般性和特殊性
	3. 分類、模擬與比較	a. 知道分類是有標準的 b. 學會把一個事物或問題分為兩個以上的類型 c. 能夠對兩個事物從兩種以上的角度進行比較	a. 能夠判斷事物分類的不同標準，並能夠對一種事物或問題提出兩種以上的分類標準 b. 能夠識別和判斷兩種以上相同、相近或相似事物的相同點 c. 能夠通過模擬，對一種事物的可能變化狀況進行比較合理的想像 d. 初步學會進行簡單事物的比較	a. 能夠提出進行事物分類的標準，能夠做到劃分事物類型的標準不重疊或交叉 b. 能夠對一類事物或問題進行比較合理的分類 c. 能夠通過模擬，進行創造性想像 d. 能夠對事物之間的性質、特徵、結構、功能、關係等進行比較和分析
	4. 概念、判斷和推理	a. 學習簡要概括事物的屬性，並用一個詞語來表達 b. 知道每個觀點要有	a. 學習對一個詞語進行分析性的解釋或說明 b. 學習用兩個以上的	a. 能夠從現象或資料中提出幾個概念，學習從內涵和外部上分析概念

（續下頁）

類型＼層次	小學中段 （三至四年級） 目標描述	小學高段 （五至六年級） 目標描述	初中階段 （七至九年級） 目標描述
邏輯思維能力	事實或資料作為依據 c. 學習簡要地表達一個觀點	陳述句來表達對一個事物或問題的判斷 c. 學習對一個想法或觀點加以論證	b. 初步學會分析和論證一種事物或現象的積極面和局限性 c. 能夠在分析的過程中處理好觀點和資料之間的關係，善於利用有力的證據證明一種觀點的合理性

資料來源：「綜合實踐活動課程的能力目標及其分解」。郭元祥（2008）。**綜合實踐活動課程研究，3**，44-46。

參、綜合實踐活動課程的學習內容

　　中華人民共和國教育部（2001b，2001c）指出綜合實踐活動是由國家設置，地方和學校依據實際開發的課程領域。因此，國家著眼於宏觀指導而研制綜合實踐活動指導綱要，地方和學校要根據綱要所設定的基本框架規劃中小學活動的基本類型、基本內容和具體活動方案。

　　綜合實踐活動內容的選擇與組織以學生為核心，主要圍繞「學生與自然的關係」、「學生與他人和社會的關係」、「學生與自我的關係」三條線索進行。綜合實踐活動的內容範圍分為「指定領域」與「非指定領域」兩類，「指定領域」包括下列四項（中華人民共和國教育部，2001b，2001c）：

一、研究性學習

　　研究性學習是指學生基於自身興趣，在教師指導下，從自然、社會和學生自身生活中選擇和確定研究專題，主動地獲取知識、應用知識、解決問題的學習活動。研究性學習強調學生通過實踐，增強探究和創新意識，學習科學研究的方法，發展綜合運用知識的能力。學生透過研究性學習活動，形成一種積極的、主動的、自主合作探究的學習方式。

二、社區服務與社會實踐

社區服務與社會實踐是學生在教師指導下，走出教室，參與社區和社會實踐活動，以獲取直接經驗、發展實踐能力、增強社會責任感為主旨的學習領域。通過該學習領域，可以增進學校與社會的密切聯繫，不斷提升學生的精神境界、道德意識和能力，使學生人格臻於完善。

三、勞動與技術教育

勞動與技術教育是以學生獲得積極勞動體驗、形成良好技術素養為主的多方面發展為目標，且以操作性學習為特徵的學習領域。它強調學生通過人與物的作用、人與人的互動來從事操作性學習，強調學生動手與動腦相結合。透過該領域使學生瞭解必要的通用技術和職業分工，形成初步的技術意識和技術實踐能力。

四、資訊技術教育

資訊技術不僅是綜合實踐活動有效實施的重要手段，而且是綜合實踐活動探究的重要內容。資訊技術教育的目的在於幫助學生發展適應資訊時代需要的資訊素養，包括發展學生利用資訊技術的意識和能力，發展學生對資訊的反思和辨別能力，形成健康的資訊倫理。

以上幾個方面是綜合實踐活動的「指定領域」，除上述指定領域以外，綜合實踐活動還包括大量「非指定領域」，如：班級團隊活動、學校傳統活動（科技節、體育節、藝術節）、學生的心理健康活動等等，此活動在開展過程可與綜合實踐活動的指定領域相結合，亦可單獨開設。指定領域與非指定領域互為補充，共同構成內容豐富、形式多樣的綜合實踐活動。

綜合實踐活動與各學科領域存在以下三方面的聯繫：(1)學科領域知識可在綜合實踐活動中延伸、綜合、重組與提升；(2)綜合實踐活動中所發現的問題、所獲得的知識技能，可在各學科領域的教學中拓展與加深；(3)在某些情況下，綜合實踐活動可與某些學科教學共同進行。

肆、綜合實踐活動課程的實施

中華人民共和國教育部（2001b，2001c）強調綜合實踐活動是教師與學生合作開發與實施，教師和學生是活動方案的開發者，又是活動方案的實施者。

學校為發展學校特色，應對綜合實踐活動進行統籌規劃，並與所在社區的特色推出三類相互銜接的計畫，即「學校綜合實踐活動計畫」、「年級綜合實踐活動計畫」以及「班級綜合實踐活動計畫」。

授課時數宜賦予彈性，採取集中編排或分散編排的方式，將每週三節的綜合實踐活動時間視需要靈活安排，如：可將每週三節的時間集中或分散編排；可將幾周時間集中在一天使用，亦可根據需要將綜合實踐活動時間與某學科打通使用。

綜合實踐活動要打破學校、教室的框束，整合校內課程與校外課程，融合正規教育與非正規教育，鼓勵學校和學生利用雙休日、節假日等開展綜合實踐活動。設計與實施綜合實踐活動除必須達成融入研究性學習、社區服務與社會實踐、勞動與技術教育、資訊技術教育四大指定領域等基本要求外，亦應將資訊技術、運用網路技術融入，營造學生創造反思性的、自主合作探究的學習情境和問題情境，防止陷入純粹的技能訓練。

教師實施課程時，在「指導內容」宜創設學生發現問題的情境，引導學生從問題情境中選擇適合自己的探究課題，綜合實踐活動的課程內容非由專家預設，而是由學生在與學習情境的交互作用過程逐漸形成。在「指導方式」應倡導團體指導與協同教學。教師既不能「教」綜合實踐活動，也不能推卸指導的責任或放任學生，宜應充分結合自己的有效指導與鼓勵學生自主選擇與主動實踐。

張華（2002）更強調「綜合實踐活動課程不能編體系化的教材」，因為綜合實踐活動以學生直接經驗為基礎，強調引導學生在現實生活中建構意義與價值，並於自身生活和社會生活實踐，以謀求自我、社會與自然的和諧發展。若編制體系化的教材，教師不僅可能忽視學生的活動過程以及在過程中產生的豐富多彩、活生生的體驗，更可能視體系化教材為「聖經」，依舊複製以往

的教學,在缺乏挑戰性的職業生涯中耗費生命。依此,綜合實踐活動將喪失自身的獨特價值,淪為學科課程的變體。張華(2002)認為,「禁編教材」不僅可創造教師共同開發課程與展現自我潛能的契機,更可改變學校「千校一面」與「特色匱乏」的局面,使學校盡顯個性化的風貌。然而,為因應教師仍難以全面自編教材的情境下,各學術單位與出版社發展出資源包,供教師參酌。

伍、綜合實踐活動課程的評量

綜合實踐活動的評量反對量化、分等劃類的評量方式,主張採用「自我參照」標準,引導學生對自己在綜合實踐活動的各種表現進行「自我反思性評量」,強調師生之間、學生同伴之間對彼此的個性化表現進行評定、鑑賞(中華人民共和國教育部,2001b,2001c)。

綜合實踐活動評量應將課程、教學和評量進行統整,融合為一個有機整體,貫徹到活動進行中。綜合實踐活動的評量結果強調多元價值取向和多元標準,肯定學生與世界交往的多元方式,不僅允許對問題的解決可以有不同的方案,而且表現自己所學的形式也可以豐富多樣。評量者要盡量使用家長、學生及一般人能理解的語言描述學生的表現,避免將評量簡化為分數或等級。綜合實踐活動的評量亦重視學生活動過程的評量,而不僅是針對活動的結果。另外,綜合實踐活動的評量方式強調多種多樣,然各種方式運用的先決條件為觀察,透過觀察,紀錄和描述學生在活動過程中的表現來評量,其中「檔案評量」與「協商討論評量」相當有效(中華人民共和國教育部,2001b,2001c)。

陸、綜合實踐活動課程的師資

郭元祥(2003)強調綜合實踐活動中,教師不是單一的知識傳授者,而是學生活動的引導者、組織者、參與者、領導者和評價者;教師不是學生活動的旁觀者,而是學生活動的指導者、組織者、領導者。教師的指導任務貫穿

學生綜合實踐活動的全過程，包括對學生活動主題、專案或課題確定的指導、活動過程中的指導、總結和交流階段的指導。教師應具備的四項能力為「規劃與設計的技能」、「組織、管理與協調的能力」、「探究與問題解決的能力」、「蒐集和處理資訊的能力」。

誰來擔當綜合實踐活動課程的指導教師？能否配備專職的教師？認為「學校的所有教師和學校管理者都應當成為學生的指導教師」，因為綜合實踐活動空間的廣闊性和時間的延續性，需要大量的教師或其他有關人員參與，少數教師或專職教師承擔學生開展綜合實踐活動的指導教師，將難以滿足全體學生開展綜合實踐活動的需要。因此，學校不應指定少數幾個教師作為綜合實踐活動課程的教師，而應鼓勵更多的教師參與綜合實踐活動的指導工作（中華人民共和國教育部，2001b，2001c）。

郭元祥（2003）強調借鏡日本中小學綜合學習時間的經驗，採取「教師團」或稱「T-T」（Teacher-Team）制的形式構成教師指導組。「T-T」制要求學校不同學科背景或課程背景的教師組建成若干個教師指導小組，以教師指導小組面對各自班級的學生。

柒、綜合實踐活動課程的行政配套

綜合實踐活動乃學校自主開發的課程，各級教育行政部門和學校應掌握此特性來推展課程（中華人民共和國教育部，2001b，2001c）。

一、學校應設置專門機構和人員

學校應從組織建設、人員建設和制度建設等方面著手，從開發、實施到評量來落實綜合實踐活動課程。學校應設立研究和協調綜合實踐活動的專門機構和人員，以確保綜合實踐活動的有效實施，另外，學校規章制度，如會計制度亦應給予充分支持。

二、學校應開發善用多種教育資源

學校要因地制宜、因時制宜，充分開發利用各種教育資源，如校內資源、

社區資源、家長資源、資訊化課程資源，更要建置指導學生綜合實踐活動的人才資源庫。

三、地方教育行政部門和學校應強化教師培訓

教師培訓是綜合實踐活動有效實施的關鍵，地方教育行政部門和學校均應積極推動教師培訓工作，不僅調整教師教育觀念，更要提高教師開發與實施綜合實踐活動的能力。

四、教育行政部門強化學校評鑑與經驗交流

教育行政部門應落實學校管理與學校指導，善用學校評鑑，並透過區域性、校際的經驗交流活動，幫助學校行政人員和教師轉變教育觀念，落實綜合實踐活動課程理念。

| 第 3 章 |

綜合活動領域理論基礎、綱要變革與解析

綜合活動學習領域在呼應九年一貫課程總綱的精神與學習領域的目標之下，發展出「自我發展、生活經營、社會參與、保護自我與環境」等四大主題軸（教育部，2008b）。新修訂的普通高級中學課程的領域課程包含生活領域（家政、生活科技），選修課程包括生涯規劃類，生命教育類，生活、科技與資訊類，自然科學類。新修訂普通高級中學綜合活動科課程目標增列：綜合活動課程目標為衛接九年一貫課程「綜合活動學習領域」，培養學生具備生活實踐能力的總目標，以呼應此次高中課程修訂的基本理念。先從「自我」出發，強化體驗、省思與實踐，激發潛能與促進適性發展。再延伸到「人我」，涵養互助合作與修己善群之團體精神，促進個性與群性的調和發展。後擴及「大我」，體現社會正義的熱忱與知能，涵養關愛自己、社會與自然環境的情懷（教育部，2008c）。

為延續九年一貫課程綜合活動學習領域之範圍、呼應高中課程領域規劃分科教學之精神，以及顧及修訂高中課程的領域課程與選修課程，高中綜合活動科課程與九年一貫綜合活動學習領域課程除均強調透過體驗、省思與實踐，以建構自我價值觀與意義、增強解決問題能力、強化團隊合作服務，及促進全人發展的活動之外，高中綜合活動科課程為避免與領域課程與選修課程內涵重疊，乃將綜合活動學習領域「認識自我、生活經營、保護自我與環境」主題軸內涵淡化，轉而強化學生的自我發展、人我調和及大我關懷（教育部，2008c）。

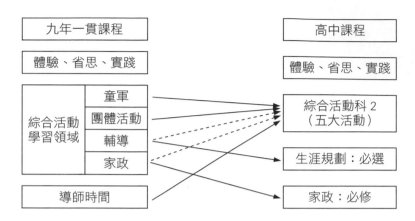

圖 3-1　國中、高中綜合活動課程銜接架構

註：1.實線為直接相關，虛線為間接相關。
　　2.阿拉伯數字為學分數。

　　九年一貫課程綜合活動學習領域與普通高中綜合活動科課程銜接架構，如圖 3-1 所示。兩者均強調體驗、省思、實踐的理念，綜合活動學習領域乃整合九年一貫課程前之童軍、團體活動、輔導、家政四科內涵，更予以強化體驗、省思、實踐的融合，高中課程則因設置生涯規劃選修課程、家政必修課程，因而將原先輔導與家政的重心置於此兩課程。高中綜合活動科每週兩節乃以童軍、團體活動為主，輔導與家政為輔，形成包括班級活動、社團活動、學生自治會活動、學生服務學習活動，及學校特色活動等五項活動的內涵。

　　職業學校綜合活動科旨在依據學生興趣、需要及身心發展，兼顧學校特色及社區資源，應用體驗、省思及實踐等教學方法，透過班級活動、社團活動、學生自治會活動、學生服務學習活動及學校特色活動，來培養學生自我體驗、自我省思、自我實踐、自我學習、邏輯思考、價值澄清及問題解決的能力，強化學生個人品味、生活休閒、自我肯定、自我反思、自治自律、領導、溝通及協調的能力，期能全面提升學生敬業樂群、團隊精神、合作學習、服務他人、關懷社會、體現社會正義，以及實踐關懷、保護及改善自然環境的能力（教育部，2008d）。職業學校綜合活動科包括班級活動、社團活動、學生自治會活動、學生服務學習活動及學校特色活動，並以每週班級活動一節、週會及社團活動二節為原則。九年一貫課程綜合活動學習領域與職業學校綜

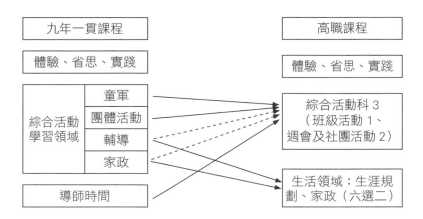

圖 3-2　國中、高職綜合活動課程銜接架構

註：1.實線為直接相關，虛線為間接相關。
　　2.阿拉伯數字為學分數。

合活動科課程銜接架構，如圖 3-2 所示。

　　九年一貫課程綜合活動學習領域與職業學校綜合活動科課程兩者均強調體驗、省思、實踐的理念，高職課程則因設置生涯規劃、家政選修課程，將原先輔導與家政的重心置於此兩課程，高職綜合活動科乃以週會、社團活動為主，輔導與家政為輔的課程內涵。

∷ 第一節　綜合活動學習領域理論基礎 ∷

　　綜合活動學習領域乃九年一貫課程的新興領域，雖然黃譯瑩（2003）從系統理論中的控制論、信息論、一般系統論與耗散結構論等觀點說明活動課程的原理，但依據《國民中小學九年一貫課程暫行綱要》（教育部，2000）與《國民中小學九年一貫課程綱要》（教育部，2003a，2008a），此領域的基本理念與目標，其理論基礎應源自 Dewey 實驗主義、完形治療、社會建構論及後現代主義。

壹、Dewey 實驗主義

Dewey 的哲學發展可分為三期,第一期從 1882 年至 1903 年,主要受到 Hegel(1770-1831)唯心論與絕對主義哲學的影響;第二期從 1903 年至 1925 年,對教育理論與教育實際結合感興趣,加上 James 以生物學為基礎的心理學影響,使其思想逐漸轉變為以工具主義、實驗邏輯為重心;第三期從 1925 年出版《經驗與自然》(*Experience and Nature*)一書開始,以經驗概念為核心,從方法論、形上學、知識論與美學等多方面建立其思想體系,此期到 1952 年,乃 Dewey 建立完整哲學系統的時期(林秀珍,1999;Bernstein, 1960)。

一、Dewey 的經驗觀

Dewey(1929)認為描述自然現象的特徵,只有從人的經驗入手,因為人生活在自然之中,自然的本性與特徵是由人在自然中的作為和經歷所顯現,人與自然相互依存的關係,使經驗成為唯一能夠穿透自然奧祕的途徑,而透過經驗方法所揭露的自然本性,不僅豐富經驗的意義,更能引導未來經驗的發展。Dewey(1916)強調自然是人類的家,自然給人的挫折與支持構成經驗內容,人的生活目的必須依於自然條件的運作來完成,離開了自然條件,目的就變成空中樓閣。Dewey 把人從神學的權威中解放,用自然觀點來詮釋人以及人的經驗;他強調人是自然的一部分,人的所有行為,包括心靈活動,都是在與環境持續互動中發展而成,因此,Dewey(1929, p.1a)自述其哲學系統為「自然的經驗主義」(naturalistic empiricism)或「經驗的自然主義」(empirical naturalism)。另外,Dewey 重視知識的實用性與行動力,其學說稱為「實用主義」(pragmatism)、「實驗主義」(experimentalism)(吳俊升,1985)。

(一) 融入現代實驗科學精神的哲學觀

理性主義(rationalism)對於知識的來源不憑經驗,只憑自明之理的直覺與演繹推理,乃重視理性、忽略感覺的經驗。知識的基礎在於先天自明的觀念,並非攝取自外界感覺經驗而成,經驗雖有助於知識的構成,但知識不等

於經驗的累積。理性主義對知識的主要論點有四：一為，單靠經驗不能獲得知識；二為，知識的構成乃理性先天的範疇，強調知識的普遍性與不變性；三為，知識的構成不是被動的吸收，而是主動的攝取；四為，課程重視理論學科而輕視實用技藝，以能啟迪心智、變化氣質的學科為最重要（吳俊升，1985；張春興，1991）。經驗主義（empiricism）認為知識乃起源於感官所吸收的經驗，無所謂先天觀念的存在，一切知識皆來自後天感覺與省思所得到的經驗。經驗主義對知識的主要論點有四：一為，心靈像白紙或平版，其內容空無所有，有賴後天經驗的填補；二為，知識無普通必然的原則；三為，強調心靈的被動性，無任何主動的作用；四為，知識是經驗的產物（吳俊升，1985；傅偉勳，1984；張春興，1991）。因理性主義過於重視先天的影響，過於注重形式訓練，輕忽教材本身內容與後天努力之弊；經驗主義在肯定教育效能、注重感覺經驗，倡導直觀教學和重視感官訓練等方面頗有貢獻。然 Dewey認為其存在「破壞有餘，建設不足，限制抽象知識與概念的發展，及經驗不應完全視為認知性質」等缺失（吳俊升，1985）。

Dewey 對傳統哲學的反省，目的不僅在說明傳統哲學的錯誤，更重要的是汲取先人的洞見，作為自身哲學的滋養（Bernstein, 1960）。Dewey 對英國傳統經驗論的批評，主要有四：(1)Dewey 拒絕把經驗等同於感覺內容；(2) Dewey反對把經驗等同於知識；(3)Dewey 反對把經驗當作在「心靈白板」上被動登記的資料；(4)Dewey 認為經驗與思想不是對立的領域，因為經驗包含推理，且具有時間延續性，不能壓縮為瞬間的印象或資料（Smith, 1978）。

Dewey（1916）強調人類應找尋明智的生活與行為指導，來代替盲目的風俗與衝動。他用「全體」、「一般」、「終極」來闡述哲學與生活的密切關係。「全體」係將先前的行為習慣，繼續不斷作必要的調整與適應，以保持旺盛活力與成長，此乃學習的能力。「一般」係指哲學是把行為放在情境脈絡中思維，不會孤立事件，因為只有在情境脈絡中，行為才具有意義。「終極」其意「不是結束或窮盡」，而是能夠穿透表層，發現事物或事件之間的相關或連帶關係，以彰顯深層意義。

Dewey（1920）認為哲學的目的不是探討永恆終極的實在，而是立足於生活世界來建立思維架構，指導生活作為，解決社會困境。他從問題解決的觀

點來思考哲學的意義,提出哲學重建的目的不在否定傳統哲學,而是從文化
脈絡中為前人的思維找到適當的定位,進一步因應當前文化背景與社會衝突,
尋求針砭之道。由於問題是思考的起點,問題情境千變萬化,沒有一套既定
的模式,研究者只能從探究過程中尋找適當的方法,無法依循一定的邏輯形
式來解決問題。徐宗林(1988)指出 Dewey 對哲學的貢獻,是將哲學視為一
種程序的活動,是處理與解決問題的思考性活動,哲學反映人的生活,使思
想與行動緊密連結。可見,批判不是否定,而是積極的超越。Dewey哲學觀的
特色在於「融入現代科學的實驗精神」,讓哲學不僅具有解決問題的實用價
值,保留重組與改造的可能性,更使經驗的意義得到解放與擴充。

(二) 與傳統經驗觀的差異

Dewey經驗觀融入生物學與現代實驗科學精神,發展出與傳統經驗觀相當
不同的思維(詳見 3-1)。

Dewey認為「經驗內涵」若純粹從知識觀看經驗,將會扭曲經驗的本質,
因經驗除知識範疇外,尚包括日常生活的經驗與見聞。他強調當人類愈執著

表 3-1

Dewey 經驗觀與傳統經驗觀的差異

	Dewey 經驗觀	傳統經驗觀
經驗意義	經驗乃人與自然、社會環境交互作用的結果。	經驗乃與知識有關的事。
經驗內涵	經驗乃主體承受的行動與結果,亦包括經驗對象的客觀世界;即經驗包含經驗主體與經驗對象兩個面向。	經驗乃主觀心理內容的反映。
經驗範圍	經驗不僅包括過去與現在,還延伸到未來。	經驗僅限於過去與現在的事。
經驗組成	經驗乃人與環境互動的連續歷程,經驗具有連續性與連結性。	經驗乃由個別且互不相連的單位所組成。
經驗與理性	經驗本身帶有推理與省思成分。	推理或思維獨立於經驗之上。

資料來源:整理自林秀珍(1999)。**杜威經驗概念之教育涵義**(未出版之博士論文),國
立臺灣師範大學,臺北市。「杜威的經驗自然主義」。郭博文(1988)。**臺大哲學論評**,
11,51-79。R. J. Bernstein (Ed.), 1960, *John Dewey on experience, nature and freedom.* by New
York, NY: Bobbs-Merrill。J. Dewey, 1916/1959, *Democracy and education.* by New York, NY:
Macmillan。

於抽象的世界，就愈離開生活世界的原貌；人類漠視生活經驗等於漠視實存世界，漠視實存世界所建立的人生依托，將如海市蜃樓。

　　Dewey 主張「經驗內涵」乃包含經驗主體與經驗對象兩個面向，若獨重經驗主體的心靈作用，是只觸及經驗的一個面向而已；Dewey 用互動作為橋樑，連結人與自然的關係，除了消除主客體分立對峙的僵局，也為人與自然共處找到平衡的基點。

　　Dewey 強調「經驗範圍」不限於過去與現在，個體可以控制經驗，進而指導並建立未來經驗。Dewey（1916）主張以實驗為內涵的經驗，透過觀察、假設與驗證的歷程，讓經驗能自我修正，不僅能控制後續的行為，指導未來經驗的發展，亦能增加經驗本身的意義。

　　Dewey 強調「經驗組成」乃個體與環境互動的連續歷程，Dewey（1929）用互動與連續性來說明人與自然的關係，經驗與自然不可分離，自然事物被人利用、欣賞與享用，成為經驗的一部分，自然的性質也在經驗中顯現，經驗是探究自然奧祕的不二法門，因此，自然是萬物之母，也是經驗之基。

　　Dewey 強調「經驗與理性」乃兼容並存，而非傳統經驗觀造成理性與經驗的對立。實驗為經驗提供可靠的立足點，信賴經驗不會成為對舊俗的依戀與盲從。由於實驗重視生活事實與觀察，只要依循科學方法，用開放的心胸，勇敢的修正錯誤，每個人都可以在經驗歷程中，培養出生活的智慧。因此，Dewey 的經驗概念蘊涵著理性思維，不必預設超經驗的理性假定，因此，理性與經驗不再對立。

(三) 省思性經驗

　　Dewey（1929）將經驗分為初級經驗（primary experience）與次級經驗（secondary experience）兩種。初級經驗乃整體的經驗內容，未經系統化的省思分析，呈現主客體界限模糊、行為與材料不分的粗糙原貌；初級經驗中，主體直接感受、經歷、欣賞、享受或忍受事物的存在，以及日常生活經歷的現象和事物，包括桌椅、星辰、喜怒愛恨、悲傷等，均屬初級經驗。次級經驗乃經驗主體運用理性分析，將主客體相遇的原初狀態予以分析歸類，形成抽象的概念和理論，此經過省思精鍊的經驗內容，又稱為省思性經驗或純化經驗（reflective or refined experience）。

　　Dewey（1929）強調經驗方法與非經驗方法最大差別乃原始材料的選擇不同，前者從初級經驗開始，以經驗的完整性作為思考起點，經驗方法要求哲學回到初級經驗中，瞭解問題及需要的起源，同時利用初級經驗對反省的結果加以檢證。後者是由反省的結果入手，把經驗對象與經驗主體的心理運作分別開來，形成主客對立的狀態。對於非經驗的方法而言，主體與客體各自獨立，此法對於外在世界如何影響內在心靈，無法提供滿意的解答。非經驗方法或偏於主體，形成心理的觀念論，或側重客體，不承認心靈的實在性，而成為物質主義者，兩者都有所失。Dewey認為傳統哲學將初級經驗加以歸類整理，運用非經驗方法，形成抽象與概念化的次級經驗，雖然彰顯客體的認知性質，卻遮蔽事物的情意層面，因而善用經驗方法經過省思精鍊形成次級經驗，才能並容主客體、兼顧認知與情意。

　　Dewey（1916, p.177）認為省思性經驗的思維歷程，係當行為主體處在不明確的情境中，先感覺問題的存在，接著觀察各種情境條件，小心檢測問題，提出假設，形成計畫與行動，進一步依據結果檢測假設的妥當性；此歷程包含理性成分，不必藉助一個超越經驗之上的理性概念來連結經驗。可見，若把理性獨立於經驗之外，不僅造成理性至上的絕對主義，也形成感官與思想、經驗與理性的對立。

　　Dewey提倡的經驗方法係以科學實驗精神為內涵，而非依據習慣的常規慣例來思維。他強調未經科學指導下的經驗思維，易產生「無法辨別結論的正確與錯誤，常常造成錯誤的信念」、「無法處理異常的情境」、「容易造成思想的怠惰與教條主義，阻礙探究與反省的思維」等三項缺點。科學的實驗方法是從信賴過去成規與習俗的保守態度，轉變為相信理智控制現有條件而獲得的進步。經驗方法不僅強調研究者暫時捨棄靜態的概念知識與純粹的思辨，真實地走入生活世界，經由確實的察考，免去陳陳相因的臆想與一廂情願的推理；更強調運用科學實驗歷程，有計畫與有目的地掌握事物間的關係，增加推論的正確性（林秀珍，1999）。

二、Dewey 活動課程

　　Dewey（1938）實驗學校課程以生活為中心，利用活動方式將學習內容融

合在活動過程中，不僅提高學生學習意願，更讓學生的校外經驗與校內經驗連成一線，達到經驗持續成長與改造的目的。此課程組織型態以活動為主，以學生經驗為設計基礎，故稱為活動課程或經驗課程（黃政傑，1991）。

Dewey（1938）以「教育即生活」理念，運用活動課程來建立學生學習經驗的完整性，避免傳統課程學習經驗零碎片段、箝制學生經驗發展的缺失。Taba（1962）強調活動課程係針對傳統學科課程忽略學生學習興趣與需要，或造成被動、枯燥乏味等缺失，而設計出以經驗為學習基礎的課程型態。活動課程認為只有植基於經驗的學習活動，才能帶來學習改變。活動課程的主要特色乃鼓勵學生運用解決問題的方法安排自己的工作，多類領域的知識、技能隨著需要融入活動歷程之中。

Oliver（1965）從十個向度比較傳統學科課程與活動課程，參酌 Dewey（1916, 1938）論述彙整成表 3-2 之比較表。茲逐一扼要說明之。

(一) 教育目的

Dewey（1916, p.59）指出：「教育歷程除了自身以外，沒有別的目的，它就是自己的目的。」每一個教育階段均有其價值，歷程本身蘊涵著朝向上部發展的價值規範，因而不須透過外在目的來指導教育。教育旨在協助學生經驗的不斷重組與改造，成為具有創造力的個體。

(二) 教育主體

Dewey認為教育不等於學校教育，強調「教育即生活」，主張教育應生活化，教育包括家庭、學校、社會等全面的生活內涵；強調「教育即生長」，主張經驗不斷更新與追求進步，不斷向上與向善，學生經驗是教學的起點，經驗的改造與重組是教學的終點，教育因而被視為連續的智性成長歷程。

(三) 課程中心

Dewey（1938）活動課程除以學生為中心外，更以社群為中心，不像其他進步主義的學校活動，完全以學生為中心，只重視個人能力的培養，忽略社會關係與社會責任的承擔。Dewey認為課程具有社會責任，應呈現出群體生活的情境，連結生活問題，以培養學生洞察社會的能力與興趣。Dewey實驗學校的課程內容主要包括遊戲、工作、歷史、地理、科學、文學與藝術等，小學階段的活動安排主要在擴大與豐富學生的經驗範圍，讓學生維持敏銳的好奇

表 3-2

傳統學科課程與活動課程的比較

	傳統學科課程	活動課程
教育目的	教育是順著課程及各種相關工具所建立的型態來實施。	教育歷程本身就是目的，教育在協助學生經驗的不斷重組與改造，成為具有創造力的個體。
教育主體	教育等同於學校教育。	教育即生活、教育即生長，把教育視為連續的智性成長歷程。
課程中心	以學科為中心。	以學生為中心，以社群為中心。
教材選擇	在教學前完成教材選擇與組織。	題材由所有學生在學習情境中合作選擇和組織，但教師肩負引導學習情境的重責。
教學功能	強調事實的教學、知識的教導。	強調改善生活、豐富生活，提供多種可能思考，展現自由思考的興趣，從實際生活解放，使生活豐富而進步。
教學方法	強調改進特定學科、特定題材的教學方法。	提供多種方法，透過以心理次序為起點，再逐漸導向嚴密的科學邏輯層次的學習歷程來增進理解能力。
學習發展	強調教材的傳授。	強調促進學生全面的發展，發展個人能力，也兼顧社會適應的成長
習慣與技能的學習	強調特定習慣與技能的學習，把習慣與技能當成學習的不同層面或孤立的學科看待。	強調習慣或技能的養成，是較大經驗的統整部分。
學習情境	由教師或教學情境之外的代表性權威人士所控制。	由學生與他人（教師、家長、校長、督學等）合作控制學習的情境。
學習情境與結果	強調學習情境的一致性，儘可能獲得齊一的學習結果。	著重學習情境與學習結果的多樣性。

資料來源：整理自 J. Dewey, 1916/1959, *Democracy and education*, pp.25-226. by New York, NY: Macmillan。J. Dewey, 1938, *Experience and education*, p.19. by New York, NY: Collier Books。A. I. Oliver, 1965, *Curriculum improvement: A guide to problems, principles and the procedures*, p.312. by New York, NY: Dodd, Mead & Company。

心，而技術獲得與資訊傳授則屬次要內涵。中學課程逐漸分化，主要強調智性溝通與探究形式、方法的嫻熟，即強化讀、寫、算的學習，以因應進一步理智探討的需要（Dewey, 1916）。

(四) 教材選擇

　　教材選擇表面上雖由學生合作選擇與組織，但 Dewey 認為教師必須肩負引導學習情境的重責，導引生活化題材讓學生得以從實際情境中，持續探索經驗、創造思考、運用想像力及實驗方法，以及從多種可能性來思考問題，如此方能避免狹隘的實用觀。

(五) 教學功能

　　Dewey 強調行動的力量須要透過想像力獲得開闊的視野，為了免於常規與習俗的限制，一個人要有為知識而求知，展現自由思考的興趣，才能從實際生活中得到解放，使生活豐富而進步，因此，教學必須能改善生活、豐富生活。

(六) 教學方法

　　Dewey 教學方法包括觀察、探究、實驗、設計、問答、討論、思考、評鑑與欣賞等多種方法，教學是以學生的心理次序為起點，藉著問題情境，讓學生根據現有的程度，進行靈活周密的思考，使實驗理性逐漸內化為學生的心智能力，等到兒童心智發展成熟，再輔以科學原則組織的教材，所以學生經驗的重組是以心理次序為起點，再逐漸導向嚴密的科學邏輯層次，以增進理解能力。

(七) 學習發展

　　雖然 Dewey 標榜尊重學生的興趣，以生活為中心，但是課程設計除發展個人能力，亦兼顧社會適應成長，並非外在膚淺的活動形式、狹隘的實用行動，及單純與物品接觸的直接經驗。

(八) 習慣與技能的學習

　　習慣與技能的學習必須突破不同層面或孤立學科的學習型態，以較大的經驗來統整養成習慣或技能。Dewey 強調以學生興趣、需要作為教育活動的基礎，讓學生直接經驗物理環境與社會環境，獲得豐富的初級經驗，以為省思性經驗的材料。省思歷程幫助學生養成科學態度與方法，不僅容易理解學習材料與問題情境的關係，掌握材料的意義，更易於養成省思的思考習慣。

(九) 學習情境

　　雖然 Dewey 主張由學生與他人合作控制學習的情境，但因活動安排尊重學生的選擇權利，因此，學生不會感覺教師或他人的引導是外在成人標準的

約束。

(十) 學習情境與結果

　　Dewey突破傳統學科課程強調學習情境一致性的迷思，Dewey認為經驗形成包括人、環境、與互動等三項因素，三項因素交織出的結果必然相當多元，因而著重學習情境與學習結果的多樣性。

三、Dewey 的經驗主義與綜合活動領域理念的關係

　　由 Dewey 的經驗主義來看，經驗主義影響九年一貫課程綜合活動學習領域理念的主要向度如下：

(一) 生活經驗與實踐

　　Dewey（1929）區分經驗為日常生活的初級經驗與省思的次級經驗，生活經驗是省思性經驗的材料，對於不同思維所建構的獨特概念化世界，只有回到生活經驗，才能看清各自的發源點，疏通對話的渠道。Dewey（1929）認為人不能直接經歷、親身感覺概念的存在，概念體系不是直接而自明的知識，高度抽象的概念與理論，只有還原到生活經驗，才容易被人理解。生活經驗是個人直接參與生活世界而得到的經歷與見聞，具有基礎性的價值，它是省思性經驗的起點與終點，對於沉緬在抽象思維的學者而言，只有通過生活經驗的溯源，才能避免專斷的謬失。生活經驗保留了生命成長的完整軌跡，概念化經驗抽離真實的生活情境，很容易變成顯微鏡下的橫斷切片，雖然能夠彰顯經驗的部分內容，卻也遮蔽了經驗潛藏的可能性。若習得的抽象知識無法回溯到自身的生活經驗來體驗，知識將只是智性的遊戲，不僅缺乏生活實踐的意義，亦將造成人與生活世界的疏離。

(二) 省思思考

　　Dewey（1916, p.89）視教育為「經驗不斷重組與改造的歷程」，然經驗的重組與改造若缺乏理性導引，將淪為盲目改造，衍生失序與混亂。教育要拓展學生的經驗，導引其成長，不能忽視思考相關因素，更不應忽略省思思考的培養。

(三) 以學生、社群為中心

　　Dewey（1938）主張實驗學校的假設係結合學習與生活，在自然情境中達

成學習與教化之功，學生在學校大社會結構與活動中，逐漸學習克己自律，
而非純粹追求自我發展。Dewey 不僅以學生為中心，重視個人能力的培養，更
以社群為中心，強調群體生活的社會責任。

　　Dewey 著重「生活經驗是省思性經驗的材料」、「省思的次級經驗」、
「回溯到自身生活經驗來體驗」的生活經驗與實踐觀點，強調經驗不斷重組
與改造歷程的「省思思考」，以及「兼重個人能力的培養、社會責任的承擔」。
與綜合活動學習領域強調「一個人對所知的萬事萬物要產生更深入的認識，
需透過實踐、體驗與省思，建構內化的意義」以及注重「讓每一位學習者開
展、發掘並分享屬於個人的意義，尊重他人的體驗，並同時鼓勵學習者參與
社會、擔負起自己的責任」等的理念幾乎相同。

貳、完形治療

　　完形（Gestalt）是德國字，原意為形狀、圖形。完形論者強調人類對事物
的知覺並非根據此事物的各個分離的片斷，而是以一個有意義的整體為單位，
將各個部分或各個因素集合成一個具有意義的整體，即為完形。完形心理學
強調「全體大於部分的相加總和」，即全體並非把各部集合而成，全體是超越
部分的（Corey, 1990）。

　　Perls 認為身體與心理是整體的，若只是解開心理的封鎖無濟於事，因此
完形治療強調「身體的活動」，他特別重視「身體感覺」或「身體語言」，強
調語言意識性高，容易撒謊，身體卻是潛意識的；潛意識比意識更誠實，察
覺「身體的感受或非語言的表現」，更能成為「真正的自己」，因此，完形治
療法主張放棄理性，去傾聽身體的感覺（Corey, 1996a）。

一、完形治療的理念

　　完形治療的目標強調使一個人的功能得到整合，進而容納人格特質中被否
定或拒絕的一面。完形治療認為個人的內在產生衝突或維持和諧都是一種常
態自然現象。人的生活經驗多樣化，內在本來就存有許多不相容的觀點，當
要採取行動時，內在的衝突就會擴大，如果逃避不處理，便會產生問題，干

擾個人正常運作功能。人有趨於內心平衡的傾向，若能提高個人自我覺察能力，使個人充分體驗瞭解衝突的情況，並重新體驗欲逃避的情緒，個人便有能力去重新統合內在衝突，達成內心的平衡。完形治療著重重現內心衝突之真相，重新體驗逃避的情緒及感受，並重新整合衝突，接納對立特質與承認兩者同時存在，進而體認兩極特質是必然存在的，不必極力驅除某一方，讓個人成為能在兩極特質中順暢流動的彈性個體（高明薇，2001；陳怡君，2001）。

　　完形治療認為人必須剝去下列五個層面，才能達成心理成熟：(1)虛偽：以刻板和不坦誠的方式與人應對；(2)恐懼：看到自己都無法認同的一面，產生恐懼與逃避之心，不願承認實際自我的現實；(3)僵局：我們認為自己無力改變什麼，渴望環境外力可助一臂之力。這一層常帶有死寂感，自覺自身一無是處；(4)內發層：願意與真實自我醜惡面接觸；(5)爆發層：釋出我們原本欲隱藏的特質。

　　完形治療的核心理念有自我覺察、此時此刻、形與景、未竟事務等四項，扼要說明如下（高明薇，2001；陳怡君，2001；Corey, 1996b）：

(一) 自我覺察

　　自我覺察是完形治療的核心。完形治療學派認為個體有自我調整的功能，個體若能充分覺察，必然改變；覺察本身即具有治療的效果。覺察是指去發現某些事情，讓個體接觸到或感覺到自己正在做什麼？感覺到自己的思考、動作、身體姿勢等。在覺察的過程中，個體與環境做良好的接觸，以經驗內在的衝突，統整其人格的分歧與對立，藉著覺察，個體發現真實的自我，重新整合自己。覺察應包括對自我的覺察、對環境的覺察、對自我與環境互動間的覺察等三個範疇。自我覺察可分為外部領域、內部領域及中間領域：(1)外部領域：乃對外在世界的察覺，用五官來看、聽、嗅、味、觸，與外界接觸，如白紙上的黑字、火車的聲音、玫瑰的花香；(2)內部領域：是個人主觀的感覺，發生在自己的內部，只有自己能感覺得到，如疼、痛、癢、肌肉緊張以及各種情緒；(3)中間領域：係對想像活動的察覺，包括種種心智活動，如幻想、計畫、分析、思考等等。

(二) 此時此刻

完形治療強調此時此刻，它認為留戀過去就是在逃避體驗現在。主要有幾項理由：(1)除了此刻他正在做的事以外，一個人不可能經驗到其他事；(2)個人的改變只能發生在現在，他不能改變過去已發生的或未來尚未發生的；(3)當他能存在於此時此刻，他便能運用察覺去發現他的需求，並能知道如何去滿足它；(4)自我的覺知也是存在於現在之中。為了有效幫助當事人接觸現在，完形治療者常會以現在式的問句問「什麼」（what）和「如何」（how）的問題，而很少問「為什麼」（why）的問題；例如常會問當事人「當你坐在這裡試圖表達時，你體驗到什麼？」、「此刻你覺察到什麼？」、「你如何體驗你的恐懼？」。因為完形治療認為問「為什麼」只會引導當事人去編造合理化的解釋及自我欺騙，將導致當事人不停地或頑固地去思索過去，而使他們脫離了此時此刻的體驗。

完形治療強調充分學習、認識與感受現在，但不代表不重視過去，若過去經驗的確顯著影響了現在的運作，宜將過去的經驗引導至現在，讓個案重新在現在面對過去，體驗過去。

(三) 形與景

完形心理學認為有機體是透過「形」與「景」之原則，瞭解其所處的環境。形成「完形」就是形成「背景」與「形」的意思，無法形成「完形」，即「形」（興趣的焦點）與「背景」（忽視的部分）無法確定的人。固執的人就是一旦形成「形」與「背景」，再也無法看出其他「形」與「背景」的人。完形要我們將注意力集中到感官知覺內在區域所發生的各種現象上，以建立一連串圖像與背景之間的關聯性。因為愈能明確瞭解其間的關係，就愈能為我們的內心世界賦予意義，也愈能澄清我們真正的需求和意念何在，這是瞭解自己的根本之道。完形治療是企圖使無法形成「完形」的人或者只形成一種「完形」而缺乏彈性者有創造「完形」的機會。所謂創造「完形」就是如何去感受實現世界，即對於外界的詮釋。

(四) 未竟事務

未竟事務（unfinished business），包括悔恨、憤怒、憎恨、痛苦、焦慮、悲傷、罪惡、被拋棄等未曾表達的情感。未被表達情感都與某些特殊、鮮明

的記憶或想像連結，未曾完全察識、未曾被充分體驗的情感在內心深處徘徊，在不知不覺中，影響個體與自己和他人的接觸。完形學派將未解決情況和未獲得滿足的慾求，稱為「未完的型態」或是「未竟事務」。未竟事務將持續存在，直到個體面對、處理那些未曾表達的情感後，才算「完成」。個體對未竟事務會尋求完成，但未完成前若累積到相當強度時，個體便陷入偏頗、苦悶、強迫行為或自我打擊而無法自拔。因此，個體尋求完成未竟事務，必須先完成未竟事務的體驗，表達出原不為人知的失望與憤怒情感，才能體驗真正的滿足，並突破停滯僵局，轉而繼續成長的歷程。

完形治療常用的技巧為對話練習及空椅法。人格功能主要可分為優勢和劣勢兩種，對話練習的治療重點便放在兩者的拉鋸上。空椅法乃運用兩張空椅，要求個案坐其中一張，扮演勝利者；坐另一張則扮演失敗者，兩方持續對話。此種角色扮演可以使個案充分體驗衝突，透過扮演中的接納和整合勝利與失敗兩者，衝突便可得到解決。

二、完形治療與綜合活動領域理念的關係

完形治療的自我覺察、此時此刻、形與景、未竟事務等四大核心理念均強調體驗，茲從下列向度探討綜合活動學習領域著重的「體驗」與「完形治療」的關係（高明薇，2001；陳怡君，2001；蔡居澤、廖炳煌，2007；Corey，1996a）。

(一) 完形治療旨不在「分析」，而係強調真實的「覺察」與「體驗」

完形治療主張個體能有效的處理生活上所發生的問題，尤其是能夠完全覺察發生在自己周遭的事情。完形治療法提供了必要的處理方式與面對挑戰的技巧，幫助當事人朝著整合、坦誠以及更富生命力的存在邁進。

(二) 完形治療強調此時此刻，留戀過去就是在逃避「體驗」現在

完形治療者常會問「是什麼」和「如何」的問題，而很少問「為什麼」的問題。他們認為「為什麼」的問題將導致當事人會不停的或頑固的思索過去，從而助長他們抗拒去「體驗」現在。

(三) 完形治療強調個體必須先去完成未竟事務的「體驗」

個體若沒有充分體驗未表達出來的情感，就會在潛意識中徘徊，而在不知

不覺中被帶入現實生活裡，從而妨礙了自己與他人間的有效接觸。若透過「體驗」將原來不為人知的失望與憤怒之情感表達出來，極可能解決原存的僵局。

(四) 完形治療認為若能體驗原本排斥的自己之另一面，將超越成長僵局

完形治療強調個體以「體驗」去察覺個體此時此刻的感受，從「體驗」未曾表達出來的情感以破除阻礙成長的僵局，透過「體驗」可避免個體逃避痛苦情緒，使個體做必要的改變。完形治療認為個體若能體驗原本極力排斥的「自己之另一面」，則將開始一個整合的歷程，讓自己超越並克服原來阻礙其成長的僵局。

參、社會建構論

個體獲得知識，有兩種主要對立的理論，即指導主義（instructionalism）與建構主義（constructivism 或 constructionism）。指導主義的哲學觀強調指導者對學習者、以上對下、以知識的給予者對接受者的教學方式。建構主義強調知識是基於學習者在現實世界中，事務經驗及事件本身的作用關係，把學習看做是心智建造（mental construction）的結果，也就是學習者把新接觸到的訊息融入他們已有的知識中的過程。可見，建構主義強調學習者在學習過程中的主動角色。

一、社會建構論基本理念

建構主義學派中兩個極端的代表是 Piaget 的認知建構論（cognitive constructivism）與 Vygotsky 的社會建構論（social constructivism）。認知建構論主張思想的結構跟思想的邏輯具相同的形式，從研究兒童思想的邏輯之中去導出認知發展階段理論。Piaget 認知發展階段理論的主張認為：兒童對於自然世界的想法，是經歷一系列質的變換階段（Baker & Piburn, 1997）。

Vygotsky 的社會建構論拒絕知識的生物學觀點，轉而注重文化與社會的角色。他認為智力發展最主要的引擎是文化，而其機制是成人與兒童之間的社會化互動。Vygotsky 理論偏社會歷史取向，堅持較高階的心智過程具有社會性、文化性以及歷史性（Vygotsky, 1986）。社會建構論者不強調個人的知識建

構，反而提出合作式的得到意義（collaorative meaning making）。老師的責任不再是指導學生去懂那些已經印好在手冊、書本或其它權威的知識，而是在許多建構知識的方法中找出根據（Duffy & Jonassen, 1992）。

　　社會建構主義的三個基本原理是：(1)知識是認知個體主動的建構，不是被動的接受或吸收；(2)認知功能在適應，是用來組織經驗的世界，不是用來發現本體的現實；(3)知識是個人與他人經由磋商與和解的社會建構（張靜嚳，1995）。基於這三項原理和考量傳統教學的缺失，建構教學原理有三：(1)教學在引導學生建構知識，不在、也不可能傳輸學生知識；(2)建構教學的目的在促進學生思考和瞭解，不在記背知識與技巧；(3)建構學習是以：做中學、談中懂、寫中通等多元互動的社會建構，非以聆聽、練習等單元單向的任意建構（張靜嚳，1996）。

　　Vygotsky「近側發展區」（zone of proximal development）理論強調「區域」（zone）乃學習者學習的可能及限度，在此區域內，經由成人或有能力的同儕，以「符號」與「工具」為媒介，輔助學習潛能的發展。學習者的學習是源自於社會文化的活動，在近側發展區域內，漸次將原本在社會文化中的知識，內化到個體心中的歷程（Slivan, 1986）。分別陳述 Vygotsky 的重要概念於下（Rogoff, 1990; Slivan, 1986）：

(一) 重視社會文化脈絡對個體的發展與學習

　　Vygotsky 將人的發展過程視為一個社會的歷史過程，任何一種能力的發展或學習都是起於人際關係中學習到的文化知識，此發展不僅是個體獨立的發展，亦是與社會、環境交互作用，故 Vygotsky 主張個人的發展與學習是與社會、環境相互作用下的產物。

(二) 強調語言為社會與心智的橋樑

　　Vygotsky 認為語言是在複雜的社會文化中的一個溝通、互動工具，介於社會文化世界與個人心智功能之間重要的橋樑。語言原本是人們之間的社會溝通工具，然後轉變為引導本身行為與自己溝通的主要方法，即從「公開的私語」（overt or private speech）逐漸變成「內隱的自語或口語思考」（covert, inner speech or verbal thinking），最後又回到認知的社會共享和情境化的特性，即心智的核心，此歷程 Vygotsky 主張心智功能是內化的社會過程。

(三) 重視學生的「近側發展區」及成人的「鷹架作用」

Vygotsky 認為教育是「引導」（leading）發展，藉著教師、父母及其他同儕的合作與互動，學生可積極建構新的心智能力；其反對使用標準化成就測驗，因評量出來的是學生已經具備的能力，而非潛在的能力。故 Vogytsky 認為學生真正的學習應發生在其他人幫助下的表現及學習潛力，即 Vygotsky 的「近側發展區」，意指個體獨立解決問題的實際發展層次，與如果透過成人的輔助或更有能力的同儕合作下的潛在發展層次，此兩者之間的差距。若學生停留在某一認知層次時，成人能有系統的引導或給予關鍵性的指點，學生較易超越原來的認知層次，在此情境下，別人給予學生的協助、引導或示範，即稱為「鷹架作用」（scaffolding）或「專家鷹架」（expert scaffolding）；當學生的能力逐漸增加時，成人、專家或有能力同儕給予的鷹架就應減少，學生也要自己負起更多的責任。

社會建構論衍生的教學法允許師生或學生彼此間共同的思考，從問題的解決和作決定的過程中，學習者可得到新知識或概念。為了磋商意義或形成共識，學生就必須互相討論（Rogoff, 1990）。社會建構學者的觀點非常支持討論學習過程，他們認為個人建構知識是孤立的，沒有一個人對事物建構和分析的方式會和別人完全相同，學生想法若不經由與別人合作，是很難形成或維持的，需與別人互動交談，方能在可論述的共同架構中產生溝通（Solomon, 1987）。因此，分組合作乃良好的社會建構教學環境，合作學習可增進學生的成就和認知技巧（Brophy, 1982; Slavin, 1984），學生在分組學習時，想法先會被同儕的觀點刺激和挑戰，次會重新組織其概念，再次分享概念而提供自我反射，最後想法獲得適當的修正。

二、社會建構論與綜合活動領域理念的關係

社會建構論注重文化與社會的角色，不強調個人的知識建構卻強調合作建構知識，著重學習歷程乃經由人、事、物的互動與接觸，創造出一個實際的概念（Rogoff, 1990），其與綜合活動領域理念的關係說明如下：

(一) 體驗、省思與實踐

Vygotsky 強調兒童時期的學習，可經由兒童與成人的對話來理解事物的意

義。兒童的學習是先由成人的示範教導後，逐漸地透過參與活動，來感受活動的意義；再將活動中所犯的錯誤進行省思，以重新建構新的概念；最後將活動中的體驗內化為自己的基模知識，成為往後學習時的基礎知識。上述理念與九年一貫課程綜合活動學習領域（教育部，2008b）強調「體驗、省思與實踐」的精神相當吻合；亦與《普通高級中學綜合活動科課程綱要》（教育部，2008c）所指出的第一項核心能力：「建構自我體驗、省思與實踐的能力」頗為相符。

(二) 自我學習

社會建構論改變以往客觀主義主張知識乃由教師直接傳授給予學習者的說法，而是注重以學習者為中心，主張學習者必須主動參與學習歷程，建構屬於自己的知識。教師已經不再是知識的提供者，而是輔助者或引導者的角色，在學生學習的歷程中適時地給予機會去組合（combine）、批判（criticize）、澄清（clarify）知識，進而建立自己的新知識。上述與《普通高級中學綜合活動科課程綱要》（教育部，2008c）所指出的第二項核心能力：「具備自我學習、邏輯思考、價值澄清與解決問題的能力」頗為相符。

(三) 合作學習

社會建構論的教學方式有別於傳統教學中以老師為主的教學方式，而係重視合作的學習方式，在整個學習過程當中是藉著師生、同儕的溝通互動、辨證協調及澄清知識的方式來完成知識的建構；學習是在不斷地與他人溝通、對話、辨證過程中，引發學習者思考反省問題的解決方法與策略。上述與《普通高級中學綜合活動科課程綱要》（教育部，2008c）所指出的第五項目標：「涵養敬業樂群的團隊精神，具備合作學習之能力。」頗為相符。

肆、後現代主義

「後現代」（postmodern）原本出現在 1930 與 40 年代，由藝術領域先行發動的概念，經過 1950 與 60 年代的蘊釀，到了 1970 與 80 年代，「後現代」思潮乃逐漸受到人文社會科學領域的熱烈討論（單文經，2002）。Smart（1993）認為後現代具有三種意義：一為後現代與（資本主義式的）現代不同，但卻

又與之保持著一種連續性的關係。二為後現代與現代狀況之間存在著決裂或斷裂的關係。三為後現代與現代生活形式之間具有相關性，須與之達成有效地妥協並坦然面對現代性所帶來的好處、問題叢生的後果，以及其界限（limits）與侷限（limitations）。Slattery（1995）主張「後現代」具有十一項特質：(1)一段正在發展的歷史時期，超越現代工業及科技的年代；(2)一種當代藝術和建築的形式，是折衷的、萬花筒式的、嘲諷的、寓言式的；(3)一種社會性的批評，反對統一的經濟及政治組織，如自由主義或共產主義；(4)一種哲學的運動，透過解構現代社會中真相、語言、知識及權力的概念，力求說明後設敘說中的內在矛盾；(5)一種文化的分析，批評現代科技對人類精神及環境的衝擊，促進建立一個整體及可支持的全球性生態社區；(6)一種根本的折衷主義及同時接受與批判雙重聲音的論述，強調過去和未來同樣具有可榮耀與可推翻、可包含與可限制、可建構與可解構的特質；(7)一種企圖超越現代物質哲學的運動，是一種引起正義、憐憫、自我探索、增權益能、批判思想的媒介；(8)一種對他者的認可及貢獻，特別著重種族或性別等議題；(9)一段經由革命性典範轉變的重要歷史階段，轉變先前現代主義時期的基本假設、操作型型態及宇宙觀；(10)一種生態的、一般的世界觀，超越先前現代優勢及支配的困境；(11)一種後結構主義的運動，主張去中心化、注重邊緣及轉化邊界。

後現代主義衍生教育及文化的衝擊，包括探求真理的結束、多元取代一致性、情感重於理智、主體的死亡等。後現代主義的教育與課程觀其實是對傳統「由上而下、體制性、權威性、一致性、同質性」觀點的顛覆，宣告上述觀點已難以因應後現代社會變動迅速的資訊化、科技化、全球化的情勢，因而提出「去中心化、反體制、反權威、反一致、多元化」觀點，強調彈性、注重經驗、強化與社會和歷史文化關聯的觀點（周珮儀，1997，1999；黃永和，2001；楊洲松，1998；Henderson, 2000; Henderson & Hawthorne, 2000; Lyotard, 1984; Ornstein & Hunkius, 1998; Slattery, 1995, 2000; Usher & Edwards, 1994）。

Freedman 與 Combs（1996）認為現代主義者關切的是事實與通則，而後現代主義者關切的則是意義。Freedman（2000）比較現代主義與後現代主義如何看待認同、個人與權力（power）觀點上的差異，如表 3-3 所示。後現代主義

表 3-3

現代主義與後現代主義的比較

現代主義的觀點	後現代主義的觀點
試圖以「一般」的分類或類型來區分個體。	試圖尋找人們「我的故事」（即自我認同）中的「特殊」細節。
專家知識（expert knowledge）是被看重的。	在地知識（local knowledge）是被看重的。
表面現象包含深層自我統合的「線索」。唯有經過高度訓練的專家，才有權力且有能力，正確的將表面線索予以轉譯解讀。	表面現象就是個人所能真正瞭解的內涵，每一個人都有權力且有能力去「描述」表面現象。
個體的生活是經由規則及社會規範（常模），來解釋並被賦與不同價值。	個人的生活是經由如何擁抱過去那些可能被期待的例外與獨特結果，來解釋並被賦與不同價值。
專家（即治療師）有權力且有能力，藉由那些深藏在心理結構中的公式或規律去賦予人們的生命故事諸多意義。	人們（即當事人）有權力且有能力，透過其所行動、說出、回憶的故事，來建構一個有諸多意義的生活。

資料來源：Freedman（2000）。**敘事治療法臨床實務工作坊手冊**（頁 4）。臺北市：私立實踐大學。

反對將人類的經驗歸類，反對絕對的真理與不變的事，主張在不同文化、社會、政治制約下有「多重真實」（multiple realities）。上述理念與活動課程強調讓學生在活動中有不同體驗、不同意義的理念，相當一致。

一、後現代課程觀

　　Doll（1993a, 1993b）著重具有 4R 特點的課程，即豐富性（richness）、回歸性（recursion）、關聯性（relations）、嚴密性（rigor），扼要說明於下：

(一) 豐富性

　　後現代主義課程主要內容具有開放性、多重解釋層面和不同意義層面。課程要豐富，需要充滿足夠的含糊（ambiguity）、挑戰（challenge）及擾亂性（perturbation），以提供學習者進入課程及課程中的工作對話。意義的形成是經過對話和互動（Doll, 1993a）。師生建立反思性關係時，教師不要求學生接受教師的權威；相反的，教師要求學生延緩對那權威的不信任，與教師共同參與探究，探究那些學生所正在體驗的一切。教師同意幫助學生理解而給建

議的意義，樂於面對學生提出的質疑，並與學生一起共同反思每個人所獲得的心照不宣的理解（Doll, 1993b）。可見，當課程富有干擾、問題及可能性時，意義對話才有可能出現。

(二) 回歸性

Recursion是從拉丁字recurrere而來，循環性的意義是重新發生。回歸性顯示課程並沒有起點的終點，任何課程活動的終結都意味著一個新的開始，亦即沒有固定的起點和終點。課程的片段、組成部分和序列是任意的組合，不應視其為孤立的單元，而應視其為反思的機會，因此，回歸性乃在發展組織、組合、探究、啟發性地運用事物的能力。回歸性之思考，強調「省思要返回自身」。思考是「回歸」的「重新討論」，第二次看或想，即是一種轉變、生產、發展的發生，此與杜威「省思概念」相當接近（Doll, 1993b）。回歸性的課程，留給學生很大的空間去進行反思，提供師生很大的空間去對話，課程決定於和老師、學生、文化、教科書之間的互動。

(三) 關聯性

關聯性強調教育聯繫與文化聯繫，前者乃課程結構的內在聯繫，後者乃課程之外的文化或宇宙觀的聯繫。關聯性係指不斷尋求觀點和意義之間的聯繫，並考慮歷史和文化背景與關係感知方式之間的聯繫（Doll, 1993a）。以課程的教育聯繫角度來看，現代主義強調的「線性課程」，有一個很明確的開始、中點和結束；然而後現代主義強調「非線性課程」，乃偏向一種矩陣、一個球面，沒有開始也沒有結束，只是一個中央的增加，一個中央充滿了聯結扣互相聯結，可見，非線性課程的框架在課程運行一開始就不可避免的與運行結束時不同；問題不在於不同，而在於不同的程度或性質。以課程的文化聯繫角度來看，因文化或時間差異使得課本被視為需要修改，而非必須遵從的素材；課程必須由社區文化創造或重組，而非由課本作者決定（Doll, 1993a, 1993b）。

Doll（1993b）強調課程發展的核心乃持續性的增加聯結，形成一個從頭到尾的、較深的、較豐富的、較黑的系統。一個特徵化的課程，依據黑點系統或許是一個不熟悉概念，但是當更多的聯結被形成，這些點較接近時就會變得較黑、較豐富且更模糊。後現代主義強調「不要教太多的課程，但要教就

要教得澈底」，課程與教學不再只是直線傳遞，亦不必時時刻刻均要求每個環節清晰確實，而是在意義的網絡中流動、開展、散播，永遠都是變動的、不完美的、有待補充的（Cherryholmes, 1988）。

(四) 嚴密性

嚴密性與詮釋性和不確定性聯繫在一起，嚴密性乃有目的地尋找各種可能的選擇方案，但選擇方案不是純粹為「反標準」或「非標準」，只是選擇一種不同於現行標準的本位、自主框架，不斷地探索、尋求新的組合、解釋、模式或框架。善用嚴密性可避免課程落入「蔓延的相對主義」或感情用事的「唯我論」（Doll, 1993a）。

問題、干擾和可能性構成的豐富需要被規則化（被鬆散的規則化），若沒有鬆散的規則，豐富將只是沒有連接的問題、干擾的混雜組合，對每一個都沒有用。嚴密是一種努力，即透過問題、干擾和一個可能，可獲得一個聯貫說明的觀念，努力在開始時是不明顯的，但嚴密性會使聯貫性在不平衡、混亂、迷惑的複雜性中浮現（Doll, 1993b）。

九年一貫課程綱要宣示「學校本位、課程統整、空白課程、能力本位、績效責任」等重要理念，正顯示教育哲學從傳統走向後現代（陳伯璋，1999；歐用生，1998）。後現代主義對課程影響最重要者為課程決策下放、去中心化。教師被增能賦權（empowerment），不再只是教科書的執行者。後現代主義的差異策略、對抗文本（texts）、對抗記憶，影響九年一貫課程甚鉅。學校本位課程發展模式、尊重自由市場的「審定本」乃後現代主義尊重差異的精神；打破統編本的知識霸權，使思想解放與自主學習，乃後現代主義對抗文本的精神；九年一貫課程強調學生日常生活經驗，不受歷史連續性宰制，乃後現代主義對抗記憶的精神（陳伯璋，2002）。

二、後現代主義與綜合活動領域理念的關係

後現代主義觀點不僅影響九年一貫課程綱要強調「鬆綁、下放、彈性、多元」等理念，更影響綜合活動學習領域提出「實踐體驗所知、省思個人意義、擴展學習經驗、鼓勵多元與尊重」等四項課程目標，著重「實踐、體驗與省思，建構內化的意義」等基本理念。後現代主義對綜合活動學習領域理念與

目標的影響，可從下列幾方面說明：

(一) 體驗、省思

Doll（1993a）、Friere（1973）從後現代課程觀點質疑現代課程，以行為主義和邏輯實證作為課程發展的唯一方法是很有問題的，新的課程方式宜以演進和非預先設計的經驗活動為主。

Doll（1993a）強調課程結構的內在聯繫，旨在聯繫透過「做與做中省思」過程來發展課程的深度，省思過程讓課程隨時間的推移變得愈來愈豐富。Doll（1993a）認為「省思要返回自身」，思考是「回歸」的「重新討論」，第二次看或想，即是一種轉變、生產、發展的產生。Giroux（2000, p.59）認為「民主不等於資本主義；具有反省批判能力的公民，不應以成為一個識字的消費者（literate consumer）自滿」；Giroux（2000, p.57）強調教育工作者應該堅持立場，避免「課程商品化、學生消費者化」。可見，Doll（1993a）、Friere（1973）、Giroux（2000）所提出觀點與綜合活動學習領域「實踐體驗所知、省思個人意義」等兩項課程目標相當吻合。

(二) 建構內化意義與價值

Usher 與 Edwards（1994）認為後現代思維的教師必須放棄自己全知全能的傳統位階，並承認自己知識是有限，且應探究學習的有限性、曖昧、多元性、不確定性和差異性，師生才有所謂學習的可能性。

Giroux（1994）、Pinar（1988）和 Slattery（1995）都強調課程需要融入批判理論的討論，並主張課程發展必須對文化多元論及個人獨特性加以回應。後現代課程知識論必須揚棄價值中立的知識觀點，課程實踐也必須是解放、賦權增能和自由論述。Freedman（2000）強調人有權力，且有能力透過其所行動、說出、回憶的故事，來建構一個有諸多意義的生活。Tyler（1991）認為人類最大的需要是要能創造、發現、經驗意義，意義會發生於各種相互依賴關係。Conger 與 Kanungo（1988）主張教師及學生的自我效力感，具有賦權增能的意義，領導者若未能深入察覺教師與學生的多元背景，仍運用自己的絕對權威來處理新典範的課程架構，將無法引導出新課程的意義。

綜上所述，Conger 與 Kanungo（1988）、Freedman（2000）、Giroux（1994）、Pinar（1988）、Slattery（1995）、Tyler（1991）、Usher 與 Edwards（1994）等

觀點與綜合活動學習領域著重「建構內化意義」的基本理念相當符合。

(三) 多元對話

　　課程發展是教師不斷對話之後所發生的改變，學習是師生與學生同儕不斷對話的結果。Doll（1993a）認為當對話的機制被啟動，自己的思維成果和別人的思維成果進行協商時，對話的個體才能瞭解彼此，透過思維的交互作用，學習才得以完成。Doll（1993a）強調對話是回歸性的絕對必要條件，沒有對話激起省思，回歸會變得膚淺而沒有轉變性，變得一再重複、缺乏創意。認為描述與對話乃解釋文化聯繫的詮釋主體，透過描述與對話才能提供一種源自地方但聯繫文化的全球感。

　　莊明貞（2002）認為，後現代課程研究挑戰課程組織單一解釋和單一方法論的論述，鼓勵課程研究社群多元論述課程與教學研究歷程和方法論。Fullan（2000）主張建立學習性社群旨在建立符合社群與自己欲求的方向，擴充自己的能力，達到教學成長及學習發展的目的。Sergiovanni（1995）強調必須聆聽弱勢者的聲音，方有助於社群關係的建立。Lyotard（1984）反對任何後設故事敘述的霸權，要求賦權予任何立場的主體，重新建立相互價值的關係網絡，來加強實踐社會正義，達到課程發展的目的。Senge（1990）認為賦權通常不是有權者給予的，而是自我創造取得的。只要某種聲音具有論述的合理性，便能取得權力的正當性，並藉以作決定，同時也能維持決定的持續一段時間。基於此，課程領導者要激勵學校成員彼此對話，來建立相互學習的社群。

　　綜合活動學習領域提出「省思個人意義」與「鼓勵多元與尊重」兩個目標，強調學習者在所參與的活動中，有從容地表達並省思自己的體驗之時間與機會，也能以自己的方式表達對活動的意義；並藉由多元的活動，讓每一位學習者開展、發掘並分享屬於個人的意義，尊重他人的體驗，並同時鼓勵學習者參與社會、擔負起自己的責任。可見，綜合活動學習領域強調表達、省思與對話，及參與多元活動與尊重他人等觀點，與莊明貞（2002）、Doll（1993a）、Fullan（2000）、Lyotard（1984）、Senge（1990）、Sergiovanni（1995）等著重對話、學習社群的看法頗為接近。

▓▓ 第二節　綱要變革與解析 ▓▓

　　綜合活動學習領域乃九年一貫課程之新興領域，「綜合活動學習領域」一詞首度出現於 1998 年 9 月 30 日公布「國民教育階段九年一貫課程總綱綱要」（教育部，1998）。綜合活動學習領域的綱要歷經三次變革，第一次綱要呈現於 2000 年 9 月 30 日公布《國民中小學九年一貫課程暫行綱要》（教育部，2000）（以下簡稱 2000 年《綜合活動學習領域課程暫行綱要》），再次出現於 2003 年 1 月 15 日公布《國民中小學九年一貫課程綱要》（教育部，2003a）（以下簡稱 2003 年《綜合活動學習領域課程綱要》），第三次出現於 2008 年 5 月 23 日修訂公布《國民中小學九年一貫課程綱要》（教育部，2008a）（以下簡稱 2008 年《綜合活動學習領域課程綱要》）。三次綜合活動學習領域課程綱要變革均伴隨著部分理念的演變與當時情境的省思，茲從基本理念、領域範圍、課程目標、主題軸、能力指標、指定內涵與核心素養、教材、教學、評量、師資等十方面闡述之。

壹、基本理念變革及其解析

　　茲說明三次綜合活動學習領域課程綱要基本理念的變革及其意涵如下：

一、2000 年《綜合活動學習領域課程暫行綱要》

　　《國民中小學九年一貫課程暫行綱要》之「綜合活動學習領域」，即 2000 年《綜合活動學習領域課程暫行綱要》，宣示的四項基本理念為：(1)提供反思訊息：綜合活動課程提供學習者獲得直接經驗的機會，使學習者檢證知識與體會意義，也將「學生是否能將所瞭解的、所感受的、所熟練的知能實踐於生活中」的信息，提供給教育系統作為反思的參考，使教育系統與學校能掌握學生「實踐」情況，以作為調整現有各領域課程綱要或學校課程計畫之

參考，使之更趨近知行合一的理想教育目標；(2)擴展學習經驗：綜合活動課程讓學生以多種感官協調行動，提供他們在學校中擁有一個更為開放的、多面的學習環境，使學生擴大了信息選擇的方式、範圍與內容，並增加建構個人意義與實踐知識的機會；(3)推動整體關聯：綜合活動課程具有與其他六大學習領域同等分量的基本時數，提供學校統整語文、健康與體育、社會、藝術、數學、自然與科技之認知、情意與技能等學習內容的機會。綜合活動課程不僅推動學校規劃各學習領域相互關聯課程，也協助學生瞭解與實踐整體性的重要；(4)鼓勵多元自主：「發展學校特色」係此次九年一貫課程規劃所欲達成的目標之一（教育部，2000）。因此，各校可依學校實際的需求，自行發展具有特色的綜合活動課程；此外，各校綜合活動課程可由其獨特設計，提供學生發展個人興趣、專長、需求的學習機會，藉由活動的多樣性，提供學生多元自主的學習。

　　2000 年《綜合活動學習領域課程暫行綱要》雖然闡述綜合活動理念，卻也衍生出下列疑惑。

(一) 綜合、活動意義不清

　　「提供反思訊息、擴展學習經驗、推動整體關聯、鼓勵多元自主」四大基本理念並未釐清「綜合活動」的意義，致衍生下列三項問題：(1)國中小教師誤以為此學習領域僅是輔導活動、童軍教育、團體活動的合併，而忽略「實踐、體驗與省思，以建構意義的自主學習歷程」；(2)領域教學淪為「為活動而活動」，卻疏忽省思、分享的心智活動；(3)此學習領域與其他六領域範圍重疊，教師難以判斷何種活動屬於此學習領域。

(二) 學校本位課程混淆

　　宣示「提供反思訊息、擴展學習經驗、推動整體關聯、鼓勵多元自主」等四項基本理念中，「鼓勵多元自主」強調「發展學校特色」，鼓勵各校依學校實際的需求，自行發展具有特色的綜合活動課程。使得少數國中小誤以為綜合活動學習領域等於學校本位課程，或綜合活動學習領域主要在於發展學校本位課程。

二、2003 年《綜合活動學習領域課程綱要》

　　教育部（2003a，頁 19）《國民中小學九年一貫課程綱要》之「綜合活動學習領域」，即 2003 年《綜合活動學習領域課程綱要》指出：「綜合活動」學習領域之「綜合」是指萬事萬物中自然涵融的各類知識，「活動」是指兼具心智與行為運作的活動，一個人對所知的萬事萬物要產生更深入的認識，須透過實踐、體驗與省思，建構內化的意義。上述釐清「綜合活動」的意義，闡述此學習領域與其他六大領域的差別在於著重實踐、體驗與省思，建構內化意義的歷程。

　　黃譯瑩（2001）強調綜合活動學習領域內涵與另外六大學習領域的區別及聯繫，在於六大學習領域內涵以欲「認識」為對象，關注人類到目前為止在世界中的發現，進而分類對有關萬事萬物之認識；而綜合活動學習領域內涵以欲「實踐、體驗與省思」為對象，省思萬事萬物之間的關聯、自己與萬事萬物之間的關聯、甚至自我之內的關聯。其指出臺灣使用「綜合」二字加在「活動課程」前，主要在「提醒世界上任一活動均已自然地運作著、呼應著多種領域知識」、「促進現在六大學習領域之間更多對話的機會，讓知識透過人的對話找到彼此之間更多的連結」。但「主題式統整單元」常常成為多數人對綜合活動的印象，因此，她強調：主題式統整是綜合活動課程的設計方式之一，而非唯一的方式；設計綜合活動課程應避免徒有「綜合」或「行為活動」之形式，卻忽略「心智活動」與「知思行統整」的目的。其強調活動課程中的「活動」應具有教育價值，其價值是在學習者「行、思、知」的統整過程與展現。田耐青與張景媛（2003）更具體指出「如果只進行活動而沒有引導出活動的意義，就不算是綜合活動的活動」，亦說明「對萬事萬物有更深入的認識不是要幫各領域辦活動，綜合活動的活動一定要符合其基本理念，也就是要讓學生有實踐、體驗與省思的機會，建構內化的意義。」

三、2008 年《綜合活動學習領域課程綱要》

　　2003 年《綜合活動學習領域課程綱要》雖然宣示教學方法，卻缺乏明確的內涵架構，使得領域發展茫然，學校本位化、議題化與配課化日益嚴重。

　　為突破上述困境，2008 年《綜合活動學習領域課程綱要》基本理念指出：「綜合活動學習領域旨在善用知識統整與協同教學，引導學習者透過體驗、省思與實踐的心智及行為運作活動，建構內化意義與涵養利他情懷，提升其自我發展、生活經營、社會參與、保護自我與環境的生活實踐能力。」綜合活動學習領域之內涵架構，如表 3-4 所示。

表 3-4

綜合活動學習領域之內涵架構

課程總目標：培養學生具備生活實踐的能力			
課程三大重心：體驗、省思、實踐			
四大主題軸	自我發展	生活經營	社會參與	保護自我與環境
十二項核心素養	自我探索	生活管理	人際互動	危機辨識與處理
	自我管理	生活適應與創新	社會關懷與服務	戶外生活
	尊重生命	資源運用與開發	尊重多元文化	環境保護

資料來源：「九年一貫課程綜合活動學習領域之修訂」（頁 111）。李坤崇（2009）。**教育研究月刊，178**。

　　2008 年《綜合活動學習領域課程綱要》以「培養學生具備生活實踐的能力」為總目標，此與日本「中小學學習指導要領」強調培養具「生存能力」的學生、大陸中小學開設「綜合實踐活動課程」的理念相符，更易於以「生活實踐能力」的簡潔目標向教師、家長說明本學習領域的目標（教育部，2008a）。

　　另外，2008 年《綜合活動學習領域課程綱要》對「綜合」的詮釋以「知識統整與協同教學」取代「萬事萬物中自然涵融的各類知識」，強調知識統整的綜合、協同教學達成的統整與綜合，免於讓教師、家長誤認為綜合活動的內涵就是萬事萬物（教育部，2008a）。

貳、領域範圍變革及其解析

　　茲說明三次綜合活動學習領域課程綱要領域範圍的變革及其意涵如下：

一、2000 年《綜合活動學習領域課程暫行綱要》

2000 年《綜合活動學習領域課程暫行綱要》指出綜合活動學習領域的範圍有三：(1)現行的：現今國中小的輔導活動、童軍教育、團體活動等，都包含在本學習領域範圍內；(2)跨領域的：凡是跨越兩個學習領域以上，需要聯絡教學的活動，由本學習領域來規劃；(3)跨班級、校際的：凡是學年、學校或社區來統籌運用資源的活動，由本學習領域來規劃（教育部，2000）。

2000 年《綜合活動學習領域課程暫行綱要》之三項範圍引起三項誤解（李坤崇，2002a，2002b）：

(一) 與彈性學習節數難以區隔

2000 年《綜合活動學習領域課程暫行綱要》闡述彈性學習節數乃「由學校自行規劃辦理全校性和全年級活動……」，此敘述造成國中小誤以為只要是全校性和全年級活動均可視為本學習領域範圍。

(二) 與各學習領域之區隔紊亂不清

2000 年《綜合活動學習領域課程暫行綱要》僅說明凡是跨越兩個學習領域以上，需要聯絡教學的活動者。未規範符合綜合活動理念，使得各領域區隔相當紊亂。

(三) 領域範圍遭誤解或窒礙難行

2000 年《綜合活動學習領域課程暫行綱要》指出跨領域、跨班級與校際者，均由本學習領域來規劃。此以國中小現況而言，似乎由學務處規劃較佳。

二、2003 年《綜合活動學習領域課程綱要》

2003 年《綜合活動學習領域課程綱要》指出：綜合活動學習領域的範圍包含各項能夠引導學習者進行實踐、體驗與省思，並能驗證與應用所知的活動。原國中小的輔導活動、童軍活動、家政活動、團體活動等因頗能符合本學習領域的課程目標，故包含在本學習領域的範圍內。本學習領域尚可包括符合綜合活動理念之跨越兩學習領域、需要聯絡合作之教學活動，或單一學習領域之人力及資源難以支援、需要透過學校運用校內外資源者（教育部，2003a，頁 19）。田耐青與張景媛（2003）撰寫補充說明時指出，「符合綜合

活動理念之跨越兩學習領域、需要聯絡合作之教學活動……，因此單純的教學
活動或是跨領域的活動，而該活動並無實踐體驗省思的意義時，就不屬於綜
合活動的範疇。」可見，教育部（2003a）綱要之內涵強調納入本學習領域範
圍者，均必須符合「實踐、體驗與省思以建構內化意義」的綜合活動基本理念。

三、2008 年《綜合活動學習領域課程綱要》

2008 年《綜合活動學習領域課程綱要》指出：綜合活動學習領域的範圍
包含各項能夠引導學習者進行體驗、省思與實踐，並能驗證與應用所知的活
動，包括符合綜合活動理念之輔導活動、童軍活動、家政活動、團體活動、
服務學習活動，以及需要跨越學習領域聯絡合作的學習活動（教育部，2008b，
頁1）。

2008 年《綜合活動學習領域課程綱要》對領域範圍的定義，大致延續 2003
年《綜合活動學習領域課程綱要》的範圍，但刪除「單一學習領域之人力及
資源難以支援、需要透過學校運用校內外資源者」，僅突顯綜合活動學習領域
「跨越學習領域聯絡合作的學習活動」，避免領域範圍過於龐雜。

參、課程目標變革及其解析

茲說明三次綜合活動學習領域課程綱要課程目標的變革及其意涵如下：

一、2000 年《綜合活動學習領域課程暫行綱要》

2000 年《綜合活動學習領域課程暫行綱要》之目標強調基於實踐與統整
的理念，本學習領域設定四大目標如下：(1)生活實踐：一般學習領域多分認
知、技能、情意三類學習目標，其中常以認知的比重最重；而綜合活動學習
領域則特別強調學生在真實生活中的實踐能力，協助學生表現自我與檢證學
習內容；(2)體驗意義：綜合活動學習領域重視學生在實踐過程中體驗活動的
意義，在體驗的省思過程中增進對自己的瞭解，並從中發現人生的意義；(3)
個別發展：綜合活動學習領域針對學生不同能力、興趣、需求設計多元的活
動，給予個別發展的學習機會；(4)學習統整：學校成立「綜合活動課程小

組」，以獨立的設計，運用校內外資源，進行若干學習領域的統整設計（教育部，2000）。

二、2003 年《綜合活動學習領域課程綱要》

由於 2000 年《綜合活動學習領域課程暫行綱要》提出的四項目標，無法充分說明「實踐、體驗與省思以建構內化意義」的綜合活動基本理念。2003 年《綜合活動學習領域課程綱要》乃深入闡述四大目標為：(1)實踐體驗所知：綜合活動學習領域引領學習者透過活動中的實踐、獲得直接體驗與即時反饋信息，從過程中應用所知，增進對自己的瞭解；(2)省思個人意義：綜合活動學習領域鼓勵學習者在所參與活動中，有從容地表達並省思自己的體驗之時間與機會，也可以自己的方式表達對活動的意義；(3)擴展學習經驗：綜合活動學習領域希望學習者以多種感官來體驗世界，提供開放、多樣性的學習環境，以擴大信息選擇的範圍、來源與方式；(4)鼓勵多元與尊重：綜合活動學習領域藉由多元的活動，讓每一位學習者開展、發掘並分享屬於個人的意義，尊重他人的體驗，並同時鼓勵學習者參與社會、擔負起自己的責任（教育部，2003a，頁 19）。

教育部（2003a）綜合活動學習領域課程目標，凸顯教師必須調整教學方法與策略如下：(1)由間接體驗、延宕回饋，轉而讓學生直接體驗、立即回饋；(2)由少有機會、匆促發表感想，轉而讓學生有從容的時間與機會表達、省思體驗；(3)由教師指定或限制表達方式，轉而讓學生以自己的方式表達對活動的意義；(4)由教師侷限教室內學習與學生學習範圍，轉而讓學生擴大信息選擇的範圍、來源與方式；(5)由教師教導人生的意義，轉而讓學生開展、發掘並分享屬於個人的意義；(6)由教師告知應負責任，轉而鼓勵學生參與社會及體驗、擔負起自己的責任（李坤崇，2004）。

三、2008 年《綜合活動學習領域課程綱要》

為修訂 2003 年《綜合活動學習領域課程綱要》而辦理三區綜合活動學習領域課程綱要修訂公聽會時，頗多學者專家質疑 2003 年《綜合活動學習領域課程綱要》課程目標乃教學要領而非課程目標。為化解上述質疑，2008 年修

訂的綱要課程目標先說明：本學習領域總目標為「培養學生具備生活實踐的能力」，總目標之下發展四大主題軸與十二項核心素養，再從十二項核心素養內涵之下發展出能力指標。再說明四大主題軸之目標，且每項主題軸內均有三段敘述，每段敘述均呼應一項核心素養。如「促進自我發展」之「探索自我潛能與發展自我價值」乃呼應「自我探索」核心素養；「增進自我管理知能與強化自律負責」乃呼應「自我管理」核心素養；「尊重自己與他人生命進而體會生命的價值」乃呼應「尊重生命」核心素養（教育部，2008a）。

　　2008 年《綜合活動學習領域課程綱要》為延續 2003 年《綜合活動學習領域課程綱要》課程目標內涵，將後者之目標改為「教學要領」，並於之前新增「總目標及四大主題軸目標」，依序呈現如下：

(一) 課程目標

　　2008 年《綜合活動學習領域課程綱要》指出：本學習領域總目標為「培養學生具備生活實踐的能力」，總目標之下發展四大主題軸與十二項核心素養，再從十二項核心素養內涵之下發展出能力指標。四大主題軸之目標如下：

1. 促進自我發展：探索自我潛能與發展自我價值，增進自我管理知能與強化自律負責，尊重自己與他人生命進而體會生命的價值。
2. 落實生活經營：實踐個人生活所需的技能並做有效管理，覺察生活中的變化以創新適應，探究、運用與開發各項資源。
3. 實踐社會參與：善用人際溝通技巧參與各項團體活動，服務社會並關懷人群，尊重不同族群並積極參與多元文化。
4. 保護自我與環境：辨識生活中的危險情境以解決問題，增進野外生活技能並與大自然和諧相處，保護或改善環境以促進環境永續發展。

(二) 教學要領

　　2008 年《綜合活動學習領域課程綱要》教學要領乃 2003 年《綜合活動學習領域課程綱要》沿用的課程目標內涵，其指出：為落實上述課程目標，宜掌握的教學要領如下：

1. 實踐體驗所知：引領學習者透過活動中的實踐，獲得直接體驗與即時回饋訊息，並應用所知來增進對自己的瞭解與悅納，以及經營生活與實踐的能力。
2. 省思個人意義：提供學習者充足的時間與機會，鼓勵其以多元的方式，從

容地表達自己的體驗與省思，建構個人意義。

3. 擴展學習經驗：激勵學習者以多種感官來體驗世界，提供開放多樣的學習環境，擴大訊息選擇的範圍、來源與方式，來強化關懷自己、他人與自然環境的態度，並促進個體適性發展與環境永續發展。

4. 鼓勵多元與尊重：藉由學習者參與多元的活動方式，讓其開展、發掘並分享屬於個人的意義，尊重他人的體驗，並鼓勵學習者參與社會、擔負起自己的責任，以促進個性與群性的調和發展。

肆、主題軸變革及其解析

2000 年《綜合活動學習領域課程暫行綱要》、2003 年《綜合活動學習領域課程綱要》均將綜合活動學習領域分為四大主題軸：認識自我、生活經營、社會參與、保護自我與環境，且均於綱要之附錄中說明：在呼應總綱的精神與本學習領域的目標之下發展四大主題軸與二十項主題軸內涵，再從這二十項主題軸內涵之下發展出前述的能力指標（教育部，2000，2003a），分述如下：

一、認識自我

1. 探索自我潛能與肯定自我價值。

2. 尊重生命並珍惜自己與他人的生命。

3. 尋求自己在家庭與社區中的定位。

4. 尋求自己在文化與歷史中的定位。

5. 發展興趣、專長與終生學習的體認。

二、生活經營

1. 注重日常生活衛生和營養，養成保健習慣。

2. 均衡工作、情感與休閒生活。

3. 重視家庭生活，發展與家人的親密關係。

4. 體驗大自然及培養野外生存技能。

5. 認識與規劃個人生涯。

三、社會參與

1. 團體自治、負責與尊重紀律。

2. 發展人際關係並學習有效的人際溝通。

3. 發揮社會關懷，養成服務態度，實踐服務活動。

4. 認識社會資源，並能有效運用。

5. 尊重多元文化、建立國際觀。

四、保護自我與環境

1. 辨識情境，學習自我保護。

2. 妥善運用空間，減低危險發生。

3. 抗拒誘惑、因應危機與解決問題。

4. 保護或改善環境，推動環境的永續發展。

5. 發揮互助精神，主動協助需要幫助的人、事、物。

　　雖然 2000 年《綜合活動學習領域課程暫行綱要》、2003 年《綜合活學習領域課程綱要》均於附錄中說明四大主題軸與二十項主題軸內涵，並強調從這二十項主題軸內涵之下發展出能力指標，惜無對照表格難窺其關係。

　　2008 年《綜合活動學習領域課程綱要》將綜合活動學習領域分為自我發展、生活經營、社會參與、保護自我與環境等四大主題軸，即將「認識自我」改為「自我發展」，其餘維持不變。2008 年《綜合活動學習領域課程綱要》於總目標之下發展四大主題軸與十二項核心素養，再從十二項核心素養內涵之下發展出六十九項能力指標，將總目標、主題軸、核心素養及能力指標縱向連貫，環環相扣。

伍、能力指標變革及其解析

　　能力指標係編輯教材的依據、確立教學目標與運用教學方法的前提、教師實施教學評量的準則，以及基本學力測驗的基準。以往「國民小學課程標準」（教育部，1993）與「國民中學課程標準」（教育部，1995）之目標，包含國小輔導 121 項細目，國中輔導 124 項細目內涵，然而 2000 年《綜合活動學習領域課程暫行綱要》國中小綜合活動學習領域則僅有 51 項能力指標。

　　能力指標承續課程鬆綁之前提，若規範過於精細，學校與教師將難以發揮專業自主，折衷方式乃教育部概略規範，學校再依據專業素養與學校願景、

特色進行解讀或概念分析（李坤崇，2001a）。茲說明三次綜合活動學習領域課程綱要能力指標的變革及其意涵如下：

一、2000 年《綜合活動學習領域課程暫行綱要》

2000 年《綜合活動學習領域課程暫行綱要》分段能力指標中，闡述能力指標的編號意涵。綜合活動學習領域能力指標的編號有三碼，以「a-b-c」編號說明之（教育部，2000，頁 395）：

1. 「a」代表主題軸的編號：綜合活動學習領域分為四大主題軸：認識自我、生活經營、社會參與、保護自我與環境，故「a」的編號是由 1 到 4 號。

2. 「b」代表學習階段的編號：綜合活動學習領域分為四個學習階段：第一學習階段為小學一二年級、第二學習階段為小學三四年級、第三學習階段為小學五六年級、第四學習階段為國中一二三年級，故「b」的編號是由 1 到 4。

3. 「c」代表能力指標的流水編號：第一至第四學習階段的能力指標分別包括 11 項、13 項、15 項及 12 項，又因每個學習階段再依據四大主題軸編流水號，故流水號最多者為 6 碼。

例如：「2-1-4 認識並欣賞周遭環境」，在這個能力指標中，「2」是表示此指標是屬於第二主題軸「生活經營」的範圍，「1」是表示此指標是屬於第一學習階段（國小一二年級）的範圍。第二主題軸，第一學習階段共有四項能力指標，標號分別為「2-1-1」、「2-1-2」、「2-1-3」、「2-1-4」。

2000 年《綜合活動學習領域課程暫行綱要》分階段能力指標計 51 項，四個學習階段的能力指標分別包括 11 項、13 項、15 項及 12 項，其中待釐清之部分有三（教育部，2000）：

(一) 相同編號不同內涵

如「4-4-1 分析人與自然的關係，並能對日常生活中的事物做有系統的觀察與探究，發現及解決問題」、「4-4-2 分析各種人為和自然環境可能發生的危險與危機，擬定並執行保護與改善環境之策略與行動」，暫行綱要中 399 頁之 4-4-1 與 4-4-2 指標編號與 397 頁、408 頁不同，似應更改 399 頁之編號。

(二) 能力指標動詞過於明確，使得實施缺乏彈性

如「1-1-2 說出自己在家庭與班級中的角色」、「1-4-4 應用基本的外語能力，展現自己對國際的理解與文化的學習」，僅限於說出自己的角色、應用基本的外語能力，似限制教師發揮專業自主。

(三) 能力指標歸類主題軸之疑問

如「4-1-2 整理自己的生活空間，並說明如何安排空間」被歸屬於保護自我與環境，然似應歸於生活經營較佳。

二、2003 年《綜合活動學習領域課程綱要》

2003 年《綜合活動學習領域課程綱要》分階段能力指標不僅已逐一針對上述問題釐清，且為讓教師有更大專業自主空間，乃加入：各項「能力指標」中的動詞（如描述、舉例、欣賞、認識、蒐集、辨識、整理、知道等等）只呈現該項能力的某一面向，然每一項能力的培養均應透過學習者「從容地實踐所知、建構個人的意義，表達自己的體驗」而落實（教育部，2003a）。田耐青與張景媛（2003）具體說明：礙於指標在撰寫時文句要力求精簡，故指標中的動詞僅呈現領域精神的部分（而非完整）面向，因而，教師實施教學與評量，宜充分掌握「實踐、體驗、省思」的精神。

教育部（2003a）《國民中小學九年一貫課程綱要》，在六大學習領域與六項重大議題均特別闢「分段能力指標與總綱十大基本能力之關係」一節，以凸顯分段能力指標與十大基本能力之關係。2003 年《綜合活動學習領域課程綱要》之「分段能力指標與總綱十大基本能力之關係」，詳見表 3-5。

表 3-5

2003 年《綜合活動學習領域課程綱要》分段能力指標與總綱十大基本能力之關係

基本能力＼學習階段	第一階段（一至二年級）	第二階段（三至四年級）	第三階段（五至六年級）	第四階段（七至九年級）
一、瞭解自我與發展潛能	1-1-1 描述自己及與自己相關的人事物。 1-1-2 認識自己在家庭與班級中的角色。	1-2-2 參與各式各類的活動，探索自己的興趣與專長。 4-2-3 瞭解自己在各種情境中可能的反應，並學習抗拒誘惑。	1-3-6 瞭解自己與家庭、社區環境的關係，並能說出自己的角色。	1-4-1 體會生命的起源與發展過程，並分享個人的經驗與感受。
二、欣賞、表現與創新	2-1-4 認識並欣賞周遭環境。	1-2-1 欣賞與表現自己的長處，並接納自己。 1-2-3 舉例說明兩性的異同，並欣賞其差異。	1-3-1 欣賞並接納他人。	3-4-3 認識世界各地的生活方式，瞭解在多元社會中生活所應具備的能力。
三、生涯規劃與終身學習	2-1-1 經常保持個人的整潔，並維護班級與學校共同的秩序與整潔。	2-2-1 做好日常保健，實踐個人生活所需的技能及一般禮儀。 2-2-2 操作一般的家庭工具及家電用品，參與家庭生活並增進與家人互動品質。	1-3-3 在日常生活中，持續發展自己的興趣與專長。 2-3-3 規劃改善自己的生活所需要的策略與行動。	2-4-3 規劃並準備自己升學或職業生涯，同時瞭解自己撰擇的理由。
四、表達、溝通與分享	3-1-1 舉例說明自己參與的團體，並分享在團體中與他人相處的經驗。	3-2-2 參加團體活動，瞭解自己所屬團體的特色，並能表達自我以及與人溝通。	2-3-1 參與家事，分享個人維持家庭生活的經驗。	2-4-1 察覺自己與家人溝通的方式，並體驗經營家庭生活的重要。
五、尊重、關懷與團隊合作	3-1-2 體會團隊合作的意義，並能關懷團隊的成員。	3-2-3 參與社會服務活動，並分享服務心得。	1-3-2 尊重與關懷不同的族群。 3-3-2 體會參與社會服務的意義。	3-4-2 關懷世人與照顧弱勢團體。
六、文化學習與國際瞭解	4-1-3 知道環境保護與自己的關係。	4-2-4 舉例說明保護及改善環境的	1-3-4 舉例說明社會中的各種文化	1-4-3 描述自己的文化特色，並分

（續下頁）

基本能力＼學習階段	第一階段（一至二年級）	第二階段（三至四年級）	第三階段（五至六年級）	第四階段（七至九年級）
六、文化學習與國際瞭解		活動內容。	活動，並分享自己參與這類活動的體驗。 3-3-4 認識不同的文化，並分享自己對多元文化的體驗。	享自己對文化所建立的意義與價值。 1-4-4 應用多元的能力，展現自己對國際文化的理解與學習。
七、規劃、組織與實踐	2-1-2 分享自己如何安排時間、金錢及個人生活的經驗。	3-2-1 參與各類團體自治活動，並養成負責與尊重紀律的態度。	3-3-1 認識參與團體自治活動應具備的知能，並評估自己的能力。	1-4-2 透過不同的活動或方式，展現自己的興趣與專長。 3-4-1 體會參與團體活動的意義，並嘗試改善或組織團體活動。
八、運用科技與資訊	2-1-3 蒐集相關資料並分享各類休閒生活。	3-2-4 認識鄰近機構，並瞭解社會資源對日常生活的重要。	3-3-3 熟悉各種社會資源及支援系統，並幫助自己及他人。	4-4-2 分析人為和自然環境可能發生的危險與危機，擬定並執行保護與改善環境之策略與行動。
九、主動探索與研究	4-1-1 觀察住家和學校週遭環境，並知道保護自己的方法。	4-2-1 辨識各種人為的危險情境，並演練自我保護的方法。	1-3-5 瞭解學習與研究的方法，並實際應用於生活中。 4-3-2 探討環境的改變與破壞可能帶來的危險，討論如何保護或改善環境。	4-4-1 覺察人與自然的關係，並能對日常生活中的事物做有系統的觀察與探究，發現及解決問題。
十、獨立思考與解決問題	4-1-2 整理自己的生活空間，成為安全的環境。	4-2-2 妥善運用空間，減低危險的發生。	2-3-2 觀察野外生活中自然現象的變化。 4-3-1 認識各種災害及危險情境，並實際演練如何應對。	2-4-2 規劃適合自己的休閒活動，並學習野外生活的能力。
合計	11	13	15	12

資料來源：教育部（2003a）。**國民中小學九年一貫課程綱要**（頁 23-25）。臺北市：作者。

三、2008 年《綜合活動學習領域課程綱要》

　　2008 年《綜合活動學習領域課程綱要》能力指標「a-b-c」的編號含意，延續 2000 年《綜合活動學習領域課程暫行綱要》、2003 年《綜合活動學習領域課程綱要》的編號含意。2008 年《綜合活動學習領域課程綱要》能力指標變革具有下列特色：

(一) 能力指標動詞強化技能、情意

　　2003 年《綜合活動學習領域課程綱要》的分段能力指標出現頗多認知性動詞，例如下列能力指標之動詞（教育部，2003a）：

1-1-1 描述自己以及與自己相關的人事物。

1-1-2 認識自己在家庭與班級中的角色。

1-2-3 舉例說明兩性的異同，並欣賞其差異。

1-3-2 尊重與關懷不同的族群。

1-3-4 舉例說明社會中的各種文化活動，並分享自己參與這類活動的體驗。

1-3-5 瞭解學習與研究的方法，並實際應用於生活中。

1-3-6 瞭解自己與家庭、社區環境的關係，並能說出自己的角色。

　　為避免領域理念突顯技能、情意，卻出現過多認知動詞之弊，2008 年《綜合活動學習領域課程綱要》實施要點中，強調教材應以展現情意與技能為主要內涵，教學應重視情意與技能的涵養與體驗，因此多以強化技能、情意的動詞，例如下列能力指標之動詞（教育部，2008a）：

1-1-1 探索並分享對自己以及與自己相關人事物的感受。

1-1-2 區辨自己在班級與家庭中的行為表現。

1-2-1 欣賞並展現自己的長處，省思並接納自己。

1-2-2 參與各式各類的活動，探索自己的興趣與專長。

1-3-1 欣賞並接納他人。

1-3-2 參與各項活動，探索並表現自己在團體中的角色。

1-4-1 探索自我發展的過程，並分享個人的經驗與感受。

1-4-2 展現自己的興趣與專長，並探索自己可能的發展方向。

1-1-3 體會自己份內該做的事，並身體力行。

1-2-3 辨識與他人相處時自己的情緒。

1-3-3 探究自我學習的方法,並發展自己的興趣與專長。

1-3-4 覺察自己的壓力來源與狀態,並能正向思考。

1-4-3 掌握資訊,自己界定學習目標、製訂學習計畫並執行。

1-4-4 適當運用調適策略來面對壓力處理情緒。

2008 年《綜合活動學習領域課程綱要》指出:各項「能力指標」中的動詞(如探索、欣賞、參與、展現、體會、辨識、覺察、發現等等)只呈現該項能力的某一「主要」面向,不是唯一面向,每一項能力的培養仍應透過學習者「從容地實踐所知、建構個人的意義,表達自己的體驗」而落實。有關各項能力指標的參考細目與補充說明,於附錄中呈現(教育部,2008b)。

能力指標的動詞只呈現該項能力的某一「主要」面向,不是唯一面向,乃說明動詞強化技能、情意,卻未排斥認知。期盼運用綱要的夥伴能瞭解此意,莫為排斥認知而排斥,亦莫為突顯技能情意而突顯,宜視教學流程、領域區隔、學生需求適切解讀、轉化能力指標(教育部,2008b)。

(二) 能力指標彰顯與十二項核心素養之關係

2003 年《綜合活動學習領域課程綱要》說明四大主題軸與二十項主題軸內涵,然並無二十項主題軸於能力指標之對應關係。2008 年《綜合活動學習領域課程綱要》以十二項核心素養為縱軸,四個學習階段為橫軸,將六十九項能力指標置於其中,呈現綜合活動領域學習分段能力指標與十二項核心素養之關係,見表 3-6(教育部,2008b)。

(三) 能力指標顧及與十大基本能力之關係

2003 年《綜合活動學習領域課程綱要》呈現分段能力指標與十大基本能力之關係,2008 年《綜合活動學習領域課程綱要》除呈現分段能力指標與十二項核心素養之關係外,亦以表 3-7 呈現分段能力指標與十大基本能力之關係,期能闡述本學習領域分段能力指標與總綱十大基本能力之關係(教育部,2008b)。

(四) 能力指標參考細目與補充說明賦予學校本位權能

2008 年《綜合活動學習領域課程綱要》加入「能力指標參考細目與補充說明」,並置於附錄,十二項核心素養之分段能力指標參考細目與補充說明,

詳見表 3-8 至表 3-19。其意有二，一為提供修訂小組委員與參與夥伴的思維，讓各界瞭解能力指標的主要內涵、教學要領與相關建議。二為賦予學校本位權能，置於附錄乃宣示「能力指標參考細目與補充說明」的參考性與非強制性，學校可本於專業自主，自行修改附錄內涵，發展適合學校本位特色與課程的「能力指標細目與補充說明」，強化學校的權責與提升其專業知能。

表 3-6

2008 年《綜合活動學習領域課程綱要》分段能力指標與十二項核心素養之關係

主題軸	核心素養	第一階段（一至二年級）	第二階段（三至四年級）	第三階段（五至六年級）	第四階段（七至九年級）
自我發展	自我探索	1-1-1探索並分享對自己以及與自己相關人事物的感受。 1-1-2區辨自己在班級與家庭中的行為表現。	1-2-1欣賞並展現自己的長處，省思並接納自己。 1-2-2參與各式各類的活動，探索自己的興趣與專長。	1-3-1欣賞並接納他人。 1-3-2參與各項活動，探索並表現自己在團體中的角色。	1-4-1探索自我發展的過程，並分享個人的經驗與感受。 1-4-2展現自己的興趣與專長，並探索自己可能的發展方向。
	自我管理	1-1-3體會自己分內該做的事，並身體力行。	1-2-3辨識與他人相處時自己的情緒。	1-3-3探究自我學習的方法，並發展自己的興趣與專長。 1-3-4覺察自己的壓力來源與狀態，並能正向思考。	1-4-3掌握資訊，自己界定學習目標、製定學習計畫並執行。 1-4-4適當運用調適策略來面對壓力處理情緒。
	尊重生命	1-1-4體會、分享生命降臨與成長的感受。	1-2-4觀察自然界的生命現象與人的關係。	1-3-5覺察生命的變化與發展歷程。	1-4-5體會生命的價值，珍惜自己與他人生命，並協助他人。
生活經營	生活管理	2-1-1經常保持個人的整潔，並維護班級與學校共同的秩序與整潔。	2-2-1實踐個人生活所需的技能，提升生活樂趣。 2-2-2覺察不同性別者在生活事務的異同，並欣賞其差異。	2-3-1規劃個人運用時間、金錢，所需的策略與行動。	2-4-1妥善計劃與執行個人生活中重要事務。 2-4-2探討人際交往與未來家庭、婚姻的關係。

（續下頁）

主題軸	核心素養	第一階段 （一至二年級）	第二階段 （三至四年級）	第三階段 （五至六年級）	第四階段 （七至九年級）
生活經營	生活適應與創新	2-1-2分享學前與入學後生活上的異同與想法。	2-2-3參與家庭事務，分享與家人休閒互動的經驗和感受。	2-3-2分享自己適應新環境的策略。 2-3-3覺察家人的生活方式，分享改善與家人相處的經驗。	2-4-3規劃合宜的休閒活動，並運用創意豐富生活。 2-4-4面臨逆境能樂觀積極的解決問題。 2-4-5覺察自己與家人溝通的方式，增進經營家庭生活能力。
	資源運用與開發	2-1-3覺察社區機構與資源及其與日常生活的關係。	2-2-4樂於嘗試使用社區機構與資源。	2-3-4熟悉各種社會資源與支援系統，並分享如何運用資源幫助自己與他人。	2-4-6有效蒐集、分析各項資源，加以整合並充分運用。 2-4-7充分蒐集運用或開發各項資源，做出判斷與決定。
社會參與	人際互動	3-1-1分享自己在團體中與他人相處的經驗。 3-1-2體會團隊合作的意義，並能關懷團隊的成員。	3-2-1參加團體活動，並能適切表達自我、與人溝通。 3-2-2參與各類自治活動，並養成自律、遵守紀律與負責的態度。	3-3-1以合宜的態度與人相處，並能有效的處理人際互動的問題。 3-3-2覺察不同性別者的互動方式，展現合宜的行為。	3-4-1參與各項團體活動，與他人有效溝通與合作，並負責完成分內工作。 3-4-2體會參與團體活動的歷程，並嘗試改善團體活動。
	社會關懷與服務	3-1-3分享參與班級服務的經驗，主動幫助他人。	3-2-3參與學校或社區服務活動，並分享服務心得。	3-3-3尊重與關懷不同的族群。 3-3-4體會參與社會服務的意義。	3-4-3關懷世人與照顧弱勢團體，以強化服務情懷。
	尊重多元文化	3-1-4欣賞身邊不同文化背景的人。	3-2-4參與社區各種文化活動，體會文化與生活的關係。	3-3-5尊重與關懷不同的文化，並分享在多元文化中彼此相處的方式。	3-4-4探索世界各地的生活方式，展現自己對國際文化的理解與學習。

（續下頁）

主題軸	核心素養	第一階段（一至二年級）	第二階段（三至四年級）	第三階段（五至六年級）	第四階段（七至九年級）
					3-4-5 分享在多元社會中生活所應具備的能力。
保護自我與環境	危機辨識與處理	4-1-1 辨識遊戲或活動中隱藏的危機，並能適切預防。 4-1-2 發現各種危險情境，並探索保護自己的方法。	4-2-1 探討生活中潛藏的危機，並提出減低或避免危險的方法。	4-3-1 探討周遭環境或人為的潛藏危機，運用各項資源或策略化解危險。	4-4-1 察覺人為或自然環境的危險情境，評估並運用最佳處理策略，以保護自己或他人。
	戶外生活	4-1-3 樂於參加班級、家庭的戶外活動。	4-2-2 運用簡易的知能參與戶外活動，體驗自然。	4-3-2 參與計畫並從事戶外活動，從體驗中尊重自然及人文環境。	4-4-2 透過領導或溝通，規劃並執行合宜的戶外活動。 4-4-3 具備野外生活技能，提升野外生存能力，並與環境作合宜的互動。
	環境保護	4-1-4 體會環境保護與自己的關係，並主動實踐。	4-2-3 辨別各種環境保護及改善的活動方式，選擇適合的項目落實於生活中。	4-3-3 覺察環境的改變與破壞可能帶來的危險，並珍惜生態環境與資源。	4-4-4 分析各種社會現象與個人行為之關係，擬定並執行保護與改善環境之策略及行動。 4-4-5 參與保護或改善環境的行動，分享推動環境永續發展的感受。
	合計(69)	15	15	17	22

資料來源：教育部（2008b）。**國民中小學九年一貫課程綱要綜合活動學習領域**（頁3-5）。臺北市：作者。

表 3-7

2008 年《綜合活動學習領域課程綱要》分段能力指標與十大基本能力之關係

基本能力 ＼ 階段	第一階段（一至二年級）	第二階段（三至四年級）	第三階段（五至六年級）	第四階段（七至九年級）
1. 瞭解自我與發展潛能	1-1-1 探索並分享對自己以及與自己相關人事物的感受。 1-1-2 區辨自己在班級與家庭中的行為表現。	1-2-2 參與各式各類的活動，探索自己的興趣與專長。 1-2-3 辨識與他人相處時自己的情緒。	1-3-3 探究自我學習的方法，並發展自己的興趣與專長。 1-3-4 覺察自己的壓力來源與狀態，並能正向思考。	1-4-1 探索自我發展的過程，並分享個人的經驗與感受。 1-4-4 適當運用調適策略來面對壓力處理情緒。 1-4-5 體會生命的價值，珍惜自己與他人生命，並協助他人。
2. 欣賞、表現與創新	2-1-2 分享學前與入學後生活上的異同與想法。	1-2-1 欣賞並展現自己的長處，省思並接納自己。 2-2-2 覺察不同性別者在生活事務的異同，並欣賞其差異。	1-3-1 欣賞並接納他人。 2-3-2 分享自己適應新環境的策略。	2-4-3 規劃合宜的休閒活動，並運用創意豐富生活。 3-4-5 分享在多元社會中生活所應具備的能力。
3. 生涯規劃與終身學習	1-1-3 體會自己分內該做的事，並身體力行。 2-1-1 經常保持個人的整潔，並維護班級與學校共同的秩序與整潔。	2-2-1 實踐個人生活所需的技能，提升生活樂趣。 2-2-3 參與家庭事務，分享與家人休閒互動的經驗和感受。	2-3-1 規劃個人運用時間、金錢，所需的策略與行動。	1-4-2 展現自己的興趣與專長，並探索自己可能的發展方向。 2-4-1 妥善計畫與執行個人生活中重要事務。 2-4-2 探討人際交往與未來家庭、婚姻的關係。
4. 表達、溝通與分享	3-1-3 分享參與班級服務的經驗，主動幫助他人。	3-2-1 參加團體活動，並能適切表達自我、與人溝通。	2-3-3 覺察家人的生活方式，分享改善與家人相處的經驗。 3-3-1 以合宜的態度與人相處，並能有效的處理人	2-4-4 面臨逆境能樂觀積極的解決問題。 2-4-5 覺察自己與家人溝通的方式，增進經營家庭生活能力。

（續下頁）

階段 基本能力	第一階段（一至二年級）	第二階段（三至四年級）	第三階段（五至六年級）	第四階段（七至九年級）
			際互動的問題。 3-3-2 覺察不同性別者的互動方式，展現合宜的行為。	
5. 尊重、關懷與團隊合作	1-1-4 體會、分享生命降臨與成長的感受。 3-1-1 分享自己在團體中與他人相處的經驗。 3-1-2 體會團隊合作的意義，並能關懷團隊的成員。	1-2-4 觀察自然界的生命現象與人的關係。 3-2-2 參與各類自治活動，並養成自律、遵守紀律與負責的態度。 3-2-3 參與學校或社區服務活動，並分享服務心得。	1-3-5 覺察生命的變化與發展歷程。 3-3-3 尊重與關懷不同的族群。 3-3-4 體會參與社會服務的意義。	3-4-1 參與各項團體活動，與他人有效溝通與合作，並負責完成分內工作。 3-4-3 關懷世人與照顧弱勢團體，以強化服務情懷。
6. 文化學習與國際瞭解	3-1-4 欣賞身邊不同文化背景的人。 4-1-4 體會環境保護與自己的關係，並主動實踐。	3-2-4 參與社區各種文化活動，體會文化與生活的關係。	3-3-5 尊重與關懷不同的文化，並分享在多元文化中彼此相處的方式。	3-4-4 探索世界各地的生活方式，展現自己對國際文化的理解與學習。
7. 規劃、組織與實踐	4-1-3 樂於參加班級、家庭的戶外活動。	4-2-2 運用簡易的知能參與戶外活動，體驗自然。	1-3-2 參與各項活動，探索並表現自己在團體中的角色。 4-3-2 參與計畫並從事戶外活動，從體驗中尊重自然及人文環境。	3-4-2 體會參與團體活動的歷程，並嘗試改善團體活動。 4-4-2 透過領導或溝通，規劃並執行合宜的戶外活動。 4-4-3 具備野外生活技能，提升野外生存能力，並與環境作合宜的互動。
8. 運用科技與資訊	2-1-3 覺察社區機構與資源及其與日常生活的關係。	2-2-4 樂於嘗試使用社區機構與資源。	2-3-4 熟悉各種社會資源與支援系統，並分享如何	2-4-6 有效蒐集、分析各項資源，加以整合並充分

（續下頁）

階段\基本能力	第一階段（一至二年級）	第二階段（三至四年級）	第三階段（五至六年級）	第四階段（七至九年級）
			運用資源幫助自己與他人。	運用。 2-4-7 充分蒐集運用或開發各項資源，做出判斷與決定。
9. 主動探索與研究	4-1-2 發現各種危險情境，並探索保護自己的方法。	4-2-1 探討生活中潛藏的危機，並提出減低或避免危險的方法。	4-3-1 探討周遭環境或人為的潛藏危機，運用各項資源或策略化解危險。	1-4-3 掌握資訊，自己界定學習目標、製定學習計畫並執行。 4-4-1 察覺人為或自然環境的危險情境，評估並運用最佳處理策略，以保護自己或他人。
10. 獨立思考與解決問題	4-1-1 辨識遊戲或活動中隱藏的危機，並能適切預防。	4-2-3 辨別各種環境保護及改善的活動方式，選擇適合的項目落實於生活中。	4-3-3 覺察環境的改變與破壞可能帶來的危險，並珍惜生態環境與資源。	4-4-4 分析各種社會現象與個人行為之關係，擬定並執行保護與改善環境之策略及行動。 4-4-5 參與保護或改善環境的行動，分享推動環境永續發展的感受。
合計（69）	15	15	17	22

資料來源：教育部（2008b）。**國民中小學九年一貫課程綱要綜合活動學習領域**（頁6-8）。臺北市：作者。

表 3-8

「自我探索」核心素養能力指標之參考細目與補充說明

各階段能力指標	參考細目	補充說明
1-1-1 探索並分享對自己以及與自己相關人事物的感受。	1-1-1-1 探索並分享對自己的感受。 1-1-1-2 探索並分享與自己相關人士的感受。 1-1-1-3 探索並分享與自己相關事物的感受。	1. 可從各種經驗中發現並表達自己可能產生的感覺與想法。 2. 各種經驗係指參與班級各學習領域學習活動、進行探索活動、下課時間與同儕活動、在家庭中與家人互動、在安親班或課後才藝班與他人互動、在社區與他人互動時的感覺與想法。 3. 建議於國小一年級實施。
1-1-2 區辨自己在班級與家庭中的行為表現。	1-1-2-1 覺察自己在班級中的行為表現。 1-1-2-2 覺察自己在家庭中的行為表現。 1-1-2-3 比較自己在班級與家庭中行為表現的異同。 1-1-2-4 探討自己在班級與家庭生活中的適當行為。	1. 可從在班級與家庭的各種表現中，發現什麼是適當的行為表現。 2. 各種表現係指上課聽講、整潔、用餐、團體遊戲、與師長同學家人的互動、做作業、看電視等的行為表現。
1-2-1 欣賞並展現自己的長處，省思並接納自己。	1-2-1-1 從參與各式各類的活動中，欣賞並展現自己的長處。 1-2-1-2 從參與活動中，覺察自己各方面的進步情形。 1-2-1-3 從參與活動中，覺察並接納自己的缺點。	1. 從參與各式各類的活動中，發現自己會做的事，瞭解自己的優點以及自己進步的情形。 2. 各式各類的活動包括各學習領域學習活動、班級布置、學藝競賽與其他班級活動，家庭生活、陸地或水域休閒活動以及社區活動等。 3. 協助學生以積極的態度看待自己的有限與不足。 4. 建議於國小三年級實施。
1-2-2 參與各式各類的活動，探索自己的興趣與專長。	1-2-2-1 積極參與各式各類的活動，分享對活動過程及結果的感受。 1-2-2-2 從參與各式各類的活動中，覺察自己的興趣。 1-2-2-3 從參與各式各類的活動中，探索並適度發揮自己的專長。	1. 實際參與各種活動，分享對活動過程及結果的感受，覺察自己的興趣，並在生活中適度發揮自己的專長。 2. 各種活動包括各學習領域學習活動、班級布置、學藝競賽與其他班級活動，家庭生活或陸地、水域休閒活動，以及社區活動等。 3. 探索方式包括角色扮演、繪本欣賞與討論、影片欣賞、探索活動等。

（續下頁）

各階段能力指標	參考細目	補充說明
1-3-1 欣賞並接納他人。	1-3-1-1 舉例說明周遭他人的特色或優點。 1-3-1-2 以真誠態度、實例來表達對他人的讚美。 1-3-1-3 接納他人合理的想法與意見。	1. 藉由參與家庭及學校內外各項活動，發現每個人都有自己的特質，能欣賞每個人的特色，並用真誠的態度表達對他人的讚美，接納他們的想法與意見。 2. 家庭及學校內外各項活動包括家庭生活或休閒活動、班級活動、各學習領域學習活動、學生自治活動、服務學習活動、陸地或水域休閒活動、校內其他活動與社區文教活動。
1-3-2 參與各項活動，探索並表現自己在團體中的角色。	1-3-2-1 從參與各項活動中，探索自己在團體中的角色或表現行為。 1-3-2-2 比較自己與他人在團體中角色的異同。 1-3-2-3 在團體中扮演好自己的角色。	1. 藉由參與家庭及學校內外各項活動，瞭解自己在團體中扮演的角色與表現的行為，藉由觀察與互動，發現他人所扮演的角色，以及每個人不同的表現。 2. 家庭及學校內外各項活動包括家庭生活或休閒活動、班級活動、各學習領域學習活動、學生自治活動、服務學習活動、陸地或水域休閒活動、校內其他活動與社區文教活動。 3. 探討團體中每個人扮演的角色，省思並分享如何扮演好自己的角色。
1-4-1 探索自我發展的過程，並分享個人的經驗與感受。	1-4-1-1 從學習經驗或各種資訊來探索自我成長的過程。 1-4-1-2 從學習經驗或各種資訊來省思自我成長的過程。 1-4-1-3 分享自我成長過程的經驗與感受。	1. 從過去的學習經驗與資訊中探索自我成長的過程，並分享個人的感覺與想法。 2. 學習經驗係指各學習領域學習時的各種感受與想法；參與各種活動時的體驗與省思等。 3. 資訊係指親人的口述、照片、成長紀錄或其他有助於瞭解自我成長過程的訊息。
1-4-2 展現自己的興趣與專長，並探索自己可能的發展方向。	1-4-2-1 能在各種活動中，覺察並充分發揮自己的興趣與專長。 1-4-2-2 探究符合自己未來可能發展方向。 1-4-2-3 訂定個人的升學或職業生涯計畫與策略，並分享其理由。	1. 透過各種活動的試探或體驗，覺察自己的興趣與專長。 2. 能在各種活動中充分發揮自己的興趣與專長，探究符合自己未來可能發展的方向，訂定個人的升學或職業生涯計畫，提出實現生涯計畫的具體作法或策略，並說明上述決定的理由。 3. 各種活動係指各學習領域學習活動、學校各項慶典活動、班級活動、學生自治活動、服務學習活動、校外活動、陸地或水域休閒活動、親人互動等。

資料來源：教育部（2008b）。**國民中小學九年一貫課程綱要綜合活動學習領域**（頁12-14）。臺北市：作者。

表 3-9

「自我管理」核心素養能力指標之參考細目與補充說明

各階段能力指標	參考細目	補充說明
1-1-3 體會自己分內該做的事，並身體力行。	1-1-3-1 覺察自己分內該做的事。 1-1-3-2 實踐自己分內該做的事。 1-1-3-3 分享自己身體力行分內事務的感受。	1. 可從觀察、討論過程發現自己在生活及學習中應該做的事，如：自己整理書包、自身整潔、上課專心、功課如期完成等。 2. 省思並承諾實踐自己分內的工作。 3. 確實實踐自己分內該做的事，並分享其感受。 4. 建議於國小一年級實施。
1-2-3 辨識與他人相處時自己的情緒。	1-2-3-1 覺察自己與他人相處時的情形。 1-2-3-2 發現自己與他人相處的情緒。 1-2-3-3 適當的處理自己與他人相處的情緒。	1. 透過體驗活動發現自己與他人相處的情形。 2. 從觀察及討論中察覺自己與他人相處時情緒的變化。 3. 運用適當的情緒表現方式與他人互動，如當與他人有爭執時，會有的情緒感受及處理的方式。
1-3-3 探究自我學習的方法，並發展自己的興趣與專長。	1-3-3-1 探究自我學習的方法。 1-3-3-2 發現自己的興趣與專長。 1-3-3-3 持續發展自己的興趣與專長。	1. 可從各種經驗中探究自我學習的方法，發現自己的興趣與專長。 2. 各種經驗係指各學習領域學習、特殊專長學習或休閒生活等經驗。 3. 自我學習的方法包括學習方法、學習策略、學習態度、學習習慣等。 4. 覺察自己在各種學習經驗較適切的學習方法，並用之發展自己的興趣與專長。
1-3-4 覺察自己的壓力來源與狀態，並能正向思考。	1-3-4-1 覺察自己常見的壓力來源。 1-3-4-2 發現自己在面對壓力時的狀態。 1-3-4-3 發現自己面對壓力來源的想法或感受。 1-3-4-4 覺察正向或負向解讀壓力來源，及其與正負向情緒的關係。	1. 透過體驗、省思活動覺察自己在日常生活情境中常見的壓力來源，如面對考試、學習問題、生活變動、家庭情境、同儕互動或不同性別相處。 2. 覺察自己面對壓力的心理反應、生理反應，如緊張、生氣、害怕、口渴、胃痛等。 3. 以實例分享自己對壓力來源的正向看法或負向看法，及其與情緒的關係。 4. 討論省思正向或負向解讀壓力來源，及其與正負向情緒的關係。
1-4-3 掌握資訊，自己界定學習目標、製定學習計畫並執行。	1-4-3-1 分享掌握資訊的方法。 1-4-3-2 掌握資訊擬定自己的學習目標。	1. 可從各種經驗中發現並表達自己掌握資訊的方法。 2. 各種經驗係指蒐集各種資料（圖書、網站與媒體資訊等）。

（續下頁）

各階段能力指標	參考細目	補充說明
	1-4-3-3 掌握資訊擬定自己的學習計畫並執行。 1-4-3-4 探討執行後的成效。	3. 省思自己的優勢能力與學習相關資訊,並結合討論、分享來探討自己的學習目標,擬定學習計畫。 4. 分享執行後的心得。
1-4-4 適當運用調適策略來面對壓力處理情緒。	1-4-4-1 分享面對壓力處理情緒的方式與感受。 1-4-4-2 覺察面對壓力可尋求的社會資源,並分享求助的經驗。 1-4-4-3 分析自己面對不同情境較適切的壓力調適策略。 1-4-4-4 面對壓力時能適當的自我調適。	1. 以實例分享、討論自己面對壓力處理情緒的方式與感受。 2. 省思面對壓力可尋求的社會資源,如家人、師長、同儕或社會機構,藉由討論或角色扮演求助的方式、態度與應注意事項,以適切求助。 3. 覺察不同壓力情境可能有不同的調適策略,分析自己在不同情境較適切的壓力調適策略。 4. 藉由討論、分享瞭解調適的較佳策略並實踐。

資料來源:教育部(2008b)。**國民中小學九年一貫課程綱要綜合活動學習領域**(頁14-16)。臺北市:作者。

表 3-10

「尊重生命」核心素養能力指標之參考細目與補充說明

各階段能力指標	參考細目	補充說明
1-1-4 體會、分享生命降臨與成長的感受。	1-1-4-1 體會並分享對生命降臨的感受。 1-1-4-2 體會並分享對生命成長的感受。	1. 可從各種經驗中體會並表達自己面對生命降臨與成長時可能產生的感受。 2. 各種經驗係指飼養寵物、照顧植物、與家人或親友的互動經驗、回顧自己或他人的成長歷程等。 3. 運用口述、繪畫、表演或其他方式,表達出自己的感受。除個人表達外,亦可運用分組表達的方式。
1-2-4 觀察自然界的生命現象與人的關係。	1-2-4-1 覺察自然界生命現象與人的關係。 1-2-4-2 欣賞自然界生命現象,並分享與其互動的經驗與感受。	1. 可從各種經驗中探討自然界生命與人類生存、生活的關係,並表達自己的感受。 2. 自然界包括生命現象、河流、山川與地質等。 3. 探討常見生物(如:寵物、昆蟲、植物等)與人生活的關係,如寵物的生老病死與人的情緒反應。

(續下頁)

各階段能力指標	參考細目	補充說明
		4. 以實例分享走訪河流、山川的經驗與感受，體會自然界非生物與人的關係。
1-3-5 覺察生命的變化與發展歷程。	1-3-5-1 發現生命的變化，如青春期的生理與心理變化。 1-3-5-2 發現生命的發展歷程。	1. 可從自我與他人或其他生物的生命變化，來體會並表達自己的感受。 2. 生命變化或發展歷程包括自己或他人青春期的生理與心理變化、人與其他生物生命週期的變化等。 3. 覺察自己與他人生命的變化，尊重相互成長的差異，並分享成長的喜悅。
1-4-5 體會生命的價值，珍惜自己與他人生命，並協助他人。	1-4-5-1 從生老病死探究生命的價值。 1-4-5-2 珍惜人與所有生命。 1-4-5-3 協助他人與所有生命。	1. 可從人與其他生物的生命週期來探究生命的價值與珍惜生命。 2. 探索方法可採取訪查親人自己的成長過程，訪查親人對生老病死的看法，各種經驗係指飼養寵物，照顧植物，蒐集人與其他生物生命週期的資訊，觀察生物的生命週期及參觀動物園、孤兒院或育幼院等社教機構或安養中心等。 3. 從探索的過程體會生命的價值，進而尊重、珍惜生命。 4. 協助他人與生物包括給予關懷或支持、實際的協助行動，如文字性支持、口頭鼓勵、關懷態度或協助需要照顧者等。

資料來源：教育部（2008b）。**國民中小學九年一貫課程綱要綜合活動學習領域**（頁16-17）。臺北市：作者。

表 3-11

「生活管理」核心素養能力指標之參考細目與補充說明

各階段能力指標	參考細目	補充說明
2-1-1 經常保持個人的整潔，並維護班級與學校共同的秩序與整潔。	2-1-1-1 體會維護整潔及秩序的重要。 2-1-1-2 具備保持個人、班級與學校整潔及秩序的能力。 2-1-1-3 樂於生活中力行整潔及秩序之維護。	1. 整潔包括個人、班級及學校環境；秩序指學校作息時間、安全等規則之遵守。 2. 可由活動中，發現並體會整潔及秩序的重要，並從觀察、實作來練習維護個人、班級與學校整潔的方法。 3. 透過班級團體討論，運用團隊合作力量落實力行整潔及秩序之維護。 4. 建議於國小一年級實施。

（續下頁）

各階段能力指標	參考細目	補充說明
2-2-1 實踐個人生活所需的技能，提升生活樂趣。	2-2-1-1 覺察個人的飲食、衣著、儀態及生活禮儀等日常行為。 2-2-1-2 具備個人生活技能，並能於日常生活中應用。 2-2-1-3 體會日常保健的重要並確實執行。	1. 個人生活技能，包括生活中的食、衣、住、行、育、樂、儀態及禮儀等相關技能。 2. 可由觀察、行為自我檢核及實作等活動，學習健康飲食、合宜衣著、良好儀態及禮儀等個人生活所需的技能。 3. 日常保健包含身體的保健與大眾公共衛生維護等。 4. 建議於國小三年級實施。
2-2-2 覺察不同性別者在生活事務的異同，並欣賞其差異。	2-2-2-1 覺察不同性別者於生活事務中可能展現的異同。 2-2-2-2 探討不同性別者於生活事務展現之差異可能的成因及影響。 2-2-2-3 尊重、欣賞不同性別者於生活事務中展現的差異。	1. 生活事務，可包括服裝、禮儀等。 2. 由生理及社會文化等方面進行討論，以覺察不同性別者於生活事務展現之差異可能的成因及影響。 3. 可由團體討論等活動，發現「性別差異」與「個別差異」二者之別，並進而尊重、欣賞不同性別者於生活事務中展現的差異。 4. 建議於國小四年級實施。
2-3-1 規劃個人運用時間、金錢，所需的策略與行動。	2-3-1-1 覺察規劃時間與金錢使用的意義與重要性。 2-3-1-2 分享個人之時間與金錢運用方式。 2-3-1-3 規劃並實踐個人的時間與金錢使用計畫。	1. 透過紀錄檢視個人之日常生活時間、金錢運用方式，並從個人運用時間、金錢的經驗中，覺察較適當的運用與不適當的運用所產生的影響。 2. 訪問師長家人，蒐集時間、金錢運用的方式與原則。 3. 分析比較不同的時間、金錢運用的原則與方法，並反思個人的時間、金錢運用方法。 4. 透過實作練習進行個人時間、金錢運用之規劃，並檢視其落實與可行性。 5. 建議於國小六年級實施。
2-4-1 妥善計畫與執行個人生活中重要事務。	2-4-1-1 省思個人生活經驗中的「重要事務」。 2-4-1-2 覺察個人處理或面對「重要事務」的計畫、方法與他人之異同。 2-4-1-3 檢核並修正個人重要事務的處理模式。	1. 從個人生活經驗中，省思與列舉個人認為重要的事務，及其對個人的重要程度，包括飲食、衣著、生活管理及家庭生活等相關事務。 2. 發現「生活中重要事務」的各種特性，並運用適當的方法展現自己處理事務的能力。如：根據營養需求，規劃合宜的飲食；選購及製備符合衛生、安全、營養及環保的餐點；依據織品的特性，選擇合宜的服飾，並能適當管理與保養衣物；依據

（續下頁）

各階段能力指標	參考細目	補充說明
		社會文化，展現合宜的禮儀，以建立良好的人際關係等。 3. 透過價值澄清法、體驗活動或其他教學與實作活動，體驗與探討「重要事務」對自己的價值。 4. 檢視個人處理或面對「重要事務」的計畫、方法與他人之異同，並適時檢討與提出修正的計畫或處理模式。
2-4-2 探討人際交往與未來家庭、婚姻的關係。	2-4-2-1 檢視個人的人際交往。 2-4-2-2 覺察經營婚姻與家庭所需要的各項能力。 2-4-2-3 引導個人建立正向的價值觀，並覺察原生家庭對個人之婚姻、家庭價值觀的影響。	1. 人際交往包含同儕交往、師生互動、家人相處、群己互動等。 2. 經營婚姻與家庭所需要的各項能力包含異性交往的態度、法律責任、家庭責任等。 3. 透過辯論、影片欣賞與討論、角色扮演、資訊蒐集或家庭經驗分享等活動，探討經營婚姻與家庭所需要的各項能力。

資料來源：教育部（2008b）。**國民中小學九年一貫課程綱要綜合活動學習領域**（頁 17-19）。臺北市：作者。

表 3-12

「生活適應與創新」核心素養能力指標之參考細目與補充說明

各階段能力指標	參考細目	補充說明
2-1-2 分享學前與入學後生活上的異同與想法。	2-1-2-1 覺察與比較自己在學前與入學後生活的異同。 2-1-2-2 分享自己在學前與入學後生活能力的增長與異同。 2-1-2-3 表達自己對生活改變的感受與想法。	1. 可從各種方式發現學前與入學後的差異。 2. 各種方式係指透過照片、活動、作品、採訪等方式發現自己和學前表現的不同，覺察自己能力增進的情形。 3. 建議於國小一年級實施。
2-2-3 參與家庭事務，分享與家人休閒互動的經驗和感受。	2-2-3-1 分享參與家庭事務與家人休閒互動的經驗及感受。 2-2-3-2 覺察個人與他人之間參與家庭事務、	1. 家庭事務包含家庭會議、家族聚會、家事分工等活動。 2. 可從報章、雜誌、刊物及網路蒐集休閒生活的資料，並與他人分享親身體驗過的休閒生活經驗。

（續下頁）

各階段能力指標	參考細目	補充說明
	休閒生活的差異性。 2-2-3-3 主動參與家庭事務和休閒生活，增進家庭和諧。	3. 休閒生活經驗係指與親友、同儕共同參與旅遊、運動、購物用餐、閱讀歌唱、欣賞或參與藝文活動、居家 DIY、陸地或水域休閒活動等活動。 4. 建議於國小四年級實施。
2-3-2 分享自己適應新環境的策略。	2-3-2-1 分享自己面對新環境的感受與經驗。 2-3-2-2 從各種活動中覺察自己面對新環境的適應策略與想法。 2-3-2-3 評估面對新環境的適應策略並執行。	1. 從過去的經驗中分享環境改變時的心情，發現自己面對新環境時的適應方法。 2. 過去的經驗是指分班、轉學、戶外教學、搬家或出外旅遊等。 3. 建議於國小五年級實施。
2-3-3 覺察家人的生活方式，分享改善與家人相處的經驗。	2-3-3-1 覺察家人生活方式及其與家人工作的關係。 2-3-3-2 分享與家人溝通的技巧及其經驗。 2-3-3-3 分享改善與家人相處的經驗與方法。	1. 藉由觀察、記錄家人的生活方式，如記錄家人生活作息或工作時間，發現家人的作息受個人工作的影響。 2. 從覺察家人生活方式，體恤家人為家庭的付出與辛勞。 3. 以生活實例分享與家人溝通的經驗，探討溝通技巧與愉快或不愉快經驗的關係。 4. 討論、分享與家人溝通較佳的溝通技巧及改善與家人相處的經驗。
2-4-3 規劃合宜的休閒活動，並運用創意豐富生活。	2-4-3-1 探索各項休閒活動與自己生活的關係。 2-4-3-2 運用各種資訊規劃適合自己的休閒活動。 2-4-3-3 創新休閒活動的內容與方式來增進生活樂趣。	1. 從參與休閒活動的經驗中，察覺自己喜好的休閒活動，釐清休閒對生活的重要性。 2. 各種資訊係指親人經驗、圖書雜誌、媒體或其他資訊。 3. 規劃適合自己的各種休閒活動是指透過分析人、事、時、地、物與自己的個人條件、休閒的趨勢等資訊，並判讀與整合資訊，選擇適合自己的各種休閒活動，如陸地或水域休閒活動、閱讀、運動等活動。 4. 創新休閒活動是指將舊有的休閒內容與方式應用巧思予以變化，增添生活樂趣。
2-4-4 面臨逆境能樂觀積極的解決問題。	2-4-4-1 覺察正向與非正向的態度來面對生活逆境可能發生的不同問題。 2-4-4-2 理性的分析問題並評估可行的解決策略。	1. 從生活經驗中，省思面臨逆境時可能會面對的各種問題，如：同儕、感情、師生、家人、學習、生理成長、金錢管理、升學等問題。 2. 考量主客觀環境，從中歸納面對問題可用的方法與資源，正向看待問題並研擬可行的解決方法。

（續下頁）

各階段能力指標	參考細目	補充說明
	2-4-4-3 分享自己如何面對逆境，成功解決問題的經驗與感受。	3. 各種問題是指同儕、感情、師生、家人問題；學習、生理成長、金錢管理、升學等問題。 4. 可用的方法與資源是指與師長、家人、同儕、好友討論可行的方法或善用張老師、圖書館等社會機構的資源。 5. 可行的解決方法是指透過模擬演練、體驗省思、問題解決、創意思考等活動，研擬多元的處理方式。
2-4-5 覺察自己與家人溝通的方式，增進經營家庭生活能力。	2-4-5-1 覺察自己與家人溝通的方式，並體驗經營家庭的重要。 2-4-5-2 檢視與家人的溝通問題，擬定解決策略。 2-4-5-3 實踐並分享解決家庭生活問題的經驗與感受。	1. 從家庭生活中，發現自己與家人的互動模式及其產生的影響；透過活動的省思，體會經營家庭生活的重要。 2. 互動模式是指家人相處時習慣性地以某種方式，如接納、生氣、不耐煩、尊重或不禮貌等各種態度與家人互動。 3. 透過分享、討論，瞭解自己與家人溝通上經常發生的問題與衝突，並願意嘗試各種策略解決問題。

資料來源：教育部（2008b）。**國民中小學九年一貫課程綱要綜合活動學習領域**（頁 19-22）。臺北市：作者。

表 3-13

「資源運用與開發」核心素養能力指標之參考細目與補充說明

各階段能力指標	參考細目	補充說明
2-1-3 覺察社區機構與資源及其與日常生活的關係。	2-1-3-1 瞭解社區機構或資源的功能及使用時機。 2-1-3-2 分享社區機構或資源與日常生活的關係。 2-1-3-3 分享個人對社區發展歷史及特色的瞭解與感受。	1. 透過實際參觀、訪問、資料蒐集或師長介紹，瞭解鄰近的各種機構，進而發現其與生活中安全、健康、陸地或水域交通、學習、信仰等的關係，並能培養兒童對社區本土的情感認同。 2. 各種機構包含警察局、消防隊、衛生所（醫院）、郵局、車站、文化中心（演藝廳）、社區文史工作室、圖書館、報社、廣播電台、宗教場所等。 3.「使用時機」包含生活中發生何種情境時需要尋求何種資源，勿為了好玩或惡作劇而濫用資源，如濫用緊急電話。

（續下頁）

各階段能力指標	參考細目	補充說明
2-2-4 樂於嘗試使用社區機構與資源。	2-2-4-1 舉例說明自己運用社區機構或資源的經驗，並分享感受。 2-2-4-2 瞭解並演練社區機構與資源使用的方法。 2-2-4-3 樂於運用周遭環境的機構與資源，增進個人的生活或學習。	1. 從各種活動中發現正確使用社區資源的方法，進而樂於主動嘗試運用於個人的生活或學習中。 2. 各種活動係指運用圖書館的設備尋找自己所需的書籍、利用郵局郵寄信件或儲蓄、至文化中心（演藝廳）觀看展覽或表演、到社區公園遊玩等，從實際活動後分享運用資源的感覺。
2-3-4 熟悉各種社會資源與支援系統，並分享如何運用資源幫助自己與他人。	2-3-4-1 說明並演練獲得各種社會資源及支援系統的資訊與方法。 2-3-4-2 省思運用各種社會資源及支援系統方式的適切性。 2-3-4-3 分享善用各種社會資源及支援系統幫助自己及他人的經驗。	1. 藉由實際演練，瞭解各種社會資源與支援系統在生活上的運用，進而分享自己如何運用各種社會資源與支援系統幫助自己、他人或協助社區發展的經驗。 2. 社會資源及支援系統包括家人、同儕、學校、社區、119、110、113、張老師或媒體，並能在必要時刻運用。
2-4-6 有效蒐集、分析各項資源，加以整合並充分運用。	2-4-6-1 熟悉各項資源的蒐集方法或工具，發現各種方法的特色及使用時機。 2-4-6-2 瞭解問題性質與資源蒐集方法或工具之間的關聯，以有效的蒐集、分析各項資源。 2-4-6-3 善用所蒐集之資源，適當地加以整合組織與運用，以解決問題。	1. 透過實際資料蒐集，學習分析各種搜尋方法或工具的特色及使用時機。 2. 蒐集資源方法包括查詢、訪問、參觀、觀察、搜尋媒體等。 3. 蒐集資源工具包括網路、圖書、報章雜誌、個人、機構等。 4. 以實例討論、分享問題性質與資源蒐集方法或工具之間的關聯。 5. 依據問題，訂定並執行蒐集資料的計畫與方法，並能將資源充分加以組織運用，以解決問題。
2-4-7 充分蒐集運用或開發各項資源，做出判斷與決定。	2-4-7-1 充分蒐集運用各項資源，並判斷其適切性，以避免誤用或濫用資源。 2-4-7-2 選取各項適切的資源，加以整合與運用，並協助進行日常生活的各項決定。	1. 面對媒體、資源氾濫的情境，應引導學生學習如何判斷各項資源的正確性與適切性，如向專家或相關單位求證後再傳播或使用資訊，方不致於被誤導或誤用。 2. 舉例說明不適切的資源或媒體資訊，以避免誤用、濫用各種資源。 3. 透過實際蒐集網路、報章雜誌與其他資源，評析各項資源的正確性、適切性，指

（續下頁）

各階段能力指標	參考細目	補充說明
	2-4-7-3 嘗試開發日常生活可用資源，以解決問題或提升生活品質。	出不適切的資源，並選取正確、有效的資源協助進行各項生活或學習的決定。 4. 運用或開發各項資源，包含建立周邊人力資源、連結網站、善用搜尋引擎、架設網頁、學習新軟體等。

資料來源：教育部（2008b）。**國民中小學九年一貫課程綱要綜合活動學習領域**（頁22-24）。臺北市：作者。

表 3-14

「人際互動」核心素養能力指標之參考細目與補充說明

各階段能力指標	參考細目	補充說明
3-1-1 分享自己在團體中與他人相處的經驗。	3-1-1-1 分享自己在團體活動中與人相處的經驗與感覺。 3-1-1-2 探究人際互動應有禮儀，並能合宜的展現。 3-1-1-3 在參與團體活動時喜歡和他人相處、互動。	1. 在團體中發現與人相處時會有愉快、生氣等各種感覺。 2. 參與的團體包括學年、班級、小組等。 3. 在團體中會主動以微笑、友善的態度與人招呼、互動，並常說「請」、「謝謝」、「對不起」等禮儀用語。 4. 建議於國小一年級實施。
3-1-2 體會團隊合作的意義，並能關懷團隊的成員。	3-1-2-1 從活動進行的歷程中瞭解團隊為何需要合作。 3-1-2-2 體會團隊合作可達成共同的目的。 3-1-2-3 在與團隊成員合作時能互相幫忙，彼此關懷。	1. 從遊戲、小組、闖關、體育等活動中發現團隊合作的意義與目的。 2. 分享從團隊成員互相幫助中學習關懷團隊成員的方法。 3. 建議於國小二年級實施。
3-2-1 參加團體活動，並能適切表達自我、與人溝通。	3-2-1-1 在團體活動中能適切表達自己的想法與感受。 3-2-1-2 在團體中能傾聽小組成員說話，尊重他人的想法和感受。 3-2-1-3 能和諧處理團體中不同的意見並達成團體的共識。	1. 從參與各種班級與學校的活動中覺察並分享所屬團體的特色。 2. 分享、演練自己在團體活動時能適當的表達看法，並尊重別人不同意見，進而學習良好的溝通模式。 3. 建議於國小四年級實施。

（續下頁）

各階段能力指標	參考細目	補充說明
3-2-2 參與各類自治活動，並養成自律、遵守紀律與負責的態度。	3-2-2-1 分享參加自治活動時民主運作的感受。 3-2-2-2 能尊重每個人都有發表意見的權利。 3-2-2-3 能強化自律與遵守紀律的態度。 3-2-2-4 能遵守自治活動的各項分工，負責完成分內工作。	1. 各類自治活動包括班會、學年性活動、班級幹部及模範生選舉等各類活動。 2. 由參與各類自治活動中，運用會議的規範與技巧，體會民主的內涵，養成尊重團體決議的習慣與態度，並能服從多數人的決議、尊重少數人的意見。 3. 由參與各類自治活動中，強化自律與遵守紀律的態度。 4. 由參與各類自治活動中，分工合作，負責完成分內工作。 5. 建議於國小三年級實施。
3-3-1 以合宜的態度與人相處，並能有效的處理人際互動的問題。	3-3-1-1 與人相處時能發現自己與別人有不同的特質，並尊重其差異。 3-3-1-2 與人相處不睦時，能察覺問題產生的原因，提出解決的策略。 3-3-1-3 處理人際問題時，能考量多方意見，並客觀分析。 3-3-1-4 能以合宜的態度待人並處理人際問題。	1. 3-3-1 與 3-3-2 之區別在於後者著重與不同性別者相處，前者乃指除不同性別者外之人，如師長、親友或同性別者。 2. 從生活實例、角色扮演、問題討論等方式分享與人相處的經驗，並討論發生問題的原因，進而發展出解決的策略。 3. 表達意見時，學習不以自我為中心，能多聽各方的意見，瞭解彼此的想法與立場，進行有效的對話以達到共識。 4. 以討論、辯論、演練等方式呈現與人相處時和諧、客觀、誠實、公平、寬容的態度。
3-3-2 覺察不同性別者的互動方式，展現合宜的行為。	3-3-2-1 與不同性別者相處時，能發現自己與其特質的異同，並尊重其差異。 3-3-2-2 省思不同性別者的互動方式，提出改善的策略。 3-3-2-3 能以合宜的態度、行為對待不同性別者。	1. 透過生活實例分享、角色扮演、問題討論等方式分享與不同性別者相處的經驗，並討論發生問題的原因，進而發展出解決的策略。 2. 站在不同性別者的立場來省思互動方式，瞭解彼此的想法與立場，尋求更佳的互動方式。 3. 以討論、辯論、演練等方式呈現與不同性別者的合宜行為。 4. 省思與不同性別者相處的合宜行為，並於日常生活展現合宜行為。
3-4-1 參與各項團體活動，與他人有效溝通與合作，並負責完成分內工作。	3-4-1-1 學習協商的技巧，接納與他人達成共識的意見。 3-4-1-2 體會團體的成功需要有效的分工，並	1. 透過參與各項活動，如班會或社團活動，運用有效溝通的策略，增進溝通與協商的技巧。 2. 有效的溝通是能充分表達自己，聆聽他人的意見，並尊重決議。

（續下頁）

各階段能力指標	參考細目	補充說明
	使個人能力發揮到最大的功效。 3-4-1-3 盡責完成自己在團體中擔任的工作。	3. 由參與團體活動，體會團隊的成功需要個人的盡責與成員間的合作。
3-4-2 體會參與團體活動的歷程，並嘗試改善團體活動。	3-4-2-1 從團體活動歷程覺察其意義與價值。 3-4-2-2 體會個人的努力與貢獻對團體的影響。 3-4-2-3 省思自己與其他成員在團體活動中的表現。 3-4-2-4 思考團體活動可再改進之處，提出具體策略以促進團體效能。	1. 透過班際活動、校慶、競賽、體育或童軍等活動，覺察團體活動的意義與價值。 2. 檢視自己在團體中的表現及與他人互動的情形，並適切調整。 3. 檢視團體運作歷程，提出更有效益的方式，以促進團體效能。

資料來源：教育部（2008b）。**國民中小學九年一貫課程綱要綜合活動學習領域**（頁24-26）。臺北市：作者。

表 3-15

「社會關懷與服務」核心素養能力指標之參考細目與補充說明

各階段能力指標	參考細目	補充說明
3-1-3 分享參與班級服務的經驗，主動幫助他人。	3-1-3-1 列舉班級工作的範圍及責任，並說明個人參與班級事務的重要性。 3-1-3-2 從受他人服務及幫助中，學習並分享各種幫助他人的方法與經驗。 3-1-3-3 體驗主動在班級助人的感受，並分享經驗與心得。	1. 藉由思考如何相互幫助，協助並鼓勵學生參與班級各種服務。 2. 班級服務係指擔任班級幹部、當值日生、進行掃除工作、協助班上弱勢同學及協助老師等的各項活動。 3. 從實作中引導學生思考、討論並分享服務與助人的感覺，並歸結出主動幫助他人的方法以啟發其下次的助人行為等。
3-2-3 參與學校或社區服務活動，並分享服務心得。	3-2-3-1 參與校內服務活動，並分享感想與心得。 3-2-3-2 參與社區服務活動，並分享見聞與心得。	1. 藉由實際參與校內外服務活動，分享與他人接觸及互動歷程中種種經驗的感想與心得。 2. 「服務活動」意指無營利性質之公眾事務，如：擔任校園志工、協助弱勢同學、清潔校園、美化環境、關懷弱勢、社區服務等各項活動。

各階段能力指標	參考細目	補充說明
3-3-3 尊重與關懷不同的族群。	3-3-3-1 以尊重的態度瞭解不同族群的生活方式與特色。 3-3-3-2 表達與分享對不同族群的感受與想法。 3-3-3-3 關懷與接納不同族群的意見與想法。	1. 透過各種方式或活動,善用同理心,體會不同族群的生活方式、意見或想法。 2. 各種方式或活動乃指:實際演練與體會不同族群的需求與感受,學習同理心的覺察與表達技巧,角色的扮演、不同議題的討論與分析、生活事件的分享與交流等。 3. 不同族群可為弱勢族群、不同種族、不同文化背景族群等。
3-3-4 體會參與社會服務的意義。	3-3-4-1 從參與社會服務活動中,省思與分享服務的意義與價值。 3-3-4-2 持續參與社會服務,主動關懷需要幫助的人或團體。	1. 藉由實際參與學校或社區中的服務活動,省思服務的意義,感受服務的價值,並能主動關懷生活周遭的人、事、物。 2. 透過服務歷程中充分瞭解他人的不便與困苦,並能感同身受,進而主動思索與瞭解他人的特殊需求。 3. 社會服務包含服務學校或社區之人、事、物。如:陪伴獨居老人、為老人唸書報、推輪椅等,定期到老人院清掃環境、表演才藝,為老人、孤兒院及弱勢團體帶來歡樂;認養與維護社區公園與校園環境、參與資源回收、協助植物人募集發票、定期捐零用金、加入志工團體等。 4. 在服務過程中除涵養犧牲奉獻精神外,教師更應強調服務學習的理念,讓學生對生命有更深的體會與收穫。 5. 建議於國小六年級實施。
3-4-3 關懷世人與照顧弱勢團體,以強化服務情懷。	3-4-3-1 瞭解各地弱勢團體所需要的協助,並提出可行的服務方式。 3-4-3-2 規劃、執行與完成對於弱勢團體的服務活動,並分享服務的經驗與心得。 3-4-3-3 以感恩之心持續關懷與照顧各地需要協助的個人與團體。	1. 透過體驗活動、媒體與其他資訊蒐集等方式,體會弱勢團體的生活、需要及可提供協助的管道,感受生命的意義,懂得感恩,並樂意幫助他人。 2. 藉由服務歷程中充分體驗他人的不便與困苦,進而主動瞭解與協助其特殊需求。 3. 引導服務活動的規劃、執行與檢討,分享個人服務的經驗與心得。 4. 體驗活動包括參訪社福單位、社區服務活動、關懷獨居老人、重病者、身心殘障者、經濟弱勢者。

資料來源:教育部(2008b)。**國民中小學九年一貫課程綱要綜合活動學習領域**(頁27-28)。臺北市:作者。

表 3-16

「尊重多元文化」核心素養能力指標之參考細目與補充說明

各階段能力指標	參考細目	補充說明
3-1-4 欣賞身邊不同文化背景的人。	3-1-4-1 發現生活中文化背景與自己不相同的人。 3-1-4-2 觀察與自己不相同文化背景的人的特色。 3-1-4-3 分享自己欣賞的文化特色。	1. 發現生活周遭有男生、女生、原住民、漁村人民、新住民、西方人、東方人等,其生活習慣、節慶、語言等和我們的差異,並表現出友善與尊重的行為。 2. 觀察和我們文化背景不同者的生活方式,如食衣住行育樂與我們的異同。 3. 欣賞的方式包括邀請不同文化背景的人參與活動,分享各種文化的特色,或製作不同文化的飲食,從活動中討論自己喜歡或不喜歡某些文化的特色及其原因。 4. 建議於國小二年級實施。
3-2-4 參與社區各種文化活動,體會文化與生活的關係。	3-2-4-1 關心社區裡的文化活動,並能和家人共同參與。 3-2-4-2 發現社區中的文化活動和自己的關係。 3-2-4-3 參與社區文化活動,體會文化與生活的關係。	1. 參與社區文化活動係指社區中里長或鄰長公告的各項活動,如 XX 大樓聯歡會、社區里民大會、釣魚比賽、水產烹調比賽、原住民射箭比賽等活動。 2. 和家人共同參與是指和家人討論後一起參與活動,以瞭解社區裡有哪些的文化活動,也學會和家人共同討論協調的方法和態度。 3. 發現文化活動和自己的關係是指參與活動時,會發現有些活動平時在學校中是無法進行的,而自己對某些文化活動特別有感覺。 4. 體會文化和生活的關係是指參與活動後,在教師的引導下,發現這些文化對我們平日生活的影響,如各家族在清明節掃墓的習俗各不相同,每一種方式有其不同的用意,但都讓我們感受到慎終追遠的精神。 5. 建議於國小四年級實施。
3-3-5 尊重與關懷不同的文化,並分享在多元文化中彼此相處的方式。	3-3-5-1 發現不同文化的族群所具有的優勢。 3-3-5-2 覺察並關懷不同文化族群面臨的困境。 3-3-5-3 想像自己生活在不同文化中可能的感	1. 發現不同文化族群的優勢可透過多媒體或實地參訪,瞭解不同族群的特色。 2. 不同文化族群的人可能遭遇的問題係指學童經由參訪、調查、資料蒐集等活動,發現社區中弱勢族群現正面臨的問題。 3. 關懷不同文化族群是指對遭遇困境族群提供協助,也就是針對上述的發現,請學生

(續下頁)

各階段能力指標	參考細目	補充說明
	受和經驗。 3-3-5-4 反思與不同文化的人相處應具有的態度和禮儀。 3-3-5-5 探討在多元文化中彼此相處的方式。	提出解決的計畫並選擇自己能力所及的項目進行實踐。 4. 覺察自己生活方式和不同文化間有哪些差異存在，並想像自己在不同文化的感受或經驗。 5. 可運用角色扮演的方式探討在多元文化中應如何與人相處，尊重對方的習俗或禮儀，進而消除偏見與刻板印象。
3-4-4 探索世界各地的生活方式，展現自己對國際文化的理解與學習。	3-4-4-1 運用各種多媒體瞭解世界各地的生活方式或文化習俗。 3-4-4-2 蒐集世界各國生活與文化等資訊，並以多元的方式呈現出來。	1. 透過書報雜誌或影音媒體等方式蒐集世界各地的生活方式與文化習俗。 2. 將蒐集到的資訊加以分析與整合，可運用自己優勢的學習領域知識補充說明所蒐集到的資訊。 3. 運用個人的多元智慧，將整合過的資料以多元創意方式呈現，如：戲劇、繪本、演講、辯論等形式呈現。 4. 理解、包容、尊重不同文化，使各種文化能多元並存。
3-4-5 分享在多元社會中生活所應具備的能力。	3-4-5-1 探討多元的社會所具有的特質。 3-4-5-2 覺察在多元社會中生活應具有的態度與能力。 3-4-5-3 實際展現自己在多元社會中生活的能力。	1. 想像在單一文化背景的社區中生活，可能的優點與缺點。 2. 探討目前多元社會具有哪些特質，此特質對自己所產生的影響為何？ 3. 覺察在多元社會中可能產生的議題，如原住民、新住民、獨居老人、農漁民等遭遇的困難為何？ 4. 思考面對多元社會，每個人應具備哪些基本的態度與能力，如關心不同文化背景的人、和不同文化背景的人如何相處、運用多元文化的特性發展個人的生涯等。 5. 具體討論如何運用自己的能力，在生活中以實際行動幫助不同文化背景者所遇到的問題。

資料來源：教育部（2008b）。**國民中小學九年一貫課程綱要綜合活動學習領域**（頁29-31）。臺北市：作者。

表 3-17

「危機辨識與處理」核心素養能力指標之參考細目與補充說明

各階段能力指標	參考細目	補充說明
4-1-1 辨識遊戲或活動中隱藏的危機，並能適切預防。	4-1-1-1 覺察遊戲環境或活動中可能產生的危險。 4-1-1-2 能提出適切的方法，以預防活動中危險的情況發生。	1. 從各種活動中，討論進行陸上或水域活動時可能會產生的危險，以及如何避免發生危險。 2. 各種活動係指透過活動設計，讓學生選擇適當的活動場所或活動方式，從引導思考中發現適當的原因為何，並從討論中學到避免危險發生的方法。 3. 建議於國小一年級實施。
4-1-2 發現各種危險情境，並探索保護自己的方法。	4-1-2-1 透過觀察或分享等活動，發現各種危險情境。 4-1-2-2 探索在危險情境中保護自己的方法。 4-1-2-3 探索在各種情境下保護自己和抗拒誘惑的方法。	1. 從活動中發現產生危險的各種情境，並探索各種保護自己的方法。 2. 危險情境包含家庭、學校和社會上的環境設施和情境；如偏僻角落、陌生人的欺騙或糖果玩具等誘惑。
4-2-1 探討生活中潛藏的危機，並提出減低或避免危險的方法。	4-2-1-1 透過各種活動，探討生活空間的潛藏危機。 4-2-1-2 提出並演練減低或避免生活空間潛藏危險的方法。	1. 透過觀察或討論家庭、學校、社區潛藏的危險狀況，並能進行建議、改善空間以避免危險狀況的發生。 2. 可能引發的危險狀況包括各項器材設施的安全性、施工地點的警告與防護、社區死角、活動區域的規劃等。
4-3-1 探討周遭環境或人為的潛藏危機，運用各項資源或策略化解危險。	4-3-1-1 透過各種觀察與體驗活動，探索周遭環境的潛藏危機。 4-3-1-2 探討各項可能資源，並尋求可用的資源來化解周遭環境的潛藏危機。 4-3-1-3 透過問題與討論，擬定可用的策略解決周遭環境的危機。	1. 透過各種情境演練，辨識各項危機的發生原因及危害的程度，懂得運用各項資源或策略，處理災害及危險情境。 2. 環境的危機包含風災、地震、海嘯、海岸線、火災、使用火及水的安全。 3. 人為的危機包含電話詐騙、網友騙局、戀物、金錢誘惑、電玩、迷戀上網、垃圾食物、媒體誤導等。 4. 各項可能的資源或策略包含急救專線、社會福利機構、親人、自救的概念與方式。
4-4-1 察覺人為或自然環境的危險情境，評估並運用最佳處理策略，以保	4-4-1-1 透過各種資訊及社會案例探討人為的危險情境。 4-4-1-2 藉由資訊及案	1. 發現人為或自然環境的危險情境，並加以分析比較各種處理策略的優劣，選擇最佳方案去保護自己或他人。 2. 自然的危險情境包含風災、地震、海嘯、

（續下頁）

各階段能力指標	參考細目	補充說明
護自己或他人。	例的探討，察覺生活中各種人為的危險情境。 4-4-1-3 透過觀察與各種資訊分析，察覺自然環境的危險情境。 4-4-1-4 透過策略分析，比較各種保護自我與他人的方法，並在生活中實踐。	水災、氣象的變化等。 3. 人為的危險情境包含詐騙、網友騙局、電玩、迷戀上網、戀物、金錢誘惑、媒體誤導、垃圾食物等。 4. 分析比較各種處理策略如雙向細目分析、優劣評比、影片、時事分析與討論等。

資料來源：教育部（2008b）。**國民中小學九年一貫課程綱要綜合活動學習領域**（頁31-32）。臺北市：作者。

表 3-18

「戶外生活」核心素養能力指標之參考細目與補充說明

各階段能力指標	參考細目	補充說明
4-1-3 樂於參加班級、家庭的戶外活動。	4-1-3-1 依照規定完成學校各種戶外教學活動。 4-1-3-2 樂於參加家庭的各種戶外活動。 4-1-3-3 運用各種感官，探察自然界中各種現象，並建立情感。	1. 準備個人戶外活動的簡易裝備，如：服裝、食物、水、用具等。 2. 體驗各種戶外活動的樂趣。 3. 樂於表達自己的戶外活動心得，如：完成學習單、口頭報告等。 4. 運用自己感官觀察自然，如：眼、耳、鼻、口、手腳等。 5. 從實際的體驗活動中發現自然的奧祕，如：季節改變、花開花謝、蜘蛛結網、蟬脫殼等。 6. 喜歡並能欣賞自然界的變與不變。
4-2-2 運用簡易的知能參與戶外活動，體驗自然。	4-2-2-1 蒐集參與戶外活動所需的相關資訊。 4-2-2-2 參加戶外活動確實遵守規則並學習活動中所需的知識與技能。 4-2-2-3 在體驗自然的過程中展現好奇與友善。	1. 運用資源蒐集相關資訊，如：報章雜誌、網路、師長親友等。 2. 在參與活動中，養成遵守紀律、聽從指導、注意安全的良好習慣。 3. 學習正確的戶外活動知識、技能與態度，如賞鳥時，正確使用望遠鏡、圖鑑等，且不干擾鳥類活動；又如參與水域休閒活動應穿著救生衣且不破壞水域生態。 4. 以多元方式具體描述觀察，如：圖文、拓印、表演等。 5. 運用遊戲的方式體驗大自然的神奇，如：角色扮演、聲音地圖等。

（續下頁）

各階段能力指標	參考細目	補充說明
		6. 以具體行動表達對大自然的友善，如：參加淨山活動、響應世界地球日等。 7. 建議於國小四年級實施。
4-3-2 參與計畫並從事戶外活動，從體驗中尊重自然及人文環境。	4-3-2-1 透過戶外活動的體驗，瞭解戶外活動的意義與價值。 4-3-2-2 藉由分工與準備，扮演好自己的角色，獲得參與活動的樂趣與成就感。 4-3-2-3 透過觀察與互動的過程，產生對大自然尊重與珍惜，並探索人文景觀的價值與意義。	1. 認識戶外休閒活動的種類，宜包含都會型態、水域的戶外休閒活動，如：搭捷運遊臺北、主題公園一日遊、漁村或海邊水域生態旅遊等。 2. 召開籌備會議，分配活動中的任務，如活動器材準備、團康節目等，並執行完成活動企畫。 3. 從參與中體會戶外活動對個人的意義與價值，如：展現專長、拓展視野、舒暢身心等。 4. 藉由戶外活動，探索自然生命給人的啟示，並採取行動保護自然，如：氣候的變化、動植物的生存機制等。 5. 在觀察人文景觀過程中，發現及探索人與環境的互動，如：建築特色、服裝飲食、風俗習慣等。 6. 透過多元的活動方式體驗人文與自然之間的連結，如：街市觀察（含街道特色、傳統市場等）、水道系統溯源等。
4-4-2 透過領導或溝通，規劃並執行合宜的戶外活動。	4-4-2-1 透過體驗各種戶外活動的特色，學習規劃並執行合宜的戶外活動。 4-4-2-2 在規劃與執行的過程中，學習領導與溝通的能力。	1. 從事各種戶外活動，包含休憩活動和野外活動，如：自然體驗、賞鳥、健行、旅行、露營、水域休閒、探索活動等。 2. 規劃戶外活動相關事宜。 3. 執行戶外活動計畫。 4. 透過具體實踐，反思領導與溝通在戶外生活的義務與重要性。
4-4-3 具備野外生活技能，提升野外生存能力，並與環境作合宜的互動。	4-4-3-1 運用習得的技能以提升野外生活安全與品質，享受野外生活的樂趣 4-4-3-2 提出野外生活中減低對環境的傷害與干擾的策略，並確實執行。	1. 正確準備與使用野外活動知能，如：地圖與方位、露營、繩結運用等。 2. 學習野外求生知能以增加野外生存能力，如：通訊、野外庇護所的搭建、尋找水源與食物等。 3. 以友善的方式，在野外進行陸上或水域活動，如：減低活動噪音、垃圾減量、無痕健行等。

資料來源：教育部（2008b）。**國民中小學九年一貫課程綱要綜合活動學習領域**（頁33-34）。臺北市：作者。

表 3-19

「環境保護」核心素養能力指標之參考細目與補充說明

各階段能力指標	參考細目	補充說明
4-1-4 體會環境保護與自己的關係，並主動實踐。	4-1-4-1 透過各種活動，體認環境保護的重要及對自己的影響。 4-1-4-2 在生活中願意主動參與環境保護的工作。	1. 可從資源回收、淨灘、淨溪或其他活動中瞭解保護環境的方法後，再透過各種活動體會環境保護對人類產生的影響，養成主動保護環境的習慣。 2. 環境保護的活動可從比較資源回收前與回收後的不同、從探索活動中發現資源回收的重要、從實踐活動中感受保護環境的重要，進而養成環保生活習慣，如：使用環保筷、確實做好垃圾分類等。 3. 建議於國小二年級實施。
4-2-3 辨別各種環境保護及改善的活動方式，選擇適合的項目落實於生活中。	4-2-3-1 從探討環保行動中，辨別改善環境的適當方式。 4-2-3-2 提出具體可行的環境保護活動與方式，並落實於生活中。	1. 藉由辨別各種環境污染的嚴重性及瞭解並討論各種環保行動，說出自己具體可行的改善策略，並落實於日常生活中。 2. 各種環境污染，如：空氣污染、水污染、海洋污染等。 3. 環保行動，如：資源回收、垃圾減量、垃圾分類、節約能源、淨灘、淨溪、美化綠化、綠色生活等。
4-3-3 覺察環境的改變與破壞可能帶來的危險，並珍惜生態環境與資源。	4-3-3-1 透過各種資訊，覺察及探討環境的改變可能帶來的危險。 4-3-3-2 覺察因人為的破壞，對環境所造成的影響。 4-3-3-3 分享環境保護的方法與行動，並珍惜資源及生態。	1. 從各種媒體新聞事件或日常生活情境中，察覺環境的改變與破壞所造成的危害，討論積極關懷生態環境與愛護資源的方法與行動。如探討路上與水域生態環境改變可能帶來的危險。 2. 珍惜生態環境與資源的方式，如：垃圾減量、資源回收、節約能源、淨灘、淨溪、美化綠化、綠色生活、簡化生活等。
4-4-4 分析各種社會現象與個人行為之關係，擬定並執行保護與改善環境之策略及行動。	4-4-4-1 從各種社會事件案例中，探討社會現象對個人造成的影響。 4-4-4-2 省思個人行為對社會風氣與環境維護所造成的影響。 4-4-4-3 擬訂與執行實際保護自我、他人、社會與環境的方案。	1. 從各種社會事件與環境案例中，觀察不同意見團體所造成的抗爭，省思個人行為對社會風氣與環境維護所造成的影響，並擬訂與執行實際保護自我、他人、社會與環境的方案。 2. 省思方式如：辯論、討論、角色扮演等。 3. 保護與改善環境策略，如：針對校園或社區、社會環境、自然環境問題，提出可實施之淨山、淨灘、淨溪、美化公園、反霸凌、反色情、兒少保護、關懷社會等方案。

（續下頁）

各階段能力指標	參考細目	補充說明
4-4-5 參與保護或改善環境的行動，分享推動環境永續發展的感受。	4-4-5-1 分享保護環境的行動與感受。 4-4-5-2 探索改善環境的方法與策略。 4-4-5-3 提出推動環境永續發展的創意策略或方案。	1. 從維護的工作中，分享活動中所產生的感受及所學習到的知能，進而思考讓環境更美好的各種方法。 2. 參與保護或改善環境活動，如：打掃公園、淨山、淨灘、淨溪、資源回收、美化環境、綠色消費等。 3. 推動環境永續發展活動，如：結合創意與科學行動，實踐環境永續發展的習慣。

資料來源：教育部（2008b）。**國民中小學九年一貫課程綱要綜合活動學習領域**（頁35-36）。臺北市：作者。

(五) 能力指標參考細目提供主題活動目標之參酌

九年一貫課程能力指標轉化的歷程，乃由能力指標轉化為主題活動目標，再轉化為單元活動目標，後轉化到單元行為目標，四個層級的轉化歷程常令國中小教師混淆。2008 年《綜合活動學習領域課程綱要》置於附錄的「能力指標參考細目與補充說明」，其中「參考細目」相當於「參考的主題活動目標」，教師可依此修改後轉化為數個單元的活動目標，後再轉化到各單元的行為目標。例如「1-1-1 探索並分享對自己以及與自己相關人事物的感受」之三個參考細目「1-1-1-1 探索並分享對自己的感受」、「1-1-1-2 探索並分享與自己相關人士的感受」、「1-1-1-3 探索並分享與自己相關事物的感受」，可視為三個主題的活動目標，然教師得本於專業調整之（教育部，2008b）。

(六) 能力指標補充說明提供教學要領與建議

2008 年《綜合活動學習領域課程綱要》置於附錄的「能力指標參考細目與補充說明」，其中「補充說明」乃提出教學要領與相關建議，供教師選編教材或實施教學之參酌。補充說明旨在「提醒、參考，而非規定」，例如「1-1-1 探索並分享對自己以及與自己相關人事物的感受」之補充說明有三：(1)可從各種經驗中發現並表達自己可能產生的感覺與想法；(2)各種經驗係指參與班級各學習領域學習活動、進行探索活動、下課時間與同儕活動、在家庭中與家人互動、在安親班或課後才藝班與他人互動、在社區與他人互動時的感覺與想法；(3)建議於國小一年級實施。教師可參酌「1-1-1」補充說明進行選編

教材或實施教學，更可依據學校願景、學生需求、社區狀況進行選編教材或實施教學，切勿奉為圭臬（教育部，2008a）。

陸、指定內涵、核心素養變革及其解析

三次綜合活動學習領域課程綱要中實施要點第一項：2000 年《綜合活動學習領域課程暫行綱要》為「指定單元」；2003 年《綜合活動學習領域課程綱要》為「指定內涵」；2008 年《綜合活動學習領域課程綱要》則為「核心素養」，其變革及其意涵如下：2000 年《國民中小學九年一貫課程暫行綱要》與 2003 年《國民中小學九年一貫課程綱要》在綜合活動學習領域實施要點第一項之指定內涵闡述，理念完全相同，僅稍做文字調整。

一、2000 年《綜合活動學習領域課程暫行綱要》

2000 年《綜合活動學習領域課程暫行綱要》實施要點中之（一）指定內涵指出：「指定單元」是綜合活動學習領域的最低要求，本學習領域的課程計畫內容必須包含這幾個基本的指定內涵。

設置指定內涵的目的是：對於十分重要的教學活動，學校必須進行相關課程的規劃與教學，不能省略，也不得刻意淡化或稀釋。指定內涵所占之時間應不少於本學習領域總時數的 10%，其中「家庭生活」（即家政實習）不少於學校領域總教學時間之 1.25%（教育部，2000）。

指定內涵的選擇標準如下：(1)比重低：指定內涵的選定十分慎重，占綜合活動學習領域的比重很低，並不影響學校本位課程的規劃；(2)正當性：指定內涵的選定是經過審慎的考量，確定這些內涵對此次課程改革有一定的重要性；(3)整合性：指定內涵的實施可跨越各個學習階段以及不同領域。當內涵跨越不同領域時應依「國民教育階段九年一貫課程總綱綱要」伍之二之一之 9，將教學分鐘數拆開分配於相關領域（教育部，2000）。

選定指定內涵時，必須確定的是學校對這些內涵拒絕施教的正當性極低，以及這些內涵對此次課程革新具有一定的重要性、指定之利遠大於指定之弊。根據以上的條件，綜合活動學習領域之課程計畫應融入下列十項指定內涵（教

育部，2000）：

1. 學生自治活動：從年幼到年長，逐步增加管理自己事務的權限，提高自律與負責的情操，並學習相關的程序與技能。

2. 生命教育活動：從觀察與分享對生、老、病、死之感受的過程中，體會生命的意義及存在的價值，進而培養尊重和珍惜自己與他人生命的情懷。

3. 社會服務活動：藉由參觀、訪問及實際參與，瞭解社會現象，體驗自己與社會的關係，培養關懷人群之情懷與行動力，進而樂意以實際行動參與社會服務。

4. 危機辨識與處理活動：從各項活動的參與與體驗中，增加自己對生活周遭可能威脅個人、人群與自然環境的各種安全問題的觀察力，練習因應危機的方法，並能適時給予他人協助。

5. 野外休閒與探索活動：野外休閒活動乃指以野外為背景的各種親近自然的活動，這些活動旨在促進學生學習野外生存的知能，培養欣賞、享受、敬畏自然的情懷與能力，並藉此體驗休閒在生活上的積極意義。戶外探索教育（outdoor/adventure education）活動乃是強調戶外體驗學習，並以運用身體學習與情境塑造為特色的系列性團體活動，這些活動旨在透過團體歷程，以發現個別差異，促進相互學習，並加深人我互信，促進團體成長。

6. 自我探索與瞭解活動：藉由各項活動的參與，逐步瞭解自己的能力、興趣、想法、情緒和價值觀，進而欣賞自己的特長，悅納自己的缺點，促進個人的生涯發展，並培養自我指導的能力。

7. 人際關係與溝通活動：從各項活動參與中，瞭解群己關係及自己在團體中的角色與定位，並學習情緒管理及有效的人際溝通技巧，以增進正確生活管理的能力和良性的人際互動。

8. 環境教育活動：經由對環境的體驗、欣賞、學習、探索、與行動等環境學習活動，使學生能夠瞭解人與環境間相互依存的關係，關懷周遭的自然與社會環境，採行負責任的環境行為，而成為一個良好的公民。

9. 兩性的關係與互動：從瞭解兩性在家庭、學校和社會的關係中，去學習良性互動的模式，並能設計促進兩性合作的組織與活動。

10. 家庭生活活動：在家庭與學校活動中，培養與實踐基本生活能力，透過個

人、家庭、學校與社區的互動，增進家人關係，體察愛、被愛與關懷。

二、2003 年《綜合活動學習領域課程綱要》

2003 年《綜合活動學習領域課程綱要》實施要點之「1.指定內涵」指出，「指定內涵」是綜合活動學習領域的最低要求。本學習領域的課程計畫內容應涵融「自治活動、生命教育活動、社會服務活動、危機辨識與處理活動、野外休閒與探索活動、自我探索與瞭解活動、人際關係與溝通活動、環境教育活動、兩性的關係與互動、家庭生活活動」等十項內涵（教育部，2003a），此十項指定內涵與 2000 年《綜合活動學習領域課程暫行綱要》十項指定內涵之意涵相同，不再贅述。

2003 年《綜合活動學習領域課程綱要》亦強調設置指定內涵的目的是：對於十分重要的教學活動，學校必須進行相關課程的規劃與教學，不能省略、刻意淡化或稀釋。指定內涵所占之時間應不少於本學習領域總節數的 10%。

三、2008 年《綜合活動學習領域課程綱要》

2003 年《綜合活動學習領域課程綱要》的實施要點中指出：「指定內涵」是綜合活動學習領域的最低要求，本學習領域的課程計畫內容應涵融十項指定內涵。然而由於 2008 年的《綜合活動學習領域課程綱要》中「自我探索、自我管理、尊重生命、生活管理、生活適應與創新、尊重多元文化、人際互動、社會關懷與服務、資源運用與開發、危機辨識與處理、戶外生活、環境保護」等十二項核心素養，已含括 2003 年的十項指定內涵。所以，2008 年《綜合活動學習領域課程綱要》乃以核心素養取代指定內涵，不僅可避免重複，更可詳細說明核心素養的內涵（教育部，2008b）。

為說明核心素養，2008 年《綜合活動學習領域課程綱要》修訂小組比對「綜合活動領域學習分段能力指標與十二項核心素養之關係」中，每項核心素養與其所屬能力指標的契合程度，期能建構更嚴謹的綜合活動學習領域內涵架構（教育部，2008a）。

2008 年《綜合活動學習領域課程綱要》指出「核心素養」乃綜合活動學習領域的主要內涵。本學習領域的課程計畫內容應涵融下列十二項核心素養：

1. 自我探索：藉由各項活動的參與，逐步瞭解自己的能力、興趣、想法和感受，進而欣賞自己的專長，省思並接納自己，促進個人的生涯發展。
2. 自我管理：覺察、辨識及調適個人的情緒與壓力，探究自我的學習方法，並規劃、執行學習計畫，以培養自律與負責的情操。
3. 尊重生命：從觀察與分享對生、老、病、死之感受的過程中，培養尊重和珍惜自己與他人生命的情懷，進而體會生命的意義及存在的價值。
4. 生活管理：從生活事務中展現個人生活技能，妥善管理時間與金錢，欣賞不同性別間的差異，並瞭解人際交往與未來家庭與婚姻的關係。
5. 生活適應與創新：參與家庭事務，運用創意豐富生活，促進家人的互動與溝通，能積極面對逆境解決問題。
6. 資源運用與開發：蒐集、分析各項資源，做出正確判斷並予以善用或開發，以幫助自己與他人解決問題。
7. 人際互動：參與團體活動，瞭解群己關係，善用人際溝通技巧，達成團體目標，強化自律、遵守紀律與負責的情操。
8. 社會關懷與服務：參與服務活動並體驗其意義，以培養關懷人群之情操與行動力，進而樂意參與社會服務。
9. 尊重多元文化：參與文化活動，展現對多元文化的理解，並尊重關懷不同族群，增進個人適應多元社會的能力。
10. 危機辨識與處理：辨識生活周遭的危險情境，運用資源與發展最佳處理策略，以保護自己與他人。
11. 戶外生活：參與及規劃戶外活動，欣賞、尊重自然與人文環境，並增進野外生活技能，學習與大自然和諧相處。
12. 環境保護：探索、體驗、欣賞人與環境間的關係，並能關懷自然與社會環境，採取保護與改善的策略及行動，以促進環境永續發展。

柒、教材變革及其解析

九年一貫課程賦予教師自編教材權利。然而，權利伴隨著義務，教師必須具備自編教材能力，方能不負課程改革的期盼。以往課程並未賦予教師自編

教材權利，所以教師該項能力甚弱或未具備，因此，教師必須經由研習、專業對話、自我進修成長或其他方式，以增進自編教材能力。

2000 年《綜合活動學習領域課程暫行綱要》、2003 年《綜合活動學習領域課程綱要》的實施要點中，並未以專節說明教材編選，2008 年《綜合活動學習領域課程綱要》為避免綜合活動學習領域推動至今的教材亂象，在實施要點中增闢「教材編選原則」（教育部，2008b）。

2008 年《綜合活動學習領域課程綱要》強調教材編選，宜掌握下列原則：(1)教材編選應掌握本學習領域基本理念與課程目標，並充分達成各階段的能力指標；(2)教材應以展現情意與技能為主要內涵；(3)教材可視活動內容與其他領域適切統整；(4)教材在呼應本學習領域能力指標，並符合基本理念的前提下，可部分結合學校特色與各項行事活動。其中，第(4)項強調若綜合活動學習領域教材欲結合學校特色與各項行事活動，應符合「本學習領域能力指標」、「符合基本理念」、「部分」等三項要素，不宜將本領域淪為純為發展學校特色的領域。

九年一貫課程之綜合活動學習領域教材的研發主要有主題設計與能力指標兩類（李坤崇，2001a）。以「主題設計」為主者，先依據主題設計活動、編輯教材初稿，再尋找契合能力指標，再次統整教材或增補部分能力指標教材，後編輯學年或學期教材。因 2000 年 3 月正式出現能力指標時，大多數教師從此入手，優點為以舊經驗為基礎，容易入手；缺點則為設計能力指標亦出現亂抓、重疊、欠缺、跨過階段等問題，難以讓學生均衡發展應具備能力。以「能力指標」為主者，先進行能力指標概念分析，再依據能力指標細項設計活動，再統整設計活動內涵，後編輯學年或學期教材。因能力指標出現時間較晚，現今教師較感陌生，優點為以專業為基礎，能掌握能力指標精髓，學生充分均衡發展應具備之能力；缺點為教師經驗、專業能力、專業對話待加強，先難後易（李坤崇，2002b）。推動九年一貫課程至今，發現國中小教師依據主題設計研發教材能力頗佳，但由能力指標著手的教學設計能力，則有待加強。

茲就九年一貫課程甲乙丙丁四家出版社出版的「綜合活動學習領域」教科用書分析（詳見表 3-20），乙出版社一上教材已達到此學習領域第一學習階段

表 3-20

各出版社一年級上學期綜合活動學習領域能力指標分析

十大基本能力	第一學習階段 （一至二年級）	出現次數			
		甲	乙	丙	丁
(一)瞭解自我與發展潛能	1-1-1 描述自己及與自己相關的人事物。	9	7	4	6
	1-1-2 認識自己在家庭與班級中的角色。	7	4	2	0
(二)欣賞、表現與創新	2-1-4 認識並欣賞周遭環境。	5	2	3	1
(三)生涯規劃與終身學習	2-1-1 經常保持個人的整潔，並維護班級與學校共同的秩序與整潔。	3	4	2	3
(四)表達、溝通與分享	3-1-1 舉例說明自己參與的團體，並分享在團體中與他人相處的經驗。	6	15	4	5
(五)尊重、關懷與團隊合作	3-1-2 體會團隊合作的重要性，並能關懷團隊的成員。	3	10	2	4
(六)文化學習與國際瞭解	4-1-3 知道環境保護與自己的關係。	0	2	1	2
(七)規劃、組織與實踐	2-1-2 分享自己如何安排時間、金錢及個人生活的經驗。	1	2	2	3
(八)運用科技與資訊	2-1-3 蒐集相關資料並分享各類休閒生活。	0	1	0	0
(九)主動探索與研究	4-1-1 觀察住家和學校週遭環境，並知道保護自己的方法。	2	2	2	2
(十)獨立思考與解決問題	4-1-2 整理自己的生活空間，成為安全的環境。	1	1	2	1
指標次數合計		37	50	24	27
任課合計節數		31	33	36	36

註：甲出版社 31 節（另附加替代活動可做延伸活動）；乙出版社 33 節，已含延伸活動；丙出版社之學生手冊為 36 節，教師手冊為 40 節（含延伸活動）；丁出版社 36 節（無延伸活動）。

之十一項能力指標，一下至二下有無必要實施此領域，乙出版社一上教材是否確實達成第一學習階段所有能力指標似無法釐清。

　　呼應九年一貫課程賦予教師自編教材的權利，教師亦必須具備自編教材能力，然限於教師工作負擔與社會現況，且「會自編不等於要自編」。建議現階段教師瞭解綜合活動學習領域理念與具備自編教材能力之後，先用之改編教材，待各方面條件逐漸具備後再自編教材。

捌、教學變革及其解析

綜合活動學習領域的教學採合科領域教學或分科協同教學，均有其利弊。然就 1998 年《國民教育階段九年一貫課程總綱綱要》、2000 年《國民中小學九年一貫課程暫行綱要》、2003 年與 2008 年《國民中小學九年一貫課程綱要》的轉變歷程，學習領域教學由「統整、合科教學」而「統整、協同教學」，進而改為「掌握統整之精神，並視學習內容之性質，實施協同教學」。因此，現階段綜合活動學習領域之教學不限合科領域教學或分科協同教學，而應掌握統整之精神，並視學習內容之性質，實施協同教學。若採分科協同教學不一定每個教師均任教一個科目，或每週均任教一節，可採總量管制之精神，適時調動任教單元或任教節數，讓學生獲得統整的學習。當然，欲突破每人一科目每週各一節，有賴協同教學教師群花時間共同研討領域教學計畫。

2000 年《綜合活動學習領域課程暫行綱要》、2003 年《綜合活動學習領域課程綱要》的實施要點中，均未專節論述「教學」，所以 2000 年實施綜合活動學習領域後，教師於此領域的教學頗為茫然，有沿用學科教學模式以講述為主者，有流於為體驗而體驗者，因此 2008 年《綜合活動學習領域課程綱要》為減少教學亂象，乃於實施要點中增闢「教學原則」（教育部，2008a）指出：「綜合活動學習領域為強化全體學習者從容地體驗、省思與實踐，建構內化意義與涵養利他情懷」，乃鑑於以往綜合活動學習領域教學的體驗省思常集中於少數學生或僅少數參與者，且由於教學過程過於緊湊，學生難以沉澱，故提出教學應強化「全體」學習者「從容地」體驗、省思與實踐。

2008 年《綜合活動學習領域課程綱要》亦指出八項「教學原則」，其內涵重點如下：(1)以學習者為中心：由學習者的生活情境出發，並能「統整其經驗」；(2)強化體驗學習：提供多元感官的探索活動，重視「情意與技能」的涵養與體驗；(3)著重省思分享：引導學習者省思，並運用「多元的方式」分享，且即時回饋；(4)強調生活實踐：學習內涵應「與生活充分連結」，鼓勵學生「於生活中實踐」所學；(5)建構內化意義：著重價值澄清與內化歷程，「避免價值觀的灌輸」，充分讓學習者開展、發掘並分享屬於個人的意義；

(6)善用多元教學策略：視學生發展、班級特性與主題屬性，採用「多元、適切」的教學策略；(7)落實領域教學：教師應透過領域課程小組的「專業對話與專業成長」，掌握「統整」之精神，視領域或單元內涵實施協同教學，以落實領域教學；(8)結合學校行事活動：「部分」教學可結合符合「本學習領域理念」之學校相關特色或行事活動（教育部，2008a）。

玖、評量變革及其解析

茲說明三次綜合活動學習領域課程綱要評量的變革及其意涵如下：

一、2000 年《綜合活動學習領域課程暫行綱要》

2000 年《綜合活動學習領域課程暫行綱要》實施要點之「（二）評量原則與方式」指出：一個好的評量可以檢核出教學計畫與學生表現的配合程度；一個不好的評量反而會模糊了原有的教學目標，甚至造成反效果。而綜合活動學習領域本身具有實踐、體驗、個別發展、統整的特性，因此在評量的時候，過程導向會重於結果導向，因此本學習領域以紀錄、作品等多元的方式來取代固定的測驗。以下敘述本學習領域的評量原則及方式。

(一) 評量原則

2000 年《綜合活動學習領域課程暫行綱要》提出的「評量原則」如下：

1. 整體及多元的觀點：(1)展現課程多樣而豐富的面貌；(2)反應課程規劃的意義；(3)提供對日後課程修改有用的訊息；(4)與教學為一體的兩面；(5)評量者使用家長、學生及一般人能瞭解的語言，描述學生的表現，而非將評量簡約為分數或等級；(6)提供策劃、準備與執行等各方面充裕的時間；(7)鼓勵多元學習方式。

2. 避免壓力、樂於學習：(1)不製造影響學生表現的壓力；(2)建立每個學生都有機會成功的情境；(3)對不同文化背景的學生都能提供成功的機會；(4)以不引起注意的方式仔細觀察學生；(5)引導學生樂在學習。

3. 鼓勵性質、過程導向：(1)評量者試圖瞭解學生參與活動時有哪些獨特經驗；(2)呈現活動中有趣、生動和令人振奮的經歷；(3)強調學生能力中的強

項：他們能做什麼和盡力做了什麼；(4)反應學生進步的狀況；(5)產生對學生及其他人有價值的結果；(6)視過程與結果為同等重要；(7)評量者適當地鼓勵學生。

(二) 評量方式

2000 年《綜合活動學習領域課程暫行綱要》指出「評量方式」：本學習領域之評量以記錄為之。然而記錄最重要的先決條件為觀察。在活動過程中對學生做細微的觀察：觀察學生如何觀察、如何反應、如何解決問題、如何策劃與執行、獲得何種成果等等；有各種方式可以記錄學生活動的表現，舉例如下：(1)教學日誌：記錄每個學生在各活動中相關的訊息；(2)學生日誌：鼓勵學生隨時記錄有關活動之任何點滴，形式可以是文字、圖表、素描等等；(3)會議紀錄；(4)研究報告；(5)活動心得；(6)成品製作：可以保留原件，亦可用錄音帶、錄影帶、照片等多種形式存檔；(7)遊記。

教師對學生每一次、任何形式的紀錄，不評以分數或等第，而是用文字說明令人滿意或需要改進的地方。另外並鼓勵教師深入瞭解每位學生自己所建立的綜合活動學習領域檔案，協助學生從建立自己的活動檔案中，更深入地瞭解與肯定自己的能力，並能與他人分享自我探索的體會與進步的喜悅。

二、2003 年《綜合活動學習領域課程綱要》

2003 年《綜合活動學習領域課程綱要》實施要點之「（二）評量原則與方式」指出：綜合活動學習領域本身具有實踐、體驗、省思與多元的教育目標，因此評量的過程重於結果，本學習領域的評量最重要原則是讓學習者用自己有興趣的、自己選擇的方式來表達所知道的、所感受的、所做到的。

2003 年《綜合活動學習領域課程綱要》的評量原則，大致沿用 2000 年《綜合活動學習領域課程暫行綱要》的評量原則，強調「整體及多元的觀點」、「避免壓力、樂於學習」、「鼓勵性質、過程導向」等原則。

2003 年《綜合活動學習領域課程綱要》的評量方式，大致沿用 2000 年《綜合活動學習領域課程暫行綱要》的評量方式，強調：教師對學習者之評量以記錄為之，然而記錄最重要的先決條件為觀察。在活動過程中對學習者做細微的觀察：觀察學習者如何觀察、如何反應、如何解決問題、如何策劃與執

行、獲得何種成果等等；教師有各種方式可以記錄學習者活動的表現。

三、2008 年《綜合活動學習領域課程綱要》

2008 年《綜合活動學習領域課程綱要》的評量原則與方式採取多元評量理念，並重新調整綱要內涵。2008 年《綜合活動學習領域課程綱要》指出：綜合活動學習領域目的在於引導學習者透過體驗、省思與實踐的活動，來建構內化意義與涵養利他情懷，並增進四大主題軸的能力。評量應依據教學目標研擬適切的評量方式、評量內涵、評量人員及評量過程，並呈現多元的學習結果，以提供更適性化的教學來增進學生成長。

(一) 評量原則

2008 年《綜合活動學習領域課程綱要》的評量原則指出：教學活動宜直接達成教學目標、間接呼應能力指標，並選取適切的多元評量方式，宜掌握原則如下：(1)評量應與教學相互結合，呼應學習領域理念與目標評量，並納入教學計畫之中或另行研議呼應教學的評量計畫；(2)評量內涵宜兼顧情意、技能與認知，顧及學生的學習歷程、生活世界與社會行為；(3)評量過程應兼顧形成性評量與總結性評量；(4)評量人員除教師外，可邀請家長、小組長、同儕或學生本人參與；(5)評量結果評定應兼顧能力、努力向度；顧及個別差異，並讓不同文化、背景的學習者均能獲得成功的機會；(6)評量結果宜描述學習者進步情形、成功經驗或優良特殊事蹟，給予其鼓勵增強；(7)評量結果應以多元方式呈現，兼顧文字描述與等級的方式；(8)評量結果敘述應使用家長、學習者及一般人能瞭解者，來描述學習者的表現。

(二) 評量方式

2008 年《綜合活動學習領域課程綱要》的評量方式指出：綜合活動學習領域宜採多元評量方式，依據評量目的選取適切的評量方式，本學習領域可採的評量方式如下：(1)實作評量：如成品製作、表演、實作、作業、鑑賞、實踐或其他行為檢核表、態度評量表；(2)口語評量：如口試、口頭報告、晤談；(3)檔案評量：如研究報告、遊記、教學日誌、會議紀錄、軼事紀錄或其他系列資料之評量；(4)高層次紙筆測驗：如活動心得、活動單紀錄或其他文字敘述之評量。

　　延展 2003 年《綜合活動學習領域課程綱要》的實施要點中「評量原則與方式」的內涵，2008 年《綜合活動學習領域課程綱要》更彰顯多元化、人性化的教學評量，強調評量應依據教學目標研擬適切的評量方式、評量內涵、評量人員，及評量過程，並呈現多元的學習結果，以提供更適性化的教學來增進學生成長（教育部，2008a）。其中，評量原則突顯下列四項：(1)評量人員除教師外，可邀請家長、小組長、同儕或學生本人參與；(2)評量結果評定應兼顧能力、努力向度；顧及個別差異，並讓不同文化、背景的學習者均能獲得成功的機會；(3)評量結果宜描述學習者進步情形、成功經驗或優良特殊事績，給予其鼓勵增強；(4)評量結果應以多元方式呈現，兼顧文字描述與等級的方式。評量方式提出實作評量、口語評量、檔案評量、高層次紙筆測驗等較常用於該學習領域的方式。

　　2008 年《綜合活動學習領域課程綱要》、2003 年《綜合活動學習領域課程綱要》評量結果之呈現頗為符合教育部（2010）《國民小學及國民中學學生成績評量準則》第 3 條、第 4 條、第 6 條、第 7 條之規定。

　　《國民小學及國民中學學生成績評量準則》第 3 條規定：國民中小學學生成績評量應依學習領域及日常生活表現，分別評量之，其評量範圍如下：(1)學習領域評量：依能力指標、學生努力程度、進步情形，兼顧認知、技能、情意等層面，並重視各領域學習結果之分析；(2)日常生活表現評量：學生出缺席情形、獎懲、日常行為表現、團體活動表現、公共服務及校內外特殊表現等。第 4 條規定：國民中小學學生成績評量應本適性化、多元化之原則，兼顧形成性評量、總結性評量，必要時得實施診斷性評量及安置性評量。第 6 條規定：國民中小學學生成績評量，應視學生身心發展及個別差異，依各學習領域內容及活動性質，採取筆試、口試、表演、實作、作業、報告、資料蒐集整理、鑑賞、晤談、實踐等適當之多元評量方式，並得視實際需要，參酌學生自評、同儕互評辦理之。第 7 條規定：國民中小學學生學習領域成績評量紀錄以量化紀錄為之；輔以文字描述時，應依評量內涵與結果予以說明，並提供具體建議。前項量化紀錄得以百分制分數計之，至學期末應將其分數依下列基準轉換為等第：(1)優等：90 分以上；(2)甲等：80 分以上未滿 90 分；(3)乙等：70 分以上未滿 80 分；(4)丙等：60 分以上未滿 70 分；(5)丁等：未滿 60

分。可見，第 3、4、6、7 條闡述評量結果解釋應兼顧質與量，能力與努力等向度，充分表現出結果解釋人性化、增強化，及結果呈現多元化、適時化、全人化（李坤崇，2002d）。

　　某縣市學生成績評量辦法第 10 條規定：國民小學學生各項成績評量紀錄應兼顧文字描述及量化紀錄，文字描述應依評量內涵與結果詳加說明，並提供具體建議。各項成績評量之量化範圍及計算方式如下：

1. 學期成績以語文、健康與體育、數學、社會、藝術與人文、自然與生活科技、綜合活動以及日常生活表現等八項分別計算。
2. 學習領域內以個別學科方式評量者，該領域之學期成績為各學科之學期成績乘以各該學科之教學節數，所得之總和再除以該領域教學總節數。
3. 各段評量成績為該段平時評量成績與定期評量成績之平均。

　　上述縣市處理綜合活動學習領域評量紀錄顯然違反領域理念與精神，但頗多教師反應國內教育現況：「無分數等於不評、不評等於不教、不教等於不學」，處在理想與現實、理論與實務之間，或許是難解的課題。現階段以實務、現實為基礎，逐漸向理想、理論邁進，或許是沒辦法中的辦法。

　　綜合活動領域以不評定分數為原則，若不得已必須評定分數，建議採取「高分鼓勵化、差距縮小化」，由於綜合活動學習領域的分數差距表示的意義不大，評量真正的意義是引導其持續實踐、體驗、省思，持續進行補救教學，持續與家長共同協助學生成長。因此，雖然上述兩化未符合評量信度與效度，卻能給予學生更多鼓勵與增強。文字描述以支持化、鼓勵化、積極化為主，並針對學生日常生活表現的具體事實，給予學生文字回饋，此種回饋較八股文的語詞更能感動學生。

拾、師資變革及其解析

　　茲說明三次綜合活動學習領域課程綱要師資的變革及其意涵如下：

一、2000 年《綜合活動學習領域課程暫行綱要》

2000 年《綜合活動學習領域課程暫行綱要》之師資安排的原則指出：「實

施學校活動時，熟悉各類別活動方式的重要性，更甚於專業知識」。因此，讓學校蒐集、整理出各項活動之辦理要領是首要之務。綜合活動學習領域之實施彈性很大，各校可依現行教師具有之專長選擇性的辦理。建議綜合活動學習領域課程概分為兩類教師專長：(1)一般專長：任何教師只要閱讀「教學指引」以及相關文獻，即能順利進行教學；(2)特殊專長：可再分為兩類，一為本學習領域中輔導相關活動、野外休閒相關活動、家庭生活相關活動，可依目前輔導、童軍、家政等師資擔任教學工作。二為現有學校教師難以具備教授本課程之專長時，可外聘兼任教師教授本課程。外聘時，以具備教師資格者為優先，而其特殊專長是否能勝任本課程，由學校教評會根據其相關經歷、證件來評斷（教育部，2000）。

二、2003 年《綜合活動學習領域課程綱要》

2003 年《綜合活動學習領域課程綱要》之師資安排的原則指出：綜合活動學習領域之實施彈性很大，各校可依本學習領域之要求遴聘校內現有專長的師資擔任之。尚有不足之處，則由各校研議外聘或新聘教師。建議綜合活動學習領域課程概分為兩大類教師專長：(1)一般專長：凡具備綜合活動設計能力並能帶領學習者進行實踐、體驗與省思之現職國中小教師；(2)特殊專長：可再分為兩類，一為本學習領域中輔導相關活動、野外休閒相關活動、家庭生活相關活動，可以目前輔導、童軍、家政等師資擔任教學工作。二為現有學校教師難以具備教授本課程之專長時，可外聘兼任教師教授本課程。外聘時，以具備教師資格者為優先，而其特殊專長是否能勝任本課程，由學校教評會根據其相關經歷、證件來評斷（教育部，2003a）。

三、2008 年《綜合活動學習領域課程綱要》

2008 年《綜合活動學習領域課程綱要》之師資安排的原則指出：綜合活動學習領域之實施，各校應遴聘具有本學習領域理念與知能之專長師資擔任之。綜合活動學習領域課程專長教師應具備本學習領域關鍵能力，概分為國中、國小二大類：(1)國中：可再分為兩類，一為由具備「國民中學綜合活動學習領域輔導活動專長」、「國民中學綜合活動學習領域童軍教育專長」、

「國民中學綜合活動學習領域家政專長」等證書之師資擔任教學工作；二為由具備「輔導活動」、「童軍教育」或「家政」證書之師資擔任教學工作。唯該教師應修習本學習領域核心課程至少二學分或參與本學習領域相關研習至少三十六小時；(2)國小：由合格教師擔任，唯該教師應修習本學習領域核心課程至少二學分或參與本學習領域基礎研習至少三十六小時。

　　2008 年《綜合活動學習領域課程綱要》提出國民中小學教師綜合活動學習領域關鍵能力有四：一為「課程知能」，含括：(1)解讀綜合活動學習領域課程綱要內涵的能力；(2)規劃與設計綜合活動學習領域課程的能力；(3)轉化綜合活動學習領域課程綱要內涵到教學現場的能力。二為「教材與教學資源知能」，包括：(1)選用、評鑑綜合活動學習領域教材的能力；(2)運用與整合綜合活動學習領域教學資源的能力。三為「教學知能」，含括：(1)掌握綜合活動學習領域理念，設計教學活動的能力；(2)善用多元教學方法，落實體驗、省思、實踐與創新教學的能力；(3)依據綜合活動學習領域評量結果，省思教學效能並調整教學的能力。四為「多元評量知能」，包括：(1)根據學生個別差異採取適性、多元評量方法的能力；(2)設計綜合活動學習領域教學評量工具的能力。

　　2008 年《綜合活動學習領域課程綱要》將師資安排分列國中與國小，凸顯師資之領域專業素養，此不僅呼應現階段國中、國小教師專門科目的師資認證，免於國中教師必須立即修第二專長的焦慮，更強調教師專業成長。然而，教師專業成長仍有賴教育部對教育專業的堅持及完善的後續配套研習機制（教育部，2008b）。

四、綜合活動學習領域任教專門科目認定參考原則及內涵

　　教育部（2002）於 2002 年 7 月 9 日以台（91）師（三）字第 91096207 號函，通知各師資培育機構「國民中學九年一貫課程七大學習領域任教專門科目認定參考原則及內涵」之說明三指出：自 91 學年度第 1 學期起，國民中學一年級開始實施九年一貫課程，為使師資培育課程能配合高中職及國民中學領域教學需要，各校調整任教專門科目學分時，請就整體中等學校各學科、領域、主修專長等規劃任教專門科目學分，例如：以中等學校之國文言，各

校應規劃具有任教高中職、國中所需之專長科目,不依高中職、國中分別規劃;至於高中職與國中任教學科不同部分,則請個別規劃,依此類推。請儘速配合修正「培育中等學校各學科(領域、主修專長)教師專門科目學分對照表」送部辦理。

教育部(2002)通知各師資培育機構之「國民中學九年一貫課程綜合活動學習領域任教專門科目認定參考原則及內涵」分成四部分如下:

(一) 認定原則

此原則有三:(1)均衡原則:本領域課程規劃為領域核心課程、專門課程二部分。專門課程再依「輔導活動」、「童軍教育」、「家政」三主修專長課程規劃;(2)彈性原則:本領域課程之學分數採彈性開設,惟應訂定上下限;(3)統整原則:領域核心課程,統整三主修專長課程。

(二) 課程架構

此架構說明:(1)本領域主修專長總學分數:下限為32學分,上限為48學分;(2)領域核心課程:至少2學分;(3)專門課程:一主修專長專門課程,至少30學分(包含應修習其他二主修專長課程至少各二科4學分)。

(三) 加註主修專長原則

此加註原則有四:(1)本領域分為「輔導活動」、「童軍教育」、「家政」三主修專長;(2)修習本領域其中一主修專長,除應修該主修專長專門課程至少22學分外,另應修領域核心課程至少2學分及其他二主修專長專門課程各二科4學分,合計至少32學分。性質相同但名稱略異者,得從寬採認;(3)已修習其中一主修專長,另修習本領域其他主修專長時,僅需修習該一主修專長專門課程至少22學分,即可加註該主修專長;(4)本領域不限加註一主修專長。

(四) 科目、學分對照表

科目、學分對照詳見表3-21。

教育部(2002)通知各師資培育機構「國民中學九年一貫課程七大學習領域任教專門科目認定參考原則及內涵」,發現國中師資並非培育「領域師資」,而係培育「領域加註主修專長」師資。因此教育部的教師證書係「國民中學綜合活動領域輔導活動專長」、「國民中學綜合活動領域童軍教育專長」、

表 3-21

綜合活動學習領域任教專門科目認定之科目、學分對照表

類別		科目名稱	學分數	應修學分數	備註
領域核心課程		1. 綜合活動學習領域概論	2	2～4	4 選 1 至少 2 學分。
		2. 綜合活動學習領域設計與實施	2		
		3. 團體活動設計與實施	2		
		4. 綜合活動學習領域課程與教學	2		
專門課程	輔導活動	輔導原理與實務	2	22	一、宜就左列科目及其相關科目至少修習 22 學分以上。 二、修習本主修專長者，另應修習本領域其他二主修專長課程各二科 4 學分。
		諮商理論與技術	2		
		生涯輔導	2		
		教師行動研究	2		
		人際關係	2		
		危機處理	2		
		諮商概論	2		
		教師專業自我覺察與成長	2		
		團體輔導實務	2		
	童軍教育	童軍教育原理（或童軍教育）	2	22	一、宜就左列科目及其相關科目至少修習 22 學分以上。 二、修習本主修專長者，另應修習本領域其他二主修專長各二科 4 學分。
		環境教育（或環保教育）	2		
		戶外探索設計與實施	2		
		合作學習	2		
		休閒教育	2		
		野外生活技能	2		
		自然體驗活動	2		
		服務學習活動設計與實施	2		
	家政	家政教育概論	2	22	一、宜就左列科目及其相關科目至少修習 22 學分以上。 二、修習本主修專長者，另應修習本領域其他二主修專長各二科 4 學分。
		婚姻與家庭	2		
		家庭發展	2		
		家庭資源與管理	2		
		消費者教育	2		
		性別教育（或兩性教育）	2		
		親職教育	2		
		織物學	2		
		食物學	2		
		食物製備	2		
		營養學	2		
綜合活動學習領域主修專長總學分數			32～48		

資料來源：引自教育部（2002）。**國民中學九年一貫課程七大學習領域任教專門科目認定參考原則及內涵**〔台（91）師（三）字第 91096207 號〕。臺北市：作者。

「國民中學綜合活動領域家政專長」，而非「綜合活動學習領域」。

「國民中學九年一貫課程七大學習領域任教專門科目認定參考原則及內涵」強調培育「領域加註主修專長」師資，與 2008 年《綜合活動學習領域課程綱要》將師資安排分列國中與國小，凸顯國中師資之領域專業素養相符。

拾壹、以生活實踐能力建構領域內涵脈絡

課程乃持續發展的歷程，對綜合活動學習領域此一新興領域更須以持續、演進觀點視之。綜合活動學習領域課程綱要自 2000 年《綜合活動學習領域課程暫行綱要》、2003 年《綜合活動學習領域課程綱要》到 2008 年《綜合活動學習領域課程綱要》，歷經三次變革，每次變革均在尋求定位、釐清疑惑及導引偏差。

一、建構 1 總 3 重 4 軸 12 素養 69 能力指標的架構

2008 年《綜合活動學習領域課程綱要》充分納入國中小現場反應、家長意見，嘗試在 2003 年《綜合活動學習領域課程綱要》提出教學方法的基礎上，以生活實踐能力為總目標來建置「1 總 3 重 4 軸 12 素養 69 能力指標」的領域內涵脈絡，即以一項總目標、三大重心、四大主題軸、十二項核心素養與六十九項能力指標的系統內涵架構來呈現領域內涵脈絡。為完整闡述此領域內涵脈絡，於綱要之基本理念說明總目標，於課程目標闡述主題軸，於實施要點中闡述核心素養，於附錄之分段能力指標參考細目與補充說明闡述能力指標。2008 年《綜合活動學習領域課程綱要》期盼以「生活實踐能力」的簡潔目標與其系統內涵脈絡向教師、家長說明本學習領域的目標，更期盼教師與家長一起努力來實踐領域目標（教育部，2008b）。

二、釐清定位建置架構以穩健發展

黃武雄（2003a）強調臺灣教育積弊已深，教育改革一路走來，似應沉澱省思來時路，檢視自己的理念或意識型態重新出發。黃武雄（2003b）主張 1994 年以前教育部主張「管制與規劃」的主軸路線為第一路線，教改會提出「鬆

綁與多元」的主軸路線為第二路線，四一〇主張「結構與自主」的主軸為第三路線。第三路線跳脫菁英思維，把改革的主力先放在結構本身，第三路線也主張「多元」，但多元是長出來的，而不是因要求得來的，此跳脫菁英思維的唯心主義。多元可以鼓勵，可以嘗試實驗，但不能要求。黃武雄（2003c）強調大學不是複製主流價值或訓練技術人才的場所，而是孕育批判創造、催發社會更生的源頭。九年一貫課程及綜合活動學習領域實施幾年來，自然孕育出多元的理念與想法乃相當珍貴的成果。然而，《國民中小學九年一貫課程綱要》及《綜合活動學習領域課程綱要》與教育部相關規範乃課程基本的結構，此結構若遭漠視必然造成教育改革亂象。因此，「鬆綁與多元」、「結構與自主」如何取得均衡，乃專家學者待省思的課題。

探討九年一貫課程與綜合活動學習領域理念變革與解析，針對教育部與綱要的變革，從法規結構面與自然孕育的多元面討論，與其說結果，不如說是初探。誠如黃武雄（2003c）指出不論是由上而下的結構性改革，或是由下而上的多元自主發展，都需長時間的、密集的、不拘形式的擴大參與。希望能拋磚引玉，激起大家共同省思來時路，為教育改革再思維、再出發。

課程發展乃不斷修訂前進的歷程，尤其是新興領域的綜合活動學習領域，2000 年至今，在國中國小教師的用心教學、深耕輔導員的辛勤輔導、中央課程與教學輔導諮詢教師的研發與輔導下，綜合活動學習領域已經邁出一大步，或許走得不十分順暢，或許走得有點辛苦，或許走得有點茫然，或許走得有點偏差。2008 年修訂的綱要，乃期能檢討幾年來實施的得失，檢討目標與定位，建構領域內涵架構，釐清茫然疑惑，導引偏差問題，讓綜合活動學習領域更為穩健、踏實的發展，讓國中小學生能充分具備生活實踐能力。

|第 **4** 章|

綜合活動領域與相關領域分析

　　臺灣中小學課程一直存在各領域、各學科課程綱要不必要重疊或邏輯順序不當的問題，然或因課程公布時間緊迫、或因課程橫向整合切入點互異、或因課程整合涉及領域範圍的爭議、或因各領域（學科）本位過強、或因課程無法完善、或因參與課程整合人員難覓、或因參與課程整合者如何做均會被質疑，使得各領域（學科）不必要的重疊問題仍停留於「注意」階段，遲遲未予以處理。

　　2006 年 8 月，筆者擔任普通高級中學課程修訂計畫行政小組召集人，邀請臺北市立成功高中朱燦煌校長、國立宜蘭高中吳清鏞校長、臺北市立麗山高中陳偉泓校長負責共同參與計畫行政小組。計畫行政小組鑑於普通高級中學課程存在各學科課程綱要不必要重疊的問題，乃於 8 月 14 日至 16 日委託吳清鏞校長舉辦「普通高級中學課程暫行綱要跨學科整合第 1 次研討會」，會中達成共識為：各學科處理原則應該以學生學習為優先考慮，其次才是學科的完備性。處理原則有統整精簡、移動重心、議題區別、刪減與補充等可能選項。並將廿三學科分成五組進行討論，提出跨學科（領域）對話結論與原則。再於同年 9 月 12 日召開「公民與社會與其它相關學科召集人協調會」，會議中委請公民與社會、家政、生活科技、資訊科技概論、健康與護理、國防通識、綜合活動、生涯規劃、生命教育等學科召集人會同各學科中心於 9 月中旬前，秉持「統、移、區、刪、補」策略，提出處理「相關」課程的具體建議。最後，於 9 月 15 日、16 日召開「第 2 階段學科相關課程綱要內涵整合會議」，

完成檢核第 2 階段調整相關學科教材綱要內涵成果的工作（普通高級中學課程修訂計畫行政小組，2006）。

國民中小學九年一貫課程自 2000 年 9 月公布暫行綱要，2003 年 1 月公布正式綱要至今，各領域間不必要的重複問題向來被各界詬病，基於高中課程處理經驗，國民中小學九年一貫課程總綱修訂小組聯席會議決議：委由筆者帶領語文（國語文）學習領域、數學學習領域、社會學習領域、自然與生活科技學習領域、健康與體育學習領域、藝術與人文學習領域、綜合活動學習領域、生活課程等領域中央輔導諮詢教師與輔導員，各推薦國中兩名與國小三名參與跨領域整合任務，於 2007 年 1 月 10 日至 12 日及 1 月 18 日，分兩階段於國立教育研究院籌備處進行整合分析，並於 2007 年 8 月依據同年新修訂《國民中小學九年一貫課程綱要》進行跨領域整合分析。

第一節　課程跨領域整合理念與策略

茲從課程跨領域橫向整合理念、策略及可能遭遇問題等向度闡述之。

壹、整合理念

課程跨領域橫向整合包括課程、教材、教學、評量整合四向度，欲全面整合涉及各領域課程的目標、主題軸與能力指標、各領域之各出版社或教師自編的教材內涵、各領域任課教師的教學內涵與教學方法，以及各領域任課教師的教學評量等。本文僅探討各領域課程的目標、主題軸與能力指標的橫向整合。

一、課程整合的核心

由課程、教材、教學、評量與能力指標的關係圖（如圖 4-1 所示）可知，九年一貫「課程」的能力指標與高中職「課程」的教材內涵，轉化至各出版

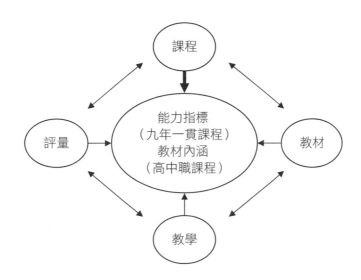

圖 4-1　課程、教材、教學、評量與能力指標的關係圖

社或教師自編「教材」，教師依據課程的能力指標與教材內涵及各出版社或教師自編教材進行「教學」，最後教師以課程的能力指標與教材內涵為評量目標，參酌各出版社或教師自編教材及教學內涵與方法，實施教學「評量」。然而，由於課程轉化到教材難免出現落差；課程、教材轉化到教學亦會產生落差；課程、教材、教學到評量更會出現落差。為避免剖析落差，九年一貫課程整合的核心在能力指標，高中職課程整合的核心在教材內涵，因此，課程、教材、教學、評量整合，均宜以能力指標或教材內涵為主軸。

二、課程整合之功能

　　跨領域課程整合呈現各領域（學科）間部分重疊或邏輯順序問題，若能秉持以學生為主體的處理原則，可發揮下列功能：

1. 提醒：橫向整合結果，可「提醒」負責課程綱要者修訂綱要與能力指標、教材編輯者編輯教材、教師實施教學與評量之參考。
2. 避免不必要的重疊：九年一貫課程能力指標或高中職課程教材內涵相似者，可能涉及深淺、詳簡、向度，可能是相互強化、關聯或不必要的重疊，若屬相互強化、關聯仍應予以保留，但若為不必要的重疊者應予以移動、區

隔或刪除。因此,跨領域課程整合可避免不必要的重疊內涵。

3. 減輕師生負擔:將不必要的重疊予以區隔後,可減少教師教學與學生學習負擔。

4. 提升教學效率:跨領域課程整合呈現各領域(學科)間邏輯順序問題,可經由相關領域(學科)課程研修小組協商處理邏輯順序問題,或提醒教師教學時可能遭遇的邏輯順序問題,對提升教師教學效率當有助益。

貳、課程跨領域橫向整合的核心理念與策略

為貫徹以學生為主體的理念,跳脫以學科為本位的思維,課程整合係剖析各學科間不必要的重疊或邏輯順序有問題者,採取「統(精簡內涵、橫向統整)、移(前後深淺、重心移動)、區(區別理念或議題)、刪(刪除不必要的重疊)、補(補充必要缺漏)」策略,強化學科間的統整,詳見圖 4-2。課程跨領域橫向整合策略如下:

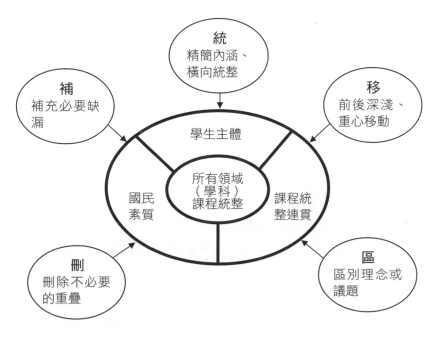

圖 4-2　課程統整理念與策略

一、橫向整合的核心理念

　　中小學一貫課程體系以「學生主體」、「國民素質」、「課程統整連貫」為核心理念（教育部，2005），所有領域（學科）課程統整亦以此為核心理念，強調以學生為主體、提升國民素質、強化課程統整連貫的核心價值。

二、橫向整合的策略

　　課程橫性整合，強化領域（學科）間的統整，可採取五項策略如下：

1. 統（精簡內涵、橫向統整）：臺灣歷次課程改革，各領域（學科）曾出現過度擴充內涵，使得每次修訂課程均增加教師與學生的教與學負擔。各領域（學科）研修小組宜精簡其內涵，審慎擴充其內涵，更應避免與其他領域重疊。以往或因不瞭解其他領域（學科）內涵，致出現過度擴充的現象，經過課程整合分析後，各領域當以學生為主體思維課程內涵，朝精簡內涵努力。

2. 移（前後深淺、重心移動）：各領域（學科）課程內涵若出現不必要重複或邏輯順序問題，應移動重心，如領域（學科）間重心的移動，或領域內前後移動、深淺調整。

3. 區（區別理念或議題）：各領域（學科）前後、深淺或重心移動之後，必須能區隔出不必要之重疊，如區隔出理念、議題或主題軸。如高中課程中壓力與調適、.性別差異與性別平等，及婚姻與家庭在各學科間重疊甚多，經過跨學科整合會議，獲得如下結論：(1)壓力與調適：健康與護理以一般概述、焦慮、憂鬱、自我傷害行為為主軸，家政宜從家庭切入，而公民與社會科則移除；(2)性別差異與性別平等：性別教育以家政為主軸。性教育以健康與護理為主軸。性別教育、性教育的法律以公民與社會為主軸。全民國防教育有關性教育部分以自我防衛技能為主軸；(3)婚姻與家庭（從親密關係到群己關係）：公民與社會以制度和歷史的變遷為主，家政以關係與情感為主（強化人際溝通），健康與護理暫不以婚姻與家庭為主。

4. 刪（刪除不必要的重疊）：若經過統、移、區之後，仍無法處理不必要重疊，則宜刪除。如前述「區（區別理念或議題）」中，公民與社會科移除

壓力與調適、健康與護理暫不以婚姻與家庭為主，均係移除的概念。各領域（學科）面對刪除均感受頗大壓力，但在處理刪除時，參與者宜思考四項問題：(1)以學生為中心嗎？若為學科完整，卻給學生重疊的學習內涵，則違反學生主體理念；(2)能教得完嗎？若教不完，卻不割捨，則徒然增加師生負擔；(3)精研過了嗎？若未精研，卻要教，則未必能提升國民素質；(4)能教得好嗎？若教不好，卻要教，則有違教師專業形象；教得好不好其實甚難判斷，然可參酌師資養成階段的各科教師專門科目學分認定表的內涵，進行初步判斷。

5. 補（補充必要缺漏）：21 世紀乃知識經濟時代，知識日新月異，各領域（學科）必然有新興的議題或知識，因此宜補充必要缺漏。然在補充必要缺漏的同時，宜刪除過時的課程內涵。

參、課程整合遭遇的三項議題

各領域（學科）課程整合遭遇三項議題：一為「學科中心」或「學生中心」，二為重疊屬性不同的處理方式，三為綱要內涵的邏輯順序。

一、學科中心或學生中心

秉持高中課程修訂揭示「上下連貫橫向統整」、「學生中心」等原則，貫徹以學生為主體的理念，跳脫以學科為本位的思維，呼應世界課程改革「以學生為中心」的趨勢，大陸普通高中新課程的結構和內容強調：高中新課程內容不再單純以學科為中心組織教學內容，不再刻意追求學科體系的嚴密性、完整性、邏輯性，而是從高中學生發展的需要出發，結合社會和學科發展的實際，精選學生終身發展必備的知識（大陸教育部，2006）。因此，各領域（學科）課程宜掌握「以學生為中心」的思維，強化各領域（學科）學生學習的橫向統整與應用，以充分追求各領域（學科）的嚴密性、完整性、邏輯性。

二、重疊屬性不同的處理方式

各領域（學科）「重疊屬性」涉及相互強化、關聯或不必要的重疊等情

況，屬性不同，處理方式也互異。各領域（學科）的重疊若屬相互強化或關聯者，應均予以保留，但應「提醒」課程綱要研修人員、教材編輯人員與負責教學與評量的教師，留意各領域（學科）間相互強化或關聯的內涵。然若屬各領域（學科）不必要的重疊者，宜經由評析確認後，應予以移動、區隔或刪除，方能達到統整精簡的目的。

三、綱要內涵的邏輯順序

　　各領域（學科）內涵除重疊外，更可能發生綱要內涵邏輯順序的問題。若領域（學科）內涵間出現邏輯順序問題，則應由相關領域（學科）課程研修小組協商邏輯順序調整或採取其他變通方式，但若相關領域（學科）課程研修小組間有一領域（學科）研修小組堅持己見，則邏輯順序的處理必然無解。

　　2008 年《國民中小學九年一貫課程綱要》中數學、社會及自然與生活科技學習領域能力指標出現一些邏輯順序問題，分析表詳見表 4-1，依據此表分析結果，提出分析與建議如下：

(一)「座（坐）標」的專有名詞宜予統整

　　建議刪除自然領域次主題 215 運動與力中「座（坐）標」的專有名詞，說明如下：

1. 數學領域「坐標」之相關能力指標，安排在七年級「7-a-11 能理解平面直角坐標系」，進行教學（國小數學並未觸及）。

2. 自然領域（三、四年級）次主題 215 運動與力，提到「物體的位置：2c.知道要表達物體的『位置』，應包括座標、距離、方向等資料」，此處與數學領域安排之學習進程（七年級）明顯衝突，建議自然領域該能力指標中刪除「座標」的專有名詞。

3. 綜合領域之座（坐）標概念在綱要中雖未述及，但教科書中常安排應用此概念之活動，建議出版商在設計相關活動時，能配合數學領域之教材安排。

4. 「座（坐）標」用詞宜統一，數學、社會採「坐標」，自然領域採「座標」。

(二) 自然領域比和比值的「計算」宜於六年級實施

　　建議自然領域能力指標涉及比和比值的「計算」部分，宜於六年級實施，請出版社與教師留意此部分，說明如下：

表 4-1

數學、社會及自然與生活科技學習領域能力指標相似或重疊分析

數學領域	社會領域	自然與生活科技領域	相似或重疊說明	建議
數與量				
5-n-14 能認識比率及其在生活中的應用（含「百分率」、「折」）。 6-n-09 能認識比和比值，並解決生活中的問題。		第三階段（五、六年級）比較與分類 1-3-2-2 由改變量與本量之比例，評估變化程度。	在比和比值，數學領域屬於「認識」層次，自然領域「比較和分類」屬於「應用」層級。	建議自然領域涉及比和比值的「計算」部分，在六年級進行。
N-3-17 能理解速度的概念與應用，認識速度的常用單位及換算，並處理相關的計算問題。 6-n-12 能認識速度的意義及其常用單位。		次主題 215 運動與力 **速度** 第三階段（五、六年級）3d.運用時間與長度，描述物體運動的速度。	1. 數學領域教學重點較多著重意義之認識和單位轉換或是關係之推理……等；自然領域較多著重在體驗操作過程之科學活動和描述物體運動的狀態，以便後續教學之應用，例如：「加速度」、「力學」……等。 2. 國小階段尚未將方向性考慮進去，宜以「速率」稱之，以免到國中時「速度」與「速率」混淆。	1. 教材面已區隔重心，建議均予保留。 2. 綱要是否增加補充敘述，可以慎重考量。 3. 建議數學、自然兩領域（國小階段）用字均改為「速率」。 4. 自然領域國小階段僅先定性介紹「速率」，暫未涉及計算。數學領域由比值概念介紹速率很恰當，兩者並無衝突，建議均予保留。

（續下頁）

數學領域	社會領域	自然與生活科技領域	相似或重疊說明	建議
幾何				
6-s-02 能認識平面圖形放大、縮小對長度、角度的影響，並認識比例尺。	人與空間 1-2-4 測量距離、閱讀地圖、使用符號繪製簡略平面地圖。		數學領域圖形放大、縮小、比例尺的概念在六年級進行教學。社會領域則在三、四年級進行繪製簡略平面地圖。	建議社會領域「繪製簡略地圖」不涉及比例尺概念。
代數				
7-a-11 能理解平面直角坐標系。		次主題 215 運動與力 **物體的位置** 第二階段（三、四年級）2c.知道要表達物體的「位置」，應包括座標、距離、方向等資料。	數學領域之「坐標」在七年級進行。自然領域在三、四年級表達物體位置，包括座標、距離、方向。	自然領域能力指標中刪除「座標」的專有名詞。
統計與機率				
3-d-01 能報讀生活中常見的表格。 4-d-01 能報讀生活中常用的長條圖。 4-d-02 能報讀生活中常用的折線圖。		第二階段（三、四年級）傳達 1-2-5-1 能運用表格、圖表（如解讀資料及登錄資料）。	數學領域三年級報讀表格，四年級報讀圖表。自然領域為三、四年級能運用表格、圖表。	自然領域配合數學領域之學習進程，四年級始進行運用「圖表」之教學。
6-d-01 能整理生活中的資料，並製成長條圖。 6-d-02 能整理生活中的有序資料，並繪製折線圖。 6-d-03 能報讀生活中常用的圓形圖，並能整理生活中的資料，製成圓形圖。		第三階段（五、六年級）1-3-5-1 將資料用合適的圖表來表達。	數學領域在六年級製作統計圖表。自然領域為五、六年級將資料用圖表來表達。	自然領域配合數學領域之學習進程，勿在五年級進行「圖表表達」之教學。

1. 數學領域有關「比和比值」之教學安排在六年級，且屬於「認識」層次。

2. 自然領域安排「比例」之教學係屬第三階段（五、六年級均可），其安排之材料「比較和分類」屬於「應用」層級。建議自然領域能配合數學領域六年級之教學後，再安排相關活動，俾使相關概念順利銜接。

(三) 社會領域繪製圖形宜予修改

建議社會領域應用比例尺概念有以下二點：(1)能力指標再切割；(2)教材安排在六下。說明如下：

1. 數學領域的圖形放大、縮小、比例尺概念在六年級始進行教學。

2. 社會領域有關繪製之能力指標「1-2-4 測量距離、閱讀地圖、使用符號繪製簡略平面地圖」，卻安排在第二階段（三四年級）進行，與數學領域能力指標嚴重不配合。

3. 建議社會領域能力指標將原 1-2-4 指標內容中有關「繪製圖形」之部分改為「繪製簡略地圖（不涉及比例尺概念）」。

4. 建議出版商在設計相關活動時，能配合數學領域之教材安排。

(四) 自然領域圖表宜配合數學領域學習進程

建議出版商在編輯自然領域「圖表」之教材時，能配合數學領域統計圖表之學習進程，說明如下：

1. 數學領域能力指標中，有關統計圖表之學習進程安排為：報讀「表格」（三年級）；報讀「圖表」（四年級）；然自然領域卻於第二階段（三、四年級）安排運用表格、圖表。故建議自然領域配合數學領域之學習進程，四年級始進行運用「圖表」之教學。

2. 數學領域能力指標中，有關統計圖表（長條圖、折線圖、圓形圖）的製作安排在六年級；然自然領域則在第三階段（五、六年級）安排「將資料用合適的圖表來表達」之能力指標。建議自然領域配合數學領域之學習進程，勿在五年級進行「圖表表達」之教學。

(五) 數學、自然領域述及「速度」宜區隔重心

有關「速度」之教學，在自然領域和數學領域均述及，但在教材中著重之重點不同，已區隔重心，建議均予保留，說明如下：

1. 數學領域分年細目「6-n-12 能認識速度的意義及其常用單位」。教學重點

較多著重意義之認識和單位轉換或是關係之推理……等。

2. 自然領域能力指標次主題 215 運動與力中提及「速度」之教學「3d.運用時間與長度，描述物體運動的速度」。其教學時的目標較多著重在體驗操作過程之科學活動和描述物體運動的狀態，以便後續教學之應用，例如：「加速度」、「力學」……等。

3. 上述在現場教材面已有自動區隔之現象，但在能力指標的敘述上兩者恐有重複之嫌，建議在綱要的敘寫上，自然領域和數學領域再作深入研討，讓課程綱要更趨完善。

第二節　綜合活動領域與相關領域能力指標分析

　　國中小語文（國語文）學習領域、語文（英語）學習領域、數學學習領域、健康與體育學習領域、社會學習領域、自然與生活科技學習領域、藝術與人文學習領域、綜合活動領域與生活課程之中央輔導諮詢教師或領域輔導員代表，經歷三次分析。

壹、綜合活動領域與其他領域之區隔重點

　　2007 年 1 月 10～12 日、18 日及 2007 年 8 月 1～3 日、20 日於國立教育研究院籌備處歷經兩階段各四天的研議，提出綜合活動領域與其他領域之區隔重點如下：

一、自我、人際與群己部分

　　自我、人際與群己部分，涉及政治、經濟、法律，及社會制度結構者，以社會學習領域為主軸；涉及人際互動、溝通者，以綜合活動學習領域為主軸，如透過活動實踐來體驗人際溝通的意涵。

二、健康部分

　　健康部分，生理健康、心理衛生、自我保健以健康與體育學習領域為主軸；心理輔導以綜合活動學習領域為主軸，如情緒管理、壓力調適、人際溝通。

三、性別教育、性教育部分

　　性別教育以綜合活動學習領域為主軸；性教育以健康與體育學習領域為主軸。

四、飲食部分

　　飲食部分，各學習領域主軸如下：藝術與人文學習領域強調飲食造型創作與裝飾；自然與生活科技學習領域強調飲食食材的物理化學變化；健康與體育學習領域強調飲食營養、熱量控制與食材衛生；綜合活動學習領域強調飲食實際製作，如製作銅鑼燒。

五、安全教育部分

　　安全教育以健康與體育學習領域為主軸；危機辨識與處理以綜合活動學習領域為主軸；天然災害的成因與防治辦法以自然與生活科技學習領域為主軸。

六、休閒活動部分

　　休閒活動建議以健康與體育學習領域為主軸；綜合活動學習領域以戶外活動旅行、露營、探索活動的相關課程為主。

七、多元文化部分

　　多元文化從藝術角度切入者以藝術與人文學習領域為主軸；多元文化之認知以社會學習領域為主軸；多元文化之情意陶冶以綜合活動學習領域為主軸。

八、環境議題部分

　　環境議題部分，自然與生活科技學習領域以探討環境問題的成因及影響為

主軸；社會學習領域以認識環境與人類活動之間的互動關係為主軸；健康與體育學習領域以探討環境對健康影響為主軸；綜合活動學習領域以實際體驗環境與人類活動之間的互動關係為主軸。

貳、綜合活動領域與其他領域課程教材編輯建議

2008 年 8 月依據 2008 年《國民中小學九年一貫課程綱要》進行綜合活動、健康與體育及生活課程相似或重疊分析（如表 4-2 所示，見第 221 頁），綜合活動、健康與體育及社會領域相似或重疊分析（如表 4-3 所示，見第 225 頁），綜合活動與健康與體育、自然與生活科技、社會相似或重疊分析（精簡篇幅，不予呈現），綜合活動、國語文與英語相似或重疊分析（精簡篇幅，不予呈現），並提出綜合活動領域與其他領域課程教材編輯建議，內容分成「綜合活動領域與相關領域教材編輯建議」及「綜合活動學習領域與生活課程教材編輯建議」兩部分說明之。

一、綜合活動領域與相關領域教材編輯建議

(一) 領域重疊之思考

關於綜合活動與相關領域若有相似或重疊之處，建議其他領域原則上以「認知學習」為主軸；綜合活動學習領域則強調「體驗、省思、實踐及情意陶冶」。

(二) 教材內涵之區隔

考量相關領域與綜合活動課程之相輔相成，建議授課教師可於課程發展委員會討論教材內涵之區隔，或於領域課程小組會議時互相邀請相關領域討論課程統整方式。

(三) 主題重複之狀況

針對「身心健康」、「性別平等教育」、「飲食部分」、「多元文化」、「安全教育」「休閒活動」、「自然生態」、「環境議題」等主題之重複，建議從不同層面切入，達成課程間相輔相成之目標，透過不同領域課程之設計深化相關概念。進一步說明如下：

1. 身心健康

(1) 綜合活動學習領域：以心理輔導諮商為主軸，人際溝通部分，綜合活動領域以自身覺察情緒與壓力及體驗改善為主。如：

1-2-3 辨識與他人相處時自己的情緒。

1-3-4 覺察自己的壓力來源與狀態，並能正向思考。

1-4-4 適當運用調適策略來面對壓力處理情緒。

2-4-5 覺察自己與家人溝通的方式，增進經營家庭生活能力。

3-4-1 參與各項團體活動，與他人有效溝通與合作，並負責完成分內工作。

(2) 健康與體育學習領域：以生理健康、心理衛生教育、自我保健為主，著重在知識概念與策略方法之認知介紹。如：

6-1-4 認識情緒的表達及正確的處理方式。

6-2-4 學習有效的溝通技巧與理性的情緒表達，認識壓力。

2. 性別平等教育

(1) 綜合活動學習領域：以心理輔導諮商、性別教育為主，覺察不同性別在生活事務的異同及人際交往等。如：

2-2-2 覺察不同性別者在生活事務的異同，並欣賞其差異。

2-4-2 探討人際交往與未來家庭、婚姻的關係。

(2) 健康與體育學習領域：以生理健康、心理衛生教育之性教育為主，著重在知識概念與策略方法之介紹。如：

1-2-5 檢視兩性固有的印象及其對兩性發展的影響。

1-3-4 解釋社會對性與愛之規範及其影響。

(3) 社會領域：建議以性別平等教育中的法律知識及權利關係為主。

3. 飲食部分

(1) 綜合活動學習領域：強調飲食實際製作及活動後的省思。如：

2-2-1 實踐個人生活所需的技能，提升生活樂趣。

2-4-1 妥善計畫與執行個人生活中重要事務。如附錄之補充說明 1.：從個人生活經驗中，省思與列舉個人認為重要的事務，及其對個人的重要程度，包括飲食、衣著、生活管理及家庭生活等相關事務。

3-1-4 欣賞身邊不同文化背景的人。如附錄之補充說明 3.欣賞的方式：

邀請不同文化背景的人參與活動，分享各種文化的特色，或製作不同文化的飲食，從活動中討論自己喜歡或不喜歡某些文化的特色及其原因。

(2) 自然與生活科技學習領域：強調飲食食材的物理及化學變化。如：

2-4-8-2 認識食品、食品添加劑及醃製、脫水、真空包裝等食品加工。

(3) 健康與體育學習領域：強調飲食營養、熱量控制與食材衛生。如：

2-3-4 以營養、安全及經濟的觀點，評估家庭、學校、餐廳、社區商店所準備和販售餐點的合適性，並提出改善的方法。

2-3-5 明瞭食物的烹調、製造會影響食物的品質、價格及熱量，並能作明智的選擇。

以「製作銅鑼燒」為例，藝術與人文學習領域強調造型創作；自然與生活科技學習領域強調食材的物理、化學變化；健康與體育學習領域強調熱量控制與食材衛生；綜合活動學習領域強調實際製作及活動後的省思。

4. 多元文化

(1) 綜合活動學習領域：以欣賞、參與和尊重關懷等多元文化之「情意陶冶」為主。如：

2-1-3 欣賞身邊不同文化背景的人。

2-2-4 參與社區各種文化活動，體會文化與生活的關係。

2-3-4 尊重與關懷不同的文化，並分享在多元文化中彼此相處的方式。

(2) 社會學習領域：以多元文化之「認知」為主。如：

9-4-3 探討不同文化背景者在闡釋經驗、對待事物和表達方式等方面的差異，並能欣賞文化的多樣性。

(3) 藝術與人文學習領域：從藝術角度切入多元文化為主。如：

2-3-10 參與藝文活動，記錄、比較不同文化所呈現的特色及文化背景。

5. 安全教育

(1) 綜合活動學習領域：以 「危機辨識與處理」演練和體驗為主，強調省思危機事件可能對個人及家庭、社會所產生之影響並思考可行的化解危機的策略行動。如：

4-1-1 辨識遊戲或活動中隱藏的危機，並能適切預防。

4-1-2 發現各種危險情境，並探索保護自己的方法。

4-2-1 探討生活中潛藏的危機，並提出減低或避免危險的方法。

4-3-1 探討周遭環境或人為的潛藏危機，運用各項資源或策略化解危機。

4-4-1 察覺人為或自然環境的危險情境，評估並運用最佳處理策略，以保護自己或他人。

(2) 健康與體育學習領域：以安全教育「認知」為主，著重說明或討論可採取的行動。如：

5-1-1 分辨日常生活情境的安全性。

5-1-2 說明並演練促進個人及他人生活安全的方法。

5-1-3 思考並演練處理危險和緊急情況的方法。

5-3-1 評估日常生活的安全性並討論社會對促進個人及他人安全的影響。

6. 休閒活動

(1) 綜合活動學習領域：以戶外活動中，旅行、露營、探索活動為主。如：

4-3-2 參與計畫並從事戶外活動，從體驗中尊重自然及人文環境。

4-4-2 透過領導或溝通，規劃並執行合宜的戶外活動。

(2) 健康與體育學習領域：以一般休閒活動為主。如：

4-2-3 瞭解有助體適能要素促進的活動，並積極參與。

3-3-1 計畫並發展特殊性專項運動技能。

7. 自然生態

(1) 綜合活動學習領域：以欣賞自然生態之美及透過體驗活動學習與自然生態的合宜互動為主。如：

1-2-2 運用簡易的知能參與戶外活動，體驗自然。

4-4-3 具備野外生活技能，提升野外生存能力，並與環境作合宜的互動。

(2) 自然與生活科技學習領域：以認識動植物的構造與功能，及認識生物的共同性與多樣性為主。如：

次主題 130 生命的共同性、131 生命的多樣性

次主題 141 植物的構造與功能、142 動物的構造與功能

8. 環境議題

   (1) 綜合活動學習領域：以實際體驗環境與人類活動之間的互動關係及實踐行動為主。如：

      4-2-3 辨別各種環境保護及改善的活動方式，選擇適合的項目落實於生活中。

      4-4-4 分析各種社會現象與個人行為之關係，擬定並執行保護與改善環境之策略及行動。

   (2) 健康與體育學習領域：以探討環境對健康影響為主。如：

      7-2-5 調查、分析生活周遭環境問題與人體健康的關係。

      5-3-3 規劃並演練緊急情境的處理與救護的策略和行動。

   (3) 自然與生活科技學習領域：以探討環境現象的種類、成因與防治方法為主。如：

      次主題 220 全球變遷、430 天然災害與防治、431 環境污染與防治

   (4) 社會學習領域：以認識環境與人類活動之間的互動關係為主。如：

      9-3-1 探討全球生態環境之相互關聯以及如何形成一個開放系統。

      9-4-6 探討國際組織在解決全球性問題上所扮演的角色。

二、綜合活動學習領域與生活課程教材編輯建議

(一) 領域重疊之思考

    關於生活課程與綜合活動領域若有重疊之處，原則上生活課程在於培養學童的生活能力，並為三、四年級的自然與生活科技、社會、藝術與人文學習領域的學習奠立基礎；綜合活動學習領域旨在培養學生生活實踐能力，但強化體驗、省思、實踐及情意陶冶部分。

(二) 教材內涵之區隔

    考量生活課程與綜合活動課程之相輔相成，建議授課教師宜協同教學或討論教材內涵之區隔。

(三) 主題重複之狀況

    針對「校園生活適應」、「安全教育」、「團體規則或合作」、「社區資源」等主題之重複，建議從不同層面切入，達成課程間相輔相成之目標，透

過不同領域課程之設計深化相關概念。進一步說明如下：

1. 校園生活適應

　(1) 綜合活動學習領域：強調學前生活與入學後的人事物之比較與欣賞其差異。如：

　　2-1-2 分享學前與入學後生活上的異同與想法。

　(2) 生活課程：強調新環境的人事物認識與使用功能。如：

　　1-3 探索生活中的人、事、物，並體會各種網絡之間的互賴與不可分離性。

2. 安全教育

　(1) 綜合活動學習領域：以危機辨識與保護處理為主軸，強調危機處理。如：

　　4-1-1 辨識遊戲或活動中隱藏的危機，並能適切預防。

　(2) 生活課程：宜強調有效的安全行動，強調一般的安全行動。如：

　　3-3 養成動手探究事物的習慣，並能正確、安全且有效地行動。

3. 團體規則或合作

　(1) 綜合活動學習領域：強調團隊合作與關懷。如：

　　3-1-2 體會團隊合作的意義，並能關懷團隊的成員。

　(2) 生活課程：強調團體規則的遵守。如：

　　4-3 能聽取團體成員的意見、遵守規則、一起工作，並完成任務。

4. 社區資源

　(1) 綜合活動學習領域：強調社區資源與機構的運用。如：

　　2-1-3 覺察社區機構與資源及其與日常生活的關係。

　(2) 生活課程：強調社區機構或資源的認識與瞭解。如：

　　1-3 探索生活中的人、事、物，並體會各種網絡之間的互賴與不可分離性。

表 4-2

綜合活動、健康與體育及生活課程相似或重疊分析

綜合活動領域	健體領域	生活課程	相似或重疊說明	建議
1-1-1 探索並分享對自己以及與自己相關人事物的感受。	6-1-1 描述自己的特色，並接受自己與他人之不同。	1-3 探索生活中的人、事、物，並體會各種網絡之間的互賴與不可分離性。	綜合領域談家人、同學、安親班朋友等互動的感覺。 健體領域談描述自己的特質和他人的不同。 生活談人、事、物之間的關係。	兩科內涵不同但教材易重疊，請教科書審議時注意此點。
1-1-2 區辨自己在班級與家庭中的行為表現。		(一)成長現象的觀察與省思 1.1 對自己與他人成長的看法 ● 表達自己的發展與成長會受到家庭與學校的影響。	生活課程著重家庭與學校的個人的影響；綜合領域強調對分辨自己在家與在學的行為差異。兩者部分內涵相似。	請留意兩領域在教材、教學內涵上相互間的區隔。
2-1-1 經常保持個人的整潔，並維護班級與學校共同的秩序與整潔。	1-1-4 養成良好的健康態度和習慣，並能表現於生活中。	3-3 養成動手探究事物的習慣，並能正確、安全且有效地行動。 (5)生活規矩與習慣的建立。 ● 保持生活空間的清潔與舒適。	三科教材中洗手、如廁、刷牙等重疊。 健體領域：個人的保健、清潔，如洗手、如廁、刷牙。 綜合領域：班級及校園整潔，如掃地、拖地、整理抽屜等。 生活課程：強調在探索過程當中有何正確的觀察步驟，以及建立生活規矩與整潔的習慣。	兩科內涵不同但教材易重疊，請教科書審議時注意此點。 請留意兩領域在教學方法上相互間的區隔。
2-1-2 分享學前與入學後生活上	6-1-1 描述自己的特色，並接受	(一)成長現象的觀察與省思	生活課程以表達入學後之成長為	請留意三領域在教材、教學內涵

（續下頁）

綜合活動領域	健體領域	生活課程	相似或重疊說明	建議
的異同與想法。	自己與他人之不同。	1.1 對自己與他人成長的看法 • 表達進入小學後的成長變化。	主；綜合領域強調分享學前與入學後之差異；健體領域則強調比較自己與他人之差異。	與教學方法上相互間的區隔。
3-1-2 體會團隊合作的意義，並能關懷團隊的成員。	6-1-5 瞭解並認同團體規範，從中體會並學習快樂的生活態度。	4-3 能聽取團體成員的意見、遵守規則、一起工作，並完成任務。 (5)生活規矩與習慣的建立。 • 在團體中（如兩人以上的小組），學習安排工作、分配工作，與人合作完成一件事。	健體領域從體育活動中切入，來達成團體認同理念。 綜合領域從輔導、童軍團體活動等切入來達成團體合作目標。 生活課程則從主題探索體驗活動過程中學會團體規範之遵守。	建議均予以保留。 請留意三領域在教材、教學內涵上相互間的區隔。
3-1-4 欣賞身邊不同文化背景的人。	6-1-1 描述自己的特色，並接受自己與他人之不同。	2-3 察覺不同人、不同生物、不同文化各具特色，理解並尊重其歧異性，欣賞其長處。	在文化的認知與察覺由生活課程進行，在體驗活動與欣賞部分由綜合活動課程進行。並建議生活課程與綜合領域為同一教師教授，以利課程之整合。 健體領域提及察覺他人與自己的異同。	指標已區隔，建議均予保留。 考量目前授課節數及課程完整性，建議健體領域從自己與他人生理發展層面切入來區別異己之不同，進而學會接受。對於察覺、探索與理解、尊重不同文化背景特色部分建議以生活課程為主軸（以置於二上為宜）；而對於不同文化的體驗、欣賞活動建議以綜合領域為主軸（以置於二下為宜）。

（續下頁）

綜合活動領域	健體領域	生活課程	相似或重疊說明	建議
3-1-4 欣賞身邊不同文化背景的人。		(二)生活環境特性的認識 2.2 對社會文化環境的認識 ● 察覺不同文化的歧異性，發現它們各具特色，都值得尊重。	生活課程強調對不同文化的察覺與欣賞；與綜合領域對不同文化的欣賞，兩者內涵重疊。	請留意兩領域在教材、教學內涵上相互間的區隔。
4-1-3 樂於參加班級、家庭的戶外活動。	4-1-2 認識休閒運動並樂於參與。		休閒活動建議以健體領域為主軸，綜合領域以戶外活動旅行、露營、探索活動的相關課程為主。	建議予以保留。
4-1-4 體會環境保護與自己的關係，並主動實踐。	7-1-5 體認人類是自然環境中的一部分，並主動關心環境，以維護、促進人類的健康。	5-5 產生愛護生活環境、尊重他人與關懷生命的情懷。 (二)生活環境特性的認識 2.3 對環境的愛護 ● 察覺到環境的問題與生活息息相關，影響我們的生存，必須愛護我們的環境。 (5)生活規矩與習慣的建立。 ● 察覺生活環境中有空氣污染、水污染、廢棄物處理等問題，並知道愛護環境，要從自己做起。	生活課程以體驗生活環境與人類互動之關係為主，強調對環境的問題重視與關懷及個人環保觀念的建立，與對資源回收的瞭解。 綜合領域課程由落實生活中直接體驗環保活動，進行環保活動。 健體領域則著重環境對健康的影響。	三領域之指標內涵已區隔，建議均予保留。 請留意各領域在教材、教學內涵及教學方法上相互間的區隔。

（續下頁）

綜合活動領域	健體領域	生活課程	相似或重疊說明	建議
		(三)生活器物的探究 3.2知道器物性質與生活的關係 ● 能知道日常生活中，有許多資源可回收與再利用，如：紙張、鋁罐、塑膠、保麗龍等。		
2-4-3 規劃合宜的休閒活動，並運用創意豐富生活。	4-3-2 選擇提升休閒活動參與的方法，並執行個人終生運動計畫。 4-3-3 計畫及執行個人增進體適能表現的活動。 7-3-2 選擇適切的健康資訊、服務及產品，以促成健康計畫的執行。 7-3-3 選擇適切的運動資訊、服務及產品，以促成運動計畫的執行。		健體領域著重選擇適切休閒活動與執行健康及運動計畫。 綜合領域強調休閒活動的規劃。	兩科教材、教學內涵重疊，請留意兩領域相互間的區隔。
2-4-4 面臨逆境能樂觀積極的解決問題。	6-3-6 建立快樂、健康的生活與生命觀，進而為自己的信念採取行動。		健體領域指標強調建立正向的生活與生命觀。 綜合領域注重培養正向的問題解決態度。	兩科教材、教學內涵相似，請留意兩科相互間的區隔。

表 4-3

綜合活動、健康與體育及社會領域相似或重疊分析

綜合活動領域	健體領域	社會領域	相似或重疊說明	建議
1-1-1 探索並分享對自己以及與自己相關人事物的感受。	6-3-1 體認自我肯定與自我實現的重要性。	5-2-1 舉例說明自己可以決定自我的發展並具有參與群體發展的權利。	社會領域重視個人參與群體的權利，健體領域重視自我意識，內涵不同。綜合領域強調個人；社會領域則強調個人與群體。	已區隔重心，建議均予保留。
1-1-4 體會、分享生命降臨與成長的感受。	1-1-1 知道並描述對於出生、成長、老化及死亡的概念與感覺。1-1-2 觀察並比較不同人生階段的異同。	5-4-1 瞭解自己的身心變化，並分享自己追求身心健康與成長的體驗。	綜合領域體會生命、寵物照養的經驗分享等。健體領域著重於生命週期名稱的認識。社會領域則以健康態度面對人與社會。對於不同階段成長經驗及與家人、親友之互動，三領域間亦有許多雷同及重複之處，惟社會領域能力於第四階段提及；但7-9 年級基本內容未再敘及。	建議均予保留。國中（社會）國小（健體）階段不同，授課重點不同。建議社會、健體領域均予保留。綜合領域著重於體會生命、寵物的照養的經驗分享等。健體領域著重於生命週期名稱的認識。故不需修改。
3-1-2 體會團隊合作的意義，並能關懷團隊的成員。	6-1-5 瞭解並認同團體規範，從中體會並學習快樂的生活態度。6-2-3 參與團體活動，體察人我互動的因素及增進方法。6-3-3 應用溝通	4-2-1 說出自己的意見與其他個體、群體或媒體意見的異同。5-2-2 舉例說明在學習與工作中，可能和他人產生合作或競爭的關係。	內容重疊。綜合領域強調團隊合作與關懷。健體領域著重以快樂的態度參加團隊活動。社會領域著重瞭解團體中人我的差異性，各種團	社會領域著重於現象的說明，健體領域著重於解決方法的實踐與策略，已區隔重心，建議社會領域予以保留。健體領域可從體育活動中切入，

（續下頁）

綜合活動領域	健體領域	生活課程	相似或重疊說明	建議
	技巧與理性情緒管理方式以增進人際關係。		體的競爭合作關係。	來達成團體認同理念；綜合領域從輔導、童軍團體活動等切入來達成團體合作目標。
1-2-1 欣賞並展現自己的長處，省思並接納自己。	6-2-1 分析自我與他人的差異，從中學會關心自己，並建立個人價值感。		健體領域強調自我概念與他人的差異及建立自我價值。綜合領域以自我認同、評價為主。	請留意兩領域之教材、教學內涵上相互間的區隔。
1-2-2 參與各式各類的活動，探索自己的興趣與專長。	6-2-1 分析自我與他人的差異，從中學會關心自己，並建立個人價值感。		健體領域強調自我概念與他人的差異及建立自我價值。綜合領域以自我探索為主。	請留意兩領域之教材、教學內涵上相互間的區隔。
1-2-3 辨識與他人相處時自己的情緒。	6-1-4 認識情緒的表達及正確的處理方式。		健體領域著重在對各種情緒表達的認識，屬於全面性的概論。綜合領域則著重在對自己情緒的辨識，強調尊重個人情緒表達的差異性。	建議健體領域評估 6-1-4 置於第一學習階段的適切性。
2-2-2 覺察不同性別者在生活事務的異同，並欣賞其差異。	1-2-5 檢視兩性固有的印象及其對兩性發展的影響。	6-2-4 說明不同的個人、群體（如性別、族群、階層等）文化與其他生命為何應受到尊重與保護，以及如何避免偏見與歧視。	綜合領域強調鼓勵不同性別者不受性別生理上的限制勇於嘗試各種生活事務。健體領域著重生理發展的介紹與瞭解。	建議均予保留。

（續下頁）

綜合活動領域	健體領域	生活課程	相似或重疊說明	建議
3-2-1 參加團體活動，並能適切表達自我、與人溝通。	6-1-3 展示能增進人際關係、團隊表現及社區意識的行為。 6-1-5 瞭解並認同團體規範，從中體會並學習快樂的生活態度。 6-2-3 參與團體活動，體察人我互動的因素及增進方法。 6-3-3 應用溝通技巧與理性情緒管理方式以增進人際關係。	4-2-1 說出自己的意見與其他個體、群體或媒體意見的異同。 5-2-2 舉例說明在學習與工作中，可能和他人產生合作或競爭的關係。	健體領域：著重增進人際互動關係方法的探究與體驗。 綜合領域：以個人參與團體活動並運用人際互動增進方法來達成表達自我及與人溝通的目標。 社會領域：著重人際互動的認知。	兩科教材易重疊，請教科書審議時注意此要點。 社會領域著重於現象的說明，健體領域著重於解決方法的實踐與策略，已區隔重心，建議社會領域予以保留。 健體領域可從體育活動中切入，來達成團體認同理念；綜合領域從輔導、童軍團體活動等切入來達成團體合作目標。
3-2-2 參與各類自治活動，並養成自律、遵守紀律與負責的態度。	6-1-3 展示能增進人際關係、團隊表現及社區意識的行為。 6-1-5 瞭解並認同團體規範，從中體會並學習快樂的生活態度。 6-2-3 參與團體活動，體察人我互動的因素及增進方法。	4-2-1 說出自己的意見與其他個體、群體或媒體意見的異同。 5-2-2 舉例說明在學習與工作中，可能和他人產生合作或競爭的關係。	社會著重自治自律現象的說明，健體著重體育活動的自動自律，綜合強調參與及後的習慣養成。	社會領域著重於現象的說明，健體領域著重於解決方法的實踐與策略，已區隔重心，建議社會領域予以保留。 健體領域可從體育活動中切入，來達成團體認同理念；綜合領域從輔導、童軍團體活動等切入。
1-3-1 欣賞並接納他人。	6-2-1 分析自我與他人的差異，從中學會關心自己，並建立個人價值感。		健體領域強調自我概念與他人的差異及建立自我價值。 綜合領域著重對他人的認同與接納。	請留意兩領域之教材、教學內涵上相互間的區隔。

（續下頁）

綜合活動領域	健體領域	生活課程	相似或重疊說明	建議
1-3-2 參與各項活動，探索並表現自己在團體中的角色。	6-3-1 體認自我肯定與自我實現的重要性。	5-2-1 舉例說明自己可以決定自我的發展並具有參與群體發展的權利。	社會領域重視個人參與群體的權利，健體領域則重視自我意識，兩者內涵不同。綜合領域強調個人，社會領域則強調的是個人與群體。	已區隔重心，建議均予保留。
1-3-3 探究自我學習的方法，並發展自己的興趣與專長。	6-2-1 分析自我與他人的差異，從中學會關心自己，並建立個人價值感。		健體領域強調自我概念與他人的差異及建立自我價值。綜合領域著重找出最適合自己的學習方法。	請留意兩領域之教材、教學內涵上相互間的區隔。
1-3-4 覺察自己的壓力來源與狀態，並能正向思考。	6-2-4 學習有效的溝通技巧與理性的情緒表達，並認識壓力。 6-3-4 尋求資源並發展策略以調適人生各階段生活變動所造成的衝擊、壓力與疾病。		健體領域進行溝通技巧、情緒表達及認識壓力的概論性課程，強化對資源的運用與策略以減少壓力。綜合領域著重在體察個人壓力來源與狀態，並練習正向思考。	指標內涵已區隔，建議均予保留。生理健康、心理衛生、自我保健以健體領域為主軸；心理輔導以綜合領域為主軸，如壓力調適。
3-3-1 以合宜的態度與人相處，並能有效的處理人際互動的問題。	6-2-3 參與團體活動，體察人我互動的因素及增進方法。		健體與綜合領域內涵雖重複，但以不同角度切入。健體領域透過參與團體活動來體察人我互動因素及方法，綜合領域則運用此合宜的態度學習有效處理人際互動的問題。	指標內涵已區隔，建議均予保留。

（續下頁）

綜合活動領域	健體領域	生活課程	相似或重疊說明	建議
3-3-2 覺察不同性別者的互動方式，展現合宜的行為。	1-2-5 檢視兩性固有的印象及其對兩性發展的影響。 1-3-3 運用性與性別概念，分析個人與群體在工作、娛樂、人際關係及家庭生活等方面的行為。 1-3-4 解釋社會對性與愛之規範及其影響。		健體領域由生理發展教學為主，綜合領域以性別教育為主，強調與不同性別者相處時應展現的合宜行為。	指標內涵已區隔，建議均予保留。 另建議綜合領域指標修改為：覺察不同性別者的互動方式，展現相處時合宜的行為。 綜合領域強調鼓勵不同性別者不受性別生理上的限制勇於嘗試各種生活事務。 健體領域著重生理發展的介紹與瞭解，強調兩性在個人與群體、個人與社會的分析。 健體領域由生理發展教學為主，綜合領域以性別教育為主。 故建議均予保留。
4-3-1 探討周遭環境或人為的潛藏危機，運用各項資源或策略化解危機。	5-1-1 分辨日常生活情境的安全性。 5-1-2 說明並演練促進個人及他人生活安全的方法。 5-1-3 思考並演練處理危險和緊急情況的方法。 5-2-1 覺察生活環境中的潛在危機並尋求協助。	9-4-5 探討當前全球共同面對與關心的課題（如環境保護、生物保育、勞工保護、飢餓、犯罪、疫病、基本人權、媒體、經貿與科技研究等）之間的關聯性，以及問題可能的解決途徑。	1. 綜合領域此指標未重複，但補充說明與健體重疊。 2. 綜合領域生活經營的範疇較大，但若聚焦於危機處理則和健體領域幾乎完全重疊。 3. 自然領域中之教材內容細目次主題 430 天	建議綜合領域修改補充說明。 自然、社會與健體領域，內涵重點與切入角度不同。自然與社會領域著重於災害成因與現象及全球共同人為災害問題之解決途徑；健體領域著重於災害的預防與處理，已有所

（續下頁）

綜合活動領域	健體領域	生活課程	相似或重疊說明	建議
	5-2-2 判斷影響個人及他人安全的因素並能進行改善。 5-2-3 評估危險情境的可能處理方法及其結果。 5-3-1 評估日常生活的安全性，並討論社會對促進個人及他人安全的影響。 5-3-2 規劃並參與改善環境危機所需的預防策略和行動。 5-2-4 認識菸、酒、檳榔、藥物與成癮藥物對個人及他人的影響，並能拒絕其危害。 5-3-3 規劃並演練緊急情境的處理與救護的策略和行動。		然災害與防治，強調對天然災害之瞭解與預防。 4. 社會領域著重於探討人為災害（如：飢餓、犯罪、疫病等）課題，及問題可能解決途徑。	區隔，建議予以保留。 安全教育以健體領域為主軸，危機辨識與處理以綜合領域為主軸；天然災害的成因與防治辦法以自然領域為主軸。綜合領域課程目標談「保護自我與環境」辨識危險情境以解決問題，增進野外生活技能並與大自然和諧相處，保護或改善環境以促進環境永續發展。但在能力指標補充說明則與健體領域重疊性非常高。故，綜合領域的補充說明宜重新調整。 請留意四領域之教材內容及教學方法相互間的區隔。
4-3-3 覺察環境的改變與破壞可能帶來的危險，並珍惜生態環境與資源。	7-2-5 調查、分析生活周遭環境問題與人體健康的關係。	1-3-10 舉例說明地方或區域環境變遷所引發的環境破壞，並提出可能的解決方法。	社會領域強調透過事例比較環境變遷的結果，提出解決方案。 綜合領域強調破壞環境導致的危險，珍惜生態環境與資源。 上述兩領域在補充說明上無重	各領域指標內涵已區隔，建議均予保留。

（續下頁）

綜合活動領域	健體領域	生活課程	相似或重疊說明	建議
			疊。 健體領域強調環境對健康的影響。	
1-4-1 探索自我發展的過程，並分享個人的經驗與感受。	1-1-1 知道並描述對於出生、成長、老化及死亡的概念與感覺。 1-1-2 觀察並比較不同人生階段的異同。 6-3-1 體認自我肯定與自我實現的重要性。	5-4-1 瞭解自己的身心變化，並分享自己追求身心健康與成長的體驗。 5-4-2 瞭解認識自我及認識周圍環境的歷程，會受主客觀因素的影響，但是經由討論和溝通，可以分享觀點與形成共識。	社會領域中認識自我的部分應強調公民社會的個人如規範權利義務等。 綜合領域著重個人的個別差異與個人需求。 健體領域指標內涵重視自我體認，社會領域重視溝通與共識，內涵不同。	建議社會領域在教學時扼要概述，其能力由綜合領域來完成。 請留意三領域的教材、教學內涵相互間的區隔。
1-4-2 展現自己的興趣與專長，並探索自己可能的發展方向。	1-1-2 觀察並比較不同人生階段的異同。 6-3-1 體認自我肯定與自我實現的重要性。	5-4-1 瞭解自己的身心變化，並分享自己追求身心健康與成長的體驗。 5-4-2 瞭解認識自我及認識周圍環境的歷程，會受主客觀因素的影響，但是經由討論和溝通，可以分享觀點與形成共識。	社會領域以瞭解個人身心成長變化的歷程為主。 綜合領域著重個人興趣與專長之探索。 健體領域著重自我肯定與實現。	請留意三領域的教材、教學內涵相互間的區隔。
1-4-4 適當運用調適策略來面對壓力處理情緒。	6-2-4 學習有效的溝通技巧與理性的情緒表達，並認識壓力。 6-3-4 尋求資源並發展策略以調適人生各階段生活變動所造成的衝擊、壓力與疾病。	5-4-6 分析人際、群己、群體相處可能產生的衝突及解決策略，並能運用理性溝通、相互尊重與適當妥協等基本原則。	健體領域著重理性溝通、情緒管理及強化對資源的運用與策略以減少壓力。 綜合領域則運用策略來面對壓力處理情緒。 社會領域則是強調對社會的多元	指標內涵已區隔，建議均予保留。 請留意三領域在情緒處理部分相互間的區隔。 生理健康、心理衛生、自我保健以健體領域為主軸；心理輔導以

（續下頁）

綜合活動領域	健體領域	生活課程	相似或重疊說明	建議
			文化的尊重與族群衝突。	綜合領域為主軸，如情緒管理、壓力調適、人際溝通。
1-4-5 體會生命的價值，珍惜自己與他人生命，並協助他人。	6-3-6 建立快樂、健康的生活與生命觀，進而為自己的信念採取行動。	4-4-5 探索生命與死亡的意義。	健體領域強調建立正向生命觀；社會領域著重生與死的探討；綜合領域強調珍惜生命。	請留意三領域在教材、教學內涵上相互間的區隔。
2-4-2 探討人際交往與未來家庭、婚姻的關係。	1-2-5 檢視兩性固有的印象及其對兩性發展的影響。 1-3-3 運用性與性別概念，分析個人與群體在工作、娛樂、人際關係及家庭生活等方面的行為。 1-3-4 解釋社會對性與愛之規範及其影響。	3-2-1 理解並關懷家庭內外環境的變化與調適。	綜合領域探討人際與兩性交往的態度及經營婚姻與家庭的能力；健體領域強調的是生理知識和社會規範。 社會領域著重家庭在社會的角色以及社會對家庭的影響。	建議均予保留。
2-4-5 覺察自己與家人溝通的方式，增進經營家庭生活能力。	6-2-4 學習有效的溝通技巧與理性的情緒表達，並認識壓力。 6-3-3 應用溝通技巧與理性情緒管理方式以增進人際關係。 6-3-4 尋求資源並發展策略以調適人生各階段生活變動所造成的衝擊、壓力與疾病。	5-4-6 分析人際、群己、群體相處可能產生的衝突及解決策略，並能運用理性溝通、相互尊重與適當妥協等基本原則。	內容重疊。 健體領域著重於增進人際關係與溝通技巧、情緒管理與表達、運用資源與策略減少壓力。 綜合領域著重於調適壓力、增進溝通方式。 社會領域則強調社會的多元文化的尊重與族群衝突，以及瞭解各種影響家庭、社會角色的因素。	社會與健體領域之教材、教學內涵、切入點不同，因此已區隔重心，建議均予保留。 生理健康、心理衛生以健體領域為主軸；心理輔導以綜合領域為主軸，如情緒管理、人際溝通。 健體領域進行溝通技巧、情緒表達及認識壓力的概論性課程，綜

（續下頁）

綜合活動領域	健體領域	生活課程	相似或重疊說明	建議
				合領域著重在體察個人壓力來源與狀態,並練習正向思考。健體與綜合領域指標內涵已區隔,建議均予保留。
3-4-1 參與各項團體活動,與他人有效溝通與合作,並負責完成分內工作。	6-1-3 展示能增進人際關係、團隊表現及社區意識的行為。6-2-4 學習有效的溝通技巧與理性的情緒表達,並認識壓力。6-3-3 應用溝通技巧與理性情緒管理方式以增進人際關係。	5-4-6 分析人際、群己、群體相處可能產生的衝突及解決策略,並能運用理性溝通、相互尊重與適當妥協等基本原則。	社會領域強調對社會的多元文化的尊重與族群衝突。綜合領域強調溝通能力的培養與在團體活動中的人際溝通,如透過活動實踐來體驗人際溝通的意涵。健體領域著重於增進人際關係與溝通技巧、情緒管理與表達、運用資源與策略減少壓力。綜合領域所進行之團體活動和體育大部分進行之身體活動都必須溝通與合作,所以活動課程若偏運動或團康則較易重疊。	已區隔重心,建議予以保留。生理健康、心理衛生、自我保健以健體領域為主軸;心理輔導以綜合領域為主軸,如情緒管理、壓力調適、人際溝通。
3-4-3 關懷世人與照顧弱勢團體,以強化服務情懷。		9-4-7 關懷全球環境和人類共同福祉,並身體力行。	社會領域注重實際體驗關懷全球和人類共同福祉。綜合領域著重同理關懷。	請留意兩領域在教材、教學內涵上相互間的區隔。

(續下頁)

綜合活動領域	健體領域	生活課程	相似或重疊說明	建議
3-4-4 探索世界各地的生活方式，展現自己對國際文化的理解與學習。		9-4-3 探討不同文化背景者在闡釋經驗、對待事物和表達方式等方面的差異，並能欣賞文化的多樣性。	社會領域著重對各種文化的瞭解與欣賞，與綜合領域瞭解國際文化重疊。	請留意兩領域在教材、教學內涵上相互間的區隔。
4-4-4 分析各種社會現象與個人行為之關係，擬定並執行保護與改善環境之策略與行動。	7-3-4 分析人類行為如何改變全球環境，並探討環境改變對人類健康的影響。7-3-5 提出個人、社區及組織機構為建造更健康的社區與環境所擬定的行動方案與法規。	1-4-7 說出對生活空間及周邊環境的感受，並提出改善建言或方案。1-4-8 探討地方或區域所實施的環境保育政策與執行成果。9-4-1 探討各種關係網路（如交通網、資訊網、人際網、經濟網等）的發展如何讓全球各地的人類、生物與環境產生更緊密的關係，對於人類社會又造成什麼影響。9-4-5 探討當前全球共同面對與關心的課題（如環境保護、生物保育、勞工保護、飢餓、犯罪、疫病、基本人權、媒體、經貿與科技研究等）之間的關聯性，以及問題可能的解決途徑。	健體領域以探討環境對健康影響為主軸，並提出環境改善之方案。綜合領域探討個人行為與環境的關係，並實際執行改善環境之行動為主軸。社會領域以探討生活環境中的社會文化議題與影響，並提出改善之方案。	各領域已區隔，建議均予保留。

（續下頁）

綜合活動領域	健體領域	生活課程	相似或重疊說明	建議
4-4-5 參與保護或改善環境的行動，分享推動環境永續發展的感受。	7-3-4 分析人類行為如何改變全球環境，並探討環境改變對人類健康的影響。 7-3-5 提出個人、社區及組織機構為建造更健康的社區與環境所擬定的行動方案與法規。	1-4-7 說出對生活空間及周邊環境的感受，並提出改善建言或方案。 1-4-8 探討地方或區域所實施的環境保育政策與執行成果。 9-4-7 關懷全球環境和人類共同福祉，並身體力行。	健體領域以探討環境對健康影響為主軸，並提出環境改善之方案。 綜合領域分享實際參與改善環境之行動。 社會領域著重探討環境政策，並提出改善之方案。 綜合領域指標4-4-5 與社會領域指標 1-4-7 雖然有重疊現象。但國中地理課以地理環境變遷造成的改變為主軸探討，與綜合領域內涵並不完全相同，故社會領域不宜刪除 1-4-7。	已區隔重心，建議均予保留。 請留意三領域在教材、教學內涵上相互間的區隔。

|第 5 章|

能力指標解讀、轉化理念與實例

　　九年一貫課程強調培養學生帶得走的能力，而非純粹知識記憶的結果，教學重心以展現學生能力的教學與課程設計為主。九年一貫課程以十大基本能力為課程目標的主軸，以三或四個學習階段的能力指標貫串九年，不以年級分別呈現能力指標，而採學習階段表列，乃呼應學生學習落差、學習非線性與可來回循環的特性，更給予學校本位課程發展的空間。

　　九年一貫課程能力指標可分為三個層次：一為「國家（總綱）層次」，乃九年一貫課程總綱綱要中闡述的十大基本能力；二為「國家（領域）層次」，乃各學習領域綱要中列出的分段能力指標；三為「學校（教學、評量）層次」，乃國中小依據各學習領域分段能力指標予以解讀，並轉化為教學、評量。

　　基本能力是界定基本學力的重要依據。基本能力可轉化為各學習領域的能力指標，作為課程設計與學習成效評估的依據；亦可發展為學力測驗，替代入學考試，或用來評估學校辦學績效（楊思偉，1999）。「能力指標」在九年一貫課程的定位雖屬國家層級，然國中、國小為落實學校層級的教學與評量，所研擬的學校課程計畫、設計的教學內涵與活動，以及實施的教學評量，均必須依據能力指標。

　　「能力指標」係指將學生所應具備的能力項目，轉化為可以觀察評量的具體數據，藉以反映學生的學習表現（楊思偉，1999）。教育部（1998）《國民教育階段九年一貫課程總綱綱要》中列舉十項國民教育基本能力作為達成課程目標的指標，並要求各學習領域課程綱要的研訂，應列出該課程的定義和

範圍、教學目標、基本能力（或表現標準）作為編輯教材、教學與評量的參照。教育部（2003a）《國民中小學九年一貫課程暫行綱要》指出：國民教育階段的課程設計應以學生為主體，以生活經驗為重心，培養現代國民所需的基本能力。十項基本能力包括：瞭解自我與發展潛能；欣賞、表現與創新；生涯規劃與終身學習；表達、溝通與分享；尊重、關懷與團隊合作；文化學習與國際瞭解；規劃、組織與實踐；運用科技與資訊；主動探索與研究；獨立思考與解決問題。

▪▪ 第一節　能力指標的意涵 ▪▪

「基本」的意義，就層次而言，基本指基礎、核心、重要的，而非高深、外圍或細微末節的；就範圍而言，基本指完整、周延的，而非偏狹或殘缺的（林世華，1999）。「能力」的意義，就日本文部科學省（2003）對生存能力的解析，能力包括穩固性學力、豐富的人性與健康體力。「學力」的意義，就日本文部科學省（2003）對穩固性學力的剖析，學力不僅包括知識及技能，亦包含思考力、判斷力、表現力、發現問題能力與解決問題能力，更應包含學習方法與學習意願。「基本學力」乃學生在學校教育系統學習一段時間後，表現出的基礎、核心、重要的學習結果，此結果包含認知、情意與技能的面向，亦包括基礎性的學力，及統整應用基礎性學力以解決真實情境中問題的發展性學力（李坤崇，2002a）。「基本能力」乃生存所需的基礎、核心、重要能力，以及生活所需的完整、周延能力與體力；基本能力兼顧知識與技能，並不限於知識內涵；基本能力強調內化用之於生活、工作、學習及自我成長（李坤崇，2002a）。

李坤崇（2002a）強調「基本學力」、「基本能力」雖均強調基礎、核心、重要的學習結果，但前者著重後天的學習結果而非先天的能力，強調學校教育的學習結果及致力學習知識技能，尚未內化到生活層次；後者則著重先天、後天的學習潛能與學習結果，強調不限於學校的學習結果，及著重學習結果

的內化,用之於生活、工作、學習與自我成長。兩者在先天後天、學習環境、內化等三方面有所差異,詳細差異詳見表 5-1。

　　「基本學力測驗」、「基本能力測驗」雖均檢核學生基礎、核心、重要的學習表現,但在目標、用途、評量方式、評量性質、評量內涵、評量人員、評量結果、評量參照等向度均有差異,詳細差異詳見表 5-2。

表 5-1

「基本學力」、「基本能力」的差異比較

	基本學力	基本能力
先天後天差異	後天的學習結果,而非先天的能力。	先天、後天的學習潛能與學習結果。
學習環境差異	學校教育的學習結果。	不限於學校的學習結果,包括家庭、社會教育。
內化差異	致力學習知識技能,尚未內化到生活層次。	強調學習結果的內化,用之於生活、工作、學習與自我成長。

資料來源:李坤崇(2002a)。**九年一貫課程綜合活動學習領域**(頁 142)。臺北市:國立臺北師範學院。

表 5-2

「基本學力測驗」、「基本能力測驗」的差異比較

	基本學力測驗	基本能力測驗
目標	檢核學生在語文、數學、自然、社會等領域內涵的學習結果。	檢核學生在七大學習領域與平時日常生活表現的成果。
用途	升學的依據。	學生補救教學與增進學習成效,及教師改善教學的依據。
評量方式	紙筆測驗。	多元評量。
評量性質	總結性評量。	安置性、形成性、診斷性、總結性評量。
評量內涵	認知為主。	兼顧認知、技能、情意。
評量人員	教育部。	教師、家長、同儕、自己。
評量結果	量化百分等級與 T 分數。	量化、質化結果。
評量參照	常模參照。	兼具自我參照、標準參照、常模參照。

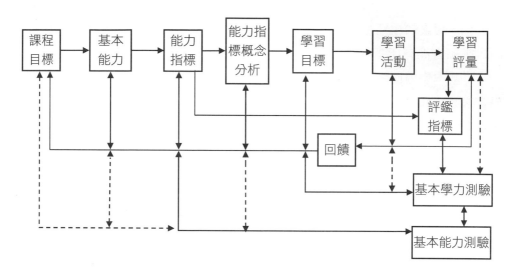

圖 5-1　能力指標、學習評量、基本學力測驗與基本能力測驗之關係圖

　　九年一貫課程以能力指標貫串九年，然其與學生學習、基本學力測驗、基本能力測驗的關係，常造成基層教師困惑，故筆者試著將整個基本能力的演化與學習評量、基本學力測驗、基本能力測驗的關係，彙整成圖 5-1。

　　九年一貫課程的課程目標衍生十大基本能力，七大學習領域與六大議題依據十大基本能力演化出分階段能力指標。「能力指標」雖將學生應具備能力，轉化為可以觀察評量的具體數據，以實際瞭解學生的學習表現。然為求精確掌握各學習領域學習目標，宜將能力指標概念分析為細項能力指標，教師再依據細項能力指標，來擬定學習目標、設計學習活動及實施學習評量，依據學習評量結果來回饋學生習得的基本能力與能力指標狀況，省思學習目標與學習活動的適切性。教師將分階段能力指標解讀與概念分析到實施學習評量的歷程，乃教師充分發揮專業自主的歷程，然若無可供參酌的評鑑指標衡量教師專業自主的結果，可能造成偏差而不知的情況。教育部必須依據能力指標發展出評鑑指標，做為教師自我檢核與基本學力測驗編擬試題的依據。

壹、能力指標的功能

　　各學習領域課程綱要之分階段能力指標，乃編輯教材、設計教學、擬定評

量及實施測驗的參照，具有下列六項功能（李坤崇、劉文夫、黃順忠，2001；李坤崇，2002a，2002b）：

一、出版社或學校編輯教材的依據

出版社編輯教材或學校自編教材，必須依據能力指標來編輯，教材內涵以達成分階段能力指標為目標。教材編輯計畫宜先研擬九年的三或四個階段整體規劃，再提出分階段的詳細編輯計畫。

二、教師確立學習目標與運用學習方法的前提

教師依據能力指標研擬教師教學目標或學生學習目標，經由各種學習活動，讓學生展現能力指標的能力。呼應能力指標以學生為本位，教師研擬目標仍宜以學生為本位的學習目標撰擬。

三、教師實施學習評量的準則

教師實施學習評量必須檢視學生達成能力指標的程度，並奉能力指標為評量標的之準則。檢視宜依據學習目標選取適切的多元評量策略，莫為多元而多元，莫為紙筆測驗而紙筆測驗，亦莫為廢除紙筆測驗而廢除紙筆測驗。

四、教育部發展評鑑指標的根據

九年一貫課程賦予學校與教師專業自主，學校與教師將能力指標轉化到學習評量，若無參照資料，可能偏差而不自知。教育部宜依據分階段能力指標擬定評鑑指標，以做為學校的重要參考資訊。因此，教育部研擬評鑑指標仍應根據能力指標發展，不宜無中生有或另起爐灶，造成混亂。

五、教育部發展基本學力測驗的基準

因應一綱多本的情境，基本學力測驗不應依據特定版本命題。教育部實施基本學力測驗命題的內涵與方式，必須回應「一綱」方能避免多本的困境，而此「一綱」則為九年一貫課程十大基本能力衍生到各學習領域的分階段能力指標。

六、學校實施基本能力測驗的準繩

教育部實施基本學力測驗，學校則實施基本能力測驗。學校為瞭解學生達成各學習領域與六大議題分階段能力指標的程度，應於安置性、形成性、診斷性、總結性評量善用多元評量，以檢核學生基本能力，此即為「基本能力測驗」。可見，基本能力測驗乃學校行之有年的測驗，只是以往著重檢核課程標準的教材內涵達成程度，而實施九年一貫課程之後轉為檢核分階段能力指標。

貳、能力指標的特質

各學習領域的課程綱要之分階段能力指標，乃由十大基本能力配合各學習領域的理念與目標衍生，能力指標的特質有五（李坤崇、劉文夫、黃順忠，2001；李坤崇，2002a，2002b，2002c）：

一、低標

能力指標乃課程目標的最低要求，亦即城市、鄉村、山上、海邊、離島區域的學生大多數均可達成的基本能力。能力指標植基於基本能力，而非理想能力。雖然原先設定八成學生都能展現能力指標的能力為低標，但七大學習領域實際研擬時，是否遵循此低標原則，頗受基層國中小教師的質疑。研擬者應與教師充分對話後適切修正，回歸低標之精神。

二、活化

能力指標的本質是活的，學校可予以增加、補充，或分化，然學校應依據學校願景與特色，秉於專業自主來活化。此賦予學校行政人員與教師相當彈性，得以充分展現專業自主。然若缺乏足夠專業能力，則專業自主將流於空談。

三、階段化

能力指標依學生在各學習領域身心發展的狀況，劃分為三或四個學習階

段，能力指標具有區別身心發展階段，進行縱貫聯繫與階段區隔的功能，呼應學生學習落差，及學習非線性、可來回循環等特性，學校進行活化時，必須顧及能力指標的各階段內涵，方不致混亂。

四、連繫化

能力指標雖然分成三或四個階段，但各階段能力指標具有「循序漸進、連續不斷、統整合一」的特質，循序漸進乃由淺而深、由易而難的學習歷程；連續不斷係各學習階段貫串連繫、環環相扣；統整合一則為以能力指標發展設計的課程具有九年統整性與合一性，不致於分崩離析。

五、適性化

學校可依學校情境、家長要求、社區特質，與學生需要來研擬適性化的學習目標，落實能力指標可能出現目標相同，但各校作法與要求互異的現象，此現象適足以顯現適性化的教育。

▓▓ 第二節　能力指標轉化的各家理念 ▓▓

茲闡述Mezirow的轉化理論、Cranton的導向轉化學習歷程、Yorks與Marsick的行動學習及溫明麗的基模互動與知識形成之辯證關係。另，李坤崇的概念整合式分析與核心交錯式分析、臺北縣與臺中市的展開式分析、曾朝安的剖析式分析、陳新轉的能力表徵課程轉化模式，以及林世華的學習成就指標式分析，詳見李坤崇（2004）《綜合活動學習領域概論》一書之第四章。

壹、Mezirow 的轉化理論

Habermas（1984）以工具學習（instrumental learning）、溝通學習（communicative learning）來說明個體的學習。工具學習強調學習去控制和操縱環境

或其他人，以任務取向解決問題來改善工作。溝通學習強調學習與他人溝通，瞭解他人的意思，通常包括知覺、意向、價值或道德問題。Rogoff（1990）強調知識的形成源自個人主動建構，而非被動接受或吸收；知識乃個人經驗的合理化或實用化，不是記憶真理或事實。

Mezirow（1991, 2000）參酌Habermas觀點，從學習者如何解釋、確認及重新組織其經驗來發展轉化理論（transformation theory），認為轉化理論應聚焦於如何學習去協商和執行個體秉持的目的、價值、知覺和意義，以獲得更佳社會反應、更深思熟慮的決定，而非一味從他人吸收想法。強調學習轉化並非時常自發性的發生，且並非一定有效率，因此，必須藉由教學、學習以達成預期或賦予的意義。Mezirow（2000）認為成人學習強調背景瞭解、文化假設的省思、評估理由以證實意義，隨著環境的快速變遷，成人無法完全相信已知或信任的知識內涵。轉化理論企圖解釋行動取向的成人教育工作者之歷程，檢視意涵，並學習藉由先前解釋以創造一個新的或修正個人經驗意義解釋的歷程。

Mezirow（1991）提出成人學習轉化理論的四種不同類型：一為「經由意義基模學習」（learning through meaning schemes）：以學習者先前的意義基模為基礎，學習經由先前存在的習慣或刻板反應來類推或模仿，一項行為刺激另一項行為，只有特殊反應的意義基模才會引發改變；二為「學習新的意義基模」（learning new meaning schemes）：延伸或補充先前存在的意義觀點，創造新意義使得先前存在的意義觀點更為一致或適切。此階段並未改變先前存在的基本意義觀點，只是延伸、補充或補強；三為「經由轉化意義基模來學習」（learning through transformation of meaning schemes）：對假設的反省學習，當發現所瞭解的意義不適切或不正確，或對已存在的假設或信念產生動搖時，個體會開始反省假設，省思原有的意義基模，進行相似或類推性的意義基模轉化。此逐漸成長轉化的意義基模能夠引導意義觀點的轉化；四為「經由觀點轉化來學習」（learning through perspective transformation）：由覺察、反省、批判先前曲解或不適切的意義觀點，轉化並重組意義觀點，重新界定合理的假設，以解釋當前發生的意義基模，此即為解放學習（emancipatory learning）。Mezirow（1991）以成人學習轉化理論的四種不同類型，融合Habermas論述，

將學習分為三類：

1. 工具學習（instrumental learning）：學習控制與操縱外在環境或人所需的知識，著重技術性知識的取得；工具學習經由預測或觀察事件、物理或社會情境，來學習控制與操縱所需的知識，選擇策略的適切性影響有效控制的程度。決定因果關係、任務取向解決問題乃工具學習的主要重點。工具學習與實證證據乃溝通學習的重要依據。

2. 溝通學習（communicative learning）：學習獲得理解社會情境的知識，著重實踐性知識的取得；溝通學習經由演講、寫作、遊戲、動畫、電視或藝術來學習瞭解周遭人事物，並與他人分享所獲得的結果，以贏得認可。正確有效並非完全經由工具學習獲得的實證分析，而係經由理性對話的共識。溝通學習旨在釐清溝通情境、多數人能瞭解的知識或內涵，可能涉及心理的主觀、社會語言學的訊息或社會規範，而非完全客觀的控制或操縱。溝通學習與工具學習的主要差異在於工具學習過於著重共通的學習模式或二分法，溝通學習納入更多元的思維與獲得共識的對話，然而，大多數的學習均包括溝通學習與工具學習。

3. 解放學習（emancipatory learning）：獲得理解自己、發展理性，並包含經驗與社會脈絡的知識，著重批判性知識的思考與詮釋；解放學習乃藉由批判性反省取得的知識，有別於客觀世界「技術性」學習或社會關係「實踐性」學習獲得的知識。解放的知識源自反省式學習，而反省式學習涉及假設的評估或再評估，只要假設出現扭曲、不真實或無效等現象，反省式學習就會變得具有轉化能力。

　　Mezirow（1991）以圖 5-2「問題解決」來詮釋轉化學習與反省學習，問題解決歷程始於存疑或有問題的意義基模，經由探索、分析、回憶直覺或想像來審視；審視後提出建議性解釋、想像頓悟及產生新的認知解釋，記憶新的認知解釋，促使學習者衍生決定或行動。整個歷程解釋促使原意義基模產生反省性的改變，納入心理、知識、社會語言學的意義基模，促使原意義基模精緻、補充或轉化而成意義觀點，每個解決問題的階段均會影響學習者的意義觀點。

　　Mezirow（1991）認為反省乃針對擬詮釋與賦予意義的經驗內容、過程或

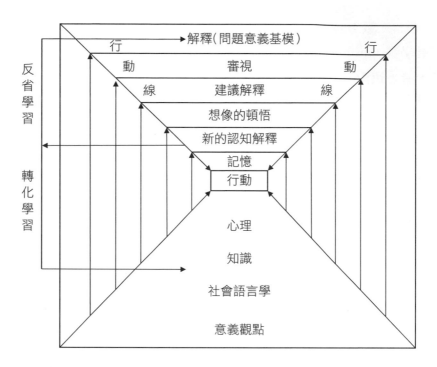

圖 5-2　問題解決

資料來源：J. Mezirow, 1991, *Transformative dimensions of adult learning* (p.95), San Francisco, CA: Jossey-Bass.

前提，予以批判性評估的歷程。他將反省分為內容反省、過程反省與前提反省三類，前兩者促使信念與意義體系發生改變動力，後者促使信念與意義體系產生轉化動力，當個體善用批判性省思產生認同或不認同意念時，即已開始詮釋意義，啟動轉化機制。

貳、Cranton 的導向轉化學習歷程

　　Cranton（1994）亦強調成人心理與認知發展，經常透過「反省」來逐漸增加先前的學習能力，並依據領悟來增強採取行動的能力。Cranton（1994）延伸 Mezirow 轉化理論的概念，提出反省與意義觀點、學習範疇及導向轉化學習歷程。「反省與意義觀點」（meaning perspectives）（詳見表 5-3）著重內容（con-

表 5-3

反省與意義觀點的型式

反省	觀點		
	心理學	社會語言學	知識論
內容	我自己相信些什麼？	社會的規範是什麼？	我擁有什麼知識？
過程	我如何獲得自我覺察？	這些社會規範曾是如何發生影響？	我是如何獲得這些知識的？
前提	我為什麼會對這樣的知覺提出問題？	這些社會規範為什麼重要？	為什麼我需要或不需要這些知識？

資料來源：P. Cranton, 1994, *Understanding and promoting transformative learning: A guide for educators of adults*, p.51. by San Francisco, CA: Jossey-Bass.

表 5-4

反省與學習範疇的型式

反省	學習範疇		
	工具的	溝通的	解放的
內容	事件間的因果關係是什麼？	關於這個議題其他人說些什麼？	我的假設是什麼？
過程	我如何以既有的經驗去確認其因果關係？	我如何在這些議題獲得彼此的認同？	我如何知道自己的假設是有效的？
前提	為什麼這些知識對我來說是重要的？	我為什麼要相信這樣的結論？	為什麼我需要或不需要修正我的觀點？

資料來源：P. Cranton, 1994, *Understanding and promoting transformative learning: A guide for educators of adults*, p.51. by San Francisco, CA: Jossey-Bass.

tent）、過程（process）與前提（premise），反省內容以「什麼」（what）為核心，反省過程以「如何」（how）為核心，反省前提以「為什麼」（why）為核心。「反省與學習範疇」（詳見表 5-4）在工具的學習強調「因果（cause）關係」，溝通的學習著重「議題（issue）溝通」，解放的學習重視「假設（assumption）省思」。導向轉化學習歷程分類（詳見表 5-5）強調轉化學習的發生，乃由較不複雜的工具學習，到較複雜學習的溝通學習，終至最複雜學習的解放學習。工具學習乃實證主義（positivism）取向，溝通學習及解放學習則

表 5-5

導向轉化學習歷程分類

	學習範疇		
	工具的	溝通的	解放的
複雜度	較不複雜學習 （複雜度向下逐欄遞增）	較複雜學習 （複雜度向下逐欄遞增）	最複雜學習 （複雜度向下逐欄遞增）
派典取向	實證主義	建構主義	建構主義
內容	知識意義基模的內容反省	知識、心理學、社會語言學意義基模的內容反省	知識、心理學、社會語言學意義基模，引導成為轉化意義基模的內容及過程反省
過程	知識意義基模的過程反省	知識、心理學、社會語言學意義基模的過程反省	
前提	知識意義基模的前提反省	知識、心理學、社會語言學意義基模的前提反省	知識、心理學、社會語言學意義基模，引導成為轉化意義觀點的前提反省

資料來源：P. Cranton, 1994, *Understanding and promoting transformative learning: A guide for educators of adults*, p.66. by San Francisco, CA: Jossey-Bass.

為建構主義（constructivism）取向。工具學習的轉化著重知識意義基礎的內容（什麼）、過程（如何）、前提（為什麼）的反省；溝通學習的轉化著重知識、心理學、社會語言學意義基礎的內容（什麼）、過程（如何）、前提（為什麼）的反省；解放學習的轉化著重知識、心理學、社會語言學意義基礎引導成為轉化意義的內容（什麼）、過程（如何）、前提（為什麼）的反省。

　　Cranton（1994）以圖 5-3「經由轉化學習歷程增加學習者的賦權」來闡述轉化學習的歷程，及從第一階段的初學者賦權到第四階段增加賦權及自治權的各階段策略。第一階段乃鼓勵初學者自由參與、舒適的參與，並提供學習做決定的機會，促其增能賦權。第二階段鼓勵學習者對假設提出各項質疑，提升自我意識，並引導學習者對假設提出挑戰，以增強學習者的批判性自我反省能力。第三階段引導學習者對假設提出修正意見，激勵學習者的溝通與互動網絡，給予教育者所能提供的支持，並引導其執行學習行動，以激發學習者「轉化學習」。第四階段則在綜合第二、三階段著重批判性的自我反省、轉化學習，引導學習增強自主性、自治權。Cranton（1996）更希望經由批判省

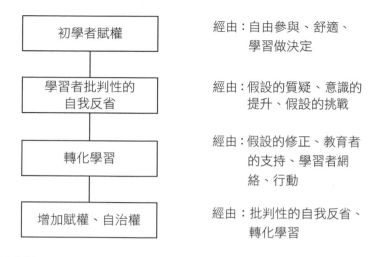

圖 5-3　經由轉化學習歷程增加學習者的賦權

資料來源：P. Cranton, 1994, *Understanding and promoting transformative learning: A guide for educators of adults*, p.143. by San Francisco, CA: Jossey-Bass.

思、自我直接學習、轉化學習，先改變個體，再造成組織改變，最後促成社會改變。

參、Yorks 與 Marsick 的行動學習

　　Mezirow（1991）主張「問題解決」（見圖 5-2）的終極目的在於付諸行動。Clandinin 與 Connelly（1995）、Shulman（1986）強調實踐智慧，認為教師知識建構與呈現只有在教室才能實踐。轉化學習未能化為具體行動，則學習將流於空談。

　　Yorks 與 Marsick（2000）強調組織學習目標在轉化組織，行動學習係以小團體成員針對有意義的問題，直接參與介入以促進組織學習。其以「批判反省與行動學習金字塔」來說明行動學習與組織轉化的關係（見圖 5-4）：「水準一：隱含的學校」強調學習乃伴隨發生者，反省乃個人伴隨發生的，而非納入團體組織的計畫。隱含的學校類似傳統管理結合行動的發展計畫，從研討已存在的參考架構中獲得心智習性；「水準二：科學的學校」乃著重從工作

經驗學習的學習歷程,強調合作獲得共識,經由問題頓悟,創造新的意義基模;「水準三:經驗的學校」強調經由內容和過程反省,發展個人解決問題計畫,增強人際與管理能力;「水準四:批判反省的學校」乃經由內容、過程和前提反省,提升潛能與轉化心智習性,進而轉化個人和組織目標。從水準一到四環繞問題頓悟的學習深度愈來愈深,學習的複雜、批判、脈絡愈來愈高,故組織與阻力在過程產生的聲音將愈來愈多。

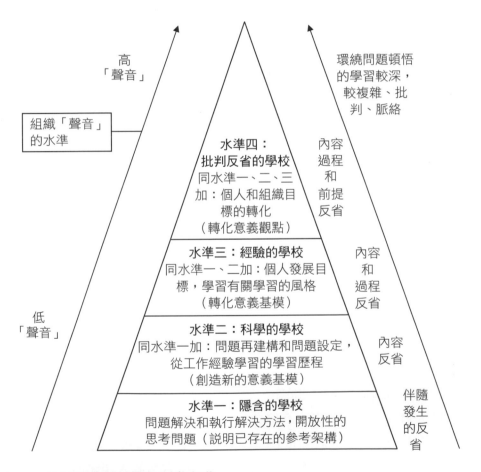

圖 5-4　批判反省與行動學習金字塔

資料來源:L. Yorks & V. J. Marsick, 2000, *Learning as transformation: Critical perspectives on a theory in progress*, p.257. by San Francisco,CA: Jossey-Bass.

肆、溫明麗的基模互動與知識形成之辯證關係

　　溫明麗（2002）闡述基模重組時，必須先有扮演外在客體「物質因」的表象基模（如辯證法的「正」）提供變動的素材，次有扮演主體行動「動力因」的過程基模（如辯證法的「反」）充當工具和動力，然後在操作基模的「自我規範」運作下，邁向知識的重建，形成一個新且更高層次的表象基模（如辯證法的「合」，另一個辯證「正」的）。基模互動與知識形成之辯證關係圖，詳見圖 5-5。操作基模的功能在於整合客體知識的表象基模與暫時性動態平衡的過程基模，乃形成新的表象基模的心智活動。在辯證的「自我規範」過程，知識重建目的為「增進理解」、「延續認知」，自我規範後的表象基模較基模重組前的心智結構，多會出現加深加廣的認知。因此，能力指標轉化或可參酌基模互動與知識形成「正、反、合」的辯證關係歷程。

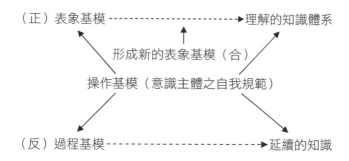

圖 5-5　基模互動與知識形成之辯證關係圖
資料來源：溫明麗（2002）。**皮亞傑與批判性思考教學**（頁 167）。臺北市：洪葉文化。

❖❖ 第三節　能力指標解讀、轉化的整合理念 ❖❖

　　分析能力指標轉化的各家理念之後，擬以Mezirow的轉化理論、Cranton的導向轉化學習歷程、Yorks 與 Marsick 的行動學習、溫明麗的基模互動與知識形成之辯證關係圖等偏理論層面的觀點為基礎，結合李坤崇（2003a，2003b）的概念整合式分析與核心交錯式分析、曾朝安（2001）的剖析式分析、陳新轉（2002）的能力表徵課程轉化模式、林世華（2003）的學習成就指標式分析，以及近三年從事能力指標概念分析與鑽研多元化教學評量的實務經驗，提出兼顧能力指標詮釋與教學及評量的轉化歷程圖（詳見圖 5-6），並以能力指標轉化概念表（詳見表 5-6）說明轉化歷程。

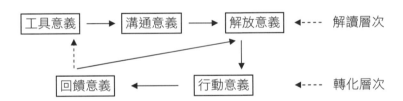

圖 5-6　能力指標解讀、轉化整合歷程圖

壹、能力指標解讀轉化整合模式的理念

　　能力指標解讀轉化整合模式，以能力指標轉化歷程圖（詳見圖 5-6）來闡述理念，其中之工具意義、溝通意義、解放意義乃轉化自 Mezirow 的轉化理論、Cranton 的導向轉化學習歷程與溫明麗的基模互動與知識形成之辯證關係圖，行動意義乃取自 Yorks 與 Marsick 的行動學習，回饋意義乃因能力指標轉化必須有其回饋機制，且教學與評量之統合乃未來評量的發展趨勢（李坤崇，1998a，1999；簡茂發、李琪明、陳碧祥，1995；Kubiszyn & Borich, 1987; Linn & Gronlund, 1995）。

表 5-6

能力指標解讀、轉化歷程的核心內涵

順序	核心活動	活動內涵
工具意義	技術性的描述知識（理解意義）	尋找能力指標核心概念：找出能力指標的動詞、名詞，作為核心概念，並予以分類。
溝通意義	實踐性的延展知識（延續意義）	深度剖析能力指標核心概念：剖析動詞（學習策略）、剖析名詞（學習內容）、辨別重心及釐清領域關係。
解放意義	批判性的融入領域精神知識（批判整合意義） 基礎解放：僅深度剖析動詞、名詞 進階解放：廣度延展認知歷程、內涵與情境	形成剖析圖（教學構圖），參酌各項要素實施批判性反省與暫時細分能力指標（學習與評鑑指標）： 1. 形成剖析架構圖，掌握領域精髓，區隔與其他六領域能力指標關係，研析相關理論，蒐集學術組織資訊，評析以往課程標準內涵。 2. 不限動詞擴展認知歷程，不限名詞擴展認知內涵，呼應情境省思學生、學校與社區需求，整體評析前後呼應，形成概念分析結果。
行動意義	計畫性的學習活動（展現意義）	研擬學習目標與活動：依據能力指標概念分析或細分的結果研擬學習目標、設計學習活動。
回饋意義	檢核性的學習評量（評量意義）	實施學習評量：依據學習目標規劃學習評量，教師實施學習評量直接依據學習目標，間接針對能力指標評量。

貳、能力指標解讀轉化整合模式的歷程解析

茲將能力指標解讀轉化整合模式的「工具意義、溝通意義、解放意義、行動意義、回饋意義」五項歷程，逐一說明之。

一、工具意義

能力指標轉化的第一階段在於追求能力指標的工具意義，理解能力指標技術性的描述知識，重點在於尋找能力指標核心概念並予以適切分類，如找出動詞、名詞並依此分類，從核心概念來理解能力指標的工具意義。

以能力指標轉化歷程的核心內涵（詳見表 5-6）依據「能力指標轉化歷程圖」的歷程，由工具意義到回饋意義歷經五個步驟，每項意義的核心活動與活動內涵，均予以扼要概述。

二、溝通意義

　　能力指標轉化的第二階段在於延展能力指標的溝通意義，思考能力指標於教師教學、學生學習實踐情境的具體策略，不僅有助於轉化能力指標者更清晰擴展能力指標內涵與他人分享所獲得的結果，更能協助他人延伸能力指標的內涵，並讓多數人能瞭解能力指標的知識或內涵。此階段重點在於剖析或擴展能力指標核心概念，及辨別能力重心。具體而言，有下列三項重點：

1. 剖析動詞：思考達成能力指標動詞的重要學習策略或教學策略，轉化者的教學經驗將是擴展動詞的重要關鍵；另外，亦應評析動詞層次，分析與判別動詞在「記憶、瞭解、應用、分析、評鑑、創造」等認知歷程的層次，作為掌握動詞層次及往後廣度擴展之參考。
2. 剖析名詞：剖析能力指標名詞的意義與內涵，轉化者的學理基礎、教學經驗將是擴展名詞的重要關鍵；教師剖析名詞若難以解析時，解讀其學習內涵可參酌 1993、1995 年修正發布的國中小課程標準；另外，亦宜評析名詞類別，分析與判斷名詞在「事實、概念、程序、後設認知」等知識內涵的類別，作為掌握名詞意涵及往後廣度擴展之參考。
3. 辨別重心：區別動詞、名詞的闡述能力為先備能力或核心能力，辨別依據在於領域的基本理念與各領域精神的區別，轉化者對領域理念的掌握將是辨別重心的重要關鍵。

三、解放意義

　　能力指標轉化的第三階段在於批判整合，進而解放能力指標的意義。藉由批判性反省與融入領域精神取得知識的解放意義，超越技術性描述知識的工具意義、實踐性延展知識的溝通意義。此階段著重批判性知識的思考與詮釋，重點在於形成剖析圖（教學構圖），參酌各項要素實施批判性反省，及暫時細分能力指標。茲從「形成剖析圖」、「基礎解放意義歷程」、「進階解放意義歷程」、「解放意義結果，予以暫行細分」等四向度說明於下：

(一) 形成剖析圖（教學構圖）

　　「形成剖析圖（教學構圖）」旨在依據溝通意義動詞、名詞的剖析擴展結

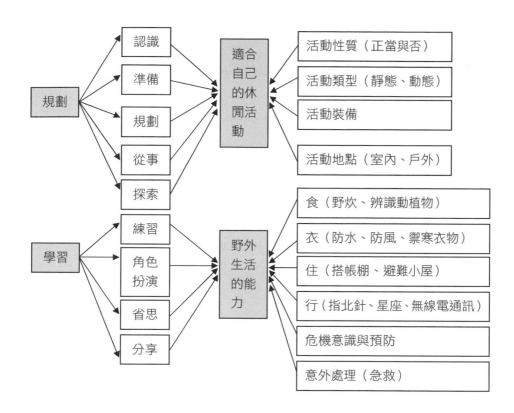

圖 5-7　綜合 **2-4-2** 之脈絡分析圖

資料來源：綜合活動學習領域「能力指標」的再概念化：以第四學習階段為例（頁 18）。施紅朱（2003）。載於高雄市國教輔導團 2003 教育論壇成果彙編。

果，形成分析剖析架構圖，作為教學完整架構。剖析圖可採交錯分析圖、脈絡分析圖或其他方式。高雄市龍華國小老師施紅朱（2003）參酌交錯分析圖，發展出脈絡分析圖，如圖 5-7，乃參酌 2003 年《綜合活動學習領域課程綱要》「2-4-2 規劃適合自己的休閒活動，並學習野外生活的能力」實施核心交錯式分析的內涵，修改而成的脈絡分析圖。除上述兩種方式外，教師可依專業素養與教學需要，發展其他方式的剖析圖。

(二) 基礎解放意義歷程

「基礎解放意義歷程」僅著重深度剖析動詞及名詞，分析各項解放重要因素，彙整解放歷程，利於形成暫行細分。基礎解放意義歷程，就內涵而言較

偏重行為主義的理念，延續動詞、名詞剖析結果，探索能力指標的內部元素。帶領國中小教師進行能力指標解讀，發現解放意義必須思考下列要素，方能批判性反省與融入領域精神：

1. 掌握動詞、名詞的剖析結果：根據工具意義、溝通意義所解析的動詞、名詞的剖析結果，較能精確掌握能力指標內涵。

2. 掌握領域精髓：各學習領域均有其基本理念，未能掌握必將造成轉化偏差，如綜合活動學習領域的「綜合」乃萬事萬物中自然涵融的各類知識，若未能掌握實踐、體驗與省思理念，甚易與其他領域重疊。

3. 省思並區隔與其他六領域能力指標關係：為免於與其他領域重疊，除掌握領域精髓外，更應省思與區隔其他各領域能力指標關係，進一步雙重確認，如綜合活動學習領域甚易與其他領域「重複認知學習」，宜反覆省思與區隔。2003 年《綜合活動學習領域課程綱要》「2-1-4 認識並欣賞周遭環境」，經某縣市教師解讀後分成下列五項：

   2-1-4-1 評析自己的房間。

   2-1-4-2 分析與比較家庭屋內外環境。

   2-1-4-3 認識學校校園。

   2-1-4-4 說明社區場所。

   2-1-4-5 認識並介紹鄰居。

   上述五項解讀重點均在於「認知」，且與社會學習領域內涵重疊甚多。然綜合活動學習領域宜掌握實踐、體驗與省思理念，或許分為下列四項較能區隔與其他六領域能力指標關係：

   2-1-4 認識並欣賞周遭環境。

   2-1-4-1 賞析自己的房間或家庭屋內外環境。

   2-1-4-2 觀察、欣賞校園內環境，並描述自己的感受。

   2-1-4-3 說明或分享利用學校各處室、教室或其他設施的經驗。

   2-1-4-4 欣賞社區環境，分享使用社區環境的體驗。

4. 研析青少年發展相關理論：各學習領域雖有其學習內涵，但學習乃不與學生身心發展脫節，能力指標轉化更不應背離青少年發展，為呼應身心發展狀況，宜研析青少年發展相關理論。

5. 納入 1993 年、1995 年國中小課程標準重要卻疏漏的內涵：九年一貫課程雖
   經審慎研修，但課程改革難以完美無缺，且解放意義時不應假定九年一貫
   課程為完美課程，因此分析 1993 年、1995 年國中小課程標準的內涵，反省
   重要卻疏漏的內涵，於能力指標轉化時將其納入，力求學生獲得更完整的
   學習。

6. 參酌相關學會建議之能力指標：教師個人或團隊轉化能力指標，若能參酌
   相關學會建議，納入專家學者與專業組織意見，將更能周延的轉化能力指標。

(三) 進階解放意義歷程

　　「進階解放意義歷程」旨在廣度延展認知歷程、內涵與情境，突破動詞與
名詞深度剖析的意涵，從「記憶、瞭解、應用、分析、評鑑、創造」等認知
歷程、「事實、概念、程序、後設認知」等知識內涵，以及學生學習與教學情
境，進一步解放能力指標的意義，以形成暫行細分。進階解放意義歷程，就
內涵而言較偏重完形心理學的理念，強調部分之合大於整體，以及認知情境
的重要。帶領國中小教師進行能力指標進階解讀，宜思考下列要素，方能更
進一步發揮批判性反省與融入領域精神：

1. 不限動詞，由深入剖析學習策略，到廣度延展：為求廣度延展，動詞進階
   解放應納入三項要素：一為，納入情意、領域精髓或達成程度；二為，採
   取認知論（cognitive theory）的歷程觀，將對事物的注意、辨別、理解、思
   考等複雜的心理活動歷程，納入解放意涵；三為，依據動詞所處層次來延
   展動詞層次，如動詞屬「瞭解」層次，思索向下延展到「記憶」，向上延
   展到「應用、分析、評鑑、創造」的必要性與重要性。

2. 不限名詞，由深入剖析學習內容，到廣度延展：為求廣度延展，名詞進階
   解放應納入三項要素：一為，呼應認知論的內涵觀，探索動詞或名詞之後
   設認知（隱含理念、中介變項）；二為，依據名詞所處類別來延展名詞類
   別，如名詞屬「程序」知識，思索向下延展到「事實、概念」知識，向上
   延展到「後設認知」知識的必要性與重要性；三為，採取完形心理學（gestalt
   psychology），強調整體大於部分之合的觀點，以及場地論（field theory）
   著重人的行為與周圍環境的交互關係，納入思索學生展現能力的「情境」，
   尋求最佳解釋與規劃學習情境；四為，呼應場地論，省思學生、學校與社

區需求，解放意義必須顧及學生身心發展狀況與需要、學校特色與軟硬體資源，以及社區資源與需求，批判反省不應脫離真實情境。

(四) 解放意義結果，予以暫行細分

「解放意義結果，予以暫行細分」旨在利於溝通。然帶領國中小教師進行能力指標解讀，發現暫行細分若未能掌握一些重點將極易出現問題，僅將重點概述並輔以實例說明於下：

1. 掌握重點暫時細分

解放能力指標意義後，若無暫行細分結果，將難以有效並迅速與他人分享解放的結果。細分宜掌握三項原則：一為，評析教學或學習時間，掌握重點，非無限細分：能力指標解讀後形成教學構圖，教學構圖的整體架構相當繁雜，無法於有限的時間全部完成，且若全部完成亦可能造成重複現象，因此，宜在有限時間內掌握精簡扼要內涵，予以解讀細分；二為，選取切合學生、學校及社區需求之重要組合：此重要組合乃暫時細分結果，旨在協助教師初步掌握能力指標重點，並提供能力指標轉化歷程詳細資料，讓有興趣者能深入詳讀；三為，掌握最佳的教學脈絡，但不等於永久解讀結果：暫行細分重點在於協助教師初步瞭解、擴展教學設計，及增進教師專業自主，而非永久解讀結果；教師可能因學生改變或情境調整而重新細分結果，因此，細分乃教師解讀與運用時空的當下產物，而非永久解讀結果。

掌握重點並非如預期簡單，有些教師轉化能力指標時，出現動詞、名詞轉化偏差，茲列舉如下：

(1) 動詞偏差

如 2008 年《社會學習領域課程綱要》「9-4-7 關懷全球環境和人類共同福祉，並身體力行」，經某縣市教師解讀後分成下列五項：

9-4-7-1 說明地球與人類生命共同體的不可分割關係。

9-4-7-2 舉例人類過度使用資源所造成的結果。

9-4-7-3 舉例說明污染的無國界。

9-4-7-4 列舉如何從生活中減輕全球環境的負擔。

9-4-7-5 說明自己要如何從家庭學校著手來從事關懷全球環境。

上述分析，均忽略動詞「身體力行」，因此建議將 9-4-7-4、9-4-7-5 更改

如下：

9-4-7-4 分享從生活中減輕全球環境負擔的生活經驗。

9-4-7-5 參與關懷全球環境和人類共同福祉的活動。

(2) 名詞偏差

如 2003 年《綜合活動學習領域課程綱要》「4-2-4 舉例說明保護及改善環境的活動內容」，經某縣市教師解讀後，分為下列六項：

4-2-4-1 我能說出如何整理家庭環境的方法。

4-2-4-3 我能說出如何改善家庭環境的方法。

4-2-4-2 我能說出如何整理學校環境的方法。

4-2-4-4 我能說出如何改善學校環境的方法。

4-2-4-5 我能說出如何節約能源，並積極參與，身體力行。

4-2-4-6 我能說出杜絕病媒的方法。

上述分析將重點置於整理、改善家庭與學校環境的方法，忽略「活動內容」，因名詞偏差導致方向偏差，乃相當大的誤差。

又如 2003 年《社會學習領域課程綱要》「9-2-3 舉出外來的文化、商品和資訊影響當地文化和生活的例子」，經教師解析後，分為下列三項：

9-2-3-1 能舉出臺灣的文化影響本地食、衣、住、行、育、樂的例子。

9-2-3-2 能舉出大陸的文化影響本地食、衣、住、行、育、樂的例子。

9-2-3-3 比較臺灣的文化和大陸的文化對本地文化的影響。

上述分析將重點置於臺灣、大陸「文化」，卻缺乏名詞之「商品和資訊」，因此，分析宜充分顧及名詞的完整性。

2. 細分回扣原能力指標或補同階段其他指標不足

暫行細分的能力指標不應偏離原能力指標內涵，更不應與其他能力指標重複，然基於教師專業自主，宜彌補同階段其他能力指標之不足。教育部綜合活動學習領域深耕種子教師團隊分析國民中學課程標準（教育部，1995）、國民小學課程標準（教育部，1993）、中華民國輔導學會與中華民國童軍學會之能力指標，發現綜合活動能力指標未能強化情緒與壓力調適、學習輔導、異性交往與婚姻生活、休閒活動知能，及人權等內涵，乃相當大的缺憾；幸 2008 年版綱要已予改善，在轉化 2003 年版能力指標時，宜適切補充同階段其他指

標的不足，如 2003 年《綜合活動學習領域課程綱要》「1-1-1 描述自己以及與自己相關的人事物」暫行細分如下，其中 1-1-1-a 描述自己的情緒反應，如想法、行為、感受，乃補情緒與壓力調適之不足。

1-1-1-1 描述並接納自己外型與特點。

1-1-1-2 描述並喜歡自己家庭成員。

1-1-1-3 描述並欣賞師長及班級同學的特點。

1-1-1-4 描述並接納自己家庭生活及學校生活。

1-1-1-5 分享使用日常生活用品及喜歡物品的經驗。

1-1-1-a 描述自己的情緒反應，如想法、行為、感受。

3. 細分之能力指標不宜與其他能力指標重疊

進行能力指標解放意義後，不宜與其他能力指標重疊，然教師解讀時，若教師無限擴充與延伸，很容易產生重疊現象。如 2003 年《綜合活動學習領域課程綱要》「1-4-1 體會生命的起源與發展過程，並分享個人的經驗與感受」，某縣市一群國中教師解讀後，分成下列六項：

1-4-1-1 認識自己誕生的過程。

1-4-1-2 觀察並分析身體生長的變化。

1-4-1-3 分析心理發展的差異。

1-4-1-4 說明自己成長的經驗。

1-4-1-5 介紹自己的興趣與專長。

1-4-1-6 分組討論職業、婚姻選擇與興趣專長的關係。

上述分析「1-4-1-5 介紹自己的興趣與專長」與 2003 年《綜合活動學習領域課程綱要》「1-4-2 透過不同的活動或方式，展現自己的興趣與專長。」非常接近，因此，建議刪除此項。

4. 動詞敘述應讓師生有較自由發揮表達空間

為讓師生有較自由發揮表達空間，動詞敘述不宜設定太僵化，如用說出或寫出，應儘量提出原則讓師生自由發揮，如用「說明」，說明方式則可由師生自行決定。前述 2003 年《綜合活動學習領域課程綱要》「4-2-4 舉例說明保護及改善環境的活動內容」，全部採用「說出」，限制教師教學與學生表達方式，若能改為「說明」或許較佳。另外，全部採用「我能……」，或許可將

「我」刪除更為精簡。

5. 解讀若供他人參考，不宜過於重視教學目標

能力指標乃教師研擬教學目標或學生學習目標的依據，能力指標較教學目標層次為高，不等於教學目標，因此，解讀若供他人參考，則不宜過於重視教學歷程與目標，而應保留相當彈性，讓教師有更自主的發揮空間。

如 2003 年《綜合活動學習領域課程綱要》「1-4-1 體會生命的起源與發展過程，並分享個人的經驗與感受」，某縣市一群國中教師解讀後，分成下列八項：

1-4-1-1 觀賞動物的生命起源。

1-4-1-2 觀賞植物的生命起源。

1-4-1-3 觀賞孕婦的發展過程。

1-4-1-4 飼養動物的發展過程。

1-4-1-5 種植植物的發展過程。

1-4-1-6 扮演孕婦的發展過程。

1-4-1-7 分享自己曾體會生命起源或發展過程的經驗或意義。

1-4-1-8 省思自己曾體會生命起源或發展過程的經驗或意義。

上述解讀過於重視教學歷程與目標，宜予教師更多彈性專業自主空間，並補充同階段其他指標之不足，加入「1-4-1-a 分享自己的情緒與壓力經驗，並說明或演練有效的調適策略」，更改後之暫行細分結果為：

1-4-1-1 善用各種方式，說明人或其他生物的起源與發展過程。

1-4-1-2 說明自己出生及成長的經驗，並分享其感受。

1-4-1-3 模擬體驗人生老病死，分享自己的經驗與感受。

1-4-1-4 分享自己成長過程的人事物對自己的影響與感受。

1-4-1-5 分析男女性別身心發展的差異，分享個人的經驗與感受，進而學習彼此尊重和關懷。

1-4-1-6 從社會價值探討兩性關係，分享自己的經驗與感受，進而調適自我。

1-4-1-a 分享自己的情緒與壓力經驗，並說明或演練有效的調適策略。

6. 細分前後不宜絕對分離，宜整體分析前後呼應

能力指標為一個整體的概念，不宜輕易切割，暫行細分後仍應維持整體

性，不宜絕對分離。如 2003 年《綜合活動學習領域課程綱要》「4-2-3 瞭解自己在各種情境中可能的反應，並學習抗拒誘惑」，某縣市一群國中教師解讀後，分成下列五項：

4-2-3-1 參與學藝與休閒育樂活動，察覺自己在情境下的認知反應。

4-2-3-2 參與學藝與休閒育樂活動，察覺自己在情境下的行為反應。

4-2-3-3 參與學藝與休閒育樂活動，察覺自己在情境下的情緒反應。

4-2-3-4 練習抗拒誘惑的做法。

4-2-3-5 分享抗拒誘惑的經驗或心得。

上述暫行細分，將瞭解反應、抗拒誘惑截然劃分，缺乏統整概念且未充分呼應「生活經營」主題軸。補充同階段其他指標不足，加入「4-2-3-a 接納並表達自己的情緒」，更改後之暫行細分結果為：

4-2-3-1 覺察自己在各種誘惑情境中的反應（如想法、行動、情緒），分享個人經驗。

4-2-3-2 舉例說明各種抗拒誘惑情境，演練抗拒的方法，並分享經驗與心得。

4-2-3-a 接納並表達自己的情緒。

四、行動意義

能力指標轉化的第四階段在於研擬學習目標與活動，經由實際教學與學習行動，以展現能力指標。此階段重點在於依據能力指標解放意義後獲得的暫時細分結果，來研擬學習目標與設計學習活動。

設計學習活動時，可一項細項能力指標設計一至多個單元活動，亦可兩個或數個細項能力指標聯合設計一個單元活動。設計能力指標的活動順序不一定遵循細項能力指標的序號，且需完整設計一個單元活動，而非僅限於一節課的活動。

綜合活動學習領域學習活動設計的內涵，至少宜包括下列十一項基本項目：(1)學習領域：學習活動設計內涵必須能明確說明設計以何學習領域為重心，且應於顯著位置呈現；(2)主題或單元活動名稱：學習活動設計不應以節為單位，宜以「主題活動」、「單元活動」為單位，通常一主題活動包括數個單元活動；(3)能力指標：以主題活動所能達成的綜合學習領域能力指標為主，

達成其他六大學習領域能力指標為輔；(4)學習目標：目標分為單元目標和行為目標（又稱具體目標），應儘量包括認知、技能、情意三方面，為強化基本能力，應著重行為目標之敘述；(5)學習階段或年級：指出實施學習階段或年級，實施為上學期或下學期，必要時可呈現班級或班群；(6)學習節數：指出整個主題活動共多少節，在各單元活動設計中再說明共幾分鐘，分多少節，必要時再說明每節幾分鐘；學習時間安排宜掌握及時、從容、完整原則，讓學生於活動後立即回饋、有從容省思分享時間，及獲得實踐體驗與省思的完整歷程；(7)教學或學習準備：說明運用之學習單或教具、教學資源、地點選擇，配合教學需要使用之補充教材或活用教科書之訊息，及其他行政準備事宜；(8)學習活動：一般學習活動雖分準備活動、發展活動、整合活動三段，各項活動項目因各科性質不同而異，故僅呈現三段概念而不直接引用三段之名稱，學習活動安排宜掌握動靜交錯流暢與多元創意的原則；(9)教學評量與補救教學：提出教學評量的原則或方式、參與評量人員，以及補救教學的具體作法；(10)評量標準：呈現評量的質量兩向度，兼顧能力與努力，給予積極評量；(11)參考資料：說明設計時參考的教材來源與引用的書刊資料。

五、回饋意義

能力指標轉化的第五階段在於檢核學習目標與活動，經由實際教學與學習回饋，以評量能力指標的達成程度。此階段重點在於依據學習目標規劃與實施學習評量，並藉由評量結果來省思能力指標達成程度，做為教師改善教學、方法與內涵，以及對學生實施補救教學的重要參考。

教師實施學習評量係直接依據學習目標，間接針對能力指標評量，綜合活動學習領域教學評量宜掌握多元化與人性化的原則，兼顧形成性評量、診斷性評量與總結性評量，不僅著重學習、活動過程的形成性評量，重視剖析學習問題的診斷性評量，亦應注重學習狀況與成果的總結性評量。評量方法應採取多元化評量，運用檔案評量、遊戲化評量（系列實作評量）、評量表或檢核表，及其他評量方法，但不應舉行記憶背誦內涵的紙筆測驗。評量人員不限於教師，尚可包含同儕、自己或家長。呈現評量結果宜針對學生學習態度、意願、思考、表現、知識進行「質的描述」，對知識內涵進行適切的量化描述。

▪▪ 第四節　能力指標解讀原則 ▪▪

茲以綜合活動學習領域為例，闡述能力指標解讀的基礎與原則於下。

壹、綜合活動學習領域能力指標解讀與轉化之依據

能力指標解讀與轉化必須依據學習領域之綱要內涵，尤其是 2008 年《綜合活動學習領域課程綱要》分段能力指標與十二項核心素養之關係（見表 3-6），及分段能力指標與十大基本能力之關係（見表 3-7），更是重要的依據。另，2008 年《綜合活動學習領域課程綱要》於附錄呈現的參考細目與補充說明，亦可供解讀與轉化之參考。

貳、綜合活動學習領域能力指標解讀之原則

參酌李坤崇（2002b）提出能力指標解讀原則，持續闡述解讀原則。

一、參酌教育部之參考細目與補充說明

2008 年《綜合活動學習領域課程綱要》於附錄呈現「能力指標參考細目與補充說明」，旨在提供修訂小組委員與參與夥伴的思維，但賦予學校本位權能，學校可參考而不強制。因此，解讀能力指標可先參酌「能力指標參考細目與補充說明」。

二、掌握核心概念循序漸進

能力指標概念分析難以一步登天，必須經由練習，循序漸進，或經由教師間的專業對話，較能適切概念分析。教師實施概念分析應先掌握核心概念，先試著展開，再慢慢篩選最適合學生學習與教師教學者。當教師缺乏能力指

標概念分析的舊經驗，不宜操之過急，宜循序漸進成長，莫給自己過多壓力（李坤崇，2002b）。

　　李坤崇（2002b）指出教師尋找能力指標的核心概念，若從動詞、受詞著手較為容易，且一般能力指標之動詞、受詞均為相當重要的核心概念。如「2-4-3 規劃並準備自己升學或職業生涯，同時瞭解自己選擇的理由」的動詞為「規劃、準備」，受詞為「升學或職業生涯、選擇的理由」。

三、彰顯體驗、省思、實踐的領域精神

　　綜合活動學習領域能力指標概念分析掌握領域精神，儘量突顯實踐、體驗、省思的理念，強化與其他領域及七大議題的呼應與區隔，並納入情緒與壓力調適、學習輔導、異性交往與婚姻生活、休閒活動知能，及人權等內涵，期提供多元、完整、區隔的概念分析供參酌。

　　綜合活動學習領域能力指標概念分析之動詞，教師可於教學設計時適切調整，以更切合實踐、體驗、省思的理念與學生發展的需求。解讀能力指標進行概念細分時，儘量凸顯實踐、體驗、省思的理念，提醒參酌者落實綜合活動學習領域基本理念，免於停留認知，疏忽實踐、體驗、省思，並避免與其他領域與議題重複，如 2008 年《綜合活動學習領域課程綱要》「3-2-3 參與學校或社區服務活動，並分享服務心得」細分一項為「3-2-3-1 參與校內服務活動，並分享感想與心得」，乃凸顯參與活動的省思與分享。

四、評析同基本能力左右之橫向銜接

　　解讀綜合活動學習領域能力指標建議善用 2008 年《綜合活動學習領域課程綱要》分段能力指標與十二項核心素養之關係（見表 3-6），此表以核心素養橫向銜接能力指標，也有助於評析能力指標的橫向關係。如「尊重生命」核心素養之四項能力指標「1-1-4 體會、分享生命降臨與成長的感受」、「1-2-4 觀察自然界的生命現象與人的關係」、「1-3-5 覺察生命的變化與發展歷程」、「1-4-5 體會生命的價值，珍惜自己與他人生命，並協助他人」乃依學生身心發展階段排序。

五、分析同學習階段上下之縱向連貫

2008 年《綜合活動學習領域課程綱要》分段能力指標與十二項核心素養之關係（見表 3-6）乃依循自我發展、生活經營、社會參與及保護自我與環境的順序排序，上下能力指標隱含此順序關係，解讀能力指標宜分析上下同學習階段之縱向連貫。

六、先分析學生達成該能力之過程，再思維教學過程

李坤崇（2002b）強調：能力指標概念分析必須以學生為中心，以學生學習為前提，輔以教師的教學。因此，國中小教師進行能力指標概念分析時，應先分析學生達成該能力的過程，再思維教學過程。參與各縣市教師能力指標概念分析時，有些教師先想自己如何教，而非學生如何學，使得分析結果難以滿足學生學習需求，且無法落實於學生帶得走能力的基本理念。

七、細分能力指標宜大多數學生能達成者

李坤崇（2002b）指出能力指標細分之後，必須是大多數學生能達成者，而非少數學生達成即可。能力指標延伸至基本能力，教育部研擬的十大基本能力，及各學習領域的能力指標，係以八成學生達成為目標。因此，能力指標細分後宜應以八成學生達成為目標，方能呼應教育部能力指標的思維。有些學校細分 2008 年《綜合活動學習領域課程綱要》能力指標「3-4-4 探索世界各地的生活方式，展現自己對國際文化的理解與學習」為「鼓勵利用寒暑假遊學，瞭解外國風情文物，體驗文化差異」，此大多數學生難以達成；若改為「蒐集各種資訊，瞭解外國風情文物與分析文化差異」或許較佳。

▮▮ 第五節　能力指標解讀、轉化歷程實例 ▮▮

筆者參酌 Mezirow 的轉化理論、Cranton 的導向轉化學習歷程、Yorks 與 Marsick 的行動學習、溫明麗的基模互動與知識形成之辯證關係圖等理論觀點，綜合國內各種能力指標解讀或轉化模式，提出「能力指標解讀轉化整合模式」。本模式乃以綜合活動學習領域為基礎，逐漸發展而得，希望提供扼要易懂的分析邏輯供教師參酌，但不求適用於所有領域。僅提出「能力指標解讀轉化整合模式」之綜合活動學習領域實例，供各界參酌與指正。

茲以教育部 2008 年 5 月 23 日修訂之《綜合活動學習領域課程綱要》（2008b）之「1-4-2 展現自己的興趣與專長，並探索自己可能的發展方向」為例，參酌圖 5-6 之「能力指標解讀、轉化整合歷程」、表 5-6 之「能力指標解讀、轉化歷程的核心內涵」來闡述能力指標解讀、轉化的歷程。

1-4-2 展現自己的 興趣 與 專長 ，並探索自己 可能的發展方向

壹、工具意義

工具意義旨在尋找能力指標「核心概念」，即找出能力指標的動詞、名詞，作為核心概念，並予以分類。

一、動詞

展現、探索。

二、名詞

興趣與專長、可能的發展方向。

貳、溝通意義

溝通意義旨在深度剖析或擴展能力指標核心概念，即剖析動詞（學習策略）、剖析名詞（學習內容）、辨別重心及釐清領域關係。

一、展現（核心能力）

表演、表達、計畫。

二、探索（核心能力）

試探、體驗、省思、策略。

三、興趣與專長

1. 興趣與專長：勞委會職業訓練局 1987 年委託中國測驗學會編製「職業興趣量表：我喜歡做的事」（林一真、黃堅厚、范德鑫，1988），其職業興趣包括藝術、科學、動植物、保全、機械、工業生產、企業事務、銷售、個人服務、社會福利、領導和體能表演等十二方面的興趣。

2. Holland 認為個人的職業選擇為其人格的反應，即每個人會去從事和自己人格類型相似的職業，並將職業歸納為六大類型，基於「物以類聚」的假設，同一職業的工作者具有相似的人格特質，故產生六種不同的人格類型，分別為實用型(R)、研究型(I)、藝術型(A)、社會型(S)、企業型(E)及事務型(C)（林一真、黃堅厚、范德鑫，1988）：

   (1) 實用型（Realistic type）：需要機械能力或體力，以便處理機器、物體、工具、運輸設備及動植物有關之工作。比較屬於清楚、具體、實在及體力上的工作。大部分工作須在戶外進行，比較不須與人有深入之接觸。喜歡從事電子工程、機械裝修、土木建築、農業等工作。

   (2) 研究型（Investigative type）：運用其智能或分析能力去觀察、評量、判斷、推理以解決問題。喜歡與符號、概念、文字有關之工作。不必與人有多接觸。喜歡從事如生物、物理、化學、醫學、數學、地質學、人類學等工作。

   (3) 藝術型（Artistic type）：需要藝術、創造、表達，及直覺能力，藉文字、動作、聲音、色彩、形式來傳達美、思想及感受。需要敏銳的感覺能力、想像及創造力，喜歡從事如：音樂、寫作、編輯、戲劇、繪畫、設計、舞蹈等工作。

(4) 社會型（Social type）：具有與人相處、交往的良好技巧。對人關懷、有興趣，具備人際技巧，並能瞭解、分析、鼓勵並改變人類的行為。喜歡從事與幫助人有關的工作，如老師、復健醫護、輔導員、臨床心理學家、社會工作者。

(5) 企業型（Enterprising type）：運用其規劃、領導及口語能力，組織、安排事物，領導及管理人員以促進機構、政治、經濟或社會利益。喜歡銷售、督導、策劃、領導方面的工作及活動，如業務人員、經理人員、企業家、司法人員、從政者。

(6) 事務型（Conventional type）：需要注意細節及事務技能，以便記錄、歸檔及組織文字或數字資料。通常不是決策人員，而是執行人員。從事資料處理、文書及計算方面的工作，如銀行人員、金融分析師、稅務專家、會計人員。

四、可能的發展方向

1. 發展方向乃學生在升學或職業生涯的可能方向，如升學進路（高中、高職、五專），升學實力（實力、興趣與升學進路關係），職業世界（行、職業認識），職業知能（必備之知識技能）。

2. 發展考慮因素：能力或自我發展優勢，個性或人格特質，興趣、專長與學習狀況、生涯發展（升學進路、職業世界），各項資訊與資源，家庭或重要他人的期望。

參、解放意義

　　解放意義旨在形成解析圖（教學構圖），參酌各項要素實施批判性反省與暫時細分能力指標（學習與評鑑指標），可分成形成解析圖、參酌綱要參考細目及暫行細分三階段。

一、形成解析圖

「1-4-2 展現自己的興趣與專長,並探索自己可能的發展方向」之解析圖,詳見圖 5-8。

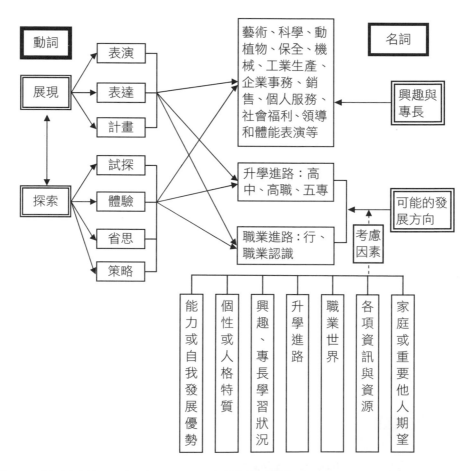

圖 5-8　綜合活動學習領域 1-4-2 能力指標解析圖

二、參酌綜合活動學習領域課程綱要之參考細目

綜合活動學習領域課程綱要之 1-4-2 能力指標參考細目與補充說明,詳見表 5-7。

表 5-7

綜合活動學習領域課程綱要之能力指標參考細目與補充說明

能力指標	參考細目	補充說明
1-4-2 展現自己的興趣與專長，並探索自己可能的發展方向。	1-4-2-1 能在各種活動中，覺察並充分發揮自己的興趣與專長。 1-4-2-2 探究符合自己未來可能發展方向。 1-4-2-3 訂定個人的升學或職業生涯計畫與策略，並分享其理由。	1. 透過各種活動的試探或體驗，覺察自己的興趣與專長。 2. 能在各種活動中充分發揮自己的興趣與專長，探究符合自己未來可能發展的方向，訂定個人的升學或職業生涯計畫，提出實現生涯計畫的具體作法或策略，並說明上述決定的理由。 3. 各種活動係指各領域學習活動、學校各項慶典活動、班級活動、學生自治活動、服務學習活動、校外活動、陸地或水域休閒活動、親人互動……等。

三、形成能力指標概念分析結果，予以暫行細分

依據「綜合活動學習領域 1-4-2 能力指標解析圖」，參酌綜合活動學習領域課程綱要之參考細目，可以直接以綱要參考細目來暫行細分：

> 1-4-2 展現自己的興趣與專長，並探索自己可能的發展方向。
> 　1-4-2-1 能在各種活動中，覺察並充分發揮自己的興趣與專長。
> 　1-4-2-2 探究符合自己未來可能發展方向。
> 　1-4-2-3 訂定個人的升學或職業生涯計畫與策略，並分享其理由。

亦可依據自己的專業判讀、學生需求或社區需要，調整綱要參考細目，而呈現另一種暫行細分內涵如下：

> 1-4-2 展現自己的興趣與專長，並探索自己可能的發展方向。
> 　1-4-2-a 透過各種試探、體驗活動，來覺察自己的興趣與專長。
> 　1-4-2-b 善用各種表演、表達方式，來展現自己的興趣與專長。
> 　1-4-2-c 善用各種試探、體驗、省思活動，來探索符合自己未來可能的發展方向。
> 　1-4-2-d 訂定個人的升學或職業生涯計畫與策略，並分享其理由。

為區別課程綱要參考細目之代碼，若為自行細分者，建議採「a、b、c、d」之細分代碼。若直接沿用教育部公布「綜合活動學習領域課程綱要之能力指標參考細目」，則建議用教育部細分之代碼。

肆、行動意義

行動意義旨在研擬學習目標與活動，即依據能力指標概念分析或細分的結果研擬學習目標、設計學習活動。

採取教育部課程綱要參考細目作為上述能力指標概念分析結果，依此結果規劃出「美夢成真」的系列主題活動，包括「築夢、逐夢、燭夢」等三個主題活動，三個主題活動及其單元名稱、單元活動目標、學習策略、任教學期、評量方式、任教時間或備註，詳見第六節之「壹」之「六」之表 5-10。

伍、回饋意義：實施學習評量

回饋意義旨在實施學習評量，即依據學習目標規劃學習評量，教師實施學習評量直接依據學習目標，間接針對能力指標評量。

評量時教師宜從「能力」、「努力」兩個向度在學習單的「評量」欄內進行評量，「能力」以符號「A、B、C、D、E」表示「很好、不錯、加油、改進、補做（交）」。「努力」以符號「＋、－」表示「進步、退步」。各項符號與評語之評量標準如表 5-8，評量前必須告知學生符號所代表意義。評量等級亦可運用其他符號或評語，然仍須事先與學生溝通，且力求符號一致性。「學期評量單」因結合學生自評、小組長評量與教師複評，為便於學生自評，能力等級原分為五等，「能力」只取前三個等級，即若為「很好」打「A」、「不錯」打「B」、「加油」打「C」。然仍建議應納入「努力」向度。

依據上述能力指標概念分析結果提出之學習目標與學習活動內涵，來設計學習評量，如「1-4-2 能力指標」研議出「美夢成真」系列主題活動，「築夢、逐夢、燭夢」等三個主題活動目標及其單元活動目標，依前述目標來研擬能力指標、主題及單元之評量目標。

「1-4-2 能力指標」之評量宜以能力指標概念分析結果為基礎，參酌教學歷程與學生需求來設計評量單，其評量單詳見表 5-9 之「美夢成真」能力指標評量單。

表 5-8

學習單各項符號與評語

符號	評語	代　表　意　思
答案的正確或內容的完整		
A	很好	答案完全正確，或完全符合教師的要求，而且比其他學生有創意，或做得更好。
B	不錯	答案完全正確，或完全符合教師之要求。
C	加油	答案部分正確，或有一部分沒有符合教師的要求。
D	改進	答案內容完全錯誤，或完全不符合教師之要求。
E	補做（交）	未作答或未交。
努力的程度		
＋	進步	代表你比以前用心或進步。（「＋」號越多代表越用心、越進步）
－	退步	代表你比以前不用心或退步。（「－」號越多代表越不用心、越退步）

　　單元活動之評量乃更具體、明確的評量設計，以「築夢」主題活動第二項活動「龍的傳人」為例，呼應學習目標採取「系列實作評量」，整個評量內涵與學習活動設計之「自我海報」評量單、「龍的傳人」評量單、「班級宣傳海報」票選單充分結合，著重形成性評量。並納入家長代表、同儕與教師參與評量，兼顧能力與努力向度，詳列各項評量項目的評量規準，讓學生瞭解獲得等級的實際意涵，且以「不呈現分數」為原則，教師可依教學目標、工作負擔、學生或家長需要，採取「評定等級」、「文字敘述」的方式。

表 5-9

「美夢成真」能力指標評量單

<table>
<tr><td colspan="4" align="center">「美夢成真」能力指標評量單</td></tr>
<tr><td colspan="4">姓名：　　　　　　班級：　　座號：　　日期：　　年　　月　　日　組別：　　組</td></tr>
<tr><td colspan="4">各位同學：「美夢成真」後，請完成下列題目，再請小組長、教師、家長評量或簽名。</td></tr>
<tr><td>一、請針對下列項目逐一檢討、評量</td><td>自評</td><td>小組長
評量</td><td>教師
複評</td></tr>
<tr><td>1. 能覺察自己的興趣與專長。</td><td></td><td></td><td></td></tr>
<tr><td>2. 能適切展現自己的興趣與專長。</td><td></td><td></td><td></td></tr>
<tr><td>3. 能探索符合自己未來可能的發展方向。</td><td></td><td></td><td></td></tr>
<tr><td>4. 訂定個人的升學或職業生涯計畫與策略，並分享其理由。</td><td></td><td></td><td></td></tr>
<tr><td>5. 能提出實現生涯計畫的具體作法或策略。</td><td></td><td></td><td></td></tr>
<tr><td>6. 能參與分組合作學習，增進人際溝通能力。</td><td></td><td></td><td></td></tr>
<tr><td>7. 增進獨立思考與自我省思的能力。</td><td></td><td></td><td></td></tr>
<tr><td>8. 整個活動的學習興趣。</td><td></td><td></td><td></td></tr>
<tr><td>9. 整個活動的學習態度。</td><td></td><td></td><td></td></tr>
<tr><td colspan="4">（評量結果若為「很好」打「A」，「不錯」打「B」，「加油」打「C」）</td></tr>
<tr><td colspan="4">二、經過整個學習過程，你最大的收穫是什麼？（例如：人際溝通能力、表達能力、傾
　　聽他人表達能力、資料彙整能力、自我省思能力或其他）</td></tr>
<tr><td colspan="4">三、經過整個學習過程，你覺得還有哪些地方可以做得更好，可以再努力？</td></tr>
<tr><td colspan="4">四、整個活動的感想：

　　　　　　　　　　　　　　　　　　　　　簽名：</td></tr>
<tr><td colspan="4">家長的話：
　　　　　　　　　　　　　　　　　　　　　簽名：</td></tr>
<tr><td colspan="4">教師結語：
　　　　　　　　　　　　　　　　　　　　　簽名：</td></tr>
<tr><td colspan="4" align="center">中華民國　　　年　　　月　　　日</td></tr>
</table>

🔅 第六節　能力指標解讀、轉化教學設計實例 🔅

美夢成真～～築夢、逐夢、燭夢

設計者：李坤崇

壹、系列主題活動目標、教學與評量計畫

一、綜合活動學習領域之系列主題活動

美夢成真～～築夢、逐夢、燭夢

二、系列主題活動課程架構

美夢成真之系列主題活動課程架構，如圖 5-9 所示。

三、整體系列主題活動目標

以達成 2008 年《綜合活動學習領域課程綱要》能力指標「1-4-2 展現自己的興趣與專長，並探索自己可能的發展方向」及其細項指標為主，相關能力指標為輔，系列主題活動目標如下：

1. 能覺察自己的興趣與專長。
2. 能適切展現自己的興趣與專長。
3. 能探索符合自己未來可能的發展方向。
4. 訂定個人的升學或職業生涯計畫與策略，並分享其理由。
5. 能提出實現生涯計畫的具體作法或策略。
6. 能參與分組合作學習，增進人際溝通能力。
7. 增進獨立思考與自我省思能力。

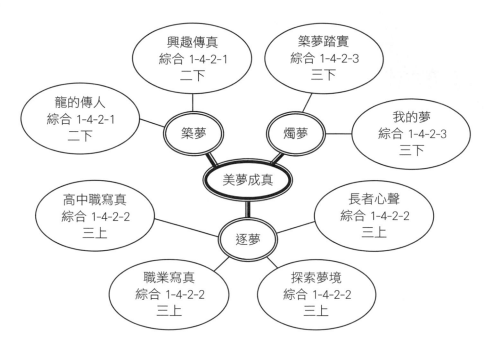

圖 5-9 「美夢成真」系列主題活動架構圖

8. 提高參與綜合活動學習領域的學習興趣與態度。

四、主題活動達成之能力指標

1. 主要學習領域：綜合活動學習領域

2. 2008 年《綜合活動學習領域課程綱要》之主要能力指標

　　1-4-2 展現自己的興趣與專長，並探索自己可能的發展方向。

　　1-4-2-1 能在各種活動中，覺察並充分發揮自己的興趣與專長。

　　1-4-2-2 探究符合自己未來可能發展方向。

　　1-4-2-3 訂定個人的升學或職業生涯計畫與策略，並分享其理由。

3. 2008 年《綜合活動學習領域課程綱要》之相關能力指標

　　1-2-1 欣賞並展現自己的長處，省思並接納自己。

　　1-2-2 參與各式各類的活動，探索自己的興趣與專長。

　　1-3-3 探究自我學習的方法，並發展自己的興趣與專長。

　　1-4-1 探索自我發展的過程，並分享個人的經驗與感受。

1-4-3 掌握資訊，自己界定學習目標、製定學習計畫並執行。

五、主題活動實施年級、學期與學習節數

國中二下、三上、三下，共 27 節（一節 45 分），加課餘時間。

六、主題活動歷程、內涵與實施方式

表 5-10

「美夢成真」系列主題活動歷程、內涵與實施方式

主題名稱 （主題活動 目標）	單元 名稱	單元活動目標 （呈現較重要者）	學習策略	學期	評量方式	時間或 備註
築夢 1-4-2-1 能 在各種活動 中，覺察並 充分發揮自 己的興趣與 專長。	興趣 傳真	1. 經由「職業興趣量表」結果，說出 12 項職業興趣分量表的結果。 2. 省思「職業興趣量表」結果，解釋原因與提出改善策略。 3. 說明自己的興趣與喜歡職業的契合程度。	全班測驗、團體解釋、討論、發表	二下	口語評量、高層次紙筆測驗	135 分鐘 職業興趣量表
	龍的 傳人	1. 以海報來表現自己的能力、興趣、專長或優點。 2. 以演講或表演來表現自己的能力、興趣、專長或優點。 3. 增強自行設計規劃能力，以發揮創意來宣傳自己的優點。 4. 參與分組合作學習，增進人際溝通能力。 5. 積極參與活動，勇於在他人面前秀出自己的優點。	製作海報、海報展、表演、討論、善用資源、求助、自主、創造	二下	口語評量、系列實作評量、檔案評量、高層次紙筆測驗	270 分鐘 邀請家長
逐夢 1-4-2-2 探 究符合自己 未來可能發 展方向。	高中 職寫 真	1. 比較高中、高職、五專的學校特色。 2. 說明就讀高中、高職、五專的可能發展。 3. 強化善用各項資源，以蒐集升學進路的資料。	善用資源、蒐集資訊、自主學習、省思討論、分享	三上	口語評量、檔案評量、高層次紙筆測驗	135 分鐘

（續下頁）

主題名稱（主題活動目標）	單元名稱	單元活動目標（呈現較重要者）	學習策略	學期	評量方式	時間或備註
	職業寫真	1. 訪問親人或鄰居，瞭解從事某些職業必備的能力與條件。 2. 體驗、觀察或訪問某些職業的工作情境或甘苦經驗。 3. 說明從事某些職業必備的能力與條件。	訪問、參觀、體驗、彙整資料、成果展示、討論、善用資源、求助	三上	口語評量、實作評量、高層次紙筆測驗	135 分鐘
	探索夢境	1. 探索自己的升學或職業生涯。 2. 說明自己的升學或職業生涯。 3. 比較自己與其他學生在升學或職業生涯的差異。	討論、發表分享	三上	口語評量、高層次紙筆測驗	135 分鐘
	長者心聲	1. 傾聽師長、家人對自己生涯計畫的意見。 2. 與師長、家人討論自己的生涯計畫。 3. 修改或強化自己的生涯計畫，並與學生分享。 4. 比較、並說明自己與其他學生在長者期待的異同。	訪問師長親人、資料歸納整理、討論、善用資源、求助	三上	口語評量、實作評量、高層次紙筆測驗	135 分鐘
燭夢 1-4-2-3 訂定個人的升學或職業生涯計畫與策略，並分享其理由。	我的夢	1. 說明自己的升學或職業生涯。 2. 說明升學或職業生涯計畫必備的能力與條件。	省思、討論、分享	三下	口語評量、高層次紙筆測驗	135 分鐘
	築夢踏實	1. 增進時間管理的能力。 2. 規劃未來生活，省思實現計畫的方法。 3. 說明自己願望無法實現的原因。 4. 省思自己生涯計畫並做必要的修正。 5. 提出實現生涯計畫的具體作法或策略。	解決問題、討論、發表分享	三下	口語評量、實作評量、高層次紙筆測驗	135 分鐘

七、實施主題活動之準備事項

1. 瞭解《國民中小學九年一貫課程綱要》內涵與實施要點，詳讀「綜合活動學習領域」課程綱要，以掌握九年一貫課程與此學習領域精髓。

2. 活動力求與學校行事曆或社區活動配合，此計畫可提交「綜合活動學習領域課程小組」，作為規劃學校總體課程、設計教學主題與教學活動之參考。

3. 蒐集有關「升學或職業生涯準備與規劃」的資料。

4. 依據「綜合活動學習領域」能力指標，規劃「美夢成真」的「築夢篇、逐夢篇、燭夢篇」等三大篇（每篇一主題），再規劃各篇之活動與活動所需之學習單、訪問單、觀察單、評量單，並於每篇設計學期評量單。

5. 分成四人至六人一組之數個小組，選取小組長，協助需要其參與評量的學習單或評量單。

八、教學評量與補救教學

1. 活動評量以學習過程的形成性評量（學習單評量）為主，每學期之總結性評量（學期評量單）為輔。

2. 學期評量單由教師評量後寫下「教師結語」，再由學生攜回讓家長寫下「家長的話」，最後由學生送交教師。學期末教師可彙整各能力指標之學期評量單，作為學期學習成果通知單。教師宜視教學目標與需要衡量之。

3. 教師直接於學習單之「評量」部分評定等級，本計畫之評量項目、標準僅提供參考，教師可依教學需要調整之。

4. 教師可依教學目標、工作負擔、學生或家長需要，採取「文字敘述」、「評定等級」的方式。

5. 學習單之「分享」，可引導學生自評或小組長評量，教師視需要予以學生鼓勵增強或提出具體建議。「分享」可從思考批判、技能表現、意願態度、知識理解之內涵進行「質的描述」。

6. 若學生提出觀念偏差或急功近利想法，宜引導其他學生提出正向想法。若此學生仍未能接受，可另約時間實施個別輔導，且宜加強親師溝通。

7. 每項學習活動不一定需要學習單，學習單乃輔助教學與評量。若因此增加

學生過多負擔,將減低學生學習興趣。

8. 對未能達成主要能力指標者,應配合導師、領域相關教師、輔導室人員施予必要之補救教學或輔導。

九、評量標準

1. 教師從「能力」、「努力」兩個向度在學習單的「評量」欄內進行評量,「能力」以符號「A、B、C、D、E」表示「很好、不錯、加油、改進、補做(交)」。「努力」以符號「+、-」表示「進步、退步」。

2. 各項符號與評語之評量標準如表 5-8,評量前必須告知學生符號所代表意義。

3. 評量等級亦可運用其他符號或評語,然仍須事先與學生溝通,且力求符號一致性。

4. 「學期評量單」因結合學生自評、小組長評量與教師複評,能力等級原分為五等,為便於學生自評,「能力」只取前三個等級,即若為「很好」打「A」、「不錯」打「B」、「加油」打「C」。然仍建議應納入「努力」向度。

5. 評量結果若由分數轉換為優、甲、乙、丙、丁五個等第,則依各縣市的轉換標準轉換之。

十、補救教學

1. 對學習檔案表現欠佳或未達其應有水準者,施予必要之補救教學。

2. 先呈現優秀作品供需補救教學者參考,再請小組長或義工家長協助指導,最後由教師教導。

十一、參考資料

李坤崇(1997)。**職業興趣量表施測、解釋手冊**。臺南市:國立成功大學教育研究所。

李坤崇(1998)。**班級團體輔導**。臺北市:五南。

李坤崇(2004)。**綜合活動學習領域概論**。臺北市:心理。

李坤崇(2006)。**教學評量**。臺北市:心理。

李坤崇、歐慧敏（2000）。統整課程理念與實務。臺北市：心理。

教育部（2008）。國民中小學九年一貫課程綱要綜合活動學習領域。臺北市：
　　作者。

貳、各項單元活動目標、內涵與學習單

美夢成真～築夢篇

活動一：興趣傳真（約 135 分鐘）

一、單元活動目標

　　達成綜合活動能力指標「1-4-2-1 能在各種活動中，覺察並充分發揮自己的
興趣與專長。」具體目標如下：

1. 經由「職業興趣量表」結果，說明十二項職業興趣分量表的結果。
2. 省思「職業興趣量表」結果，解釋原因與提出改善策略。
3. 說明自己的興趣與喜歡職業的契合程度。
4. 遵守測驗規則，積極參與活動。
5. 增強自我省思與比較分析能力。

二、準備事項

1. 詳閱《職業興趣量表施測、解釋手冊》（李坤崇，1997）與《臺南市國中
　　職業興趣量表之施測與解釋手冊》。
2. 每人各一張「職業興趣量表」答案紙、題本、團體解釋表。
3. 每人準備筆、橡皮擦。
4. 每人各一張「興趣寫真」學習單。
5. 分組分享前，確認學生是否於上課前已分組完成，且已分組就座。

三、活動歷程

(一) 引起動機（約 3 分鐘）

　1. 說明將經由測驗來增進對自己的瞭解。

　2. 說明本單元的學習歷程。

(二) 施測職業興趣量表（約 87 分鐘）

　1. 依據《臺南市國中職業興趣量表之施測與解釋手冊》之施測步驟逐一進行。

　2. 先發下「答案紙」並寫上姓名，再發下「題本」。

　3. 施測後發下職業興趣量表「團體解釋表」。

　4. 依據「團體解釋表」完成自評部分後，教導學生如何自行計分並畫側面圖。

　5. 解釋原始分數、百分等級、側面圖的意義。

　　　　～ 第一、二節結束 ～

(三) 寫下「興趣寫真」學習單（約 15 分鐘）

　　　此學習單可取代「團體解釋表」之行動計畫部分，請學生用心思考行動計畫的部分。

(四) 分組組內分享「興趣寫真」（約 25 分鐘）

　1. 組內每位學生輪流詳細的說明學習單討論內容。

　2. 提醒各組討論的重心在「行動計畫」。

　3. 每位學生說明後，組長必須引導其他組員提出有關問題。

　4. 教師穿梭各組傾聽、引導或處理突發狀況。

(五) 教師結語（約 5 分鐘）

　1. 鼓勵用心討論的組別。

　2. 摘述各組討論重點。

　3. 引導大家思索自己所擬定的行動計畫，提醒大家依照行動計畫努力去實踐。

　　　　～ 第三節結束 ～

四、評量

　1. 學生先各自實施自評，再由小組長實施複評，有爭議時由教師實施總評。

　2. 評量內涵，詳見「興趣寫真」學習單之評量項目。

3. 教師得就表現優異之小組或學生，於「分享」欄內予以增強。

4. 教師可請學生將學習心得書寫於「分享」欄，教師將予以回饋。

5. 各項評量項目的評量規準：教師用以評定分數的依循規準，宜將此表告知
   學生，讓學生瞭解獲得等級的實際意涵。

評語、符號	很好(A)	不錯(B)	加油(C)	改進(D)	補做(E)
瞭解量表結果	說明結果比一般同學佳	說明結果和一般同學相當	說明比一般同學不周延	說明草率	未做量表
敘述流暢	敘述條理分明，充分呼應量表結果	敘述條理分明，尚能呼應量表結果	敘述不太流暢或未能呼應量表結果	敘述紊亂或難以理解	未做或未交
計畫具體	計畫比一般同學具體、詳實	計畫和一般同學相當	計畫比一般同學不周延	計畫草率	未做或未交
用心省思	比一般同學認真	和一般同學相同	比一般同學不認真	相當草率	未出席

6. 若必須採取「核算等級計分」方式，可依下列評量表中，各項評量項目逐
   一計分。每個評量項目之能力向度計分，如下表：

評量項目	很好(A)	不錯(B)	加油(C)	改進(D)	補做(E)	基本分
4	10	9	6	4	0	60

7. 努力向度：「＋」出現一次加 1 分，「－」出現一次減 1 分。

8. 若學習單未交則以「0」分計算，補交則給基本分，補交時間由教師規定。

五、注意事項

1. 學生若已施測過、解釋過「職業興趣量表」，可減少此部分時間。

2. 各項測驗準備工作力求確實，且必須依照主試手冊實施。

3. 教師必須引導學生正向思考，注意較佳興趣，提出具體改善計畫。

4. 若學生興趣與喜歡職業不同，宜引導學生正向思考。

「興趣寫真」學習單

姓名：　　　　　班級：　　　　　座號：　　　　　日期：　　　　　組別：　　　組

　　各位同學：根據「職業興趣量表」結果，想想看再於小組內討論。

一、說明對下列問題的想法：
　　1. 最高的兩個職業興趣？和自評結果相同嗎？如果不同可能是什麼原因？
　　2. 最低的兩個職業興趣？和自評結果相同嗎？如果不同可能是什麼原因？
　　3. 針對測驗結果，自己的行動計畫是什麼？

二、說明可寫在下面，或直接在小組內說明。（下面空白可擬草稿）

三、評量項目參考下表：學生先各自實施自評，再由小組長實施複評，有爭議時由教
　　師實施總評。

分享：		評量	瞭解量表結果	敘述流暢	計畫具體	用心省思
		自評				
小組長簽名：　　　　　教師簽名：		小組長				

活動二：龍的傳人（約 270 分鐘）

一、單元活動目標

　　達成綜合活動能力指標「1-4-2-1 能在各種活動中，覺察並充分發揮自己的興趣與專長。」具體目標如下：

　1. 以海報來表現自己的能力、興趣、專長或優點。
　2. 以演講或表演來表現自己的能力、興趣、專長或優點。
　3. 增強自行設計規劃能力，以發揮創意來宣傳自己的優點。
　4. 參與分組合作學習，增進人際溝通能力。
　5. 積極參與活動，勇於在他人面前秀出自己的優點。
　6. 表現出積極學習的興趣與態度。

二、準備事項

　1. 教師提供每人一張全開壁報紙，其餘製作海報工具由學生自備。
　2. 每人各一張「自我海報」評量單、「龍的傳人」評量單、「班級宣傳海報」票選單。
　3. 碼錶、鈴等計時工具。
　4. 設計班級宣傳海報之壁報紙與各組需要之各種媒材。
　5. 布置展覽場地、表演場地與學生表演所需的各種媒材或器具。
　6. 確認學生是否於上課前已分組完成，並已分組就座。

三、活動歷程

(一) 引起動機（約 3 分鐘）

　1. 引導學生思考：每個人都有優點，但並不是每個人都能適切展現自己的優點。
　2. 學生必須學習適切的將自己的優點告訴別人。
　3. 可用各種合法、不傷人、富有創意的方式凸顯自己的優點，請學生發揮創造力，盡情展現自己的優點。

(二) 省思「自己優點」（約 12 分鐘）

　1. 請學生想想自己的能力、興趣、專長與優點。

　2. 將自己的優點記下來，作為製作「自我海報」、「龍的傳人」的依據。

(三) 製作「自我海報」（約 30 分鐘）

　1. 發給學生一張全開壁報紙，請運用各種媒材製作「自我海報」。

　2. 請學生就前面省思「自己優點」，表現自己的能力、興趣、專長與優點。

　3. 教師在各小組間穿梭傾聽，引導學生完成此工作。

　　　　～ 第一節結束 ～

(四) 設計、製作宣傳海報（約 45 分鐘）

　1. 以組為單位設計班級「自我海報」展覽與「龍的傳人」表演的宣傳海報，歡迎全校師生、家長參觀。

　2.「自我海報」展覽場地可在教室內或走廊，然較佳者乃運用學校大型展覽場地，讓學生有正式展覽的喜悅。

　3.「龍的傳人」表演可在教室內，然較佳者乃運用學校表演場地，讓學生有正式演出的成就感。

　4. 從各組海報中選取一組作為班級宣傳海報。

　5. 發予每人一張「班級宣傳海報」票選單，票選班級宣傳海報，班上學生每人投兩票，但不可將兩票投於同一組。

　6. 計票與決定班級宣傳海報。

　7. 教師在各小組穿梭傾聽，引導學生完成此工作。時間不夠，讓學生利用課餘時間完成。

　　　　～ 第二節結束 ～

(五) 布置「自我海報」與「龍的傳人」展覽場地（約 45 分鐘）

　1. 鼓勵各組發揮創意，整合創意，經濟實惠的布置展覽與表演場地。

　2. 以組為單位布置班級「自我海報」展覽場地，可分配各組展覽區域，分工布置。

　3.「龍的傳人」表演場地全班推派一組規劃，並由該組主導全班學生共同完成，或由各組派代表共同規劃完成。

　4. 教師在各小組穿梭傾聽，引導學生完成此工作。若時間不夠，則讓學生利

用課餘時間完成。

～ 第三節結束 ～

(六) 實施「龍的傳人」表演（約 90 分鐘，時間不夠可將 10 分鐘休息時間納入）

1. 每人上台表演以 3 分鐘為原則，表演項目需較長時間者可延長。

2. 表演不限動態，可以靜態方式展現。若靜態展現，上台僅說明設計理念 1 分鐘，可輔以書面說明。

3. 表演項目宜事先製作表演順序表，且宜安排計時人員，俾利於掌控時間。

4. 邀請參加人員之接待，可請義工支援。

5. 教師在各小組穿梭傾聽，引導學生完成此工作。

～ 第四、五節結束 ～

(七) 完成「自我海報」、「龍的傳人」評量單（約 10 分鐘）

1. 請學生寫下或畫下「自我海報」、「龍的傳人」評量單之感想部分，仔細思考自己的優點長處。

2. 教師提醒學生，自己的優點或長處必須詳細敘述具體事實。

3. 教師在各小組穿梭傾聽，引導學生完成此工作。

(八) 分組輪流說明兩項活動感想（約 32 分鐘）

1. 組內每位學生輪流說明兩項活動感想。

2. 教師提醒學生說明感想後，其他學生可以補充說明具體事實。

3. 教師在各小組穿梭傾聽，引導學生完成此工作。

(九) 教師結語（約 3 分鐘）

1. 給予全班鼓勵增強，對大家努力於「龍的傳人」的辛勞予以肯定。

2. 對表現較為傑出者，予以具體說明並增強。

～ 第六節結束 ～

四、評量

1. 評量先由家長代表初評，再由教師實施複評。

2. 評量內涵，詳見「自我海報」、「龍的傳人」評量單之評量項目。

3. 教師得就表現優異之小組或學生，於「分享」欄內予以增強。

4. 教師可請學生將學習心得書寫於「分享」欄，教師將予以回饋。

5. 各項評量項目的評量規準：教師用以評定分數的依循規準，宜將此表告知學生，讓學生瞭解獲得等級的實際意涵。

評語、符號	很好(A)	不錯(B)	加油(C)	改進(D)	補做(A)
壹、自我海報（個別評量）					
1. 海報內容能凸顯自己能力、興趣、專長或優點	內容比一般同學佳	內容充分凸顯自己能力、興趣、專長或優點	內容無法充分凸顯自己能力、興趣、專長或優點	內容與自己能力、興趣、專長或優點無關	未做或未交
2. 海報構圖、配色相當優秀	構圖、配色比一般同學佳	構圖、配色均佳	構圖、配色其中一項欠佳	構圖、配色均欠佳	未做或未交
3. 整個海報相當具創意	比一般同學富創意	創意和一般同學相同	比一般同學不富創意	抄襲或純粹模仿	未做或未交
4. 海報製作相當用心	比一般同學認真	和一般同學相同	比一般同學不認真	相當草率	未做或未交
貳、票選優秀海報（小組評量）					
1. 海報項目完整	內容除活動項目、時間、地點、主辦單位外，增加更適切項目或能凸顯特色	內容包括活動項目、時間、地點、主辦單位	內容缺乏活動項目、時間、地點或主辦單位，其中一項	內容缺乏活動項目、時間、地點或主辦單位，其中兩項以上	小組未做或未交
2. 海報內容能凸顯主題	內容比一般小組更能凸顯主題	內容充分凸顯主題	內容無法凸顯主題，缺乏重點	內容與主題無關	小組未做或未交
3. 海報設計富吸引力	比一般小組富吸引力	相當具吸引力	吸引力較弱	無吸引力	小組未做或未交
4. 海報設計相當具創意	比一般小組富創意	創意和一般小組相同	比一般小組不富創意	抄襲或純粹模仿	小組未做或未交
5. 海報製作相當用心	比一般小組認真	和一般小組相同	比一般小組不認真	相當草率	小組未做或未交

（續下頁）

評語、符號	很好(A)	不錯(B)	加油(C)	改進(D)	補做(A)
參、秀出自我（個別評量）					
1. 表演內容能凸顯自己的能力、興趣、專長或優點	內容比一般同學佳	內容充分凸顯自己能力、興趣、專長或優點	內容無法充分凸顯自己能力、興趣、專長或優點	內容與自己能力、興趣、專長或優點無關	未表演
2. 表演生動活潑，能吸引觀眾	比一般小組活潑、富吸引力	相當活潑，且具吸引力	較為呆板，吸引力較弱	枯燥乏味，無吸引力	未表演
3. 表演方式相當具創意	比一般同學富創意	創意和一般同學相同	比一般同學不富創意	抄襲或純粹模仿	未表演
4. 整個表演過程相當用心	比一般同學認真	和一般同學相同	比一般同學不認真	相當草率	未表演

6. 若必須採取「核算等級計分」方式，可依下列評量表中，各項評量項目逐一計分。每個評量項目之能力向度計分，如下表：

評量項目	很好(A)	不錯(B)	加油(C)	改進(D)	補做(E)	基本分
壹、自我海報（占 40 分）						
4	6	5	3	1	0	16
貳、票選優秀海報（占 20 分）						
5	4	3	2	1	0	0
小組評分：依得票高低給整組分數依序為 20 分、18 分、15 分、12 分、10 分。教師可自行決定小組分數，但建議給各組基本分 10 分。						
參、秀出自我（占 40 分）						
4	6	5	3	1	0	16

7. 努力向度：「＋」出現一次加 1 分，「－」出現一次減 1 分。

8. 若應完成任務未交則以「0」分計算，補交則給基本分，補交時間由教師規定。

五、注意事項

1. 整個活動約需六節課時間，建議將活動安排成兩個半天各三節進行。

2. 為讓學生「體驗」辦活動的辛勞，瞭解計畫審慎的重要性，建議可由學生組成「籌備委員會」，在教師指導下自行籌備、規劃與執行。

3. 展覽場地、表演場地之洽借，可由學生負責，但須教師指導。地點以正式展覽或表演場地較能激發學生參與感與成就感者為宜。若學校無適切空間，可洽借社區空間。

4. 展覽、表演之器材宜事先調查、規劃、準備。若需行政支援，可尋求學校人員、社區人士或家長協助。

5. 表演時，若有些學生容易怯場，宜予以充分練習機會或予積極鼓勵。若初期仍有困難，可找學生陪伴演出，以避免衍生挫折感或過度焦慮。

6. 展覽、表演宜正式告知學校行政人員，尋求必要之協助或支援。

「自我海報」評量單

姓名：　　　　　班級：　　　　座號：　　　日期：　　　　組別：　　　組

　　各位同學：請發揮創意以一張壁報紙製作「自我海報」，凸顯自己「能力、興趣、專長或長處」。

一、製作「自我海報」應把握重點
　　1. 凸顯自己的「能力、興趣、專長或長處」。
　　2. 運用各種媒材來製作，不限材料，力求經濟實惠，可以廢物利用。
　　3. 善用一張全開壁報紙，發揮創意展現優點。
　　4. 注意維持環境整潔、善後清潔。
　　5. 若有問題可來問老師。

二、「自我海報」展示
　　1. 教室或學校的適當場所公開展示。
　　2. 將邀請本校師長、其他班上學生、家長一起來參觀。

三、評量
　　展示時，將由家長代表、教師來評量，「評量的項目」為下列四項：
　　1. 海報內容能凸顯自己能力、興趣、專長或優點。
　　2. 海報構圖、配色相當優秀。
　　3. 整個海報相當具創意。
　　4. 海報製作相當用心。

　　最後，請寫下或畫下製作海報，宣傳自己的心得或感想：

分享：	評量	一	二	三	四
	家長代表				
家長代表簽名：　　　教師簽名：	教師				

「班級宣傳海報」票選單

姓名： 　　　班級： 　　　座號： 　　　日期： 　　　組別： 　　　組

　　各位同學：為了展現本班每位學生的「能力、興趣、專長或長處」，我們將舉辦「自我海報」展覽、「龍的傳人」表演，請各組為本班的活動設計凸顯主題、活潑生動、富吸引力的宣傳海報。

一、製作「班級宣傳海報」應把握重點
　　1. 宣傳海報內容至少應包括活動項目、時間、地點、主辦單位。
　　2. 設計重點為「凸顯主題、富吸引力、富創意」。
　　3. 運用各種媒材來製作，不限材料，力求經濟實惠，可以廢物利用。
　　4. 各組均只能用一張全開壁報紙，發揮創意展現優點。
　　5. 注意維持環境整潔、善後清潔。
　　6. 製作後，將票選出本班最佳宣傳海報。
　　7. 若有問題，可派代表來問老師。
二、票選優秀海報
　　投票時，每位學生都有兩票，但不可將兩票都投同一組。投票時，請衡量下列五項「評量標準」的優劣：
　　1. 海報內容完整（至少包括活動項目、時間、地點、主辦單位）。
　　2. 海報內容能凸顯主題（欣賞本班學生的能力、興趣、專長或長處）。
　　3. 海報設計富吸引力。
　　4. 海報設計相當具創意。
　　5. 海報製作相當用心。

....

「班級宣傳海報」票選單

　　各位同學，請依據「五項評量標準」，給各組打 5 分到 1 分，5 分最佳，1 分最差。請在下面表格直接打分數。

評量標準　　　　　　組別	1	2	3	4	5	6	……
一、海報內容完整							
二、海報內容能凸顯主題							
三、海報設計富吸引力							
四、海報設計相當具創意							
五、海報製作相當用心							
各　組　總　分							
請在最佳的兩組處打「○」							

「龍的傳人」評量單

姓名：　　　　　班級：　　　　座號：　　　　日期：　　　　組別：　　　　組

　　各位同學：完成「自我海報」來宣傳自己的「能力、興趣、專長或長處」之後，請再進行「龍的傳人」。

一、準備「龍的傳人」應把握重點
　　1. 秀出方式選擇自己最擅長的方式，可以動態呈現，也可以靜態呈現。
　　2. 動態呈現以演講、表演、演奏、戲劇，或其他動態表現方式。
　　3. 靜態呈現以繪畫、書法、文章，或其他靜態表現方式。
　　4. 龍的傳人所用道具或媒材，不予限制，但力求利用現有資源，經濟實惠。
　　5. 若有問題可來問老師。

二、「龍的傳人」展示
　　1. 教室或學校的適當場所公開秀出。
　　2. 將邀請本校師長、其他班上學生、家長一起來給大家鼓勵。
　　3. 家裡若有可用錄影器材，可善加利用。

三、評量
　　表演時，將由家長代表、教師來評量，「評量的項目」為下列四項：
　　1. 表演內容能凸顯自己的能力、興趣、專長或優點。
　　2. 表演生動活潑、能吸引觀眾。
　　3. 表演方式相當具創意。
　　4. 整個表演過程相當用心。

　　最後，請你寫下或畫下「龍的傳人」的心得或感想：

分享：		評量	一	二	三	四
		家長代表				
家長代表簽名：　　　教師簽名：		教師				

美夢成真～逐夢篇

活動三：高中職寫真（約 135 分鐘）

一、單元活動目標

　　達成綜合活動能力指標「1-4-2-2 探究符合自己未來可能發展方向。」具體目標如下：

1. 比較高中、高職、五專的學校特色。
2. 說明就讀高中、高職、五專的可能發展。
3. 強化善用各項資源，以蒐集升學進路的資料。
4. 增進資料歸納與發表能力。
5. 提高自主學習能力。

二、準備事項

1. 每人各一張「高中職寫真」學習單。
2. 各組書面資料展示、動態報告所用之材料，由各組自備，但應以節省、廢物利用為原則。
3. 協調圖書館、輔導室、電腦教室，讓各組可利用上課時間蒐集資料。
4. 確認學生是否於上課前已分組完成，且已分組就座。

三、活動歷程

(一) 引起動機（約 3 分鐘）

1. 以一則畢業生升學的故事或教師成長歷程，引起學生學習興趣。
2. 掌握單元活動目標闡述活動意義，並說明整個學習歷程。

(二) 說明、分配各組任務與目標（約 5 分鐘）

1. 全班分成三組或六組，每組各蒐集高中、高職或五專的資料，每組以蒐集一類資料為原則，每類校數由小組自行決定。
2. 蒐集資料旨在經由分組報告，增進學生對高中職或五專等升學進路的瞭解，

協助其深入認識升學進路。

(三) 各組研擬報告大綱（約 15 分鐘）

1. 各組針對負責報告主題，先研擬報告大綱與內涵，再依據大綱蒐集資料。

2. 報告大綱宜切合升學進路之學校特色或可能發展。

(四) 各組派代表說明報告大綱（約 20 分鐘）

1. 各組代表報告 2 或 3 分鐘，報告可輔以書面資料或動態演示。

2. 各組可相互提供意見，相互研討。

(五) 結語（約 2 分鐘）

1. 歸納各組報告，對偏離主題過大之組別予以建議。

2. 鼓勵學生用自己方式來蒐集資料、展現與表達，不宜予以過多限制。

～ 第一節結束 ～

(六) 蒐集資料注意事項（約 5 分鐘）

1. 請各組運用各項資源蒐集高中職或五專資料，如上網、閱讀書報雜誌、訪問高中職或五專學校人員及學生或訪問師長親友。

2. 各組宜善用學校各種資源蒐集方法，並進行組內分工，確定完成期限。

3. 限於上課時間，各種資源蒐集方法以學校進行者為主，其餘為輔。

(七) 分組蒐集高中職或五專資料（約 30 分鐘）

1. 請各組利用學校現有資源蒐集資料，並於 30 分鐘內完成，將資料帶回組內彙整。

2. 在校內蒐集資料，必須安靜，不能干擾其他班級上課或學校行政運作。

3. 若無法於 30 分鐘內完成或難以在學校進行者，必須規劃課餘時間，進行資料蒐集。

4. 若運用課餘時間蒐集資料，應注意安全，且應兩人以上成行，不應單獨進行資料蒐集。

5. 各組蒐集資料應確實掌握主題、欲報告內涵大綱，避免蒐集一堆無用資料。

6. 資料蒐集若能就大綱分工，個別進行重點蒐集，可能較有效率。（教師在各組資料蒐集地點穿梭，適時予以協助）

(八) 分組整理資料（約 10 分鐘）

1. 依據所蒐集資料，針對大綱逐一彙整。

2. 若蒐集資料時已依據大綱分工，則整理資料時可直接整理自己的資料。若蒐集資料前未按照大綱分工，則資料整理時，就所蒐集資料，針對大綱逐一彙整。另外，上述方法僅供參酌，各組可以依自己的方式整理資料。

3. 各組下次上課時間將有 5 分鐘報告，各組書面資料將於教室展示兩週。

4. 動態報告方式、書面資料整理方式，各組可自行決定，但以將所蒐集資料扼要、條理呈現為原則。

　　～ 第二節結束 ～

(九) 各組布置書面資料展示場地（約 10 分鐘）

1. 展示各組書面資料場地以教室後面之布告欄為原則，亦可運用走廊牆壁或窗戶，教師可與學生討論場地問題。

2. 各組自行於分配空間布置並展示，然布置必須可還原場地，不應破壞場地。（教師在各組展示場地穿梭，適時予以協助）

3. 各組完成書面資料後，每位學生將票選出最優的兩組，依據票數高低決定各組的書面資料優劣。

(十) 分組動態報告（約 30 分鐘）

1. 各組派一名代表或一群人報告 5 分鐘，報告時間可視組別數調整。

2. 各組報告方式，可運用各組創意方式報告，但不應吵及其他班級、不應違反倫理規則。

3. 各組報告後，每位學生將票選出最優的兩組，依據票數高低決定各組的動態報告優劣。

4. 教師掌握各組報告進度，報告結束前 30 秒以鈴聲提醒。

5. 教師引導各組報告，以鼓勵支持、發現各組優點為原則。若各組出現明顯偏差之概念、行為，則掌握「就事論事」原則予以具體澄清、引導。

(十一) 教師結語（約 5 分鐘）

1. 對學生蒐集資料、整理資料，以及書面與動態報告歷程予以肯定、鼓勵。

2. 鼓勵學生多留意高中職、五專資料，作為往後生涯規劃的參考。

　　～ 第三節結束 ～

四、評量

1. 小組長初評組內學生之「用心參與、團隊精神」，教師實施複評。
2. 教師綜合評量「口頭報告、書面資料完整、蒐集方法適切」之小組成績，再複評每位學生之「用心參與、團隊精神」。
3. 小組成績僅評閱在小組長之學習單，小組長再抄錄到組內學生的學習單。
4. 教師得就表現優異之小組或學生，於「分享」欄內予以增強。
5. 教師可請學生將學習心得書寫於「分享」欄，教師將予以回饋。
6. 各項評量項目的評量規準：教師用以評定分數的依循規準，宜將此表告知學生，讓學生瞭解獲得等級的實際意涵。

評語、符號	很好(A)	不錯(B)	加油(C)	改進(D)	補做(E)
口頭報告切合主題	報告切合主題，較其他組為佳	報告切合主題	報告不太切合主題	報告不切合主題	未報告或未交
口頭報告條理分明	報告條理分明，較其他組為佳	報告條理分明	報告不太流暢	報告紊亂或難以理解	未報告或未交
書面資料完整	書面資料完整，整理流暢，美觀大方	書面資料完整	書面資料缺少部分	書面資料大部分不完整或雜亂	未做或未交
蒐集方法適切	蒐集方法適切，且善用多種方法	蒐集方法適切	蒐集方法不太適切	蒐集方法不適切	未做或未交
用心參與	比一般同學認真	和一般同學相同	比一般同學不認真	相當草率	未參與或未交
團隊精神	主動積極參與團隊活動	積極參與團隊活動	參與團體活動不夠積極	幾乎不參加團體活動	未出席活動

7. 若必須採取「核算等級計分」方式，可依下列評量表中，各項評量項目逐一計分。每個評量項目之能力向度計分，如下表：

評量項目	很好(A)	不錯(B)	加油(C)	改進(D)	補做(E)	基本分
6	10	9	6	4	0	40

8. 努力向度：「＋」出現一次加 1 分，「－」出現一次減 1 分。

9. 若學習單未交則以「0」分計算，補交則給基本分，補交時間由教師規定。

五、注意事項

1. 小組自主學習時，可增強表現優異之小組，以相對提醒表現較差者。
2. 小組在校內蒐集資料，宜引導其注意秩序與蒐集資料效率。
3. 小組利用課餘時間蒐集資料，應提醒其注意安全。
4. 書面資料、動態報告應鼓勵學生善用創意，但應合乎倫理規範。

「高中職寫真」學習單

姓名： 班級： 座號： 日期： 組別： 組

　　各位同學：請針對高中職或五專蒐集資料，各組先研擬報告大綱，再分工蒐集與整理資料，最後以組為單位展示書面資料與動態報告。

一、各組研擬報告大綱
　　1. 各組就所選擇或分配高中職或五專進行資料蒐集。
　　2. 各組針對負責報告主題，先研擬報告大綱與內涵，再依據大綱蒐集資料。
　　3. 報告大綱宜切合升學進度之學校特色、可能發展。
　　4. 各組派代表說明報告大綱 2 或 3 分鐘，報告可輔以書面資料或動態演示。

二、各組蒐集資料
　　1. 請各組運用各項資源蒐集高中職或五專資料，如上網、閱讀書報雜誌、訪問高中職或五專學校人員、學生、訪問師長親友。
　　2. 各組宜善用學校各種資源蒐集方法，並進行組內分工，確定完成期限。
　　3. 各種資源蒐集方法以學校進行者為主，其餘為輔。
　　4. 請各組利用學校現有資源蒐集資料，並於 30 分鐘內完成，將資料帶回組內彙整。無法於 30 分鐘內完成或難以在學校進行者，則運用課餘時間蒐集。
　　5. 在校內蒐集資料，必須安靜，不能干擾其他班級上課或學校行政運作。
　　6. 課餘時間蒐集資料應注意安全，且應兩人以上成行，不應單獨蒐集資料。
　　7. 資料蒐集若能就大綱分工，掌握主題個別進行重點蒐集，可能較有效率。

三、各組整理資料
　　1. 依據所蒐集資料，針對大綱逐一彙整。各組可以依自己的方式整理資料。
　　2. 資料整理分成書面資料、動態報告兩種。呈現方式各組可自行決定，但以將所蒐集資料扼要、條理呈現為原則。

四、書面資料展示、動態報告
　　1. 各組自行於分配空間布置並展示「書面資料」，然布置必須可還原場地，不應破壞場地。
　　2. 各組派一名代表或一群人報告 5 分鐘，可運用各組創意方式報告，但不應吵及其他班級、不應違反倫理規則。報告結束前 30 秒以鈴聲提醒。
　　3. 各組書面資料、動態報告後，每位學生將分別票選出最優的兩組，依據票數高低決定各組的書面資料、動態報告優劣。

五、評量：小組長先就所屬項目初評，教師再綜合複評或總評。

分享：		評量	口頭報告		書面資料完整	蒐集方法適切	用心參與	團隊精神
			切合主題	條理分明				
		小組長	----	----	----	----		
小組長簽名：	教師簽名：	教師						

活動四：職業寫真（約 135 分鐘）

一、單元活動目標

　　達成綜合活動能力指標「1-4-2-2 探究符合自己未來可能發展方向。」具體目標如下：

1. 訪問親人或鄰居，瞭解從事某些職業必備的能力與條件。
2. 體驗、觀察或訪問某些職業的工作情境或甘苦經驗。
3. 說明從事某些職業必備的能力與條件。
4. 增進訪問及參觀能力與人際溝通能力。
5. 善用蒐集資料方法，增進資料整理能力。
6. 增進資料歸納與發表能力。

二、準備事項

1. 每人各一張「職業追追追」學習單、「職業寫真」學習單。
2. 活動前三週，請學生「訪問」親人或鄰居從事的職業至少一種，完成上述訪問單與學習單。
3. 活動前三週，請學生「參觀」親人或鄰居從事的職業至少一種，完成上述訪問單與學習單。
4. 學生訪問、參觀可合併實施，但必須擬定訪問與參觀計畫，並整理資料。
5. 上課前三天提醒學生，整理完成訪問與參觀之資料。
6. 確認學生是否於上課前已分組完成，且已分組就座。

三、活動歷程

(一) 引起動機（約 3 分鐘）

1. 說明各行各業的工作者，兢兢業業的付出與努力，讓大家都能滿足食衣住行休閒娛樂的需求，讓大家的生活過得非常舒適與便利。
2. 提醒學生注意親人或周圍就有許多默默耕耘的工作者，引導學生認識他們從事的職業。

3.掌握單元活動目標，闡述活動意義，並說明整個學習歷程。

(二) 補充「職業追追追」學習單的訪問結果資料（約 10 分鐘）

1.請學生檢查看看自己所整理的訪問結果內容，有沒有遺漏的地方，有沒有需要補充或修改的地方。（教師在各小組間穿梭傾聽）

2.請學生儘量寫得清楚、具體一點，多用舉例說明。

(三) 分組組內分享「職業追追追」的訪問結果（約 32 分鐘）

1.組內每位學生輪流詳細的說明下面重點：

(1) 訪問的對象、關係、時間、地點。

(2) 「職業追追追」的訪問結果。

(3) 對訪問職業的感受。

2.每位學生說明後，組長必須引導其他組員詢問有關問題。

3.教師穿梭各組傾聽、引導或處理突發狀況。

～ 第一節結束 ～

(四) 補充「職業寫真」學習單的參觀結果資料（約 10 分鐘）

1.請學生檢查看看自己的參觀結果內容，有沒有遺漏的地方，有沒有需要補充或修改的地方。（教師在各小組間穿梭傾聽）

2.請學生儘量寫得清楚、具體一點，多用舉例說明。

(五) 分組組內分享「職業寫真」的參觀結果（約 35 分鐘）

1.組內每位學生輪流詳細地說明下面重點：

(1) 參觀的職業、單位、時間與蒐集到的資料。

(2) 「職業寫真」參觀結果的內容。

(3) 親身體驗的真實感受。

2.每位學生說明後，組長必須引導其他組員詢問有關問題。

3.教師穿梭各組傾聽、引導或處理突發狀況。

～ 第二節結束 ～

(六) 分組代表報告（約 28 分鐘）

　　各組派一名代表報告 4 至 5 分鐘，報告時可輔助展示資料，如所蒐集到的資料，彙整的訪問及參觀結果。各組報告重點如下：

1.本組各訪問或參觀哪些職業？

2. 本組訪問或參觀職業必須具備的能力、條件？

3. 本組訪問或參觀職業的工作內容、工作環境、待遇或福利？

4. 本組訪問或參觀職業工作者的甘苦感受？

5. 本組親身體驗職業的感受？（若組內無人體驗，可省略）

6. 本組訪問或參觀職業之後的整體感想？

(七) 整理展示訪問與參觀成果（約 15 分鐘）

1. 請各組將訪問與參觀的學習單與所蒐集到的資料，分別按照不同職業分類或整理後，在教室內的適當空間展覽。

2. 請學生有條不紊的整理資料，最好做個組內資料簡介。

3. 若時間不夠，可利用課餘時間製作後展示。

(八) 教師結語（約 2 分鐘）

1. 對學生訪問、參觀或親身體驗的學習歷程予以肯定與鼓勵。

2. 針對各組代表報告之優點，逐組予以鼓勵。

3. 鼓勵學生多留意各種職業資料及必備的能力與條件，作為往後生涯規劃的參考。

　　　　～ 第三節結束 ～

四、評量

1. 學生先各自實施自評，再由小組長實施複評，有爭議時由教師實施總評。

2. 訪問、參觀評量內涵，詳見「職業追追追」學習單、「職業寫真」學習單之評量項目。

3. 教師得就表現優異之小組或學生，於「分享」欄內予以增強。

4. 教師可請學生將學習心得書寫於「分享」欄，教師將予以回饋。

5. 各項評量項目的評量規準：教師用以評定分數的依循規準，宜將此表告知學生，讓學生瞭解獲得等級的實際意涵。

評語、符號	很好(A)	不錯(B)	加油(C)	改進(D)	補做(E)
內容正確	內容切合目標、正確，且較一般同學佳	內容大部分切合目標、正確	內容小部分切合目標、正確	內容幾乎均不切合目標、不正確	未做或未交

（續下頁）

評語、符號	很好(A)	不錯(B)	加油(C)	改進(D)	補做(E)
資料整理	資料整理完整適切，且有條不紊	資料整理完整適切	資料整理不太完整適切	資料整理不完整	未整理或未交
表達流暢	表達條理分明，態度積極	表達條理分明	表達不太流暢	表達紊亂或難以理解	未表達或未交
用心訪問	比一般同學認真訪問	和一般同學相同	比一般同學不認真	相當草率	未訪問或未交

6. 若必須採取「核算等級計分」方式，可依下列評量表中，各項評量項目逐一計分。每個評量項目之能力向度計分，如下表：

評量項目	很好(A)	不錯(B)	加油(C)	改進(D)	補做(E)	基本分
4	10	9	6	4	0	60

7. 努力向度：「＋」出現一次加1分，「－」出現一次減1分。

8. 若學習單未交則以「0」分計算，補交則給基本分，補交時間由教師規定。

五、注意事項

1. 若學生未帶訪問或參觀結果資料，可增強已準備結果資料者，以相對提醒未帶學生。

2. 活動前三週務必告知學生此活動，俾充分安排時間。

3. 學生參觀的職業必須是正當職業，提醒學生注意訪問與參觀的安全性。

4. 提醒學生訪問、參觀前的聯繫、溝通工作必須確實，且應讓受訪問者或被參觀單位有充裕時間。

5. 提醒學生應注重訪問與參觀禮節，儘量詳細做紀錄，必要時得徵求受訪者同意予以錄音或照相。

6. 若少數學生較為害羞或欠缺訪問技巧，可兩人一組相互扶持。

7. 如果參觀職業不適合自己一個人參觀、找不到參觀職業，或不願意自己一個人參觀，可以和其他學生一起去參觀。若仍有困難請和教師討論。

8. 訪問、參觀內容可針對學生實際需要、能力調整，避開已進行或探討過的內涵。

「職業追追追」學習單

姓名：　　　　班級：　　　　座號：　　　　日期：　　　　組別：　　　組

　　各位同學：請你利用未來「兩週」上課以外的時間，就下列「訪問題目」至少訪問一種親人或鄰居的職業，訪問前做好計畫，實際訪問後整理紀錄。

一、訪問前準備事項：可參酌下列幾項準備，亦可準備得更完善。
　　1. 訪問前記得和親人或鄰居從事「正當」職業的人員，聯繫「訪問時間、地點和訪問內容」。
　　2. 要帶筆和紙做紀錄，家裡若有可用錄音機可善加利用。
　　3. 訪問要注意交通安全、人身安全。

二、訪問內涵：可參酌下列幾項，也可自行增減。
　　1. 訪問職業的工作內容或特性？
　　2. 訪問職業必須具備的能力？如表達、文書處理或其他能力。
　　3. 訪問職業必須具備的條件？如學歷、技能、專長或其他條件。
　　4. 訪問職業快樂的地方？為什麼？
　　5. 訪問職業痛苦的地方？為什麼？
　　6. 其他有關訪問職業的資料？如工作環境、時間、待遇、未來展望。

三、訪問記錄內涵：可參酌下列幾項，也可自行增減。
　　1. 受訪問基本資料：如姓名、性別、年齡、職業名稱、任職公司與職稱。
　　2. 受訪問從事職業的工作內容或特性？如做哪些事情。
　　3. 受訪問從事職業必須具備的能力？如表達、文書處理或其他能力。
　　4. 受訪問從事職業必須具備的條件？如學歷、技能、專長或其他條件。
　　5. 受訪問從事職業快樂的地方？為什麼？
　　6. 受訪問從事職業痛苦的地方？為什麼？
　　7. 其他有關受訪問從事職業的資料？如工作環境、時間、待遇或未來展望。
　　8. 訪問之後，自己的感想？或有待努力的地方？如反省上面幾項內容或訪問技巧、資料整理能力、表達能力、學習態度。

四、紀錄整理格式：可發揮創意，整理紀錄宜掌握下列原則：
　　1. 可用手寫、電腦打字或其他方式呈現。
　　2. 可附上訪問職業相關資料、照片或其他佐證資料。
　　3. 紙張為 A4 格式，顏色不拘。

五、評量：學生先實施自評，再由小組長實施複評，有爭議時由教師實施總評。

分享：		評量	內容正確	資料整理	表達流暢	用心訪問
		自評				
小組長簽名：	教師簽名：	小組長				

「職業寫真」學習單

姓名： 班級： 座號： 日期： 組別： 組

　　各位同學：請你利用未來「兩週」上課以外的時間，至少參觀一種親人或自己喜歡的「正當」職業。參觀前擬訂計畫，參觀後整理資料，過程應注意安全。

一、參觀前準備事項：可參酌下列幾項準備，亦可準備得更完善。
　　1. 參觀前記得和被參觀的人或單位，聯繫參觀時間、地點和訪問內容。
　　2. 要帶筆、紙或照相機做紀錄。
　　3. 如果參觀職業不適合自己一個人參觀、找不到參觀職業，或不願意自己一個人參觀，可以和其他學生一起去參觀。若仍有困難請和教師討論。
二、參觀項目重點：可參酌下列幾項，也可自行增減。
　　1. 參觀職業的工作內容或特性？如做哪些事情。
　　2. 參觀職業必須具備的能力？如表達、文書處理或其他能力。
　　3. 參觀職業必須具備的條件？如學歷、技能、專長或其他條件。
　　4. 參觀職業的工作環境？如物理環境、接觸的人、危險性。
　　5. 從事這種職業的人，工作的表情、壓力、情緒或有何甘苦？
　　6. 其他有關參觀職業的資料？如福利或待遇。
三、親身體驗
　　如果你已經具有該職業必備的能力，而且被參觀單位許可時，可以試著「做做看」，親自體驗一下，時間多久由你和參觀單位決定。（注意：若能力不足或參觀單位不同意，不可以勉強）
四、參觀資料蒐集內涵：可參酌下列幾項，也可自行增減。
　　1. 參觀基本資料：如職業名稱、參觀公司或單位名稱、時間。
　　2. 參觀職業的工作內容或特性？如做哪些事情。
　　3. 參觀職業必須具備的能力？如表達、文書處理或其他能力。
　　4. 參觀職業必須具備的條件？如學歷、技能、專長或其他條件。
　　5. 參觀職業的工作環境？如物理環境、接觸的人、危險性。
　　6. 從事這種職業的人，工作的表情、壓力、情緒或有何甘苦？
　　7. 其他有關參觀職業的資料？如工作環境、福利或待遇。
　　8. 親身體驗的感受？（若能力不足或參觀單位不同意，不可以勉強）
　　9. 參觀之後，自己的感想？或有待努力的地方？（如反省上面內容或參觀技巧與禮節、資料整理或表達能力、學習態度）
五、紀錄整理為紙張為 A4 格式，其餘格式與呈現方式不拘，可發揮創意。

分享：		評量	切合主題	資料整理	表達流暢	用心參觀
		自評				
小組長簽名：	教師簽名：	小組長				

活動五：探索夢境（約 135 分鐘）

一、單元活動目標

　　達成綜合活動能力指標「1-4-2-2 探究符合自己未來可能發展方向。」具體目標如下：

　1. 探索自己的升學或職業生涯。

　2. 說明自己的升學或職業生涯。

　3. 比較自己與其他學生在升學或職業生涯的差異。

　4. 積極參與小組討論，勇於說明自己的生涯規劃。

　5. 增進人際溝通與表達能力。

二、準備事項

　1. 一週前告知學生此活動，請事先想想幾年或幾十年後的自己。

　2. 每人一張「探索夢境」學習單、「時間管理高手」學習單。

　3. 學生自備一枝細字深色彩色筆或原子筆。

　4. 確認學生是否於上課前已分組完成，且已分組就座。

三、活動歷程

(一) 引起動機（約 3 分鐘）

　1. 說明本單元將規劃出自己升學或職業生涯。

　2. 說明本單元的學習歷程與注意事項。

(二) 分組組內說明學生的優點或長處（約 20 分鐘）

　1. 請學生想想組內所有學生的優點或長處，及其具體事實。

　2. 老師提醒學生每項優點或長處必須詳細敘述具體事實。

　3. 請組內學生依序以 1 人為核心，大家輪流說明其優點、長處及其具體事實。

　4. 老師在各小組穿梭傾聽，引導學生完成此工作。

(三) 教師的夢（約 7 分鐘）

　　教師以自己為例，說明在國中三年級時「自己的夢」，說明時掌握下列重點：

1. 國中三年級時自己的優點或缺點、人格特質、學習情形及興趣。

2. 國中三年級時自己的志願。

3. 國中三年級之後的努力歷程與人生轉折。

(四) 寫下「現在的我」（約 5 分鐘）

1. 引導學生想一想「現在的我」，再寫下「探索夢境」學習單第一項。

2. 若學生想了三或五分鐘後難以進展，則引導學生想一想下列向度：我有哪些優點或缺點、人格特質、學習情形及興趣。

(五) 想想「未來的我」（約 10 分鐘）

1. 引導學生想一想「未來的我」，再寫下「探索夢境」學習單第二項。

2. 提醒學生擬定志願應是可行、可能達成的志願，勿流於天馬行空。

3. 提醒學生達成志願宜循序漸進，一步一步往前邁進。

　　　～ 第 一 節 結 束 ～

(六) 分組組內猜猜看，再說明「探索夢境」（約 45 分鐘）

1. 請組內學生依序以 1 人為核心，大家輪流猜猜看他的夢。

2. 被猜的學生，待組內學生猜完後再詳細說明「探索夢境」學習單的內容：

   (1) 現在的我？

   (2) 未來的我？

3. 被猜的學生說明時，其他學生可提出問題，再由其口頭補述說明。

4. 教師穿梭各組傾聽、引導或處理突發狀況。若學生積極追求成就或具體說明要如何做才能達成目標者宜予增強，然若觀念偏差者宜採團體討論、價值澄清、角色扮演等技術，澄清其觀念偏差。

　　　～ 第 二 節 結 束 ～

(七) 分組經驗分享（約 20 分鐘）

1. 組內每位學生輪流詳細說明下面重點：

   (1) 哪位學生談到的「探索夢境」，讓我印象最深刻？為什麼？

   (2) 自己和他人在「探索夢境」有什麼地方相同？

   (3) 自己和他人在「探索夢境」有什麼地方不同？

2. 輪流說明時，其他學生可提出問題，說明學生再口頭補述說明。

3. 教師穿梭各組傾聽、引導或處理突發狀況。

(八) 分組報告各組討論結果（約 20 分鐘）

各組派一名代表以 3 分鐘報告整組討論結果，報告重點如下：

1. 本組學生的志願？為何擬定這些志願？
2. 本組學生大約多久要達成志願？
3. 本組要怎麼做來達成志願？
4. 本組為達成志願，哪些同學選擇先升學？哪些先就業？
5. 本組討論之後的心得或感想？

(九) 教師結語（約 5 分鐘）

1. 引導學生覺察個別差異，尊重個別差異。
2. 引導學生生涯發展無尊卑貴賤，最重要的是「激發潛能，全力以赴」。
3. 鼓勵學生「有夢相隨，認真逐夢的人最美」。
4. 說明「時間管理高手」學習單內容，並請學生依據學習單完成作業。

～ 第三節結束 ～

四、評量

1. 先由小組長實施初評，教師再實施總評。
2. 評量內涵詳見「探索夢境」學習單之評量項目。
3. 教師得就表現優異之小組或學生，於「分享」欄內予以增強。
4. 教師可請學生將學習心得書寫於「分享」欄，教師將予以回饋。
5. 各項評量項目的評量規準：教師用以評定分數的依循規準，宜將此表告知學生，讓學生瞭解獲得等級的實際意涵。

評語、符號	很好(A)	不錯(B)	加油(C)	改進(D)	補做(E)
切合主題	內容切合主題，較其他組為佳	內容切合主題	內容不太切合主題	內容不切合主題	未做或未交
內容具體	內容具體明確，較其他組為佳	內容具體明確	內容不太具體	內容空洞或難以理解	未做或未交
說明流暢	說明條理分明，較其他組為佳	說明條理分明	說明有點紊亂	說明非常紊亂或難以理解	未做或未交
積極參與	比一般同學積極	和一般同學相當	比一般同學不積極	非常消極	未做或未交

6. 若必須採取「核算等級計分」方式，可依下列評量表中，各項評量項目逐
   一計分。每個評量項目之能力向度計分，如下表：

評量項目	很好(A)	不錯(B)	加油(C)	改進(D)	補做(E)	基本分
4	10	9	6	4	0	60

7. 努力向度：「＋」出現一次加 1 分，「－」出現一次減 1 分。

8. 若學習單未交則以「0」分計算，補交則給基本分，補交時間由教師規定。

五、注意事項

1. 提醒學生擬定志願儘量具體勿流於誇大不實。

2. 引導學生傾聽其他學生的生涯規劃。

3. 若學生提出觀念偏差或急功近利想法，宜引導其他學生提出正向想法。若
   此學生仍未能接受，可另約時間實施個別輔導，且宜加強親師溝通。

4. 若出現生涯規劃不一致，可引導並說明學生間能力、興趣、價值觀、專長、
   人格特質或優點的差異。

「探索夢境」學習單

姓名：　　　　　班級：　　　　　座號：　　　　　日期：　　　　　組別：　　　組

　　各位同學：有夢真美，讓我們先想想「現在的我」、「未來的我」，再寫下來，最後於小組中與組內同學分享。

一、想一想「現在的我」：

二、想一想「未來的我」：

　　1. 想想我的志願：

　　2. 為什麼擬定這個志願：

　　3. 想一想我再幾年或幾十年後，可達成這個志願：

　　4. 為了在幾年或幾十年後，可達成這個志願，有沒有必要分成幾個階段？如果要分成幾個階段，你會如何劃分？

　　5. 如果分成幾個階段，你會分成哪幾個階段？每個階段要做到哪裡或如何做？

　　6. 為達成志願，國中畢業後準備先升學或先就業？為什麼？

三、評量：小組長實施初評，教師再複評。

分享：	評量	切合主題	內容具體	說明流暢	積極參與
	小組長				
小組長簽名：　　　　教師簽名：	教師				

活動六：長者心聲（約 135 分鐘）

一、單元活動目標

達成綜合活動能力指標「1-4-2-2 探究符合自己未來可能發展方向。」具體目標如下：

1. 傾聽師長、家人對自己生涯計畫的意見。
2. 與師長、家人討論自己的生涯計畫。
3. 修改或強化自己的生涯計畫，並與同學分享。
4. 比較並說明自己與其他同學在長者期待的異同。
5. 經由訪問他人來增強訪問與人際溝通能力。

二、準備事項

1. 每人各一張「長者心聲」學習單、「踏實的夢」學習單。
2. 活動前兩週，請學生訪問師長或親人至少兩人，完成上述訪問單與學習單。
3. 上課前三天提醒學生完成與攜帶學習單上課。
4. 確認學生是否於上課前已分組完成，且已分組就座。

三、活動歷程

(一) 引起動機（約 3 分鐘）

1. 引導學生思考生涯規劃為求更周延，最好能聽聽一直關心大家的師長、親人的意見。
2. 對學生訪問師長或親人予以鼓勵增強。
3. 說明本單元的學習歷程。

(二) 整理「長者心聲」學習單（約 22 分鐘）

1. 請學生將訪問資料利用上課時間彙整。
2. 可用手寫、電腦打字或其他方式呈現。
3. 可附上訪問長者的相關資料、照片或其他佐證資料。
4. 紙張為 A4 格式，顏色不拘。
5. 請學生儘量整理清楚、具體一點，愈具體明確愈佳。（教師在各小組間穿

梭傾聽）

(三) 完成「踏實的夢」學習單（約 20 分鐘）

1. 以「探索夢境」學習單為基礎，參酌訪問長者的心得來填寫「踏實的夢」學習單。

2. 請學生儘量整理得清楚、具體一點，愈具體明確愈佳。

（教師在各小組穿梭傾聽）

～ 第 一 節 結 束 ～

(四) 分組分享「長者心聲」（約 20 分鐘）

1. 組內每位學生輪流詳細說明「長者心聲」的整理結果。

2. 每位學生說明後，組長必須引導其他組員詢問有關問題。

3. 教師穿梭各組傾聽、引導或處理突發狀況。

(五) 分組分享「踏實的夢」（約 25 分鐘）

1. 組內每位學生輪流詳細說明「踏實的夢」學習單的內容。

2. 每位學生說明後，組長必須引導其他組員詢問有關問題。

3. 教師穿梭各組傾聽、引導或處理突發狀況。

～ 第 二 節 結 束 ～

(六) 分組組內經驗分享（約 25 分鐘）

各組分享後，再討論下面的問題：

1. 哪位學生談到的「長者心聲」，讓我印象最深刻？為什麼？

2. 自己和他人在「長者心聲」有什麼地方相同？為什麼？

3. 自己和他人在「長者心聲」有什麼地方不同？為什麼？

4. 組內師長、親友的看法和我們對自己生涯規劃的看法有哪些相同？有哪些不同？為什麼？

5. 聽取師長、親友的看法後，修改了哪些生涯規劃？為什麼？

(七) 分組派代表報告（約 17 分鐘）

各組派一名代表報告 2 分鐘，報告重點如下：

1. 本組各訪問多少位師長、親友？

2. 本組師長、親友的看法和我們對自己的看法有哪些相同？有哪些不同？

3. 本組學生與師長、親友的看法不同時，大多如何處理？為什麼？

4. 本組學生在生涯規劃方面，做了哪些修改？為什麼？

(八) 教師結語（約 3 分鐘）

1. 給予全班鼓勵增強，對大家努力省思、規劃生涯予以肯定。

2. 引導學生思考師長親人的看法和自我瞭解有些相同、有些不同，自己可以再深入想一想為什麼會不同，如果有什麼疑問可以來找教師或再去詢問師長及親人。

3. 提醒學生保留「務實的夢」學習單，俾於下學期以此為基礎，進行深入的生涯規劃與充實生涯規劃所需的能力。

～ 第三節結束 ～

四、評量

1. 先由小組長實施初評，教師再實施總評。

2. 評量內涵詳見「長者心聲」學習單、「踏實的夢」學習單之評量項目。

3. 教師得就表現優異之小組或學生，於「分享」欄內予以增強。

4. 教師可請學生將學習心得書寫於「分享」欄，教師將予以回饋。

5. 各項評量項目的評量規準：教師用以評定分數的依循規準，宜將此表告知學生，讓學生瞭解獲得等級的實際意涵。

(1) 「長者心聲」學習單

評語、符號	很好(A)	不錯(B)	加油(C)	改進(D)	補做(E)
切合主題	內容切合目標、正確，且較一般同學佳	內容大部分切合目標、正確	內容小部分切合目標、正確	內容幾乎均不切合目標、不正確	未做或未交
資料整理	資料整理完整適切，且有條不紊	資料整理完整適切	資料整理不太完整適切	資料整理不完整	未整理或未交
表達流暢	表達條理分明，態度積極	表達條理分明	表達不太流暢	表達紊亂或難以理解	未表達或未交
用心訪問	比一般同學認真訪問	和一般同學相同	比一般同學不認真	相當草率	未訪問或未交

(2) 「踏實的夢」學習單

評語、符號	很好(A)	不錯(B)	加油(C)	改進(D)	補做(E)
切合主題	內容切合主題，較其他組為佳	內容切合主題	內容不太切合主題	內容不切合主題	未做或未交
修改適切	內容具體明確，較其他組為佳	內容具體明確	內容不太具體	內容空洞或難以理解	未做或未交
說明流暢	說明條理分明，較其他組為佳	說明條理分明	說明有點紊亂	說明非常紊亂或難以理解	未做或未交
積極參與	比一般同學積極	和一般同學相當	比一般同學不積極	非常消極	未做或未交

6. 若必須採取「核算等級計分」方式，可依下列評量表中，各項評量項目逐一計分。每個評量項目之能力向度計分，如下表：

評量項目	很好(A)	不錯(B)	加油(C)	改進(D)	補做(E)	基本分
8	10	9	6	4	0	20

7. 努力向度：「＋」出現一次加1分，「－」出現一次減1分。

8. 若學習單未交則以「0」分計算，補交則給基本分，補交時間由教師規定。

五、注意事項

1. 若學生未帶學習單，可增強已準備學習單之學生，以相對提醒未帶學生，但不宜直接責備未帶學生。

2. 活動前兩週務必告知學生此活動，俾充分安排時間。

3. 提醒學生訪問前的聯繫、溝通工作必須確實，且應讓受訪問者有充裕時間。

4. 提醒學生應注重訪問禮節，儘量詳細做紀錄，必要時得徵求受訪者同意予以錄音。

5. 提醒學生若師長、親人意見不同時，可禮貌表達意見，但不可爭吵。若有問題可帶回班上討論，以避免破壞與長者關係。

6. 若少數學生較為害羞或欠缺訪問技巧，可兩人一組相互扶持。

7. 訪問內容可針對學生實際需要、能力調整，避開已進行或探討過的內涵。

8. 特別提醒學生保留「務實的夢」學習單，作為往後討論或活動的基礎。

「長者心聲」學習單

姓名：　　　　　　　班級：　　　　　座號：　　　　　日期：　　　　　組別：　　　　組

　　各位同學：請你利用未來「兩週」上課以外的時間，就下列「訪問題目」至少訪問兩位師長或親友，然後將訪問資料帶到下次上課時彙整。

一、訪問前準備事項可參酌「職業追追追」學習單的內涵，亦可用自己的方式準備得更完善。

二、訪問可遵循下列步驟，亦可以更有效率的步驟進行訪問：
　　1. 告訴師長、親人自己的生涯規劃（可呈現「我的夢」學習單）。
　　2. 聽取師長、親人對「現在的我」的看法，並做紀錄。「現在的我」可包括能力、興趣、價值觀、專長、學習狀況或優點，亦可包括其他內涵。
　　3. 聽取師長、親人對下列自己生涯規劃的建議，並做紀錄。
　　　(1)對自己生涯規劃贊同的地方？
　　　(2)對自己生涯規劃不贊同的地方？
　　　(3)如果不贊同自己生涯規劃，應該怎麼改？
　　4. 向師長、親人說明對其建議的想法，並做紀錄。
　　5. 請問師長、親人對自己有什麼其他建議？

三、訪問記錄內涵：可參酌下列幾項，也可自行增減。
　　1. 師長、親人對「現在的我」的看法？
　　2. 師長、親人對自己生涯規劃贊同的地方？
　　3. 師長、親人對自己生涯規劃不贊同的地方？
　　4. 師長、親人對不贊同地方，建議我應該怎麼改？
　　5. 我向師長、親人說明對其建議的想法？
　　6. 師長、親人對自己的其他建議？

四、紀錄整理格式：可發揮創意，整理紀錄宜掌握下列原則。
　　1. 可用手寫、電腦打字或其他方式呈現。
　　2. 可附上訪問長者的相關資料、照片或其他佐證資料。
　　3. 紙張為 A4 格式，顏色不拘。

五、評量：小組長實施初評，教師再複評。

分享：	評量	切合主題	資料整理	表達流暢	用心訪問
	小組長				
小組長簽名：　　　　　教師簽名：	教師				

「踏實的夢」學習單

姓名：　　　　　班級：　　　　座號：　　　　日期：　　　　組別：　　　組

　　各位同學：聽了師長、親人的建議後，我想修改生涯規劃嗎？大家一起來修改「探索夢境」學習單以完成這張學習單。完成的這張學習單記得保留到下學期再深入討論。

一、再想一想「現在的我」：

二、再想一想「未來的我」：

　　1. 想想我的志願：

　　2. 為什麼擬定這個志願：

　　3. 想一想我再幾年或幾十年後，可達成這個志願：

　　4. 為了在幾年或幾十年後，可達成這個志願，有沒有必要分成幾個階段？如果要分成幾個階段，你會如何劃分？

　　5. 如果分成幾個階段，你會分成哪幾個階段？每個階段要做到哪裡或如何做？

　　6. 為達成志願，國中畢業後準備先升學或先就業？為什麼？

三、評量：小組長實施初評，教師再複評

分享：	評量	切合主題	修改適切	說明流暢	積極參與
	小組長				
小組長簽名：　　　教師簽名：	教師				

美夢成真～燭夢篇

活動七：我的夢（約 135 分鐘）

一、單元活動目標

　　達成綜合活動能力指標「1-4-2-3 訂定個人的升學或職業生涯計畫與策略，並分享其理由。」具體目標如下：

1. 說明自己的升學或職業生涯。
2. 說明升學或職業生涯必備的能力與條件。
3. 具體說明想從事職業的原因。
4. 體認工作無貴賤尊卑的觀念。
5. 以簡易動作表演出自己將來想從事的行業。
6. 說明達成工作願望的具體作法。
7. 積極參與小組討論，勇於說明自己的意見。

二、準備事項

1. 色筆、原子筆、鉛筆。
2. 每人一張「我的夢」學習單。
3. 上課前三天提醒學生完成和攜帶學習單上課。
4. 確認學生是否於上課前已分組完成。

三、活動歷程

(一) 引起動機（約 3 分鐘）

1. 教師說明瞭解自己的升學或職業生涯之後，必須更深入瞭解必備的能力與條件，方能有更具體的努力目標與方向。
2. 說明本單元的學習歷程。

(二) 教師分享自己的求學歷程（約 5 分鐘）

1. 教師說明自己從國中畢業到擔任教師的生涯發展歷程。

2.說明重點在每個生涯發展階段應具備的能力或條件。

(三) 分組組內討論親人的生涯發展及其具備能力或條件（約 20 分鐘）

1.組內每位學生先扼要說明一名親人的生涯發展及其具備能力或條件。

2.選取組內一名親友更深入討論。

3.準備說明此親友的生涯發展及其具備的能力或條件。

(四) 分組派代表報告（約 17 分鐘）

1.各組派一名代表報告 2 分鐘，報告重點如下：

    (1) 本組某親友的生涯發展及其歷程？

    (2) 本組某親友的生涯發展必須具備的能力或條件？

2.教師提醒各組代表說明生涯發展必須具備的能力或條件應儘量詳細、具體。

    ～ 第一節結束 ～

(五) 再省思或修改自己的升學或職業生涯（約 5 分鐘）

1.拿出三上進行的「踏實的夢」學習單，教師請每位學生再看看是否修改，若需修改給三分鐘時間，無須修改者將此學習單內涵再仔細思索。

2.教師穿梭全班瞭解、傾聽、引導或處理突發狀況。

(六) 思索自己升學或職業生涯應具備的能力或條件（約 10 分鐘）

1.想想看，自己升學或職業生涯應具備的能力或條件。

2.鼓勵學生以自由聯想方式，將想到的能力或條件通通列舉。

3.引導學生將列舉的能力或條件，予以分類整理。

(七) 進行「二、四、八討論」（約 30 分鐘）

1.打破組別，在全班尋找一個生涯發展接近者，相互討論應具備的能力或條件。

2.兩人為一組討論後，再找一組生涯發展接近者，相互討論應具備的能力或條件。

3.兩組合為一群討論後，再找一群生涯發展接近者，相互討論應具備的能力或條件。

4.八人成為一團，深入討論出生涯發展接近者應具備的能力或條件。

    ～ 第二節結束 ～

(八) 分團表演、猜猜看、說說看（約 20 分鐘）

1.延續上次的八人為一團分組。

2. 請各團學生派代表，人數不限，輪流以簡易動作先表演八人團體的升學或職業生涯，再表演應具備的能力或條件。

3. 其他八人團體學生猜猜上台表演學生的升學或職業生涯，及應具備的能力或條件。

(九) 分組組內經驗分享（約 20 分鐘）

1. 依據「生涯計畫」學習單，討論下列問題：

   (1) 自己一個人思考升學或職業生涯，應具備的能力或條件？

   (2) 兩人一組討論後，應具備的能力或條件改變了嗎，改變什麼？

   (3) 四人一群討論後，應具備的能力或條件改變了嗎，改變什麼？

   (4) 八人一團討論後，應具備的能力或條件改變了嗎，改變什麼？

2. 教師穿梭全班瞭解、傾聽、引導或處理突發狀況。

3. 若學生出現嘲笑或不尊重他人現象，教師只需強調尊重每一個人的想法即可，不必責備學生。

(十) 教師結語（約 5 分鐘）

1. 鼓勵學生認真參與「二、四、八討論」的歷程。

2. 綜合各類升學或職業生涯，應具備的能力或條件。

3. 提醒學生完成「時間管理高手」學習單，並於下週帶來上課。

～ 第三節結束 ～

四、評量

1. 先由小組長實施初評，教師再實施總評。

2. 評量內涵詳見「我的夢」學習單之評量項目。

3. 教師得就表現優異之小組或學生，於「分享」欄內予以增強。

4. 教師可請學生將學習心得書寫於「分享」欄，教師將予以回饋。

5. 各項評量項目的評量規準：教師用以評定分數的依循規準，宜將此表告知學生，讓學生瞭解獲得等級的實際意涵。

評語、符號	很好(A)	不錯(B)	加油(C)	改進(D)	補做(E)
生涯發展	生涯發展具體、適切	生涯發展適切	生涯發展不太適切	生涯發展不適切	未做或未交
能力條件	能力條件具體，適切	能力條件具體	能力條件不太具體	能力條件不具體	未做或未交
說明流暢	說明條理分明，較其他組為佳	說明條理分明	說明有點紊亂	說明非常紊亂或難以理解	未做或未交
積極參與	比一般同學積極	和一般同學相當	比一般同學不積極	非常消極	未做或未交

6. 若必須採取「核算等級計分」方式，可依下列評量表中，各項評量項目逐一計分。每個評量項目之能力向度計分，如下表：

評量項目	很好(A)	不錯(B)	加油(C)	改進(D)	補做(E)	基本分
4	10	9	6	4	0	60

7. 努力向度：「＋」出現一次加1分，「－」出現一次減1分。

8. 若學習單未交則以「0」分計算，補交則給基本分，補交時間由教師規定。

五、注意事項

1. 若學生語文表達程度欠佳，引導學生思考寫出幾個重點關鍵字詞即可，不必寫出通順句子，避免引發挫折。

2. 「二、四、八討論」將造成全班秩序較亂，應事先採取預防策略，如重申告知學生注意秩序與音量，或複習維持秩序的手勢或其他方法。

3. 教師必須特別提醒學生注意：尊重每一個人的想法，想法沒有好壞之分，大家必須相互尊重及鼓勵。

「我的夢」學習單

姓名：　　　　　　班級：　　　　　座號：　　　　　日期：　　　　　組別：　　　組

　　各位同學：請依據「踏實的夢」學習單的內涵，省思自己升學或職業生涯必須具備的能力或條件。

一、寫下自己的升學或職業生涯。
二、寫下自己升學或職業生涯必須具備的能力或條件。
三、「兩人」生涯發展相近者討論後，檢討並寫下自己升學或職業生涯必須具備的能力或條件。
四、「四人」生涯發展相近者討論後，檢討並寫下自己升學或職業生涯必須具備的能力或條件。
五、「八人」生涯發展相近者討論後，檢討並寫下自己升學或職業生涯必須具備的能力或條件。
註：請將想法註明題號（不必抄題目），寫在下面空白處，不夠時可寫在背面。

六、評量：小組長實施初評，教師再複評

分享：	評量	生涯發展	能力條件	說明流暢	積極參與
	小組長				
小組長簽名：　　　　　教師簽名：	教師				

活動八：築夢踏實（約 135 分鐘）

一、單元活動目標

　　達成綜合活動能力指標「1-4-2-3 訂定個人的升學或職業生涯計畫與策略，並分享其理由。」具體目標如下：

1. 增進時間管理的能力。
2. 規劃未來生活，省思實現計畫的方法。
3. 說明自己願望無法實現的原因。
4. 省思自己生涯計畫，並做必要的修正。
5. 提出實現生涯計畫的具體作法或策略。
6. 參與小組討論，增進人際溝通能力。
7. 增強獨立思考與自我省思能力。
8. 提高學習的興趣與態度。

二、準備事項

1. 每人各一張「時間管理高手」、「築夢踏實」學習單。
2. 兩週前，請學生攜帶之前做過的「踏實的夢」學習單。若遺失，可發予學習單請其於上課前完成。
3. 確認學生是否於上課前已分組完成，且已分組就座。

三、活動歷程

(一) 引起動機（約 3 分鐘）

1. 教師說明：時間管理的重點在於訓練自己分辨並思考事情之重要與急迫程度，將時間用在最重要、最緊急的事情，以提高效率。
2. 對學生探索生涯發展歷程的努力予以肯定、鼓勵。
3. 說明本單元的學習歷程。

(二) 補充「時間管理高手」學習（約 10 分鐘）

1. 請學生檢查看看自己所整理的「時間管理高手」學習單內容，有沒有遺漏

的地方，有沒有需要補充或修改的地方。（教師在各小組穿梭傾聽）

2. 請學生儘量寫得清楚、具體一點，多用舉例說明。

(三) 找出阻礙計畫因素，提出解決辦法（約 10 分鐘）

1. 請學生針對已完成「時間管理高手」學習單，整理一週來自己的時間管理
   狀況，找出阻礙計畫的因素。

2. 請學生就阻礙計畫因素，提出具體解決辦法。

(四) 分組組內分享（約 22 分鐘）

1. 組內每位學生輪流詳細地說出下列幾項重點：

   (1)「時間管理高手」學習單的執行狀況？

   (2) 說明阻礙自己時間管理計畫的因素？

   (3) 針對阻礙自己計畫的因素，提出具體解決辦法？

2. 學生說明時，其他學生可以提出個人意見，說明學生也可以補充說明。

3. 教師穿梭各組傾聽、引導，或處理突發狀況。

　　　～ 第 一 節 結 束 ～

(五) 引起動機（約 3 分鐘）

1. 教師引導學生思考以前做過的「我的夢」活動，也完成「踏實的夢」學習
   單。相信大家都將「踏實的夢」學習單帶來了，現在我們將重新檢討要達
   成三年後的我，現在到畢業這段期間，我們要怎麼做。只要大家用心討論，
   提出具體的策略，努力去執行，一定能美夢成真。

2. 對學生探索生涯發展歷程的努力予以肯定及鼓勵。

3. 說明本單元的學習歷程。

(六) 寫下「築夢踏實」學習單第一至三題（約 17 分鐘）

1. 請學生就以前「踏實的夢」學習單的內容，看看有哪些地方要修改？

2. 請學生逐一完成「築夢踏實」學習單的第一至三題。

3. 請儘量詳細、具體的寫下：如果要實現「現在到畢業的目標」，現在我要
   怎麼做？

(七) 分組分享「築夢踏實」學習單第一至三題（約 20 分鐘）

1. 組內每位學生輪流詳細地說明「美夢成真」學習單第一至三題。

2. 學生說明時，其他學生可以針對「如果是我，現在我要怎麼做」，提出個

人意見，說明學生也可以補充說明。

3. 教師穿梭各組傾聽、引導或處理突發狀況。

(八) 寫下「築夢踏實」學習單第四題（約 5 分鐘）

1. 請學生完成「築夢踏實」學習單的第四題。

2. 請盡量詳細、具體的寫下要怎麼做。

~ 第二節結束 ~

(九) 分組經驗分享（約 27 分鐘）

1. 組內每位學生輪流詳細的說明下列幾項重點：

(1) 對「築夢踏實」學習單的第四題有什麼建議？為什麼？

(2) 哪位學生談到的「築夢踏實」，讓我印象最深刻？為什麼？

(3) 哪些原因可能使自己的願望無法實現？

(4) 學生所談到的「築夢踏實」內容中，哪些是值得學習的？為什麼？

2. 學生說明時，其他學生可以提出個人意見，說明學生也可以補充說明。

3. 教師穿梭各組傾聽、引導或處理突發狀況。

(十) 分組代表報告（約 15 分鐘）

各組派一名代表報告 2 分鐘，報告重點如下：

1. 本組大部分學生「現在到畢業」的目標？

2. 本組大部分學生為實現「現在到畢業」的目標，要怎麼做？

3. 本組的感想或建議？

(十一) 教師結語（約 3 分鐘）

1. 彙整各組代表報告內容。

2. 教師說明：每個人都會有夢想，但要使夢想實現，必須立定志向，確立目標，努力充實自己，才不會使夢想成空。要使「我的未來不是夢」，必須使「現在的生活不是夢，而是努力、充實、辛苦的掌握現在」。

3. 以具體事蹟來肯定、鼓勵學生的學習歷程。

~ 第三節結束 ~

四、評量

1. 先由小組長實施初評，教師再實施總評。

2. 評量內涵詳見「時間管理高手」學習單、「踏實的夢」學習單之評量項目。

3. 教師得就表現優異之小組或學生，於「分享」欄內予以增強。

4. 教師可請學生將學習心得書寫於「分享」欄，教師將予以回饋。

5. 各項評量項目的評量規準：教師用以評定分數的依循規準，宜將此表告知學生，讓學生瞭解獲得等級的實際意涵。

(1) 「時間管理高手」學習單

評語、符號	很好(A)	不錯(B)	加油(C)	改進(D)	補做(E)
計畫具體	具體明確、非常切合生涯發展與能力條件	目標具體明確，頗切合生涯發展與能力條件	目標不太具體或不切合生涯發展與能力條件	目標不具體、不明確	未做或未交
記錄確實	除右欄外，設計紀錄表格用心	五天以上記錄且均有親人或同學簽名	三到四天記錄	一到兩天記錄	未記錄或未交
檢討適切	除右欄外，詳細提出改善策略的原因	依據時間管理缺失提出有效具體策略	大致能提出改善時間管理之策略	提出改善時間管理的策略欠佳	未檢討或未交
積極參與	比一般同學積極	和一般同學相當	比一般同學不積極	非常消極	未做或未交

(2) 「踏實的夢」學習單

評語、符號	很好(A)	不錯(B)	加油(C)	改進(D)	補做(E)
目標具體	具體明確、非常切合生涯發展與能力條件	目標具體明確，頗切合生涯發展與能力條件	目標不太具體或不切合生涯發展與能力條件	目標不具體、不明確	未做或未交
策略適切	策略切合目標，且富創意	策略切合目標	策略不太切合目標	策略不切合目標，且欠佳	未做或未交
說明流暢	說明條理分明，較其他組為佳	說明條理分明	說明有點紊亂	說明非常紊亂或難以理解	未做或未交
積極參與	比一般同學積極	和一般同學相當	比一般同學不積極	非常消極	未做或未交

6. 若必須採取「核算等級計分」方式，可依下列評量表中各項評量項目逐一計分。每個評量項目之能力向度計分，如下表：

評量項目	很好(A)	不錯(B)	加油(C)	改進(D)	補做(E)	基本分
8	8	7.5	5	3	0	36

7. 努力向度：「＋」出現一次加 1 分，「－」出現一次減 1 分。

8. 若學習單未交則以「0」分計算，補交則給基本分，補交時間由教師規定。

五、注意事項

1. 請學生將「美夢成真」系列主題資料，帶回家與父母或親友分享。

2. 學生提出「現在到畢業」的目標，內容力求具體。

3. 學生提出實現「現在到畢業」目標的方法，力求具體可行。

4. 若學生出現退縮、逃避，宜引導其他學生提出不同思維向度或解決策略。

註：此活動參酌李坤崇（1998b）。**班級團體輔導**。臺北市：五南。

「時間管理高手」學習單

姓名：　　　　　班級：　　　　座號：　　　　日期：　　　　組別：　　　組

　　各位同學：請你利用未來「兩週」的時間，以一週為練習時間，詳細計畫放學後到睡前的時間運用，檢討改善使自己成為一位時間管理高手。

一、時間管理的練習過程

　　1. 放學回家後立即完成睡前計畫。即放學回家後利用 3 至 5 分鐘安排「今天睡覺前一定要完成、重要而且緊急的事情」，並依緊急程度排出優先順序。

　　2. 睡覺前檢討自己當天睡前計畫的執行狀況。

　　3. 隔天請親人或同學簽名。

　　4. 一週後整理分析自己的時間管理狀況，找出阻礙計畫的因素，並提出具體解決辦法。

二、注意事項

　　1. 計畫表可參考下面表格，也可以自己設計，但應包括參考表格的所有項目。計畫表可以一天一張，也可以二天或三天一張。

　　2. 掌握時間點，放學回家後「立即」計畫，睡前「立即」檢討。

　　3. 隔天請親人或同學簽名時，應簡要說明昨天計畫執行情況。最好由同住親人簽名，若睡前就簽名更佳。如果找不到可以配合的親人，再找同學。

時間管理高手計畫表（參考用）				
時間：　年　月　日（星期　）		親人或同學簽名：		
今天最重要且緊急的事		重要但不緊急的事		
1.　　　　3.		1.　　　　3.		
2.　　　　4.		2.　　　　4.		
時間	預定計畫	執行結果	未完成原因	改善方法
17:00				
18:00				
19:00				
20:00				
21:00				
22:00				
23:00				
說明：依時完成項目打「○」、未完成項目打「×」（填寫於「執行結果」欄），並思考未完成原因及改善的方法。				

三、評量：小組長實施初評，教師再複評。

分享：	評量	計畫具體	記錄確實	檢討適切	積極參與
	小組長				
小組長簽名：　　　　教師簽名：	教師				

「築夢踏實」學習單

姓名：　　　　　　班級：　　　　座號：　　　　日期：　　　　組別：　　　　組

　　各位同學：請按照下列題目，逐一寫下你如何讓美夢成真。

一、先前「踏實的夢」學習單的內容，哪些地方必須修改？為什麼？

二、請說明要實現「三年後的我」，「現在到畢業」目標為何？
　　（如適合念什麼學校？能考得上哪所學校？適合就業嗎？）

三、如果要實現「現在到畢業的目標」，現在我要怎麼做？

四、聽完同學的作法後，我想到還要怎麼做？

五、評量：小組長實施初評，教師再複評。

分享：		評量	目標 具體	策略 適切	說明 流暢	積極 參與
		小組長				
小組長簽名：　　　　教師簽名：		教師				

|第 6 章|

領域課程決定與計畫

教育部 1998 年 9 月公布《國民教育階段九年一貫課程總綱綱要》（教育部，1998），2003 年 1 月公布《國民中小學九年一貫課程綱要》（教育部，2003a），到 2008 年 5 月修訂公布《國民中小學九年一貫課程綱要》（教育部，2008a），至此九年一貫課程綱要與各學習領域綱要逐漸健全。然而，九年一貫課程與各學習領域的理念，若學校與教師缺乏課程決定（curriculum decision-making）的素養與規劃課程計畫的能力，則理念將無法落實。

第一節　綜合活動學習領域課程決定

本節先探討課程決定的意義與法源，再分析課程決定的問題與困境，後剖析綜合活動學習領域的課程決定。

壹、課程決定的意義與法源

「課程決定」一詞對國中小教師而言相當陌生，或因其在師資養成教育階段較少接觸此類課程概念之故，茲釐清其意義、性質、層次與法源基礎於下：

一、課程決定的意義

　　黃政傑（1985）主張「課程決定」是各個課程計畫都會發生的現象，每個課程設計層次中的課程工作者，均擔負著課程決定的責任。吳清山（1989）強調「課程決定」乃一個人、一群人或一個團體，就課程所遭遇的有關問題或待解決的問題，研擬若干的變通方案，進而提出最佳選擇的過程。簡良平（2001）認為「課程決定」係指教育人員在課程發展的過程中，就課程計畫的各項內容進行基本問題的質問與考量，並在慎思各種條件與各種變通方案後，所做的選擇與抉擇。Gay（1991）強調課程決定發生於各層級教育人員的教育實踐行動中，係個人與團體互動的結果，課程深具社會互動性質。Oberg（1991）認為課程決定的類型出現於決定的每個步驟，課程目標以決定何種目的為教育導向，課程內容決定納入哪些學科知識與整合哪些學科內容來達成教學目標，課程實施決定組織原則以規劃學習活動、擬定教學策略、考量各項資源與建置學習情境，課程評鑑決定選擇形成性或總結性評量；課程決定可依目標、內容、實施、評鑑等順序進行，亦可將目的與結果同時交互思考，慎思行動前的各種可能性與可行性。

　　綜上所述，課程決定乃個人、團體或組織就其課程分析、設計、執行或評鑑，決定最佳方案，以達成課程目標的過程。課程決定即個人、團體或組織各在不同階段，各作不同內涵、不同幅度或深度決定的過程，因參與者的期望、能力、價值觀與各種利益，及彼此的互動情形不同，均會產生不同的課程決定。

二、課程決定的性質

　　課程決定乃個人、團體或組織就其課程分析、設計、執行或評鑑，決定最佳方案，以達成課程目標的過程，依此意義，課程決定具有下列性質：

(一) 團體互動

　　教育部為審議《國民中小學九年一貫課程綱要》研修等事宜，於 2003 年 12 月組織「國民中小學課程綱要審議委員會」，委員由中央與地方教育行政主管、立法院教育及文化委員會召集委員、課程綱要研究發展小組、師資培

育機構、課程、測驗及教育相關領域學者專家、總綱與各領域學者專家、國民中小學校長、教師及社會人士等代表組成（教育部，2003b）。教育部（2008a）規範學校課程決定的機構為學校課程發展委員會，委員包括學校行政人員代表、年級及領域教師代表、家長及社區代表等。不論中央或學校之各項課程決定，均非由部長或校長一人決定，而係委員人際互動的成果、各種勢力協調的結果。可見，課程決定乃團體互動的歷程。

(二) 系統運作

教育部（2003b）指出「國民中小學課程綱要審議委員會」的任務為審議及諮詢國民中小學課程綱要相關研究議題、審議及諮詢國民中小學課程綱要之研修與發展。教育部（2008a）指陳學校課程發展委員會必須於學期上課前完成學校課程計畫之規劃、決定各年級各學習領域學習節數、審查自編教科用書，及設計教學主題與教學活動，並負責課程與教學評鑑。教育部國民中小學課程綱要審議委員會或學校課程發展委員會欲達成任務，必須擬定計畫與工作流程，經由系統運作的歷程，循序漸進逐步完成任務。

(三) 累積增能

筆者參與十幾次《國民中小學九年一貫課程綱要》研修會議，每次會議均係累積增能的歷程，不僅課程綱要逐漸提升品質，各項問題逐漸凝聚共識；個人亦從研討歷程擴展多元視野，察覺思維盲點。可見，課程決定兼具課程決定結果及參與者的累積增能。

(四) 政治角力

Oberg（1991）強調課程決定本身就是一種政治學，需要平衡各種壓力與尋求合作以形成決策。政治角力在中央層級更為明顯，教育部（2008a）《國民中小學九年一貫課程綱要》總綱中規定：國小一至六年級學生，必須就閩南語、客家語、原住民語等三種鄉土語言任選一種修習，國中則依學生意願自由選習。鄉土語言政策乃關心鄉土語言的團體給予教育部壓力與各方勢力的角力結果。另外，九年一貫課程各學習領域學習節數規定：「語文學習領域占領域學習節數的 20～30%，國民小學一、二年級得併同生活課程實施；健康與體育、社會、藝術與人文、自然與生活科技、數學、綜合活動等六個學習領域，各占領域學習節數之 10～15%」（教育部，2008a），亦為各學習領域

團體角力的結果。可見，課程決定乃各種團體透過權力磋商來分配各種資源的場所。

　　Gay（1991）認為影響課程發展的各種勢力，可分為內在與外在勢力，而此兩種勢力經常透過正式或非正式的政治手腕發揮影響力，詳見表 6-1。課程決定因涉及資源與權力的再分配，使得整個動態過程充滿著各種不同勢力角逐。可見，課程決定的結果乃政治勢力、社會需求、教師期望，及經濟利益等各種勢力妥協的成品。

(五) 衝突失衡

　　課程決定既為政治角力、團體互動的歷程，然此歷程未必全是理想、和

表 6-1

影響課程發展的各種勢力

	外在的勢力		內在的勢力	
	正式的	非正式的	正式的	非正式的
影響過程的勢力	1. 測驗局及委員會 2. 專業協會 3. 檢驗證書協會 4. 公共意見民意調查 5. 議會遊說者 6. 學生／家長／商業 7. 勞工組織 8. 政府的管理者	1. 特殊利益團體 2. 教材出版商 3. 傳播媒體 4. 個別評論家 5. 社會公民團體 6. 習俗與傳統 7. 慈善基金會 8. 可施壓的政治意見	1. 政府的權威 2. 諮詢機構與行政人員 3. 法律（法案、法院的案例、經費的類型） 4. 學校管理結構 5. 學區與學系行政人員與教師 6. 學校系統的官僚型態 7. 資源與設備 8. 做決定的系統 9. 教授的科目	1. 教職員對課程教學的觀點 2. 正式課程運作的政治關係 3. 習俗與習慣 4. 團體互動的社會關係 5. 參與者的人格特質與能力 6. 建立人際關係的技能 7. 課程計畫的領域
	課程決定			
	社會 家長 各職業雇主 升學單位		課程計畫 教師 學生 學校系統	

資料來源：G. Gay, 1991, *The international encyclopedia of curriculum*, p.297. by New York, NY: Pergamon Press.

諧、理性思維的討論，經常隱含權力衝突與各種勢力較勁，使得決定過程常出現衝突與失衡（甄曉蘭，1998）。例如：2004 年 2 月 24 日教育部長召開第一次國民中小學課程綱要審議委員會議，討論因應 94 學年度英語教學向下延伸至小三政策，提出增加英語授課節數的提案，因增加英語學習節數將會排擠其他學習領域學習節數，使得討論過程稍有衝突，然經理性對話後，委由國立教育研究院籌備處研議，一個月後於 2004 年 3 月底再議。

(六) 合作事務

課程決定雖有政治角力、衝突失衡，但仍須互助合作、截長補短，以尋求最佳決定。就筆者參與研擬 2003 年 1 月公布《國民中小學九年一貫課程綱要》的親身經驗，委員研討提案經由腦力激盪、相互論述、多元思考，共謀最佳的決定歷程，雖有爭議，卻都在未經表決程序、和諧研討、凝聚共識氣氛下完成。因此，高品質的課程決定有賴互相合作、和諧協調、多元互補，方能達成。

三、課程決定的層次

就決定屬性而言，黃炳煌（1988）將課程決定分為政策性層次、專業性層次、技術性層次等，隨後黃炳煌（1999）強調學生經驗課程的重要，再納入「消費者層次」，成為政策性層次、專業性層次、技術性層次及消費者層次等四個層級的課程決定。為確保與提升課程決定的品質，必須以消費者層次為前提，專業性層次為基礎，兼顧政策性層次及技術性層次，方能避免政治干擾專業，或因意識型態左右課程決定。

就教育體制而言，課程決定層級可分為由中央、地方、學校、教師、到教室等層級（高新建，1991；游淑燕，1993；黃政傑，1985；歐用生，1989），每個層級的課程決定均深深影響該層級課程政策或方向，亦均指引該層級或其下層級執行者的行動方向，如中央層級的課程決定，不僅指引教育部的課程政策，亦影響地方、學校、教師、到教室的課程決定。另外，每個層級的課程決定亦受到外在的壓力團體或利益團體影響，如民間教改團體、教科書出版商聯盟、企業團體等，則經常透過中央機制或訴諸傳播媒體，來影響課程決定。可見，由中央、地方、學校、教師、到教室等層級，均受到社會層

次的影響。

Goodlad（1979）將課程分成理想課程（ideal curriculum）、正式課程（formal curriculum）、知覺課程（perceived curriculum）、運作課程（operational curriculum）、經驗課程（experiential curriculum）等五個層次，中央與地方層級的課程決定趨向於理想課程，透過立法或官方認可成為正式課程，學校人員對於正式課程的認知與轉化為知覺課程，到教室實施即為教師與學生的運作課程，最後輸入學生「心」中的課程則為經驗課程。茲將五項課程概述於下：

(一) 理想課程

課程設計者根據課程設計原理與學習者需求，以理想或典範思維設計的課程。理想課程被採用或被接受後，才能發揮課程的功能。

(二) 正式課程

權責機構〔教育部、教育局（處）、學校〕所決定的課程，必須以書面的型式呈現，如教育部的課程綱要、教育局（處）的課程備查規定或學校的課程計畫。

(三) 知覺課程

正式課程不一定就是教師或學生心目中的課程。教師對學校課程的解釋，乃依賴教師的覺知、瞭解、掌握，作為下一階段運作之參照，此覺知的結果乃知覺課程。如課程目標的導向、各學科各章節的重要性，以及相關內容的取捨……等。

(四) 運作課程

教師實施的課程乃運作課程，透過實際操作、進行的學習與課程活動等運作課程，才讓靜態的課程活動化，將預設或知覺到的課程內容導入學生的學習「機制」，產生課程的效能。

(五) 經驗課程

經驗課程乃輸入學生「心」中的課程，學生是學習核心、學習主體。學生是未成熟的個體，課程經驗的良窳，的確有賴教師的有效運作。

從Brophy提出正式課程的轉化歷程圖（如圖6-1所示），可說明從初始課程決定「州或地方的正式課程」至最後課程展現的「學生經驗課程」，兩者內容常出現差距。從圖6-1可發現，「州或地方決定的正式課程A」，學校校長

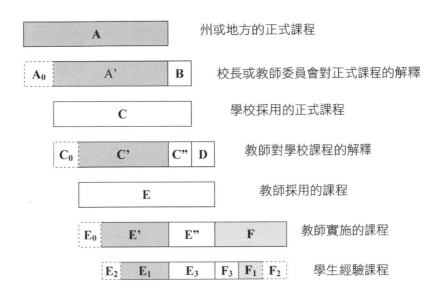

圖 6-1　正式課程的轉化歷程

資料來源："How teachers influence what is taught and learned in classrooms," by J. E. Brophy, 1982, *The Elementary School Journal*, 83(1), p.4.

或教師組成的委員會將此正式課程引入學校時，可能去除了 A_0 再加上委員會的觀點 B，變成了「學校的正式課程 C」，故 C 已不完全等於 A。接著，每位教師又進一步對學校正式課程 C 加以解釋，課程去掉了 C_0，又加上了教師的觀點 D，演變成「教師採用的課程 E」。但是，教師採用的課程 E 正式實施時，可能受到時間或其他因素影響而排除了 E_0，再加上自己學養不足或疏忽，而歪曲或教錯一小部分 F，則最後教師所實施的課程並未完全被學生學習。學生可能因為老師教得太快或含糊而遺失了一小部分 E_2 與 F_2，也可能因為學生的偏見或誤解而扭曲了另一部分 E_3 與 F_3，故實際學到老師所教的只是 E_1 和 F_1 部分。將「學生經驗課程」與「州或地方政府的正式課程」相比較，兩者已有相當大的差距。教師真正實施的課程與正式課程之間的差距，也只保留住 E_1 的部分（黃政傑，1985）。

　　筆者參酌 Goodlad 將課程分成理想課程、正式課程、知覺課程、運作課程、經驗課程等五個層次的觀點、Brophy 的「正式課程轉化歷程圖」，以及

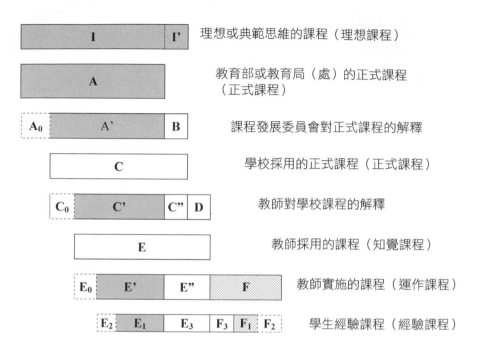

圖 6-2 各種層次課程的轉化歷程

《國民中小學九年一貫課程綱要》總綱有關課程決定的規範，試著提出「各種層次課程的轉化歷程」（如圖 6-2 所示）。

以國民中小學九年一貫課程為例來說明圖 6-2，課程綱要揭櫫「跨世紀的九年一貫新課程應該培養具備人本情懷、統整能力、民主素養、鄉土與國際意識，以及能進行終身學習之健全國民」，乃理想課程。依據理想課程研擬的《國民中小學九年一貫課程綱要》「各學習領域課程綱要」為中央層級的正式課程。各縣市政府教育局（處）原可再依據中央層級綱要發展地方層級的正式課程，惜因縣市層級的專業資源較薄弱，使得全國各縣市發展地方層級的正式課程尚未見及。《國民中小學九年一貫課程綱要》規定：各校應成立「課程發展委員會」，下設「各學習領域課程小組」。課程發展委員會對中央層級正式課程解釋後，規劃與研擬學校課程計畫，而此計畫為學校的正式課程。教師對學校課程計畫的解釋與對中央層級課程的知覺，即為知覺課程。教師依據所知覺課程與參酌出版社教材，局部改編教材或全部自編教材，並

研擬班級教學活動或教學評量，即為教師實施的課程（運作課程）。教師運作課程引導或輸入學生心中，成為學生感受的經驗或知能，則為學生經驗課程。由上述各種層次課程的轉化可發現，從理想課程與教育部的正式課程（正式課程），到教師運作課程與學生經驗課程，出現頗多落差。此落差或為課程轉化的必然現象，或許無法避免，但卻可經由多元溝通與完善配套來縮小落差。

四、課程決定的法源基礎

國民中小學有關課程決定的法源主要有三：一為，《國民教育法》；二為，《國民中小學課程綱要審議委員會設置與運作要點》；三為，《國民中小學九年一貫課程綱要》。

(一) 國民教育法

教育部（2003c）《國民教育法》第 8 條規定：國民小學及國民中學之課程綱要，由教育部常設課程研究發展機構定之。

教育部（2001b）《國民教育法施行細則》第 17 條第 3 款規定：國民小學及國民中學應成立課程發展委員會，下設各學習領域課程小組。其規模較小學校得合併設置跨領域課程小組。

(二) 國民中小學課程綱要審議委員會設置與運作要點

教育部（2003b）於 2003 年 12 月 22 日由部長核定之《國民中小學課程綱要審議委員會設置與運作要點》，其中前三條依序為：

1. 設置國民中小學課程綱要審議委員會（以下簡稱本會）。
2. 本會委員由國立教育研究院籌備處推薦參考名單報部，由部長聘任之。委員由中央與地方教育行政主管、立法院教育及文化委員會召集委員、課程綱要研究發展小組、師資培育機構、課程、測驗及教育相關領域學者專家、總綱與各領域學者專家、國民中小學校長、教師及社會人士等代表組成。
3. 本會任務如下：(1)審議及諮詢國民中小學課程綱要相關研究議題；(2)審議及諮詢國民中小學課程綱要之研修與發展。

(三) 國民中小學九年一貫課程綱要

教育部（2008a）《國民中小學九年一貫課程綱要》中明定下列課程組織事宜：

1. 各校應成立「課程發展委員會」，下設「各學習領域課程小組」，於學期上課前完成學校課程計畫之規劃、決定各年級各學習領域學習節數、審查自編教科用書，及設計教學主題與教學活動，並負責課程與教學評鑑。學校課程發展委員會之組成方式由學校校務會議決定之。
2. 學校課程發展委員會的成員應包括學校行政人員代表、年級及領域教師代表、家長及社區代表等，必要時得聘請學者專家列席諮詢。
3. 學校得考量地區特性、學校規模及國中小之連貫性，聯合成立校際之課程發展委員會。小型學校亦得配合實際需要，合併數個領域小組成為一個跨領域課程小組。

貳、課程決定的問題與困境

九年一貫課程自 88 學年度試辦後，學校與教師已逐漸累積課程決定之經驗與知能，然而回顧多年來，國中小課程決定遭遇下列問題與困境：

一、教育部方面

教育部於 2001 年委託成功大學教育研究所發展國中、國小學校經營研發手冊各八冊，2002 年再度委託發展國中學校經營研發手冊五冊，其中均包括「學校課程發展委員會之組織、運作、困境與因應實例」。2001 年在「完整呈現、重質不重量」的原則下，國小錄取臺北市吳興國小、臺南市崇明國小（大型學校），花蓮師院附設實小、臺南縣信義國小（中型學校），高雄市翠屏國民中小學（小型學校）等實例。國中錄取臺南市中山國中、臺北市大直高中、金門縣金寧中小學等三校實例。2002 年亦提供臺中縣豐原國中、高雄縣路竹國中等兩校實例。教育部雖努力提供國中小學校課程發展委員會之組織、運作、困境與因應的實例，然仍有些困境。

(一) 領域課程綱要大幅調整，使得教師茫然混亂

教育部於 2000 年 9 月首次公布《國民中小學九年一貫課程暫行綱要》（教育部，2000）與 2003 年 1 月公布《國民中小學九年一貫課程綱要》（教育部，2003a）兩次公布之綜合活動學習領域課程綱要，前後能力指標的敘述大幅更

改，其中涉及基本理念、目標與範圍。領域課程綱要大幅調整，雖然讓綜合活動學習領域的理念更為清晰、範圍更為明確，但亦使得第一線的國中小教師徬徨混亂，更衍生教師實施課程決定的困擾。

(二) 課程配套措施未能即時，使得緩不濟急

綜合活動學習領域為九年一貫課程新興領域，由中央統籌的教師在職進修課程，本應於 88 學年度試辦時即應研擬的「教師基礎、進修研習大綱」，卻遲至 2001 年 5 月方委由國立臺灣師範大學教育研究中心提出；而地方教育局（處）本應遵循「教師基礎、進修研習大綱」辦理研習，亦遲至 2003 年底才強烈要求各縣市遵循。

李坤崇、歐慧敏、余錦漳與吳思穎（2004）以九年一貫課程為例，規劃一個以中央、地方〔縣市政府教育局（處）〕、師資培育機構、學校與民間為「經」，法規（法規細則）、組織（組織章程、輔導組織、組織經營與人力）、師資（職前教育、在職進修）、行政（試辦或實驗、培育人才、教學行政配套、課務行政）、課程（課程內涵、課程組織、評鑑、新舊課程銜接、轉學生銜接）、教學與教材（教科用書編輯與審定措施教學方法、教學設施、教學資源）、評量（組織與辦法、專業成長、評量系統、研究）、升學（升學制度、測驗發展）、宣導（家長、社會大眾）等九大項廿六小項為「緯」，所交錯出的新課程實施配套措施。然上述之配套措施，教師課程專業素養無法立即全面提升，使得教師參與課程發展委員會專業素養不足，造成課程決定機制缺乏專業基礎。

(三) 課程決定宣導各行其是，造成地方政府與學校茫然

課程發展委員會的組織權責已於《國民中小學九年一貫課程綱要》明確規範，但有些課程宣導人員將教學節數視為學習節數，而將教師教學節數納入課程發展委員會的組織權責，有些課程宣導人員則將教師教學節數建議納入校務會議決議。另外，學校課程計畫應否包括課程發展委員會委員名單或課程發展委員會設置要點，均出現相當多元且衝突的宣導，教育部若能予以釐清，將能避免地方政府與學校的茫然。

二、教育局（處）方面

各縣市政府教育局（處）因應課程改革，紛紛籌組課程推動或輔導諮詢組織，可謂盡心盡力，然或因沿襲舊習慣與思維，或因專業不足，仍出現下列困境：

(一) 權威管理心態干擾學校課程決定

2008 年《國民中小學九年一貫課程綱要》指出：學校課程發展委員會應充分考量學校條件、社區特性、家長期望、學生需要等相關因素，結合全體教師和社區資源，發展學校本位課程，並審慎規劃全校課程計畫。九年一貫課程著重由下而上的民主決策歷程，強調發展學校本位課程，然有少數教育局（處）仍未能掌握此理念，未經充分溝通或尊重學校專業自主決定，逕以權威管理心態或行政命令來規範課程決定。造成此現象或係教育局（處）求好心切、或係教育局（處）擔心學校專業不足。若教育局（處）能試著放手讓學校有更多專業自主決定機會，再視學校課程決定成效予以適切輔導，或許學校在嘗試錯誤後會逐漸成長茁壯。

(二) 教育專業素養不足難提供專業協助，甚至干擾成長

彈性多元自主乃九年一貫課程相當重要的理念，但是若無教育專業素養為基礎，則彈性多元自主將日漸遠離課程目標。各縣市教育局（處）在臺灣數十年的改革過程中，地方政府的權限愈來愈大，但是教育專業卻未見明顯提升，尤其是教育局（處）之局（處）長、督學、課長的專業要求日漸被忽略，使得教育部期望各縣市教育局（處）給予國中國小協助課程決定的夢想難以充分實現，甚至出現教育局（處）只求成果不提供協助的現象，衍生干擾學校課程決定與學校本位發展的困境。

(三) 課程專業諮詢機制未建立，無法引入學術資源

由於各縣市教育局（處）對教育專業的自我要求未見提升，有些教育局（處）以行政作為處理課程決定，未建立課程決定的專業諮詢機制，更未充分引入適才適所的學術機構課程專業素養。如此，造成有些縣市國中、國小求助無門、茫然前進的窘境。

三、學校方面

學校是學校層級課程決定的主體，而教師是學校課程決定的主角，簡良平（2001）發現影響教師決定課程的因素，為下列八項：(1)課程決定的來源多，教師課程決定的範疇受限；(2)相關訊息及課程專家的建議，影響教師課程慎思內容；(3)學校課程領導方式，影響教師參與課程決定的意願；(4)學校課程決定機制的運作形式，影響教師參與課程決定的機會；(5)課程決定團體的互動關係，影響教師課程決定的內容；(6)學校生態結構，影響教師實踐課程決定的能力；(7)領導型教師可以促成教師專業發展的文化取向；(8)教師個別條件，影響教師參與課程決定的投入程度。杜美智與游家政（1998）認為影響國小社會科教師進行課程決定的因素，包括個人因素、學校因素、社區因素、社會與課程等。個人因素乃教師的教學經驗、教育信念、興趣嗜好及價值觀；學校因素乃學生的學習態度、能力、興趣、學校設備設施、兼任行政工作或總結性評量狀況；社區與社會層面乃家長的意見、社會資源及社會脈動；課程設計乃教材分量、教學進度及教學節數。Henderson 與 Hawthorne（2000）認為最終的課程決定者是教室裡的教師，其應具備自主與專業能力作課程決定，不僅應維持與教育部、地方政府課程設計一致，更應為學生謀求最大的利益。另外，理想課程、正式課程有賴教師的覺知、轉化、闡釋，引導學生去經驗、操作、體會、省思，才能激發出課程的生命。

筆者綜上所述，並就走訪廿五縣市的實際經驗，分析影響教師課程決定的最重要因素有九：(1)教師課程素養；(2)領域或學科專長；(3)教學技術；(4)教育熱忱；(5)價值觀；(6)民主素養；(7)行政素養；(8)團體意識；(9)外在支持度。

由於實施九年一貫課程前，國中國小缺乏課程決定的舊經驗，經幾年來走訪學校及參酌簡良平（2001）研究發現，提出下列問題：

(一) 課程決定角色與功能深受科層體制、權力結構與運作影響

學校受限科層體制，人事與經費各項制度無法及時更改，使得學校課程決定的功能難以充分發揮。少數學校行政人員認為教師的準備度與專業素養，尚不足以充分授權課程決定，課程議題討論多由學校行政人員界定範圍，完成行政人員規定任務多於教學真正需求的討論，使得教師擔任課程決定主角

的目標仍相當遙遠。學校行政人員與教師或因缺乏課程決定的舊經驗,不僅課程發展委員會運作仍處於組織的建立與形成會議程序,且課程決定運作時,造成相互衝突的現象屢見不鮮。

(二) 課程決定功能受限於教師支持、參與程度

受限科層體制,學校擔任課程發展委員會委員與各學習領域課程小組召集人,經常是義務、無任何報酬,且無嘉獎,使得教師參與課程決定的意願普遍不高。學校經由民主程序選出課程發展委員會委員與各學習領域課程小組召集人,經常缺乏專業考量,甚至選出新任教師,如此做出的課程決定,不當品質難以確保,亦將難以獲得教師的支持。可見,在缺乏足夠誘因前提下,難以激發教師參與熱忱;在專業素養不強的情境下,課程決定難以獲得教師的肯定與支持。

(三) 課程決定功能受限於行政人員、教師專業能力與對話

九年一貫課程著重由下而上的民主決策歷程,此歷程最重要者為校務民主化的風氣與運作模式,而民主化運作有賴專業對話。然而,有些學校常以行政的組織結構推動教師參與課程改革,獨自規劃行政事務時間多於課程專業對話時間。且行政人員、教師專業對話仍多在摸索,專業能力仍待加強,使得課程決定的功能受限。例如,教育部規定學校必須於開學前,擬定學校課程計畫,但由於學校缺乏依據學校需求與統整活動的討論過程,使得計畫多淪為模仿坊間流傳的課程設計模式。

(四) 課程決定內容受限於教師協同意願、統整理念

教師實施協同教學,必須於課前協同討論、課中合理分工、課後協同檢討,所花費對話時間當然不少,以現今國中小教師工作負擔與學校組織氣氛,能主動進行協同者雖逐漸增多,但離目標仍有段距離。雖然有些國中小教師試探發展學習領域統整課程,協調協同教學的可能性,但因國中教師組織結構以分科分組為主,較難形成領域教師間與全校性專業對話的機制。另外,國中小教師對統整理念,有些誤以為僅有主題式統整而輕忽其他統整模式,有些只重視教師教學內涵統整卻忽略學生學習內涵的統整。因此,課程決定在教師協同意願不強、統整理念有待釐清的情境下,仍難以充分發揮功能。

參、綜合活動學習領域課程決定

　　課程決定若能擁有優秀的課程領導者、專業的課程發展委員會與學習領域課程小組，將能研擬出優質的課程決定。以下從課程領導者理念、原則與策略，課程發展委員會之組織與執掌及運作，綜合活動學習領域課程小組之組織與執掌，學校課程組織之運作困境解決策略，及策略聯盟之組織與運作等五方面闡述之。

一、課程領導者理念、原則與策略

　　Quick（1989）提出八項課程領導的重要理念：(1)很多事情是由模糊性到確定性而進展的；(2)行事順序之中，要留有混亂的空間；(3)勿因其人而廢其言；(4)人們並非真正抗拒改革，係不希望被牽著鼻子走或成為改革受害者；(5)推動改革每個人都會犯錯；(6)維持相當高的敏感度，瞭解人們的需求；(7)改革觀念由永恆不變提升為暫時變易；(8)常存幽默感。

　　Zais（1991）主張簡化課程會快速彰顯信念，但無法經由主體的靈魂探索，來創造具有生活意義的學習型態。課程領導應激勵「過程性」課程設計，來緩和簡化課程設計的盲點。「過程性」課程設計強調從課程實施歷程探索課程的知識效度，以加強邏輯思考、形塑觀點、維護情感及澄清信念。可見，課程領導不宜將課程實施歷程簡化，應鼓勵課程探索過程，以創造具生活意義的學習型態。

　　Smiths（1996）認為課程領導的最大挑戰乃是與教師的實際教學情境相結合，且建立學校遠景及理想，以回應社會的多元價值。King（1991）主張課程乃創造事件，即由學校所有成員主動參與，探索事件意義，以滿足教學及學習需求的創造歷程；強調教師與學生乃課程發展者，整個過程應由師生互動以建構學生的學習意義。因此，課程領導應該激勵學校所有成員主動參與課程設計，並激勵教師自我發展課程。

　　Henderson 與 Hawthorne（1995）認為進行轉型課程領導應著重三項理念：(1)慎思藝術（deliberative artistry）：經由師生真誠合作、感性對話，及協調不

同的信念和瞭解,以促進有意義的創造;(2)教學想像(pedagogical imagin-ation):發揮教育的想像力、敏銳力和創造力;(3)批判反省(critical reflec-tion):願意質疑個人的、社會的結構和超越個人的解放,以追求身心靈和精神的解放。單小琳(2000)提供實施課程領導的兩項建議:(1)增加更多的專業討論時間,進行專業對話,減少老師與校長、主任間的認知差距;(2)增強溫馨態度與關懷,增進人際關係,讓教師感受到鼓勵而非壓力。

綜合上述,單小琳(2000)、Henderson 與 Hawthorne(1995)、King(1991)、Quick(1989)、Smiths(1996)、Zais(1991)等觀點,納入帶領臺南市、臺南縣、高雄市、高雄縣、嘉義縣、臺中縣、臺中市、南投縣、屏東縣、基隆市、桃園縣、花蓮縣等十二個縣市校長與教務主任學校經營研習的心得,以及走訪廿五個縣市與上萬名教師互動課程改革的經驗,提出課程領導理念與策略如下:

(一) 課程領導的理念

課程領導者必須「轉念」,調整不適切或不合潮流認知,以積極正向的認知,迎接九年一貫課程的變革:

1. 堅持教改信念:課程領導者若未能堅持信念,將造成教師遲疑或抗拒。課程領導者必須具備推動課程改革的信念與意志力,帶領全體教職員生不斷面對問題與解決問題。

2. 體認易變趨勢:因應改革觀念已由永恆不變提升到暫時易變,課程領導者必須體認:任何改革的做法均非永恆,不可能一成不變,而應因時、因地、因人隨時更新。

3. 抱持樂觀容許失敗:樂觀的人看到問題後面的機會,悲觀的人看到機會前面的問題。課程領導者應抱持樂觀心態,尋求解決問題的機會,而非迷失於問題迷霧之中。另外,改革並非既定的藍圖,過程必須不斷修正調整混亂或失敗,故課程領導者必須營造容許混亂或失敗的組織氣氛,才有源源不絕的創意與省思足以修正。

4. 接納批評與抗拒:身處多元化社會,必然有多種看法、多種聲音,此為激發創意的要素,亦可能被解讀為反對或作對。教師提出批評往往不是抗拒改革,而係不希望被牽著鼻子走或成為改革受害者。課程改革過程,教師

提出的「批評不等於反對、抗拒不等於作對」，課程領導者必須傾聽參與改革者的心聲，方能免於坐井觀天或抹煞創意。

5. 嘗試錯誤並承認會犯錯：課程改革不是既定的藍圖，是由模糊到確定的進展歷程，實施前難以事事井然有序，常會突發事故。改革必須經由不斷嘗試錯誤，修正與調整各種策略與內涵，因此，推動課程改革必然會因嘗試錯誤而犯錯。然而，東方社會講究面子與強調尊嚴，課程領導者往往寧可一錯再錯，也不願承認錯誤，使得參與改革者離心離德。因此，課程領導者必須有「承認自己也會犯錯的勇氣」，且告知參與者「未來持續嘗試錯誤仍可能再犯錯」，讓參與者體認改革過程必然犯錯的事實，將更能凝聚共識與尋求問題根源，以提出解決策略。

6. 維持高敏感度：課程改革必然會因嘗試錯誤而犯錯，然而覺察錯誤的時機相當重要，愈早覺察愈能解決問題與減少犯錯的傷害。因此，課程領導者必須維持高度敏感度，隨時瞭解學校教職員生、家長、社區人士的需求反應，適時作最佳修正。

7. 常存幽默感：嘗試錯誤過程必然艱辛，犯錯除錯歷程更感悲傷，若未能善用幽默化解艱辛與悲傷，將使得課程改革更為艱苦。幽默帶來愉悅氣氛，化解緊張氣氛，課程領導者善用幽默感，會使參與者減輕壓力，更樂意付出心力。

(二) 課程領導的原則

課程領導者若能抱持下列原則，不僅可提升課程領導效能，更能落實九年一貫課程的理念：

1. 共識化：九年一貫課程強調學校本位課程，而此課程乃以學校為主體，結合學校與社區各項資源的整合模式，屬於由下而上的草根參與及民主決策模式，兩種模式均需凝聚校長、行政人員、教師、學生及家長等人的共識，不能由一人決策。凝聚共識包括凝聚對學校願景的共識、落實學校本位課程的共識、執行學校課程計畫的共識，以及實施績效責任課程評鑑的共識。

2. 組織化：推動九年一貫課程與落實學校本位課程必須動員學校所有組織、可用資源。推動不能只是開會或提問題，應揚棄「人才到校」想法，秉持「人才在校」理念，組織「研發、行動、省思」的解決問題團隊，作為核

心種子團隊，並由核心種子團隊帶領學校教師專業成長。

3. 伙伴化：教師質疑課程改革，通常非因抗拒，而係不希望被人牽著鼻子走，不希望成為改革過程中的受害者。課程領導者必須成為教師改革的伙伴，陪著教師一起面對問題、一起解決問題，陪著教師共同成長、共享甘苦。

4. 過程化：簡化課程實施與設計歷程，容易流於表面模仿，無法經由體驗探索瞭解課程的真正意涵。課程領導不宜將課程實施歷程與設計簡化，應鼓勵參與者經由實際操作以探索課程設計與發展的過程，方能深入覺察課程的意義。因此，課程領導者應善用團隊實作研習，引導教師經由集體探索與專業對話，來設計課程與研擬課程計畫。

5. 漸進化：九年一貫課程難以一步到位、無法立竿見影，應秉持「循序漸進」原則，分階段逐一推動，方能循序接近預定目標。學校本位課程亦應循序漸進，Marsh、Day、Hannay 與 McCutcheon（1990）提出的「學校本位課程發展變化的方塊」，明確指出學校本位課程發展，由個別教師實施一次活動的某種課程調查，到教師小組共同進行短期計畫的現有課程選擇，再到全體教職員實施中期計畫的課程改編，最後到達教師家長與學生共同參與長期計畫的課程創造，課程領導者應衡量學校現況、教師專業能力、合作意願，循序推動，難以一開始即到達「教師家長與學生共同參與長期計畫的課程創造」的境界。

6. 易行化：課程改革必然面對非常多問題，有些問題設計層面甚廣，遠非國中小本身能解決，如基本學力測驗問題、考試領導教學的心態、家長著重升學的想法，均非國中小層級能解決。國中小課程領導者應分析各項問題與研擬解決策略，先針對能做的、重要的先做，無法立即解決或本身難以解決的問題則先擱置。因此，抱持「看、做能做者，將可一點一滴邁向目標；看、罵不能做者，將一月一年望著目標」或許是課程領導者需秉持的原則。

7. 法治化：課程發展委員會、各學習領域課程小組乃各校推動九年一貫課程的核心組織，然因學校行政人員與教師之法治素養與法律專業知識較弱，課程組織與運作經驗不足，加以頗多學校停留於觀望、等待，未能積極嘗試錯誤，使得全國國中、國小學校課程組織與運作良好者並不多。建議課

程領導者能從法治面著手，建立課程推動組織與各項運作機制，使得學校課程得以在良好制度下務實推動。

(三) 課程領導的具體策略

　　校長實施課程領導除應掌握課程領導理念、原則外，更應踐履下列三項具體策略，方能事半功倍：

1. 專業化：走訪廿五個縣市，常聽到國中小教師質疑校長與主任的課程專業能力不足，且比一般教師差。國中小教師反應出對課程領導者專業的期盼，因此，課程領導者必須有深厚的課程專業素養，方能與教師共同研擬課程目標，帶領教師專業成長。

2. 法治化：筆者在 90 學年度擔任教育部九年一貫課程學校經營研發組召集人，邀請全國六所國中發展「學校課程發展委員會之組織、運作、困境與因應實例」，錄取臺北市大直高中、臺南市中山國中、金門縣金寧中小學等三校，然此三校除課程發展委員會與各學習領域課程小組之設置符合法治基礎外，其餘各項作業要點均未規劃，使得細部作業無法可循。因此，課程領導者應建置課程制度與組織，強化課程效率。先經由校務會議、課程發展委員會通過各項設置要點、作業要點或辦法，來建立各項典章制度；再依據典章制度來推動課程改革，善用法治化基礎積極落實課程政策。

3. 省思化：Gardner（1995）強調真實領導，主張課程改革者應確實融入、參與課程發展的歷程，避免自我欺矇的行為。為避免自我欺矇，必須不斷檢討省思，而檢討省思必須建立客觀、多元的評鑑機制，方能落實檢討修正、追求完善、邁向目標的理念。是故，課程領導者宜善用課程評鑑，激勵校長、教師自我成長。

二、學校課程發展委員會之組織與執掌

　　九年一貫課程明定學校必須規劃學校課程計畫與建立學校課程報備制度，已由傳統權威、由上而下的統一制式發展模式，轉為動態省思、由下而上的「學校本位課程」發展模式。學校本位課程發展的核心機構則為「學校課程發展委員會」（李坤崇，2001b，2001c）。

　　依據教育部（2008a）公布之《國民中小學九年一貫課程綱要》，各校應

　　成立「課程發展委員會」，下設「各學習領域課程小組」，於學期上課前完成學校總體課程之規劃、決定各年級各學習領域學習節數、審查自編教科用書，及設計教學主題與教學活動，並負責課程教學評鑑。因此，全國國中、國小均必須設置「學校課程發展委員會」與「各學習領域課程小組」。

　　雖然大多數國中、國小均在教育局（處）的指示下設置學校課程發展委員會，但多數學校對此新組織仍相當茫然，能正確籌組委員會、掌握設置精髓與運作順暢者實不多見。如有些國中或國小將學者專家納入「學校課程發展委員會」當作委員會委員，與教育部「必要時得聘請學者專家列席諮詢」的規定似不相符，宜將學者專家視為列席人員而非出席的委員。另外，甚多國中或國小未遵循教育部「各學習領域課程小組」之專門名稱，另創「各學習領域課程委員會」、「各學習領域課程研發小組」均必須改為「各學習領域課程小組」（李坤崇，2001b）。

　　有感於國內師範院校與教育學程在師資養成教育階段，在法律課程較為薄弱，國中或國小在組成學校課程發展委員、學習領域課程小組時，多數缺乏設置要點，而有設置要點者則常犯列舉行政人員與教師姓名之誤；另外，有些學校課程組織未經校務會議與相關會議通過，使得學校課程發展委員、學習領域課程小組成為學校的地下組織或違反設置常理。因此，筆者請教成功大學法律研究所的教授，參酌「教師評審委員會設置要點」，分析「國民中小學九年一貫課程暫行綱要」有關課程計畫之規定，以及與臺南市國中小校長、教務主任與教學組長多次研討，參酌臺南市、臺南縣、高雄市、高雄縣、嘉義縣、臺中縣、臺中市、南投縣、屏東縣、基隆市、桃園縣、花蓮縣等十二縣市校長意見後，擬定「○○縣（市）○○國中（小）課程發展委員會設置要點」（詳見表6-2）供參酌（李坤崇，2001b）。

　　「○○縣（市）○○國中（小）課程發展委員會設置要點」包括設置依據、設置目標、組成方式、執掌、組織分工、任期、會期、召集、開議與決議、審查、列席、行政工作，及設置程序等十三項，詳見表 6-2 之「○○縣（市）○○國中（小）課程發展委員會設置要點」說明表。

　　表6-2中較重要者有四：一為，學校教師代表應參加九年一貫課程產出型研習，以凸顯教師專業性，因曾出席某校課程發展委員會發現一位委員誤解

表 6-2

「○○縣（市）○○國中（小）課程發展委員會設置要點」說明表

條文（僅供參考）	說明
一、○○縣（市）○○國中（小）（以下簡稱本校）依據教育部頒布《國民中小學九年一貫課程綱要》之實施要點規定，設置本要點。	明定要點之依據。
二、○○縣（市）○○國中（小）課程發展委員會（以下簡稱本會）負責規劃學校課程計畫，決定每週各學習領域學習節數，審查自編教科用書，負責課程與教學的評鑑，進行學習評鑑，以培養具備人本情懷、統整能力、民主素養、鄉土與國際意識，以及能進行終身學習之健全國民。	明定委員會主要任務與目標。
三、本會設委員 5 至 19 人，委員均為無給職，其組成方式如下： 1. 學校行政人員代表：指由校長及本職為教師兼行政或兼董事之人員共同選（推）舉之代表，校長為當然委員。 2. 年級及領域教師代表：指由未兼行政或董事之教師選（推）舉之代表，其人數不得少於委員總額之二分之一。但教師之員額少於委員總額之二分之一者，不在此限。 3. 家長及社區代表：指由家長會或社區人士選（推）舉之代表，其人數為 1 至 3 人。 前項第二款之教師代表，應完成九年一貫課程產出型研習，且包括學校教師會代表至少一人。但未成立學校教師會或教師會人員均未完成九年一貫課程產出型研習者，不在此限。	明定組成方式，如委員人數、組成，及教師專業要求。
四、本會之執掌如下： 1. 充分考量學校條件、社區特性、家長期望、學生需要等相關因素，結合全體教師和社區資源，發展學校本位課程，並審慎規劃學校課程計畫。 2. 審查各學習領域課程計畫與彈性學習節數課程計畫，內容至少包涵：「學年／學期學習目標、能力指標、對應能力指標之單元名稱、節數、評量方式」等項目，且應融入有關兩性、環境、資訊、家政、人權、生涯發展、海洋等七大議題。 3. 統整各學習領域課程計畫與彈性學習節數課程計畫，發展學校課程計畫。 4. 應於每學期（年）開學前一週，擬定該學期（年）學校課程計畫。 5. 擬定「選用教科用書辦法」初稿，送校務會議決議。 6. 審查全年級或全校全學期使用之自編自選教材。 7. 決定各學習領域之學習節數及彈性學習節數。 8. 決定應開設之選修課程。 9. 審查各學習領域課程小組之計畫與執行成效。 10. 規劃教師專業成長進修計畫，增進專業成長。	明定委員會 12 項主要執掌。

（續下頁）

條文（僅供參考）	說明
11. 負責課程與教學的評鑑，並進行學習評鑑。 12. 其他有關課程發展事宜。	
五、本會之組織分工如下： 　本會由校長擔任主任委員，教務主任擔任執行秘書，下設六組，各組各置組長、除課程研發組置副組長七人外，其餘各組均置副組長一人，其分工如下： 　1. 主任委員：綜理學校本位課程，以及課程發展、計畫、執行與考核事宜。 　2. 執行秘書：協助主任委員推動課程發展、計畫、執行與考核事宜，以落實學校本位課程。 　3. 課程研發組：發展與檢討改善學校本位課程內涵，編擬七大學習領域之自編或改編教材，探討七大議題融入各學習領域教學，研擬與實施各學年統整課程，設計與發展選修課程，以及發展學校課程計畫。 　4. 教學研究組：探討與規劃領域學習節數與彈性學習節數，探討班群與協同教學，發展各種創新教學方法，協助教師發展教學策略，以及發展與檢討改善多元化教學評量。 　5. 資訊設備組：負責策劃執行資訊教育相關軟硬體設施，以提升電腦連結各科教學之專業技能及多媒體教學；提供相關教學行政支援，充實相關資訊、設備、圖書、光碟等教學設備。 　6. 文宣聯絡組：負責課程變革之宣導推廣，讓家長、社區人士充分瞭解九年一貫課程理念；負責聯絡社區、家長與教師，及各項會議聯繫，提供相關教學與行政支援。 　7. 專業成長組：規劃與推動教師專業成長進修計畫，提供課程、教學與行政之諮詢，協助解決課程問題與提出因應策略，以增進教師專業成長。 　8. 評鑑組：負責規劃與協助執行教學與學習評鑑，擬定「選用教科用書辦法」，負責規劃與協助審查各學習領域課程小組之計畫與執行成效，以及彙整各學習領域，審查自編教科用書之結果。	明定委員會組織分工，主要分成六組。此分工適用於大型學校，中小型學校可整併組別。
六、本會委員任期一年，連選得連任。候補委員或補選（推）舉產生之委員，其任期均至原任期屆滿之日止。	明定委員任期。
七、本會每年定期舉行六次，以二月、四月、六月、八月、十月、十二月各召開一次為原則。唯必要時得召開臨時會議。每年二月、八月召開會議必須擬定該學期學校課程計畫方案，呈報主管機關備查。	明定會期，含開會次數與月份。
八、本會由主任委員召集並擔任主席，主任委員缺席時，得由執行秘書代理之。然如經委員二分之一以上連署召集時，得由連署委員互推一人召集之。	明定會議召集。

（續下頁）

條文（僅供參考）	說明
九、本會開會時，須有應出席委員二分之一（含）以上之出席，方得開議；須有出席委員二分之一（含）以上之同意，方得議決。投票採無記名投票或舉手方式行之。	會議開議與議決。
十、本會設置要點與組織，得邀請學者專家或教育局（處）針對組織實施審查。	明定要點與組織之審查。
十一、本會開會時得視事實需要，邀請學者專家及其他相關人員列席諮詢或研討。	明定列席人員。
十二、本會之行政工作，由教務處主辦、相關單位協辦。	明定行政工作負責單位。
十三、本要點經校務會議通過，陳請校長核定後施行，修正時亦同。	明定設置程序。

課程統整的實施方式，若委員會教師缺乏專業性則學校課程發展必然令人憂心忡忡，建議各校籌組課程發展委員會時，將專業性納入考慮；二為，教師代表人數不得少於委員總額二分之一，以重視教師在課程發展的專業自主角色，有些學校顧及初期尚未全面實施前因教師專業尚待充實，採漸進策略或為可行策略；三為，明確呈現課程發展委員會執掌，避免衍生爭議，十二項執掌可作為全國國中小參酌。四為，擬定組織分工，由校長擔任主任委員，教務主任擔任執行祕書，下設六組，各組各置組長，除課程研發組置副組長七人外，其餘各組均置副組長一人，各校可參酌學校狀況適切調整，尤其是小型學校設置組數應力求精簡以提高效率（李坤崇，2001b）。

三、綜合活動學習領域課程小組之組織與執掌

參酌臺南市、臺南縣、高雄市、高雄縣、嘉義縣、臺中縣、臺中市、南投縣、屏東縣、基隆市、桃園縣、花蓮縣等十二縣市校長意見後，擬定「○○縣（市）○○國中（小）綜合活動學習領域課程小組設置要點」（詳見表 6-3）供參酌。

「○○縣（市）○○國中（小）綜合活動學習領域課程小組設置要點」（詳見表 6-3）包括設置依據、設置目標、組成方式、執掌、任期、會期、召集、開議與議決、議決處理、審查、列席人員、行政工作及設置程序等十三

表 6-3

「○○縣（市）○○國中（小）綜合活動學習領域課程小組設置要點」說明表

條文（僅供參考）	說明
一、○○縣（市）○○國中（小）（以下簡稱本校）依據教育部頒布《國民中小學九年一貫課程綱要》之實施要點規定，設置本要點。	明定要點之依據。
二、「○○縣（市）○○國中（小）綜合活動學習領域課程小組」（以下簡稱本小組）達成綜合活動學習領域（以下簡稱本學習領域）課程計畫，分析出版社教材或自行研發教材，規劃新舊課程銜接課程，聯繫其他學習領域，輔導轉學生，擬定教學評量準則，以及實施教學評鑑等目標。	明定小組主要任務與目標。
三、本小組設委員 3 至 15 人，委員均為無給職，其組成方式如下： 1. 學校行政人員代表：指由本職為教師兼行政或兼董事之人員共同選（推）舉之代表。 2. 年級及領域教師代表：指由未兼行政或董事之教師選（推）舉之代表，其人數不得少於委員總額之二分之一。但教師之員額少於委員總額之二分之一者，不在此限。教師代表應完成九年一貫課程產出型研習。 3. 家長及社區代表：指由家長會或社區人士選（推）舉之代表，其人數為 1 至 2 人（註：小型學校亦得配合實際需要，合併數個學習領域小組成為一個跨學習領域課程小組）。	明定組成方式，如委員人數、組成，及教師專業要求。
四、本小組之執掌如下： 1. 規劃本學習領域課程計畫，計畫內容至少包括「學年／學期學習目標、能力指標、對應能力指標之單元名稱、節數、評量方式」等相關項目。 2. 分析本學習領域之各出版社教材，作為選取教材之參考；或依據課程綱要與能力指標研發自編教材。 3. 視需要依據課程綱要與能力指標研發自編教材，或初審自編教材。 4. 擬定本領域舊課程與九年一貫課程之銜接事宜。 5. 規劃本學習領域教師專業成長進修計畫，協助其專業成長。 6. 進行跨領域課程規劃與進行協同教學。 7. 擬定本學習領域之教學評量方式與標準，作為實施教學評量之依據。 8. 擬定本學習領域教師之教學評鑑指標，並實施教學評鑑。 9. 檢討與改進本學習領域教學策略與成效。 10. 其他有關本學習領域之研究發展事宜。	明定小組 10 項主要執掌。
五、本小組委員任期一年，連選得連任。候補委員或補選（推）舉產生之委員，其任期均至原任期屆滿之日止。	明定委員任期。

（續下頁）

條文（僅供參考）	說明
六、本小組每年定期舉行六次會議，以一月、四月、五月、七月、十月、十一月各召開一次為原則。唯必要時得召開臨時會議。每年一月、七月召開會議必須提出本學習領域之「課程計畫或自編教材」，送請課程發展委員會審查或轉報教育局（處）核備。	明定會期，含開會次數與月份。
七、本小組各置召集人一人，由委員互選之，召集人每週得減授一至兩節。本小組會議由召集人召集，如經委員二分之一以上連署召集時，得由連署委員互推一人召集之。	明定會議召集。
八、本小組開會時，須有應出席委員二分之一（含）以上之出席，方得開議；須有出席委員二分之一（含）以上之同意，方得議決。投票採無記名投票或舉手方式行之。	會議開議與議決。
九、經本小組審議通過之案件，由召集人具簽送課程發展委員會核定後辦理。	會議議決處理。
十、本小組設置要點與組織，得邀請學者專家或教育局（處）針對組織實施審查。	明定要點與組織之審查。
十一、本小組開會時得視事實需要，邀請學者專家及其他相關人員列席諮詢或研討。	明定列席人員
十二、本小組之行政工作，由召集人負責，召集人得每週減授教學時數一至兩節。	明定行政工作負責單位。
十三、本要點經課程發展委員會審查後提校務會議通過，陳請校長核定後施行，修正時亦同。	明定設置程序。

項。此設置要點仍強調參與教師的專業性與自主性，以及呈現綜合活動學習領域課程小組執掌，全國國中國小可參酌與修改符合各校之現況與需要。

四、學校課程組織之運作困境解決策略

學校課程組織運作的三大主軸為組織制度、執掌分工、課程決定者。組織制度係指課程發展委員會、各學習領域課程小組的組織與建立的制度；執掌分工乃課程決定內涵與分工合作的狀況；課程決定者乃學校行政人員代表、年級及領域教師代表，及家長及社區代表。其中，最重要者當為課程決定者，學校組織運作必須顧及影響課程決定者的因素，至少包括課程素養、領域或學科專長、教學技術、教育熱忱、價值觀、民主素養、行政素養、團體意識，以及外在支持度等九項。

林享仁（2002）指出學校課程發展委員會運作的七項困境與因應策略：

(一) 組織功能難以發揮與地位不明

欲化解此問題，可採下列四項策略：(1)確定課程發展委員會為推動九年一貫課程之核心地位，並承擔學校本位課程開發之責；(2)確定課程發展委員會之任務執掌，妥善分配各人工作；(3)確定各領域課程小組之任務執掌，並分配工作，以確實掌握工作績效；(4)採階段式任務分配，九年一貫課程之推動，每一階段任務或有不同，工作分配可適時調整，但需與各委員討論，取得共識，不宜強硬分派。

(二) 目標迷失淪於形式

欲化解此問題，可採下列兩項策略：(1)建立課程指標，務期組織功能與任務合乎課程總綱目標，計畫兼顧理想與可行性，以及建立過程評鑑機制；(2)持續不斷的檢討與調適，在每次會議或研習之後，進行檢討，作為擬定下次開會或研習之參考，並掌握主題與方向，避免在枝節問題上浪費太多時間。

(三) 會議時間難覓或過長

欲化解此問題，可採下列五項策略：(1)開會時間提早規劃、提早通知；(2)擬定每月主題，早作因應，避免臨時召開會議；(3)可運用早自修、午休、課餘時間、假日或一般上課時間，開會時間多元化，視討論議題與參加人員多寡，能找出共同時間即可；(4)會議主題不宜太多，時間不宜過長，每次討論提議以 2～3 個主題為宜，討論時間不宜超過二小時，以一小時左右為佳；(5)領域小組可排共同時間，讓各領域小組成員每週均有共同無課時間，可作為該領域開會研討之用。

(四) 成員意願不足與專業素質欠佳

欲化解此問題，可採下列六項策略：(1)以願意參加為原則，課程發展委員或學習領域課程小組大都由推選產生，部分委員意願不高，勉為其難之下，工作效率不佳，反而影響整個團隊運作，宜尊重成員意見，無意願者可退出，另行推選；(2)指定徵召，若某些領域成員意願均不高，校長可以就其中較佳人選指定參加，如能私下禮聘更好；(3)聘請學者專家指導，辦理專業成長研習；(4)激勵專業成長，鼓勵成員不斷自我成長，把參加課程發展委員會視作自我成長的途徑；(5)規劃持續進修：可以擬定校內專業成長團體進修計畫，研習規劃要掌握時效與重點，可以組織成員共同討論，依據需求擬定一學期

或一年之研習計畫；(6)研擬獎勵措施：擬定組織成員之獎勵辦法給予嘉獎、獎狀、編撰費等實質獎勵。

(五) 成員工作繁重

欲化解此問題，可採下列五項策略：(1)減少授課時數，在授課時數總量管制原則下，優先減少課程發展委員會成員之授課時數；(2)適時調整工作：如果某些成員工作量太多、任務較重，宜適當調整工作量，或請他人協助；(3)互助合作、相互成長：充分發揮團隊合作力量，互相協助，共同完成所賦予之任務；(4)增加人員：可以依學校大小或任務需求，適當增加課程發展委員或學習領域課程小組成員，以減輕成員的工作負擔；(5)工作簡化與核對流程：檢討工作流程，力求簡化程序，節省工作時間。

(六) 意見統合不易

欲化解此問題，可採下列五項策略：(1)建立事前、事後溝通協調機制，對於各項議題，各委員間常有不同意見，若能由教務主任或教學組長事先協調，則可減少開會時間；(2)目標導向、理性探討，意見不同主要是缺乏共識，共識的建立則要找到共同的目標，開會時如能以目標做導向，理性接待，則易產生共識做成決定；(3)提升民主素養，民主素養是理性探討的基礎，會議進行是否順暢，意見是否充分發表與溝通，端看成員是否有足夠的民主素養；(4)做中改、改中做，有承擔錯誤的勇氣，新課程剛實施，許多老師都是做中學，學中做，錯誤在所難免，唯有面對問題，發現錯誤，即刻改正，邊做邊改，會越來越完美；(5)專家諮詢，訴諸權威，若有問題爭執不下，亦可請教學者、專家，找出關鍵，提出建言，可解決不少問題。

(七) 家長參與問題

欲化解此問題，可採下列四項策略：(1)適當選擇邀請對象：家長素質參差不齊，課程發展委員會有許多教育專業問題，若家長素質不夠，動輒質疑，會造成困擾，宜事先篩選，再提出邀請；(2)誠心邀請與互相成長：家長若有意願與團體成員互相成長，並提出善意建言，則可由學校主動誠意邀請參加；(3)善用資源：善用家長與社區資源，可補充課程發展委員會經費、人力不足，亦可成為學校與家長間意見溝通的橋樑；(4)多加宣導：學校要不斷透過各種管道向家長宣導九年一貫課程相關訊息，使家長明白學校理念與作法。

　　臺中縣豐原國中（2002）為求學校課程組織運作順暢，提出三項配套措施：一為，設置課程發展中心：提供課程發展所需的空間、設備及相關資源。藉由團隊合作方式來激發教師的專業能量，使學校成為「快樂」、「有產值」、「有方向感」的學習、成長環境；二為，建立校內進修制度：擬定系列「以學校為本位」的進修方案，從「教師社團活動發展」、「教師專業進修訓練」、「教師自主專業發展」三方面，逐年強化教師之課程與教學專業知能，期與教師其它自主性之專業進修效果產生相乘效應；三為，進行教學實驗方案，為了改變傳統的教學方法與學習型態，實施資訊融入教學，成立資訊融入教學團隊，以及成立教學設備維修團隊。

五、策略聯盟之組織與運作

　　教育部（2008a）《國民中小學九年一貫課程綱要》規定各校應成立「課程發展委員會」，下設「各學習領域課程小組」，更強調：「學校得考量地區特性、學校規模，及國中小之連貫性，聯合成立校際之課程發展委員會。小型學校亦得配合實際需要，合併數個領域小組成為一個跨領域課程小組。」此為小型或迷你學校聯盟，提供法源基礎。

　　教育部提供小型或迷你學校聯盟的法源基礎，卻未論及「大小型學校聯盟」。走訪不少縣市之小型國中，經常發現小型學校可能同時都缺音樂教師或體育教師，再怎麼聯盟也缺上述教師。因此，上述小型學校的特例應允許採取「大小型學校聯盟」方式，以解決少數類科師資缺乏的問題。然而，此種「大小型學校聯盟」應視為特例，必須經教育局（處）專案核准，方能避免學校一昧為減輕工作負擔而濫用策略聯盟（李坤崇，2001b）。

　　從實際運作層面來看，若六班以下之迷你學校自行組織學校課程發展委員會與各學習領域課程小組，可能必須一個教師負責一個學習領域，學習領域課程規劃、研發、審查與相關事宜均必須一手包辦，負擔將非常沉重。因此，小班學校或迷你學校為確保教學品質、減輕工作負擔，宜採取小型學校策略聯盟方式；若仍出現少數類科師資缺乏的問題，始專案報准採大小型學校聯盟方式（李坤崇，2001b）。

(一) 策略聯盟之組織

　　○○縣國中組成幾組策略聯盟，每個聯盟均為小型或迷你學校。「○○縣○○聯盟國民中學課程發展委員會設置要點」（詳見表 6-4）係由甲、乙、丙、丁等四所國中組成策略聯盟。由「○○縣○○聯盟國民中學課程發展委員會設置要點」說明表可發現，設置要點包括：依據、聯盟學校、主要任務與目標、組成方式、執掌、聯盟分工、任期、會期、會議召集、開議與議決、列席人員、行政工作負責單位及設置程序等十三項。○○縣○○聯盟國民中學課程發展委員會設委員三十六至四十八人，委員均為無給職。聯盟之分工如下：(1)本聯盟國中之召集學校為甲國中，負責規劃、分工、行政協調與其他事宜；(2)各學習領域之負責如下：語文學習領域：甲國中；數學學習領域：丙國中；健康與體育學習領域：丁國中；社會學習領域：乙國中；自然與生活科技學習領域：丁國中；藝術與人文學習領域：乙國中；綜合活動學習領域：甲國中；(3)甲國中負責統整各學習領域課程計畫，彙整學校課程計畫函報教育局（處）；(4)乙國中負責擬定「選用教科用書辦法」草案；(5)丙國中負責初審自編教科用書；(6)丁國中負責規劃各學習領域之學習節數及彈性課程學習節數草案；(7)各校自行決定應開設之選修課程；(8)各學習領域負責學校初審各學習領域課程小組之計畫與執行成效；(9)甲國中規劃教師專業成長進修計畫草案，各校得聯合辦理與調整計畫；(10)乙國中負責規劃與執行課程評鑑；(11)丙國中負責規劃與執行教學評鑑；(12)丁國中負責規劃與執行學習評鑑；(13)其他有關課程發展事宜由召集學校協調之。可見，每校均負責部分工作，充分達到分層負責之效果（李坤崇，2001b）。

　　綜合活動學習領域人數普遍不多，尤其是小型學校，國中或國小若採取策略聯盟較能減輕工作負擔。以「○○縣○○聯盟國民中學綜合活動學習領域課程小組設置要點」說明表（詳見表 6-5）為例可發現，設置要點包括：依據、聯盟學校、主要任務與目標、組成方式、執掌、任期、會期、會議召集、開議與議決、議決處理、列席人員、行政工作負責單位，及設置程序等十三項。

表 6-4

「○○縣○○聯盟國民中學課程發展委員會設置要點」說明表

條文（僅供參考）	說明
一、○○縣○○聯盟國民中學（以下簡稱本聯盟國中）依據教育部頒布《國民中小學九年一貫課程綱要》實施要點之課程實施規定，訂定本設置要點。	明定要點之依據。
二、本聯盟國中係指甲、乙、丙、丁等四所國中。	明定聯盟學校。
三、○○縣○○聯盟國民中學課程發展委員會（以下簡稱本會）負責規劃全聯盟國中學校課程計畫，決定每週各學習領域學習節數，審查自編教科用書，負責課程與教學的評鑑，進行學習評鑑，以培養具備人本情懷、統整能力、民主素養、鄉土與國際意識，以及能進行終身學習之健全國民。	明定小組主要任務與目標。
四、本會設委員 36 至 48 人，委員均為無給職，其組成方式如下： 1. 學校行政人員代表 12 人（每校 3 人）：指由校長及本職為教師兼行政之人員共同選（推）舉之代表，校長為當然委員。 2. 年級及學科教師代表 20 至 28 人（每校 5 至 7 人）：指由未兼行政之教師選（推）舉之代表，其人數不得少於各校委員總額之二分之一。但教師之員額少於委員總額之二分之一者，不在此限。 3. 家長及社區代表 4 至 8 人（每校 1 至 2 人）：指由家長會或社區人士選（推）舉之代表，其人數為 1 至 2 人。 前項第二款之教師代表，應包括學校教師會代表至少一人。但未成立學校教師會者，不在此限。	明定組成方式，如委員人數、組成及教師專業要求。
五、本會之執掌如下： 1. 充分考量學校條件、社區特性、家長期望、學生需要等相關因素，結合全體教師和社區資源，發展學校本位課程，並審慎規劃學校課程計畫。 2. 審查各學習領域課程計畫與彈性學習節數課程計畫，內容至少包涵：「學年／學期學習目標、能力指標、對應能力指標之單元名稱、節數、評量方式」等項目，且應融入有關兩性、環境、資訊、家政、人權、生涯發展、海洋等七大議題。 3. 統整各學習領域課程計畫與彈性學習節數課程計畫，發展學校課程計畫。 4. 應於每學期（年）開學前一週，擬定該學期（年）學校課程計畫。 5. 擬定「選用教科用書辦法」初稿，送校務會議決議。 6. 審查全年級或全校全學期使用之自編自選教材。 7. 決定各學習領域之學習節數及彈性學習節數。 8. 決定應開設之選修課程。	明定小組 12 項主要執掌。

（續下頁）

條文（僅供參考）	說明
9. 審查各學習領域課程小組之計畫與執行成效。 10. 規劃教師專業成長進修計畫，增進專業成長。 11. 負責課程與教學的評鑑，並進行學習評鑑。 12. 其他有關課程發展事宜。	

六、本會之分工如下：
  1. 本聯盟國中之召集學校為甲國中，負責規劃、分工、行政協調與其他事宜。
  2. 各學習領域之負責如下：
    (1) 語文學習領域：甲國中。
    (2) 數學學習領域：丙國中。
    (3) 健康與體育學習領域：丁國中。
    (4) 社會學習領域：乙國中。
    (5) 自然與生活科技學習領域：丁國中。
    (6) 藝術與人文學習領域：乙國中。
    (7) 綜合活動學習領域：甲國中。
  3. 甲國中負責統整各學習領域課程計畫，彙整學校課程計畫函報教育局（處）。
  4. 乙國中負責擬定「選用教科用書辦法」草案。
  5. 丙國中負責初審自編教科用書。
  6. 丁國中負責規劃各學習領域之學習節數及彈性課程學習節數草案。
  7. 各校自行決定應開設之選修課程。
  8. 各學習領域負責學校初審各學習領域課程小組之計畫與執行成效。
  9. 甲國中規劃教師專業成長進修計畫草案，各校得聯合辦理與調整計畫。
  10. 乙國中負責規劃與執行課程評鑑。
  11. 丙國中負責規劃與執行教學評鑑。
  12. 丁國中負責規劃與執行學習評鑑。
  13. 其他有關課程發展事宜由召集學校協調之。
	明定聯盟分工。

七、本會委員任期一年，連選得連任。候補委員或補選（推）舉產生之委員，其任期均至原任期屆滿之日止。	明定任期。
八、本會每年定期舉行六次會議，以二月、四月、六月、八月、十月、十二月各召開一次為原則，唯必要時得召開臨時會議。每年二月、八月召開會議必須提出下學期學校課程計畫，送所轄縣市政府教育行政主管機關備查後方能實施。	明定會期，含開會次數與月份。
九、本會由召集學校校長召集，然如經委員二分之一以上連署召集時，得由連署委員互推一人召集之。	明定會議召集。

（續下頁）

條文（僅供參考）	說明
十、本會開會時，須有應出席委員二分之一（含）以上之出席，方得開議。須有出席委員二分之一（含）以上之同意，方得議決，投票採無記名投票或舉手方式行之。	會議開議與議決。
十一、本會開會時得視事實需要，邀請學者專家及其他相關人員列席諮詢或研討。	明定列席人員。
十二、本會之行政工作，由甲國中教務處主辦、其他各校教務處協辦。	明定行政工作負責單位。
十三、本要點經各校校務會議通過，陳請校長核定後施行，修正時亦同。	明定設置程序。

表 6-5

「○○縣○○聯盟國民中學綜合活動學習領域課程小組設置要點」說明表

條文（僅供參考）	說明
一、○○縣○○聯盟國民中學（以下簡稱本聯盟國中）依據教育部頒布《國民中小學九年一貫課程綱要》實施要點之課程實施規定，訂定本設置要點。	明定要點之依據。
二、本聯盟國中係指甲、乙、丙、丁等四所國中。	明定聯盟學校。
三、「○○縣○○聯盟國民中學綜合活動學習領域課程小組」（以下簡稱本小組）達成擬定課程計畫，分析出版社教材或自行研發教材，規劃新舊課程銜接課程，聯繫其他學習領域，輔導轉學生，擬定教學評量準則，以及實施教學評鑑等目標。	明定小組主要任務與目標。
四、本小組設委員 12 至 32 人，委員均為無給職，其組成方式如下： 1. 學校行政人員代表 4 至 8 人（每校 1 至 2 人）：指由本職為教師兼行政或兼董事之人員共同選（推）舉之代表。 2. 年級及學科（領域）教師代表 4 至 16 人（每校 1 至 6 人）：指由未兼行政或董事之教師選（推）舉之代表，其人數不得少於各校委員總數之二分之一。但教師之員額少於委員總額之二分之一者，不在此限。 3. 家長及社區代表 4 至 8 人（每校 1 至 2 人）：指由家長會或社區人士選（推）舉之代表，其人數為 1 至 2 人。	明定組成方式，如委員人數、組成，及教師專業要求。
五、本小組之執掌如下： 1. 規劃本學習領域課程計畫，計畫內容至少包括「學年／學期學習目標、能力指標、對應能力指標之單元名稱、節數、評量方式」等相關項目。 2. 分析本學習領域之各出版社教材，作為選取教材之參考，或依據課程綱要與能力指標研發自編教材。	明定小組 10 項主要執掌。

（續下頁）

條文（僅供參考）	說明
3. 視需要依據課程綱要與能力指標研發自編教材，或初審自編教材。 4. 擬定本領域舊課程與九年一貫課程之銜接事宜。 5. 規劃本學習領域教師專業成長進修計畫，協助其專業成長。 6. 進行跨領域課程規劃與進行協同教學。 7. 擬定本學習領域之教學評量方式與標準，作為實施教學評量之依據。 8. 擬定本學習領域教師之教學評鑑指標，並實施教學評鑑。 9. 檢討與改進本學習領域教學策略與成效。 10. 其他有關本學習領域之研究發展事宜。	
六、本小組委員任期一年，連選得連任。候補委員或補選（推）舉產生之委員，其任期均至原任期屆滿之日止。	明定委員任期。
七、本小組每年定期舉行六次會議，以一月、四月、五月、七月、十月、十一月各召開一次為原則。唯必要時得召開臨時會議。每年一月、七月召開會議必須提出本學習領域之「課程計畫或自編教材」，送請課程發展委員會審查或轉報教育局（處）核備。	明定會期，含開會次數與月份。
八、本小組召集人為負責學習領域之學校校長，本小組會議由召集人召集，如經委員二分之一以上連署召集時，得由連署委員互推一人召集之。	明定會議召集。
九、本小組開會時，須有應出席委員二分之一（含）以上之出席，方得開議。須有出席委員二分之一（含）以上之同意，方得議決，投票採無記名投票或舉手方式行之。	明定會議開議與議決。
十、經本小組審議通過之案件，由召集人具簽送本聯盟國中課程發展委員會核定後辦理。	明定會議議決處理。
十一、本小組開會時得視事實需要，邀請學者專家及其他相關人員列席諮詢或研討。	明定列席人員。
十二、本小組之行政工作，由本學習領域負責的學校為之。	明定行政工作負責單位。
十三、本要點經本聯盟國中課程發展委員會審查後提各校校務會議通過，陳請校長核定後施行，修正時亦同。	明定設置程序。

(二) 策略聯盟之運作

李坤崇（2001b）強調採取策略聯盟之學校不限於地區相鄰或相近，拜科技資訊與網際網路之賜，只要理念相同、願意結盟的迷你學校均可組織策略聯盟，將課程發展委員會與各學習領域課程小組之任務，分工合作，共同完

成。筆者走訪澎湖縣、高雄縣、臺中縣頗多迷你學校，發現其對策略聯盟最大的疑慮，乃各校校長辦學理念的不同、學校教師間的合作意願與專業素養之差異、迷你學校教師的高度流動，以及對策略聯盟的期望過高。參與策略聯盟者，建議秉持下列理念：(1)資源整合、分工合作、相互扶持、減輕負擔的體認：或許各校校長理念不同，仍可找出相同之處；或許並非所有教師均願互助合作，但一定有些教師願意；或許教師素養參差不齊，但仍有相當水準；或許教師流動率高，但至少會待一年；或許策略聯盟無法解決所有問題，但至少可減輕部分工作負擔；(2)合作意願，拋棄斤斤計算心態：參與策略聯盟者必須著眼整個工作量降低，揚棄斤斤計較心態，比較聯盟前後工作而非校際工作量，方能讓聯盟運作順暢；(3)給予理性期待：策略聯盟可解決一些問題，但莫期待能解決所有問題，選取數個願意分工合作的學校，給予理性期待，在精不在多，在減輕負擔而非完全消除負擔，選取能合作部分努力去做；(4)善用網路資訊科技突破地區限制：參與策略聯盟學校通常為小型學校，校際間距離較遠，宜善用網路資訊科技。能運用網路溝通者，盡量用網路溝通，如此不但可減少車程時間，更可提高溝通效率與工作績效。

李坤崇（2001b）指出學校可採「策略聯盟」的內涵至少包括下列九項：(1)校際課程發展委員會；(2)校際學校課程計畫；(3)校際學校願景與特色（學校本位能力指標）；(4)校際學習節數與教學節數之規劃與共識；(5)校際教科用書選用辦法；(6)校際各學習領域之改編或自編教材；(7)校際課程評鑑、教學評鑑及學習評鑑；(8)校際九年一貫課程與各學習領域之研習規劃與整合；(9)校際之社區與家長人力或家長會之整合。

學校推動「策略聯盟」必須依法推動，謹守民主法治程序，建議程序如下：(1)召開各校校務會議決議成立「○○縣○○聯盟國民中學課程發展委員會」或「○○縣○○聯盟國民中學各學習領域課程小組」；(2)校務會議決議推派代表，授權擬定各項設置要點後，提各校校務會議追認；(3)依據各項設置要點，組成校際課發會及校際學習領域課程小組，並開始運作（李坤崇，2001b）。

●● 第二節　綜合活動學習領域課程計畫 ●●

教育部（2008a）公布的《國民中小學九年一貫課程綱要》指出三項重點：
(1)學校課程發展委員會應充分考量學校條件、社區特性、家長期望、學生需
要等相關因素，結合全體教師和社區資源，發展學校本位課程，並審慎規劃
全校課程計畫；(2)學校課程計畫應含各領域課程計畫和彈性學習節數課程計
畫，內容包涵：「學年／學期學習目標、能力指標、對應能力指標之單元名
稱、節數、評量方式、備註」等相關項目；(3)有關兩性、環境、資訊、家政、
人權、生涯發展、海洋等七大議題如何融入各領域課程教學，應於課程計畫
中妥善規劃。可見，綜合活動學習領域課程計畫不僅應掌握領域理念，亦是
學校課程計畫的一環，更需融入七大議題。

　　綜合活動學習領域課程計畫既是學校課程計畫的一環，理應呼應學校本位
課程，而為呼應學校本位課程，學校必須適度改編出版社教材或自編教材。
茲就改編教材、自編教材的綜合活動學習領域課程計畫兩部分說明之。

壹、改編教材的綜合活動學習領域課程計畫

　　宜蘭縣大隱國小（2002）學校教育目標為「引導學生具備協同合作、主動
思考、科技運用、解決問題與終身學習的基本能力；培養其多元學習、人文
陶冶、感恩惜福的情操，進而達成健康成長的教育目標」。學校願景為「三
心兩意：營造一個教師用心、學生開心、家長放心的學習型優質學校；開創
一個無限創意、充滿情意的全方位學校意象」。教師願景為「專業、活力、
創新、關懷」。學生願景為「健康成長、多元學習、人文陶冶、感恩惜福」。

　　為呼應學校教育目標與學校願景，宜蘭縣大隱國小（2002）於 2002 年 8 月
擬定學校本位課程之主題學習活動，如表 6-6 所示。一至六年級的主題依序為
繪本賞析、小書創作、超級特派員、SNG、專題研究及吾愛吾校。各年級再細

表 6-6

宜蘭縣大隱國小學校本位課程之主題學習活動（呼應學生願景）

學期	主題學習名稱		學習目標	學校本位或領域、議題能力指標	學生願景
一上	繪本賞析	小小新鮮人	1. 能認識校園環境。 2. 能熟悉師長同學。 3. 能瞭解並遵守團體規範。	感 1-1 生 1-1-1 健 6-1-1 生涯 3-1-1-a	感恩惜福
一下		嬉遊記	1. 能合群並遵守遊戲規則。 2. 能隨音樂節奏舞動身體。 3. 能體驗群體成長樂趣，發揮小隊互助精神。	陶 1-1　人 1-1-2-a 生涯 3-1-1-a 健 4-1-1　健 3-1-5-5 藝 1-1-4	健康成長 人文陶冶
二上	小書創作	活力氧樂多	1. 能認識六大類基本食物。 2. 能培養良好的飲食習慣。 3. 能體認規律成長的重要性並遵守之。	健 2-1-3-a 家 1-1-1-a 家 3-2-3 自 6-1-2-1	健康成長 人文陶冶
二下		小小出版社	1. 能認識基本的編排結構。 2. 能創作簡單的圖畫書。	學 1-1　語 1-1-1 生 4-2-1	多元學習
三上	超級特派員	我是愛迪生	1. 能養成主動參與工作的習慣。 2. 能發揮科學精神主動探究求知。	學 2-7 自 6-2-3-2 自 6-2-3-1	多元學習
三下		綠手指	1. 能珍惜成長環境並提出改善之道。 2. 能照顧植物並瞭解其生長情形。 3. 能合作學習交換種植經驗。	學 2-7 自 2-2-2-2 自 2-2-2-1	多元學習
四上	SNG	現場直擊	1. 能實際採訪整理資料並發表。 2. 能操作各種輔助媒體，協助採訪工作。	自 1-2-4-1　社 5-2-2 健 1-2-4-a　健 3-2-3 康 2-3　康 2-6 康-2-6　陶-2-4 陶-2-4　學-2-7 感-2-1　綜 1-2-1 綜 2-1-4　語 B2-2-10 閩南語 3-2-6 數 S-2-4　學-2-1 學-2-1　環-5-1-2-a 藝 3-2-2　藝 3-2-2	健康成長
四下		1230講落誰家	1. 能流利地講述一件完整的事件。 2. 能擔任簡單的播音工作。	康 2-4　學 2-8 感 2-1 綜 4-1-2-a	健康成長 多元學習 感恩惜福

（續下頁）

學期	主題學習名稱		學習目標	學校本位或領域、議題能力指標	學生願景
五上	專題研究	學習大觀園	1. 能瞭解學習的重要性，喜歡學習新知識。 2. 能因應學習所需，配合運用各種媒體蒐集工具。	學 3-3 學 3-6 綜 1-3-5-a 綜 1-3-3	多元學習
五下		校園的角落	1. 能發現校園之美，促進校園認同感。 2. 能運用網路科技，協助蒐集相關資訊並增長技能。	學 3-3 學 3-6 綜 1-3-5-a 生涯 3-2-1-a 資 4-3-1 社 6-2-3	多元學習 人文陶冶
六上	吾愛吾校	我是大哥哥大姊姊	1. 能學習幫助弱小，欣賞、尊重、接納不同族群。 2. 能在互助、互信、互愛中悅納自我，追求心靈成長。	生涯 3-2-1-a 綜 3-2-3 語 2-9-8	人文陶冶 感恩惜福
六下		感恩與回饋	1. 能整理成長檔案，回顧成長足跡，學習發表與分享。 2. 能以具體行動表達對母校師長的感謝與懷念。	感 3-1 綜 1-3-5-a 學 3-3 學 3-4	感恩惜福
		畢業easy go!	1. 能規劃安排行程，發展統籌規劃能力。 2. 能享受團體旅行的樂趣，進而增廣見聞。	學 3-6 康 3-4 自 6-3-3-1-a	多元學習 健康成長

註：1. 學校本位或領域、議題能力指標代號參酌宜蘭縣大隱國小之學校本位能力指標，以及教育部（2000）之「國民中小學九年一貫課程暫行綱要」。

　　2. 畫底線者為宜蘭縣大隱國小之學校本位能力指標，請參酌該校學校課程計畫。

資料來源：修改自宜蘭縣大隱國小（2002）。**宜蘭縣大隱國小九十一學年度第一學期四年級學校課程計畫**，未出版。

分上、下學期主題，一上至六下之主題依序為小小新鮮人（一上）、嬉遊記（一下）、活力氧樂多（二上）、小小出版社（二下）、我是愛迪生（三上）、綠手指（三下）、現場直擊（四上）、1230 講落誰家（四下）、學習大觀園（五上）、校園的角落（五下）、我是大哥哥大姊姊（六上）、感恩與回饋（六下）以及畢業 easy go!（六下）。

　　以宜蘭縣大隱國小（2002）學校本位課程之四年級第一學期（四上）主題

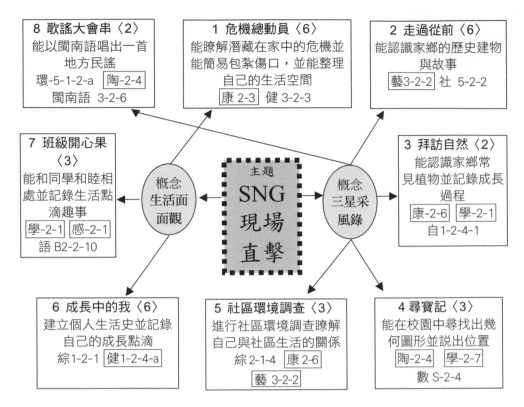

圖 6-3　SNG 現場直擊主題架構圖（未參酌出版社教材）

資料來源：宜蘭縣大隱國小（2002）。**宜蘭縣大隱國小九十一學年度第一學期四年級學校課程計畫**，未出版。

學習活動「SNG 現場直擊」融入康軒出版社四年級第一學期綜合活動學習領域教材，改編而成的「宜蘭縣大隱國小九十一學年度第一學期四年級綜合學習領域課程計畫」為例，來說明改編之綜合學習領域課程計畫。

　　宜蘭縣大隱國小（2002）四年級第一學期主題學習活動架構圖，詳見圖 6-3 之「SNG 現場直擊主題架構圖」（未參酌出版社教材）。融入各領域課程之四年級第一學期主題學習活動架構圖，詳見圖 6-4 之「融入各領域課程之SNG 現場直擊主題架構圖」。

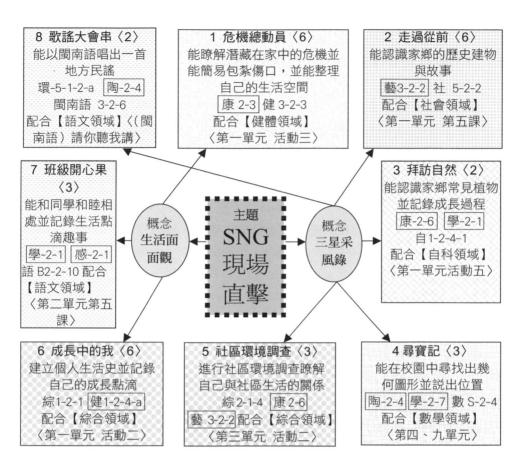

圖 6-4　融入各領域課程之 SNG 現場直擊主題架構圖

資料來源：宜蘭縣大隱國小（2002）。**宜蘭縣大隱國小九十一學年度第一學期四年級學校課程計畫**，未出版。

　　由圖 6-4 之「融入各領域課程之 SNG 現場直擊主題架構圖」，可發現 SNG 現場直擊的活動 6「成長中的我」〈6 節〉，融入康軒出版社【綜合活動學習領域】教材之第一單元活動二「獨一無二的我」，並予以改編於第三週到第五週實施。活動 5「社區環境調查」〈3 節〉，完全融入康軒出版社【綜合活動學習領域】第三單元活動二「社區環境調查」，並予以改編於第十八週實施。圖 6-3 與圖 6-4 之□內為大隱國小本位能力指標。

貳、自編教材的綜合活動學習領域課程計畫

　　成功大學教育研究所與臺南市後甲國中參與教育部大學與中小學攜手合作計畫，研發綜合活動學習領域自編教材。後甲國中自編教材團隊先針對綜合活動學習領域第四學習階段十二項能力指標進行解讀後，決定採用由 2003 年筆者帶領九年一貫課程深耕種子團隊研擬的能力指標分析結果。詳見筆者於 2006 年出版之《綜合活動學習領域概論》一書 143 至 154 頁。

　　臺南市後甲國中自編教材團隊依據學校一到三年級六學期的行事曆，將能力指標分析解讀結果適度配置到六學期第二週到第十九週，完成臺南市後甲國中綜合活動學習領域「上學期」、「下學期」每週能力指標規劃表。隨後，研擬臺南市後甲國中「一年級上學期」到「三年級下學期」共六學期的能力指標、單元活動教學與實施方式，經研討確定後，再逐一設計每學期的所有單元活動設計。最後，彙整每學期所有單元活動設計的能力指標、對應能力指標單元名稱、單元學習目標、配合重大議題、節數及評量方式，成為臺南市後甲國中綜合活動學習領域「一年級上學期」到「三年級下學期」共六學期自編教材課程計畫。為精簡篇幅，上述重要內涵請參酌臺南市後甲國中綜合活動學習領域自編教材教師手冊（臺南市後甲國中，2004），僅呈現臺南市後甲國中綜合活動學習領域「三年級第一學期」自編教材課程計畫，詳見表 6-7；以及宜蘭縣大隱國小綜合活動學習領域「四年級第一學期」課程計畫，詳見表 6-8。

表 6-7

臺南市後甲國中綜合活動學習領域「三年級第一學期」自編教材課程計畫

設計者：沈如瑩老師　　　修正與指導者：李坤崇教授						
(一) 三年級第一學期之學習目標						
1. 能瞭解社區鄰近機構的性質與功能，並學會運用方式。				5. 在團體活動中，樂於利用多種方式分享自己的經驗與心得。		
2. 能認識家庭與學校環境的潛在危機，並學習預防、減低危險發生的方法。				6. 能從參與各式各類活動中，發現自己的能力與專長，並從中肯定自己。		
3. 樂於參與各類團體自治活動，並遵守規則與紀律。				7. 練習自我規劃、執行、檢討，嘗試進行自主學習。		
4. 樂於完成團體交付的任務。				8. 透過體驗活動自我省思，並實踐於生活中。		
(二) 三年級第一學期之各單元內涵分析						
週次	實施時間	能力指標	對應能力指標單元名稱	單元學習目標	配合重大議題	節數	評量方式

週次	實施時間	能力指標	對應能力指標單元名稱	單元學習目標	配合重大議題	節數	評量方式
1		教學準備					
2		1-4-3-4 推展自己的文化特色，如製作本土食物或手工藝品、推薦家鄉人、事、物。	多姿多彩家鄉情(1)	1. 瞭解傳統節慶活動的習俗及其在文化中的意義。 2. 能以各種方式展現自己生活環境的文化特色。 3. 能發揮創意及巧思製作中秋月餅。 4. 能由各種不同的角度認識並介紹自己的家鄉。 5. 培養文化傳承及家鄉認同的精神。	環境 1-3-1 藉由觀察與體驗自然，以及以創作文章、美勞、音樂、戲劇表演等形式，表現自然環境之美與對環境的關懷。 家政 1-4-2 選購及製作衛生、安全、營養的餐點，表現良好的飲食行為。	3	觀察評量 小組互評 實作評量
3			多姿多彩家鄉情(2)			3	
4			多姿多彩家鄉情(3)			3	

（續下頁）

週次	實施時間	能力指標	對應能力指標單元名稱	單元學習目標	配合重大議題	節數	評量方式
5		3-4-3-2 體驗不同生活環境所需具備的因應策略或能力。	發現地球村(1)	1. 認識不同環境的生活方式。 2. 體驗不同文化對生活環境的改變。 3. 能省思面對不同生活文化時的因應策略與適應方式。	家政 3-4-8 瞭解並尊重不同國家族群的食衣住行育樂等生活禮儀。	3	觀察評量 口語評量 紙筆測驗
6			發現地球村(2)			3	
7		1-4-2-3 透過不同性質、類型、方向的活動，省思並欣賞自己的興趣專長。	學習密笈	1. 省思自己在學習方面的興趣專長。 2. 能從活動中瞭解並欣賞自己在學習方面的專長。 3. 能設計適合自己專長的學習方法。 4. 願意與他人分享自己在學習方面的專長與方法。		3	觀察評量 口語評量 紙筆測驗
8		1-4-2-1 參與設計不同性質的活動，發揮自己的興趣專長。 1-4-2-2 執行所設計之各種性質、類型、範圍的活動，並欣賞肯定自己與他人的興趣專長。	興趣萬花筒(1)	1. 知道如何展現自己的興趣與專長。 2. 知道當從事興趣活動時必須注意的事情。 3. 能參與各種活動，展現自己的興趣與專長。	生涯 1-3-1 探索自我的興趣、性向、價值觀及人格特質。	3	觀察評量 實作評量
9			興趣萬花筒(2)			3	
10			興趣萬花筒(3)	4. 能執行所設計的表演活動。 5. 願意與他人分享自己的興趣與專長。 6. 願意欣賞肯定他人的興趣與專長。		3	
11			興趣萬花筒(4)			3	

（續下頁）

週次	實施時間	能力指標	對應能力指標單元名稱	單元學習目標	配合重大議題	節數	評量方式
12		2-4-1-c 透過性別議題或其他活動，省思婚姻生活應具備的知能。	男生女生配(1)	1. 瞭解經營婚姻生活需具備的能力。 2. 認識兩性的差異並學習正確的相處方式。 3. 能以正確的態度與異性相處。 4. 省思婚姻生活可能面臨的問題與改善之道。	兩性 2-4-3 認知兩性在家庭和職場中的角色，並共同擔負責任。	3	觀察評量口語評量紙筆測驗
13			男生女生配(2)			3	
14		3-4-2-1 省思、學習關懷世人或照顧弱勢團體，並演練或實踐。	障礙心體驗(1)	1. 學習關懷及照顧殘障朋友。 2. 體驗殘障朋友在生活中的不便。 3. 能以適當的方式與殘障朋友相處。 4. 培養關懷世人的精神。	人權 1-4-2 瞭解關懷弱勢者行動之規劃、組織與執行，表現關懷、寬容、和平與博愛的情懷，並尊重與關懷生命。	3	觀察評量口語評量紙筆測驗
15			障礙心體驗(2)			3	
16		3-4-2-1 省思、學習關懷世人或照顧弱勢團體，並演練或實踐。	溫情滿人間(1)	1. 認識弱勢團體及其相關的社會福利機構。 2. 瞭解弱勢團體在社會中的處境與困難。 3. 能省思並說出自己幫助別人及受人幫助的經驗。 4. 願意實踐、體驗各項公益活動。 5. 培養關懷世人的精神。 6. 能發揮個人的專長及巧思，製作愛心卡片或書籤。	環境 3-3-2 學習關懷弱勢團體及其生活環境。資訊 5-4-2 適時應用資訊科技，透過網路培養合作學習、主動學習的能力。	3	觀察評量檔案評量
17		3-4-2-2 善用團體或個人特長，積極參與各項公益活動。	溫情滿人間(2)			3	

週次	實施時間	能力指標	對應能力指標單元名稱	單元學習目標	配合重大議題	節數	評量方式
18		1-4-2-1 參與設計不同性質的活動，發揮自己的興趣專長。	溫情滿人間(3)	7. 願意積極參與團體活動，向他人傳達愛心及溫暖。 8. 能省思並分享參與活動後的心得。 9. 能提出規劃團體活動的改善建議。		3	
19		3-4-1-5 積極參與、規劃團體活動，分享參與心得或提出改善建議。	溫情滿人間(4)			3	
20							

註：教育部綜合活動能力指標原本為三碼，經筆者與深耕種子團隊共同解讀 2003 年《綜合活動學習領域課程綱要》後細分為四碼，詳見筆者於 2006 年出版之《綜合活動學習領域概論》一書第 143 至 154 頁。

表 6-8

宜蘭縣大隱國小九十一學年度第一學期四年級「綜合活動」學習領域課程計畫（選用康軒出版社教材）

設計者：宜蘭縣大隱國小研發團隊 　　修正與指導者：李坤崇教授							
(一) 四年級第一學期之學習目標							
1. 能瞭解並表現出自己的特色優點或專長。				5. 觀察家中消費情形並提出具體節約方法。			
2. 瞭解自己外觀的變化及兩性的不同。				6. 認識社區中的環境。			
3. 能表現友愛的行為並關懷弱小。				7. 經由觀察活動瞭解社區環境與生活的關係。			
4. 能將愛家的意念付諸具體行動。				8. 能主動參與社區環境保護。			
(二) 四年級第一學期之各單元內涵分析（＊：表 SNG 現場直擊之主題學習活動）							
週次	實施時間	能力指標	相對應能力指標之活動名稱	單元學習目標	重大議題	節數	評量方式或備註
一	0825 0831						
二	0901 0907	1-2-1 1-2-3	一-1不一樣的我(2) 一-2獨一無二的我(1)	1. 能發現自己和別人外表上的特徵。 2. 能知道兩性在裝扮、興趣上的不同點。 3. 能學習尊重並欣賞他人的特質。	兩性 1-1-2 兩性 2-1-7 家政 4-2-1	3	觀察作品評量發表
三	0908 0914	1-2-1 1-2-2 健 1-2-4-a 陶 2-3 陶 2-4	一-2獨一無二的我(3) ＊成長中的我 a(3)	1. 能認識自己的特質並發揮專長。 2. 能根據自己的興趣，規劃自己學習與努力的方向。 ＊建立個人生活史，記錄自己的成長點滴。 ＊能參與團體活動，建立服務的觀念。	家政 4-1-1 家政 4-2-1	6	觀察參與程度表演內容作品評量
四	0915 0921						
五	0922 0928	1-2-1 3-2-3 健 1-2-4-a 陶 2-3 陶 2-4	一-2獨一無二的我(3) ＊成長中的我 a◇	＊建立個人生活史，記錄自己的成長點滴。 ＊能參與團體活動，建立服務的觀念。	家政 4-1-1	3	活動單心得分享
六	0929 1005	1-2-1 3-2-3	一-3超級小天使	1. 能表現出友愛的行為與關懷。 2. 能參與團體活動，建立服務的觀念	家政 4-1-1	3	活動單心得分享

（續下頁）

週次	實施時間	能力指標	相對應能力指標之活動名稱	單元學習目標	重大議題	節數	評量方式或備註
七	1006 1012	2-2-2 綜 4-1-2-a 感 2-2	一-3 超級小天使 多元評量	1. 能建構家的概念，並表達對家人的愛意。 2. 能提出關懷家人的具體作法，覺察自己在家中分擔家事的情形。 3. 瞭解家事分工是全家人共同的責任。 4. 能正確的操作家庭工具或家電用品。	家政 3-1-6 家政 3-2-3 家政 4-2-6	6	觀察學生 口頭發表 自我反思 態度評定 實際操作
八	1013 1019						
九	1020 1026	2-1-2	二、吾愛吾家 1. 家事大家談	1. 能覺察家中食、衣、住、行、育、樂等消費情形。 2. 能省思個人的購物態度。 3. 能提出個人及家中節約消費的具體方法。	家政 3-1-4 家政 3-2-2	3	觀察學生 口頭發表 自我反思
十	1027 1102	2-2-1 感 2-1	1. 家事大家談	1. 能激發實踐愛家行動的意念。 2. 學習關懷家人的具體作法。	家政 3-2-2 家政 3-2-5 家政 4-2-5	3	觀察學生 自我反思 互相觀察
十一	1103 1109	2-1-4 3-2-4 4-2-4	2. 家庭支出知多少	1. 觀察社區環境，進而發現社區環境與生活的關係。 2. 學習擬定社區環境觀察活動計畫，培養主動探索與研究的能力。	環境 1-2-1 環境 2-2-1 環境 3-2-1 生涯 3-2-2	3	實際操作 口頭發表 觀察學生
十二	1110 1116						觀察學生 口頭發表 文字發表
十三	1117 1123	2-1-4 3-2-4 4-2-4	3. 愛我家人	1. 依計畫進行社區環境體驗活動，並仔細記錄觀察結果。 2. 學習分類、整理社區環境，觀察記錄，進行發表與分享。 3. 懂得欣賞社區環境之美。 4. 學會覺察社區環境問題。	環境 2-2-1 環境 2-2-2 環境 4-2-4 環境 5-2-1 生涯 3-2-2	9	觀察學生 口頭發表 體驗內省
十四	1124 1130		3. 愛我家人				
十五	1201 1207		多元評量				

（續下頁）

週次	實施時間	能力指標	相對應能力指標之活動名稱	單元學習目標	重大議題	節數	評量方式或備註
十六	1208 1214	3-2-4 4-2-4 學 2-8	三、環境日記 1. 社區環境與我	1. 學習擬定社區環境保護行動計畫，具體提出保護及改善環境的行動內容。	環境 3-2-2 環境 4-2-2 環境 4-2-3 環境 5-2-1	6	觀察學生口頭發表自我比較態度評定
十七	1215 1221		1. 社區環境與我	2. 主動參與社區環境保護行動。 3. 能體驗到維護或創造美好的社區環境是一件不容易的事。			
十八	1222 1228	環 5-1-2-a 環 1-2-1 康 2-6 藝 3-2-2	＊2. 社區環境調查(3)--a	1. 能認識各種廢棄物的處理過程。 2. 能認識五種以上野生植物。 ＊進行社區環境調查，瞭解自己與社區生活的關係。	環境 5-2-1	3	實際操作態度評定
十九	1229 0104	環 3-2-1 自 2-2-2	2. 社區環境調查 3. 社區環境小尖兵	多種植花草樹木美化環境。		3	實際操作態度評定
二十	0105 0111	陶 2-3 綜 3-2-3 環 5-1-2-a	3. 社區環境小尖兵	能主動幫助他人，參予社會服務。		3	實際操作態度評定
廿一	0112 0118		多元評量				實際操作態度評定
廿二	0119 0125						

註：學校本位或領域、議題能力指標代號參酌宜蘭縣大隱國小之學校本位能力指標，以及教育部（2000）之《國民中小學九年一貫課程暫行綱要》。

資料來源：修改自宜蘭縣大隱國小（2002）。**宜蘭縣大隱國小九十一學年度第一學期四年級學校課程計畫**，未出版。

中文部分

大陸教育部（2006）。**教育部辦公廳關於 2006 年推進普通高中新課程實驗工作的通知：教基〔2005〕19 號**。北京，中國：作者。

中華人民共和國教育部（2001a）。**基础教育课程改革纲要（试行）教基〔2001〕17 号**。取自〔中華人民共和國教育部〕http://www.moe.edu.cn/edoas/website18/level3. jsp? tablename=1162&infoid=732

中華人民共和國教育部（2001b）。**国家九年义务教育课程综合实践活动指导纲要（3-6 年级）**。取自〔綜合實踐活動網〕http://jxjy.com.cn:88/Article_Show.asp? ArticleID=2473

中華人民共和國教育部（2001c）。**国家九年义务教育课程综合实践活动指导纲要（7-9 年级）**。取自〔綜合實踐活動網〕http://jxjy.com.cn:88/Article_Show.asp? ArticleID=2472

田耐青、張景媛（2003）。**綜合活動學習領域補充說明**。臺北市：教育部。

吳俊升（1985）。**教育哲學大綱**。臺北市：臺灣商務。

吳清山（1989）。課程決定的理論探討。**教育與心理研究，12**，199-229。

李坤崇（1997）。**職業興趣量表施測、解釋手冊**。臺南市：國立成功大學教育研究所。

李坤崇（1998a）。人性化、多元化教學評量：從開放教育談起。載於高雄市政府公教人力資源發展中心（主編），**多元教學評量**（91-134 頁）。高雄市：高雄市政府公教人力資源發展中心。

李坤崇（1998b）。**班級團體輔導**。臺北市：五南。

李坤崇（1999）。**多元化教學評量**。臺北市：心理。

李坤崇（2001a）。**綜合活動學習領域教材教法**。臺北市：心理。

李坤崇（2001b）。教學評鑑與學習評量實例導讀。載於教育部（主編），**國中學校經營研發輔導手冊（6）：教學評鑑與學習評量實例**（I-XII 頁）。臺北市：教育

部。

李坤崇（2001c）。**九年一貫課程國中綜合活動學習領域多元評量方式與策略之發展與實施研究（I）**。行政院國家科學委員會專案研究報告（編號：NSC 89-2413-H-006-014-FB）。臺北市：行政院國家科學委員會。

李坤崇（2002a）。九年一貫課程綜合活動學習領域。載於教育部與國立臺北師範學院（主編），**九年一貫課程推動工作小組核心團隊講師群研討會手冊**。臺北市：國立臺北師範學院。

李坤崇（2002b）。綜合活動學習領域能力指標概念分析。**教育研究月刊，98**，111-122。

李坤崇（2002c）。國民中小學成績評量準則之多元評量理念。載於教育部（主編），**國中國小校長與督學培訓手冊**（137-154 頁）。臺北市：教育部。

李坤崇（2002d）。多元化教學評量理念與推動策略。**教育研究月刊，91**，24-36。

李坤崇（2003a）。綜合活動學習領域能力指標與評量。載於教育部（主編），**綜合活動學習領域基礎研習手冊**（132-173 頁）。臺北市：教育部。

李坤崇（2003b）。能力指標解讀轉化的理念。載於林生傳（主編），**九年一貫課程理論基礎叢書（二）：理念篇**（78-103 頁）。臺北市：教育部。

李坤崇（2004）。**綜合活動學習領域概論**。臺北市：心理。

李坤崇（2008）。九年一貫課程的總綱四次變革及展望。**教育研究月刊，175**，5-21。

李坤崇（2009）。九年一貫課程綜合活動學習領域之修訂。**教育研究月刊，178**，106-118。

李坤崇、曾憲政、張惠博、符碧真、詹政道、江海韻（2006）。**師資培育教育專業課程規劃要點工作圈實施計畫成果報告**。教育部委託之專案研究，未出版。

李坤崇、劉文夫、黃順忠（2001）。國中學校本位課程發展與課程計畫之歷程、實例分析。載於南一書局（主編），**國中學校本位課程發展與課程計畫之歷程、實例分析**（5-144 頁）。臺南市：南一書局。

李坤崇、歐慧敏、余錦漳、吳思穎（2004）。**規劃新課程實施配套措施手冊**。臺北市：教育部。

杜美智、游家政（1998）。國民小學教師的課程決定：社會科教師之個案研究。**課程與教學季刊，1**（4），73-94。

周珮儀（1997）。後現代課程的理論基礎。**教育資料與研究，17**，58-62。

周珮儀（1999）。當代課程理論的新趨勢：從社會批判到後現代。**國教學報，11**，

259-282。

孟憲平（2003）。走出綜合實踐活動的誤區。**中國教育學刊，2**。取自 http://www.jxjy.
　com.cn/hd2003/index.asp

宜蘭縣大隱國小（2002）。**宜蘭縣大隱國小九十一學年度第一學期四年級學校課程計
　畫**，未出版，宜蘭縣。

林一真、黃堅厚、范德鑫（1988）。「我喜歡做的事」職業興趣量表修訂報告。**中國
　測驗學會測驗年刊，35**，147-158。

林世華（1999）。國民中學學生基本學力測驗發展計畫：跨世紀的測驗發展計畫。
　「你我之間」雙月刊，1，1-5。

林世華（2003）。**九年一貫課程能力指標與評量**。九十二年南區九縣市國中校長課程
　領導進階研習手冊講義，未出版，高雄市。

林秀珍（1999）。**杜威經驗概念之教育涵義**（未出版之博士論文）。國立臺灣師範大
　學，臺北市。

林享仁（2002）。「高雄縣路竹高中」學校課程發展委員會之組織、運作、困境與因
　應實例。載於教育部（主編），**國中學校經營研發輔導手冊（1）：學校課程計
　畫實例**（18-54 頁）。臺北市：教育部。

林堂馨（2008）。日本中小學新修訂學習指導要領初探。**教育研究月刊，175，**
　140-147。

施紅朱（2003）。綜合活動學習領域「能力指標」的再概念化：以第四學習階段為
　例。高雄市國教輔導團 2003 教育論壇成果彙編，未出版。

徐宗林（1988）。**西洋教育思想史**。臺北市：文景。

高明薇（2001）。完形團體的過程與介入技巧。**諮商與輔導，183**，9-11。

高新建（1991）。**國小教師課程決定之研究**（未出版之碩士論文）。國立臺灣師範大
　學，臺北市。

國家教育研究院籌備處（2008）。**「中小學課程發展之相關基礎性研究」計畫書**。教
　育部委託之研究報告，未出版。

張　華（2002 年 7 月 15 日）。**綜合實踐活動課程為什麼不能編教材**。取自 http://www.
　lnedu.net/News/ShowArticle.asp? ArticleID=4626

張春興（1991）。**現代心理學：現代人研究自身問題的科學**。臺北市：東華。

張靜嚳（1995）。何謂建構主義？**建構與教學，3**，1-3。

張靜嚳（1996）。傳統教學有何不妥？**建構與教學，4**，1-4。

教育部（1993）。**國民小學課程標準**。臺北市：作者。

教育部（1995）。**國民中學課程標準**。臺北市：作者。

教育部（1998）。**國民教育階段九年一貫課程總綱綱要**。臺北市：作者。

教育部（2000）。**國民中小學九年一貫課程暫行綱要**。臺北市：作者。

教育部（2001）。**國民教育法施行細則**。臺北市：作者。

教育部（2002）。**國民中學九年一貫課程七大學習領域任教專門科目認定參考原則及內涵**。台（91）師（三）字第91096207號。臺北市：作者。

教育部（2003a）。**國民中小學九年一貫課程綱要**。臺北市：作者。

教育部（2003b）。**國民中小學課程綱要審議委員會設置與運作要點**。2003年12月22日部長核定。臺北市：作者。

教育部（2003c）。**國民教育法**。2003年2月6日修訂發布。臺北市：作者。

教育部（2005）。**中小學一貫課程體系參考指引**。臺北市：作者。

教育部（2008a）。**國民中小學九年一貫課程綱要總綱**。2008年5月23日發布。臺北市：作者。

教育部（2008b）。**國民中小學九年一貫課程綱要綜合活動學習領域**。2008年5月23日發布。臺北市：作者。

教育部（2008c）。**普通高級中學綜合活動科課程綱要**。2008年1月24日發布。臺北市：作者。

教育部（2008d）。**職業學校綜合活動課程綱要**。2008年3月31日發布。臺北市：作者。

教育部（2008e）。**97年4月15日國民中小學九年一貫課程綱要各學習領域暨重大議題召集人第2次會議紀錄**，未出版。

教育部（2010）。**國民小學及國民中學學生成績評量準則**。2010年12月1日修訂發布。臺北市：作者。

莊明貞（2002）。後現代思潮的課程研究及其本土實踐之評析。**教育研究月刊，102**，27-39。

郭元祥（2001）。**綜合實踐活動課程設計與實施**。北京，中國：首都師範大學出版社。

郭元祥（2003）。**綜合實踐活動課程的價值**。取自 http://www.jxjy.com.cn/hd2003/index.asp? typeid=0&page=1120030313

郭元祥（2008）。綜合實踐活動課程的能力目標及其分解。**綜合實踐活動課程研究**，

3，43-46。

郭博文（1988）。杜威的經驗自然主義。**臺大哲學論評，11**，51-79。

陳伯璋（1999）。「**邁向新世紀的課程**」：九年一貫課程的理念、內涵與評析。發表於板橋教師研習會舉辦之「國民教育階段九年一貫課程座談會」。取自 http://content.edu.tw/primary/society/ks_ck/nine/n6.htm

陳伯璋（2002）。後現代與臺灣九年一貫課程改革。**教育研究月刊，102**，5-12。

陳怡君（2001）。察覺在完形諮商中的角色、地位及其應用。**諮商與輔導，183**，6-8。

陳明偉（2003）。**綜合實踐活動中培養學生自主探究的能力**。取自 http://www.jxjy.com.cn/hd2003/index.asp

陳新轉（2002）。社會學習領域能力指標之「能力表徵」課程轉化模式。**教育研究月刊，100**，86-100。

傅偉勳（1984）。**西洋哲學史**。臺北市：三民。

單小琳（2000）。梭巡階層與建構論之間的領導：以兩個教育實驗國小的關鍵領導人為例。載於淡江大學（主編），「**教育改革與轉型：領導角色、師資培育、夥伴關係**」學術研討會論文集（49-61 頁）。新北市：私立淡江大學。

單文經（2002）。現代與後現代課程論爭之平議。**師大學報：教育類，47**（2），123-142。

普通高級中學課程修訂計畫行政小組（2006）。**修訂普通高級中學各科課程綱要橫向整合結果**。教育部委託之研究報告，未出版。

曾朝安（2001）。能力指標轉換教學活動設計。載於康軒文教（主編），「**學校課程計畫**」百面通（32-34 頁）。臺北市：康軒。

游淑燕（1993）。國民小學教師課程決定權取向及其參與意願之研究（未出版之博士論文）。國立政治大學，臺北市。

黃永和（2001）。**後現代課程理論之研究：一種有機典範的課程觀**。臺北市：師大書苑。

黃武雄（2003a）。教改怎麼辦？（上）。**教育研究月刊，106**，53-56。

黃武雄（2003b）。教改怎麼辦？（中）。**教育研究月刊，106**，57-69。

黃武雄（2003c）。教改怎麼辦？（下）。**教育研究月刊，106**，70-89。

黃政傑（1985）。**課程改革**。臺北市：漢文。

黃政傑（1991）。**課程設計**。臺北市：東華。

黃炳煌（1988）。**技職教育課程發展模式之研究**。教育部技職司委託專題研究報告，未出版。

黃炳煌（1999）。邁向二十一世紀的臺灣社會科課程研究。載於中華民國教材研究發展學會（編印），**邁向課程新紀元：九年一貫課程研討會論文集（下）**（173-185頁）。

黃譯瑩（2001）。見「綜合活動」、又是「綜合活動」：從研究召集人的體驗、省思與實踐談綜合活動的存在意義、目的與內涵。**教育研究月刊，92**，90-95。

黃譯瑩（2003）。綜合活動學習領域之理論與研究。載於教育部（主編），**綜合活動基礎研習手冊**（3-30頁）。臺北市：教育部。

楊思偉（1999）。**規畫國民中小學九年一貫課程基本能力實踐策略**。教育部委託專案研究報告。臺北市：國立臺灣師範大學教育研究中心。

楊洲松（1998）。**李歐塔從現代知識論述及其教育義蘊**（未出版之博士論文）。國立臺灣師範大學，臺北市。

溫明麗（2002）。**皮亞傑與批判性思考教學**。臺北市：洪葉文化。

甄曉蘭（1998）。**知識論對課程發展的影響：以臺灣國小課程改革為例**。論文發表於1998 年海峽兩岸小學教育學術研討會。

臺中縣豐原國中（2002）。「臺中縣豐原國中」學校課程發展委員會之組織、運作、困境與因應實例。載於教育部（主編），**國中學校經營研發輔導手冊（1）：學校課程計畫實例**（55-156頁）。臺北市：教育部。

臺南市後甲國中（2004）。**臺南市後甲國中綜合活動學習領域自編教材教師手冊**。臺南市：作者。

歐用生（1989）。**課程與教學：概念理論與實際**。臺北市：文景。

歐用生（1998）。後現代社會的課程改革。**國民教育，38**（5），3-11。

蔡居澤、廖炳煌（2001）。**探索教育與活動學校**。臺南市：翰林出版社。

簡良平（2001）。**中小學學校課程決定之研究**（未出版之博士論文）。國立臺灣師範大學，臺北市。

簡茂發、李琪明、陳碧祥（1995）。心理與教育測驗發展的回顧與展望。**測驗年刊，42**，1-11。

鍾啟泉、張華等（2003）。**為了中華民族的復興為了每位學生的發展《基礎教育課程改革綱要（試行）》解讀**。上海市，中國：華東師範大學出版社。

日文部分

千葉市打瀨小學（1998）。**平成 10 年度學校經營計畫**。千葉市，日本：作者。

千葉市打瀨小學（1999）。**通知單**。千葉市，日本：作者。

千葉市打瀨中學（1998）。**平成 10 年度學科與教學案，及年度指導計畫**。千葉市，日本：作者。

千葉市打瀨中學（1999）。**通知單**。千葉市，日本：作者。

小野寺忠雄（1998a）。青柳國小的版本：「綜合性學習課程」的第一步。載於東京都文京区立青柳小学校（編），**総合的な学習の展開と評価**。東京，日本：小學館。

小野寺忠雄（1998b）。本刊發行之際。載於東京都文京区立青柳小学校（編），**総合的な学習の展開と評価**。東京，日本：小學館。

山極隆（1998）。「綜合性學習時間」的觀點與展開。載於「高中教育月刊」編輯部（主編），**高級中學綜合性學習時間實踐指引**。東京，日本：學事出版。

工藤文三（2009a）。**中学校の新課程で押さえるべきポイント**。Benesse 教育研究開發中心 VIEW21 高校版。取自 http://benesse.jp/berd/center/open/kou/view21/2009/02/02toku_06.html

工藤文三（2009b）。**新課程のポイントと高校教育への影響**。Benesse 教育研究開發中心 VIEW21 高校版。取自 http://benesse.jp/berd/center/open/kou/view21/2009/02/02toku_01.html

中央教育審議會（2003）。**教育審議會期中總結報告**。日本：作者。

中西朗（1998）。實行綜合性學習的教師協同體制。載於高階玲治（主編），**實踐、綜合性的學習時間：中學篇**。東京，日本：圖書文化。

文部省（1998a）。**小学校学習指導要領**。東京，日本：作者。

文部省（1998b）。**中学校学習指導要領**。東京，日本：作者。

文部科學省（1999a）。**高等学校学習指導要領**。東京，日本：作者。

文部科學省（1999b）。**小学校学習指導要領解説：總則編**。東京，日本：作者。

文部科學省（1999c）。**中学校学習指導要領解説：總則編**。東京，日本：作者。

文部科學省（1999d）。**高等学習指導要領解説：總則編**。東京，日本：作者。

文部科學省（2003）。**關於目前初等中等教育教育課程及指導之充實化・改善方案**

（答辯）。東京，日本：作者。

文部科學省（2008a）。**小学校学習指導要領**〔公告〕。取自 http://www.mext.go.jp/a_menu/shotou/new-cs/youryou/syo/syo.pdf

文部科學省（2008b）。**中学校学習指導要領**〔公告〕。取自 http://www.mext.go.jp/a_menu/shotou/new-cs/youryou/chu/chu.pdf

文部科學省（2008c）。**幼稚園、國小、中学校、高等学校及び特別支援学校の学習指導要領等の改善について（答申）**〔公告〕。取自 http://www.mext.go.jp/a_menu/shotou/new-cs/news/20080117.pdf

文部科學省（2008d）。**小学校学習指導要領解説：総合的な学習の時間編**〔公告〕。取自 http://www.mext.go.jp/a_menu/shotou/new-cs/youryou/syokaisetsu/013.zip

文部科學省（2008e）。**中学校学習指導要領解説：総合的な学習の時間編**〔公告〕。取自 http://www.mext.go.jp/a_menu/shotou/new-cs/youryou/chukaisetsu/012.zip

文部科學省（2008f）。**幼稚園教育要領、國小学習指導要領及び中学校学習指導要領の修訂案等のポイント**〔公告〕。取自 http://www.mext.go.jp/a_menu/shotou/new-cs/news/080216/006.pdf

文部科學省（2008g）。**高等学校各教科等改訂案のポイント**（頁 1-19）。取自 http://www.mext.go.jp/a_menu/shotou/new-cs/youryou/gaiyou2/_icsFiles/afield-file/2009/04/06/001_2.pdf

文部科學省（2009a）。**高等学校学習指導要領**〔公告〕。取自 http://www.mext.go.jp/a_menu/shotou/new-cs/youryou/kou/kou.pdf

文部科學省（2009b）。**総合的な学習の時間フェスタ 2009～だから"総合"はやめられない！～**〔公告〕。取自 http://www.mext.go.jp/a_menu/shotou/sougou/1247210.htm

文部科學省（2009c）。**高等学校学習指導要領解説：総合的な学習の時間編**。取自 http://www.mext.go.jp/component/a_menu/education/micro_detail/__icsFiles/afield-file/2009/08/11/1282000_7.pdf

佐野金吾（1997）。如何運用「綜合性學習時間」。載於兒島邦宏、佐野金吾（主編），**中學「綜合性學習時間」研究入門**。東京，日本：明治圖書。

尾田正巳（1998）。綜合性學習的指導與評價。載於高階玲治（主編），**實踐、綜合性的學習時間：中學篇**。東京，日本：圖書文化。

角屋重樹（1998）。「**綜合式學習**」課程的嘗試。東京都文京區立青柳小學編。綜合

性學習的展開與評價。東京，日本：小學館。

兒島邦宏（1997a）。為什麼設定「綜合性學習時間」。載於兒島邦宏、佐野金吾（主編），**中學「綜合性學習時間」研究入門**。東京，日本：明治圖書。

兒島邦宏（1997b）。在「綜合性學習時間」中做些什麼呢。載於兒島邦宏、佐野金吾（主編），**中學「綜合性學習時間」研究入門**。東京，日本：明治圖書。

兒島邦宏（1998）。綜合性學習的授課。載於兒島邦宏、山極隆、安齋省一（主編），**中學綜合性學習指南**。東京，日本：教育出版社。

兒島邦宏（1999a）。**「中學校學習指導要領」解說**。日本：時事通訊社。

兒島邦宏（1999b）。**「小學校學習指導要領」解說**。日本：時事通訊社。

兒島邦宏、山極隆、安齋省一（1998）。綜合式學習指南。載於兒島邦宏、山極隆、安齋省一（主編），**綜合式學習指南**。東京，日本：教育出版社。

高浦勝義（1991）。**生活科的想法、實行方法**。東京，日本：黎明書房。

高浦勝義（1998）。**綜合性學習的理論、實踐與評量**。東京，日本：黎明書房。

高階玲治（1998a）。「綜合性學習時間」的創設。載於高階玲治（主編），**實踐、綜合性的學習時間：中學篇**。東京，日本：圖書文化。

高階玲治（1998b）。學生本位學習活動的實行。載於高階玲治（主編），**實踐、綜合性的學習時間：中學篇**。東京，日本：圖書文化。

渡邊敦司（2009）。**「総合学習」は社会で役立つ勉強**。日本：Benesse 教育情報サイト。取自 http://benesse.jp/blog/20090312/p3.html

蛭田政弘（2003）。十年來不曾變動的學習指導要領，終於導入並建立驗證、評估、改訂的新系統。**總合教育技術，11**，78-80。

愛知縣緒川小學（1998）。**1998 年通知單**。愛知縣，日本：作者。

愛知縣緒川小學（1999）。**1999 年通知單**。愛知縣，日本：作者。

廣田照幸、齋藤哲也（2007）。**なぜ「ゆとり教育」は失敗したのか？〜学校は「有限」の資源である【後編】**。日本：日經 business online。取自 http://business.nikkeibp.co.jp/article/life/20071114/140636/

橫濱市本町小學（1999）。**活動案**。橫濱市，日本：作者。

外文部分

Baker, D. R., & Piburn, M. D. (1997). *Constructing science in middle and secondary school classroom*. Boston, MA: Allyn & Bacon.

Bernstein, R. J. (Ed.) (1960). *John Dewey on experience, nature and freedom*. New York, NY: Bobbs-Merrill.

Brophy, J. E. (1982). How teachers influence what is taught and learned in classrooms. *The Elementary School Journal, 83*(1), 1-13.

Cherryholmes, C. H. (1988). *Power and criticism: Poststructural investigations in education*. New York, NY: Teachers College Press.

Clandinin, D. J., & Connelly, F. M. (1995). Teachers' professional knowledge landscape: Secret, scared, cover stories. In D. J. Clandinin & F. M. Connelly (Eds.), *Teachers' professional knowledge landscapes* (pp. 3-15). New York, NY: Teachers College Press.

Conger, J. A., & Kanungo, R. N. (1988). The empowerment process: Integrating theory and practice. *Academy of Management Review, 13*, 471-482.

Corey, G. (1990). *Theory and practice of group counseling* (3rd ed.). Pacific Grove, CA: Brooks/Cole.

Corey, G. (1996a). *Group counseling* (4th ed.). Pacific Grove, CA: Brooks/Cole.

Corey, G. (1996b). *Theory and practice of counseling and psychotherapy*. Pacific Grove, CA: Brooks/Cole.

Cranton, P. (1994). *Understanding and promoting transformative learning: A guide for educators of adults*. San Francisco, CA: Jossey-Bass.

Cranton, P. (1996). *Professional development as transformative learning: New perspectives for teachers of adults*. San Francisco, CA: Jossey-Bass.

Dewey, J. (1916/1959). *Democracy and education*. New York, NY: Macmillan.

Dewey, J. (1920/1982). Reconstruction in philosophy. In J. A. Boydston (Ed.), *The middle works of John Dewey* (pp. 1899-1924). IL: Southern Illinois University Press.

Dewey, J. (1929/1958). *Experience and nature*. New York, NY: Dover Publications.

Dewey, J. (1938). *Experience and education*. New York, NY: Collier Books.

Doll, W. E. (1993a). *A postmodern perspective on curriculum*. New York, NY: Teachers College Press.

Doll, W. E. (1993b). Curriculum possibilities in a "post"-future. *Journal of Curriculum and Supervision, 8*(4), 277-292.

Duffy, T. M., & Jonassen, D. H. (1992). *Constructivism: New implications for instructional technology*. In T. M. Duffy & D. H. Jonassen (Eds.), *Constructivism and the technology of instruction: A conversation* (pp. 1-16). Hillsdale, NJ: Lawrence Erlbaum Associates.

Freedman, J. (2000). 敘事治療法臨床實務工作坊手冊。臺北市：私立實踐大學社會工作系。

Freedman, J., & Combs, G. (1996). *Narrative therapy: The social construction of preferred realities*. New York, NY: W. W. Norton.

Friere, P. (1973). *Education for a critical consciousness*. New York, NY: Sabury Press.

Fullan, M. (2000). *Educational leadership*. San Francisco, CA: Jossey-Bass.

Gardner, H. (1995). *Leading minds: An anatomy of leadership*. New York, NY: Basic Book.

Gay, G. (1991). Curriculum development. In A. Lewy (Ed.), *The international encyclopedia of curriculum* (pp. 293-302). New York, NY: Pergamon Press.

Giroux, H. A.(1994). Teachers, public life, and curriculum reform. *Peabody Journal of Education, 69*(3), 35-47.

Giroux, H. A. (2000). *Impure acts*. New York, NY: Routeledge.

Goodlad, J. I. (1979). *Curriculum inquiry*. New York, NY: Pergamon Press.

Habermas, J. (1984). *The theory of communicative action (Vol. 1): Reason and the rationalization of society* (T. McCarty, Trans.). Boston, MA: Beacon Press.

Henderson, J. G. (2000). Informing curriculum and teaching transformation through postmodern studies. In J. Glanz & L. S. Behar-Horenstein (Eds.), *Debates in curriculum and supervision: Modern and postmodern perspectives* (pp. 152-168). Westport, CT: Bergin & Garvey.

Henderson, J. G., & Hawthorne, R. D. (1995). *Transformative curriculum leadership*. Upper Saddle River, NJ: Prentice-Hall.

Henderson, J. G., & Hawthorne, R. D. (2000). *Transformative curriculum leadership* (2nd ed.). Upper Saddle River, NJ: Merril.

King, N. R. (1991). Recontextualizing the curriculum. In V. Blanke (Ed.), *Knowledge and administration* (pp. 79-83). Columbus, OH: The Ohio State University.

Kubiszyn, T., & Borich, G. (1987). *Educational testing and measurement: Classroom application and practice.* (2nd ed.). IL: Scott, Foresman and Company.

Linn, R. L., & Gronlund, N. E. (1995). *Measurement and assessment in teaching* (7th ed.). Englewood Cliffs, NJ: Prentice-Hall.

Lyotard, J. F. (1984). *The postmodern condition: A report on knowledge* (G. Bennington & B. Massumi, Trans). Minneapolis, MI: University of Minnesota Press.

Marsh, C., Day, C., Hannay, L., & McCutcheon, G. (1990). *Reconceptualizing school-based curriculum development*. London, UK: The Falmer.

Mezirow, J. (1991). *Transformative dimensions of adult learning*. San Francisco, CA: Jossey-Bass.

Mezirow, J. (2000). Learning to think like an adult: Core concepts of transformation theory. In J. Mezirow (Ed.), *Learning as transformation: Critical perspectives on a theory in progress* (pp. 3-34). San Francisco, CA: Jossey-Bass.

Oberg, A. A. (1991). Curriculum decision. In A. Lewy (Ed.), *The international encyclopedia of curriculum* (pp. 302-303). New York, NY: Pergamon Press.

Oliver, A. I. (1965). *Curriculum improvement: A guide to problems, principles and the procedures*. New York, NY: Dodd, Mead & Company.

Ornstein, A. C., & Hunkius, F. P. (1998). *Curriculum: Foundations, principles, and issues*. *Needham Heights*, MA: Allyn & Bacon.

Pinar, W. F. (1988). *Contemporary curriculum discourses*. Scottsdale, AZ: Gorsuch Scarisbrick.

Quick, T. L. (1989). *Unconventional wisdom*. San Francisco, CA: Jossey-Bass.

Rogoff, B. (1990). *Apprenticeship in thinking: Cognitive development in social context*. London, UK: Oxford University Press.

Senge, P. (1990). *The fifth discipline: The art and practice of learning organization*. New York, NY: Doubleday.

Sergiovanni, T. J. (1995). *The principalship: A reflective practice perspective*. Boston, MA: Allyn & Bacon.

Shulman, L. S. (1986). Those who understanding: Knowledge growth in teaching. *Educational Researcher, 15*(2), 4-14. (ERIC EJ No.351 846)

Slattery, P. (1995). *Curriculum development in the postmodern era*. New York, NY: Garlan

Slattery, P. (2000). Postmodernism as a challenge to dominant representations of curriculum. In L. S. Behar-Horenstein & J. Glanz (Eds.), *Paradigm debates in curriculum and supervision: Modern and postmodern perspectives* (pp. 132-151). Westport, CT: Bergin and Garvey.

Slavin, R. E. (1984). Students motivating students to excel: Cooperative incentives, cooperative tasks, and student achievement. *The Elementary School Journal, 85*(1), 53-64.

Slivan, E. (1986). Motivation in social constructivist theory. *Educational Psychologist, 21*(3), 209-233.

Smart, B. (1993). *Postmodernity*. London, UK: Routledge.

Smith, J. E. (1978). *Purpose & thought: The meaning of pragmatism*. London, UK: Hutchinso & Co.

Smiths, S. (1996). Leadership training for cultural diversity. *Multi-Cultural Review, 5*(1), 33-38.

Solomon, J. (1987). Social influences on the construction of pupils' understanding of science. *Studies in Science Education, 14*, 63-82.

Taba, H. (1962). *Curriculum development: Theory and practice*. New York, NY: Harcourt, Brace & World.

Tyler, L. L. (1991). Meaning and schooling. In V. Blanke (Ed.), *Knowledge and administration* (pp. 67-71). Columbus, OH: The Ohio State University.

Usher, R., & Edwards, R. (1994). *Postmodernism and education*. New York, NY: Routledge.

Vygotsky, L. (1986). *Thought and language* (Alex Kozulin Trans. & Edited). Cambridge, MA: The MIT Press.

Yorks, L., & Marsick, V. J. (2000). Organizational learning and transformation. In J. Mezirow (Ed.), *Learning as transformation: Critical perspectives on a theory in progress* (pp. 3-34). San Francisco, CA: Jossey-Bass.

Zais, R. S. (1991). Confronting encapsulation as a theme in curriculum design. In V. Blanke (Ed.), *Knowledge and administration* (pp. 59-65). Columbus, OH: The Ohio State University.

國家圖書館出版品預行編目（CIP）資料

綜合活動學習領域概論 / 李坤崇著. -- 二版. -- 臺北市：
心理，2011.10
面；　公分. -- （教育基礎系列；41214）

ISBN 978-986-191-469-5（平裝）

1. 活動課程　　2. 九年一貫課程

523.49　　　　　　　　　　　　　　　100019228

教育基礎系列 41214

綜合活動學習領域概論【第二版】

作　　　者：李坤崇
執行編輯：陳文玲
總　編　輯：林敬堯
發　行　人：洪有義
出　版　者：心理出版社股份有限公司
地　　　址：台北市大安區和平東路一段 180 號 7 樓
電　　　話：(02) 23671490
傳　　　真：(02) 23671457
郵撥帳號：19293172 心理出版社股份有限公司
網　　　址：http://www.psy.com.tw
電子信箱：psychoco@ms15.hinet.net
駐美代表：Lisa Wu（Tel: 973 546-5845）
排　版　者：龍虎電腦排版股份有限公司
印　刷　者：東縉彩色印刷有限公司
初版一刷：2004 年 7 月
二版一刷：2011 年 10 月
I S B N：978-986-191-469-5
定　　　價：新台幣 450 元